U0811941

五华年鉴

WU HUA YEAR BOOK

（2015）

《五华年鉴》编纂委员会 编

方志出版社
Publishing House of Local Records

图书在版编目（CIP）数据

五华年鉴. 2015 /《五华年鉴》编纂委员会编. —
北京：方志出版社，2015.11
ISBN 978-7-5144-1818-7

Ⅰ. ①五… Ⅱ. ①五… Ⅲ. ①五华县—2015—年鉴
Ⅳ. ①Z526.54

中国版本图书馆CIP数据核字（2015）第292531号

五华年鉴（2015）

编　　者：《五华年鉴》编纂委员会
责任编辑：罗滔
出 版 人：冀祥德
出 版 者：方志出版社
地址　北京市朝阳区潘家园东里9号（国家方志馆4层）
邮编　100021
网址　http: //www.fzph.org
发　　行：方志出版社发行中心
电话（010）67110500
经　　销：各地新华书店
印　　刷：汕头市海湾印刷有限公司
开　　本：889 × 1194　　1/16
印　　张：26
字　　数：521千字
版　　次：2015年11月第1版　2015年11月第1次印刷
印　　数：0001~1200册
ISBN 978-7-5144-1818-7　　定价：198.00元

·版权所有　翻印必究·

《五华年鉴》编纂委员会

顾　问：范宜军

主　任：吴　晖

副主任：宋学希　邓秋香

成　员：谢国泉　李炎香　甘桂源　张　裕

曾勇辉　徐德兴　龙谨平　张少凡

邹志轩　温志清　刘旭伦　何红球

古江南

《五华年鉴》编辑部

主　　编：邓秋香

责任主编：古江南

副 主 编：江连辉

编务人员：古江南　江连辉　李惠霞

摄　　影：廖伟军　张炳锋　朱学灵及摄影家协会成员等

编辑说明

一、本刊系由中共五华县委、五华县人民政府主办，五华年鉴编委会编纂的一部地方综合性年鉴，是一部了解、认识和研究五华翔实可靠的资料性工具书。具体编辑出版事务由五华县地方志编纂委员会办公室年鉴编辑部负责。每年出版一次，国内外公开发行。

二、《五华年鉴》（2015）卷，所记述内容主要是2014年度五华县自然和社会经济发展情况。全书设置特辑、大事记、概况、政治、经济、科教文卫体、社会民生、乡镇概况、统计资料、名录·人物、文献选编等11篇，约52万字。

三、本书所用的统计数字，均由本县各镇各单位提供，并经供稿单位领导审核或与统计部门核对。由于统计口径不一，个别数字可能不一致，使用时应以县统计局《五华县统计年鉴（2014）》为准。

四、本书编辑出版工作，得到全县各镇各单位的大力支持和协助，在此谨表示衷心感谢。由于我们的经验不足，疏漏之处在所难免，敬请广大读者批评指正。

《五华年鉴》编辑部

五华县行政区划图

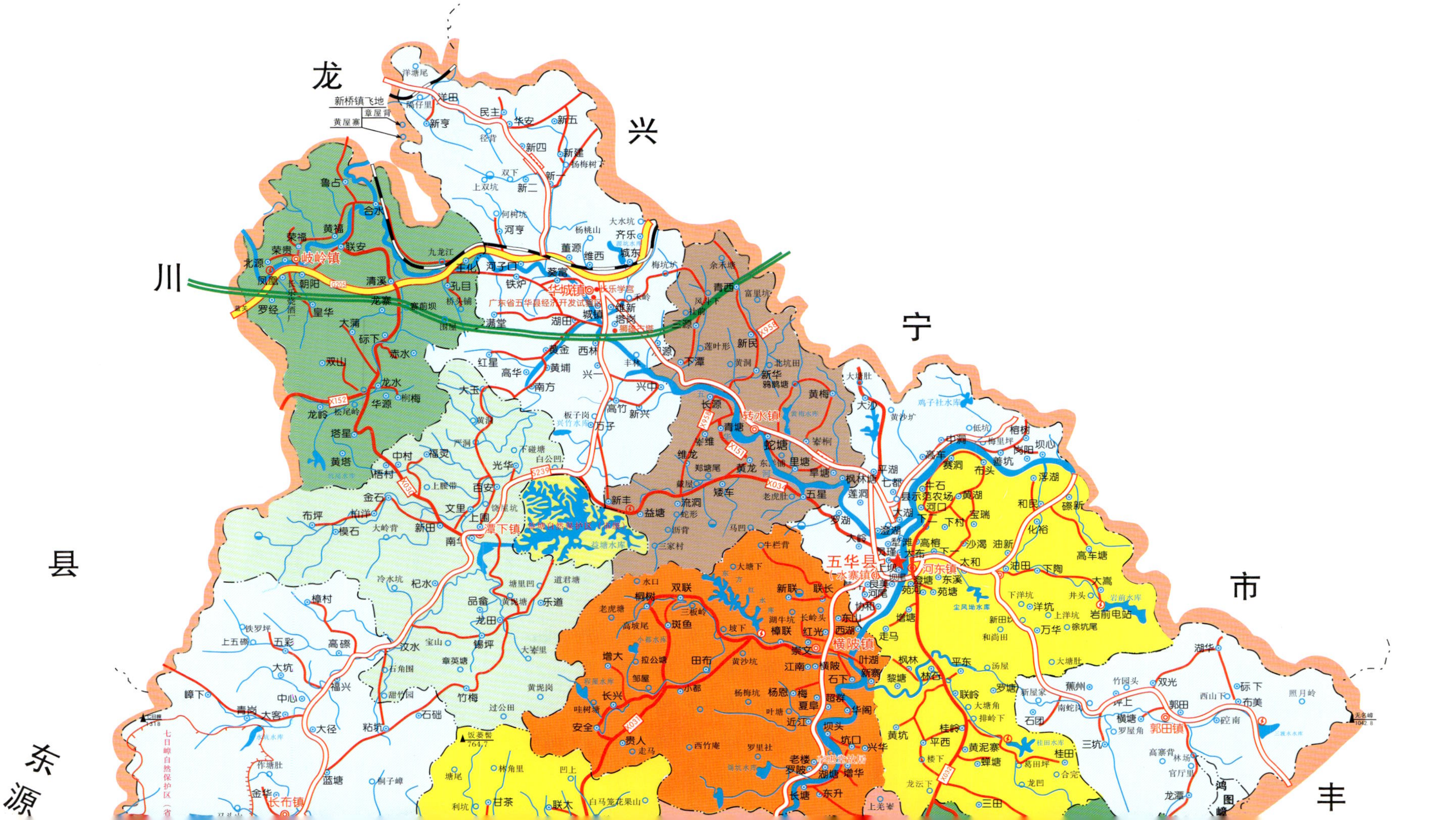

龙
川
兴
宁
市
县
东
源
丰
岐岭镇
华城镇
转水镇
潭下镇
五华县
（水寨镇）
河东镇
横陂镇
郭田镇
长布镇
新桥镇飞地
广东省五华县经济开发试验区
长乐学宫

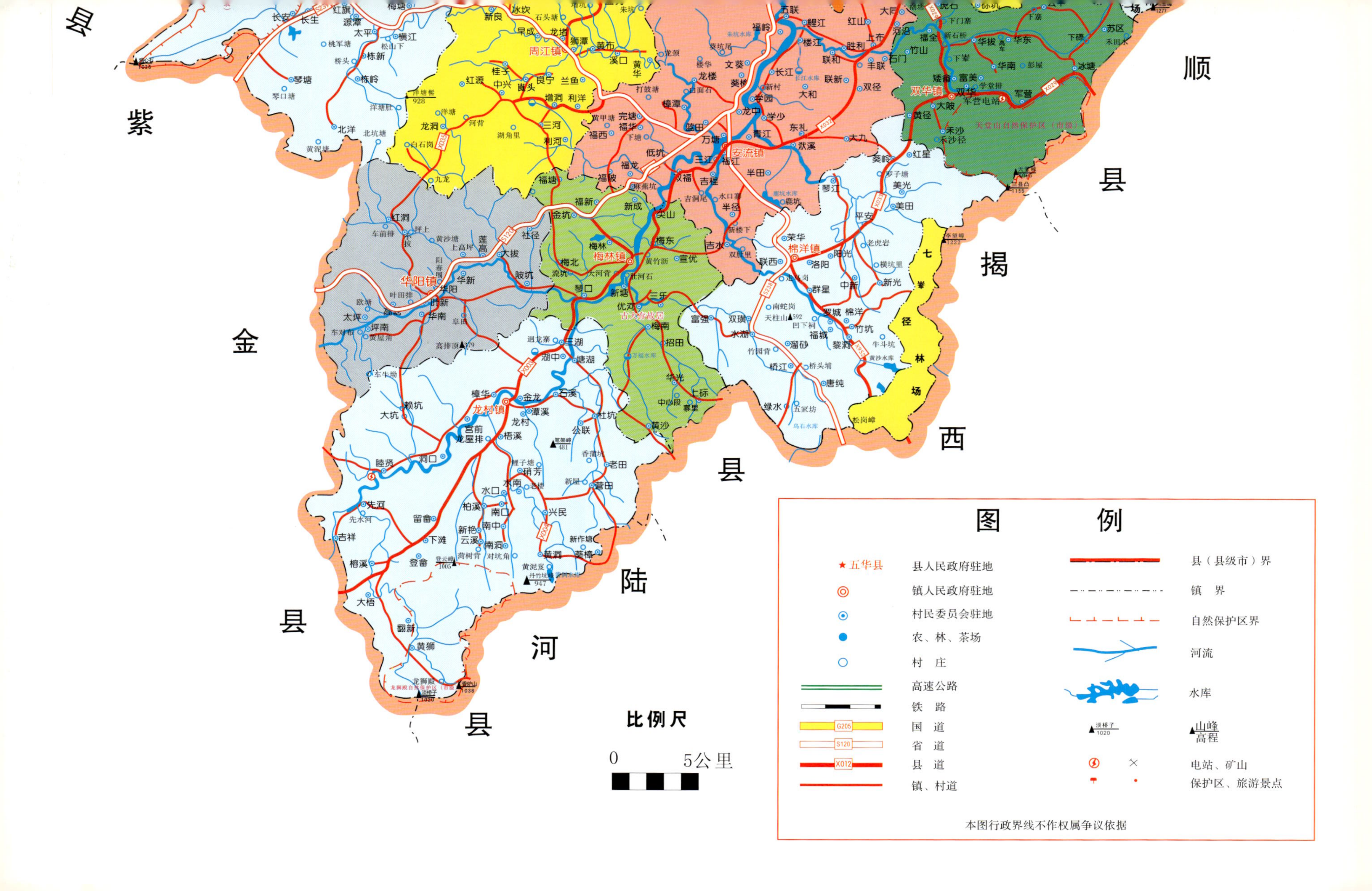
紫金县
陆河县
揭西县
顺县
周江镇
双华镇
安流镇
棉洋镇
梅林镇
华阳镇
龙村镇
天堂山自然保护区（市级）
七峰径林场
比例尺
0 5公里
图例
五华县 县人民政府驻地
镇人民政府驻地
村民委员会驻地
农、林、茶场
村庄
高速公路
铁路
G205 国道
S120 省道
X012 县道
镇、村道
县（县级市）界
镇界
自然保护区界
河流
水库
山峰 高程
电站、矿山
保护区、旅游景点
本图行政界线不作权属争议依据

2014数字五华
SHUZIWUHUA

土地面积 3237.8平方公里

总户数 305331户

总人口 1363122人

常住人口1076280人

耕地面积4.05万公顷

地区生产总值110.5亿元

第一产业增加值29.5亿元

第二产业增加值24.3亿元

第三产业增加值56.6亿元

第一、二、三产业构成比重为（26.7：22 ：51.3）

人均地区生产总值10286元

全社会固定资产投资43.7亿元

社会消费品零售总额73.79亿元

外贸出口总额1.29亿美元

实际利用外资1248万美元

财政一般预算收入4.31亿元

财政支出40.67亿元

国税收入 2.92亿元

地税收入 8.7 亿元

城乡居民储蓄存款144.74亿元

职工年人均货币工资 32937元

农民年人均纯收入9387元

在校学生总数176988人

卫生医技人员3242人

医院病床位2215张

2014年9月15日，省委副书记马兴瑞到横陂镇小都村，对物业管理进乡村，帮助村镇环境优化，建设宜居家园项目进行调研

2014年9月26日，省委常委、广州市委书记任学锋深入番禺（五华）产业转移工业园调研，要求集中精力，加快工业发展

2014年10月13日，副省长邓海光率队到县就营造森林碳汇工程、革命老区发展等工作进行专题调研

2014年11月20日，省政协副主席梁伟发率队到县专题调研“丰华兴梅产业集聚带”规划建设

2014年12月9日，致公党中央副主席、省政协副主席王珣章到县调研政协组织建设和履职能力建设工作情况

2014年3月24日，广东省军区司令员盖龙云到五华调研武装力量建设

2014年12月24日，省人大常委会原副主任谢强华到五华调研考察

2014年1月3日，省卫计委党组书记骆文智率队到潭下镇光华村开展慰问活动

2014年6月25日，省发改委党组书记、主任李春洪率相关部室负责人和暨南大学附属医院医务人员一行，到县开展“广东扶贫济困日”活动

2014年6月27日，省卫计委主任陈元胜率队到县开展扶贫济困日慰问活动

2014年10月22日，省林业厅厅长张育文陪同省政协调研组到县调研林业工作

2014年10月31日，广东省政府发展研究中心主任汪一洋到县调研广州番禺（五华）产业转移工业园

2014年11月9日，广州市长陈建华率队到长乐大桥建设现场、河东工业园规划区域考察

2014年8月22日，市委书记黄强到五华考察“三大抓手”建设进展情况

2014年11月6-7日，市委书记黄强率队深入五华城乡调研，强调坚定不移走新型工业化道路，全力推动五华加快振兴发展

2014年9月18日，市长谭君铁到益塘水库库区和七目嶂省级自然保护区调研备用水源和林业生态保护开发工作，要求坚守生态底线，加快振兴发展

2014年7月25日，市政协主席李金元带队到五华视察工业经济发展情况，并走访部分委员企业

2014年2月12日，县委书记张映平、县长范宜军调研人民公园建设

2014年3月3日，县委书记张映平、县长范宜军调研水中堤抢险工程

2014年3月6日，县委书记张映平、县长范宜军调研城建工作

2014年6月23日，县委书记张映平、县长范宜军调研县经济开发区

2014年7月2日，县委书记张映平、县长范宜军调研狮山公园建设

2014年9月26日，县召开新型城镇化工作现场会

2014年4月23日，县委书记张映平检查七运会筹备工作

2014年6月3日，县委书记张映平检查防汛工作

2014年8月14日，县委书记张映平到卫计系统调研工作

2014年9月9日，县委书记张映平到龙村镇检查抽水蓄能电站建设前期工作

2014年9月10日，县委书记张映平到县经济开发区调研

2014年1月15日，县长范宜军主持创建卫生县城环卫设备发放仪式

2014年3月11日，县长范宜军到联系点县财政局开展党的群众路线教育实践活动

2014年5月9日，县长范宜军到华城镇调研

2014年7月17日，县长范宜军到安流镇调研

2014年7月30日，县长范宜军慰问驻华空军油库基地官兵

2014年11月，长乐大桥施工现场

2014年12月，锡坑大桥施工现场

2014年6月，汕湛高速梅林琴口段建设现场

2014年12月，平兴高速转水互通建设工地现场

2014年11月，县经济开发区施工现场

2014年度11月，县经济开发区引资企业在兴建厂房

2014年10月，辉胜达公司工人在紧张忙碌

2014年度11月，富胜五金公司员工对扩大的生产线进行调试

亲水公园2期工程

狮山公园

文化街出口

环城大道

县法院门前路口红绿灯

水寨大道上坝段

河东南堤

上坝堤

2014年7月15日，梅州市七运会在五华开幕

2014年9月3日，全省林业工作会议在五华召开

2014年国庆期间，县举办第二届美食节活动

2014年11月15日，水寨中学举行百年校庆活动

县城夜景航拍

青山绿水环绕的五华山城

美丽县城一角

蒲丽顶风光

晨曦中的长布太平村

益塘旅游区俯瞰

棉洋七畲径茶园

龙村龙狮殿白水磜瀑布

横陂油菜花基地

石马秋韵

桂田山水

潭下百安山村晨曲

长布七目嶂风光

华城乌陂河新貌

河口晚霞

农家新居

目 录

特 辑

大事记

概 况

政 治

法　治

经　济

科教文卫体

社会生活

乡镇概况

统计资料

名录·人物

文献选编

特辑

在县委十二届四次全会上的报告

中共五华县委书记　张映平

（2014年2月17日）

同志们：

现在，我代表县委常委会向全会作工作报告。

一、2013年主要工作

2013年，我们认真贯彻落实中央和省、市的决策部署，紧紧围绕市委、市政府“一园两特带动一精”发展战略和打好“五大会战”的部署要求，全力推进“两新两特两重点”、惠民生、促和谐、强队伍各项工作，克服了“8·17”洪灾不利影响，全县经济社会保持平稳发展。实现生产总值100.8亿元、比增11.2%。

（一）突出扩园区抓招商，工业经济提质增效

全力抓好园区扩能增效，打造工业发展平台。广东五华经济开发区区位调整获省批复，园区承载力有效提升。加快园区征地拆迁和基础设施建设，完成年度扩园任务，工业大道全线贯通，完成高压供电线路迁改。继续实施“乡贤回乡投资兴业工程”，落实县领导挂钩联系重点企业制度，加快企业建设和发展步伐。一批企业分别投产、扩产，园区效益进一步提升。

（二）突出县城扩容提质，城乡环境逐步改善

认真实施“123”工程，完成了县城第三次总体规划修编，启动了产城联动规划编制，县城中心城区36.6平方公里的控制性详细规划编制、重点镇规划修编加快推进。县城建设有序推进，引进碧桂园打造优质社区，完成了员瑾堤、澄湖堤、水潭东路、琴江亲水公园（一期）等一批市政重点工程，提升了城市亮化工程，加快液化天然气场站和管网建设，动工建设长乐大桥、污水处理厂（二期），生活垃圾无害化处理场升级改造加快推进，人民公园、农贸批发市场加快规划建设。打好城乡环境整治大会战，创建“和谐美丽镇村”，强力整治、全面拆除琴江河、五华河河道内的鱼生船等经营场所，加快镇村配套设施建设，实施了一批圩镇市场、街道改造提升工程。出台规范农村建房管理办法，加大了违建整治力度。

（三）突出交通水利建设，基础条件不断提升

打好交通建设大会战，全力推进三条高速公路建设，汕湛高速、平兴高速五华段征拆任务全面完成，兴华高速（含畲江、华阳支线）先行工程梅江大桥动工建设。配合做好大丰华高速公路可研和规划设计工作。完成G205国道示范路建设。环城大道建设基本实现年度目标。一批省、县道和旅游公路建设项目加快推进。完成了琴江公路立项。全年完成农村公路硬底化126公里。加快改善水利设施，省级水利示范县项目完成年度投

资2.8亿元，中小河流治理、小流域综合治理、中小型灌区改造工程加快推进，解决了3.35万人农村饮水安全问题。抽水蓄能电站项目加快推进，开工准备工作扎实开展。进一步实施农网改造，建设一批输变电工程和配网工程。加快通信等基础设施建设。

（四）突出生态文化建设，绿色产业稳步发展

发展特色高效农业。完成了特色农业发展总体规划编制，实行县、镇领导挂办耕山致富示范点，新开垦连片100亩以上基地53个，扎实推进“一镇一品”、“一村一品”建设，丰华有机大米等4种产品被评为省名牌产品，强盛生态农林发展有限公司被评为省重点农业龙头企业。

培育特色文化旅游。完成了特色文化旅游总体规划编制，狮雄山秦汉遗址申报国家级大遗址公园工作有序推进，长乐烧酒制作工艺被列为省级非物质文化遗产，石雕工艺人才培育获省“扬帆计划”扶持资金，成功举办中乙足球联赛和第二届酒香美食节，清闲农业等一批农业旅游项目加快建设。被确认为原中央苏区范围，进一步擦亮红色旅游品牌。

抓好林业生态建设。全面推进“一消灭三改造”，加快森林碳汇、生态景观林带等重点生态工程建设，完成年度碳汇造林任务，建成一个省级保障性苗圃场，完成景观林带提升工程。新组建集森林消防和水务三防于一体的专业应急队。竞得省生态公益林激励性补助资金。强化种、管、护一体化管理，加大宣传力度，群众生态文明意识提高。

（五）突出改善重点民生，社会事业协调发展

全力开展救灾复产重建。积极应对“8·17”特大洪灾，全力组织抗洪救灾和灾后复产重建，努力把灾害损失减小到最低限度，水毁道路、桥梁、水利设施等修复重建工作加快推进，全倒户重建任务全面完成。

扎实做好新一轮扶贫开发工作。上一轮扶贫“双到”工作通过省考核验收并取得优秀等次。新一轮扶贫“双到”工作投入帮扶资金2.36亿元，落实村集体和户帮扶项目，完成低收入住房困难户住房改造任务。

优先发展教育事业。围绕创建教育强县目标，调整优化学校布局，改善教育教学条件，8个镇通过省教育强镇督导验收，3个镇通过省督前检查，提前启动剩余5个镇及县直学校的创强工作。加快推进县城“新三校”和龙村高级中学规划建设。

提高社会保障水平。“五大险种”缴费收入2.97亿元。城乡居民医保、机关事业单位工作人员工伤和生育保险实现全覆盖。县人民医院、妇幼保健院和乡镇卫生院提升改造有序推进。重视人口计生工作，加强动态管理和考核，完成了年度目标任务。加大劳动力转移培训力度，完成年度培训和新增转移劳动力任务。“十项惠民工程”扎实推进。

（六）突出加强社会管理，全县保持总体稳定

抓好精神文明建设，加强公民思想道德和核心价值观的教育，推进文化惠民项目建设。扎实开展平安创建，强化社会治安综合治理，完善社会治安防控网络，严厉打击各类违法犯罪行为。加强和改进信访维稳工作，积极化解遗留问题，有效稳控重点案件，全县信访量同比下降37.8%，信访形势趋稳趋好。严格落实安全生产“一岗双责”，全面开展隐患排查治理，突出抓好烟花爆竹安全、道路交通安全、消防安全、食

品安全，安全生产形势总体平稳。深入开展河砂开采、运输专项整治，河道采砂秩序进一步规范。县行政服务中心、网上办事大厅建成启用，政府效能不断提升。

（七）突出转变干部作风，党的建设进一步加强

认真学习贯彻习近平总书记系列重要讲话精神，扎实做好党的群众路线教育实践活动前期准备工作。严格落实中央“八项规定”，落实省部署的五个“专项行动”，着力整治“庸懒散奢”和“四风”问题。深入开展政风行风评议，深化行政审批制度改革。加大干部培训教育力度。开展“创先争优比奉献、敢想会干为人民”主题实践活动。加强基层组织建设，着力做好后进村、问题突出村党组织和“两新”组织的党建工作。全面启动、依法依规推进村级换届选举工作。严格落实党风廉政建设责任制，惩防并举，提高党员干部依法行政和廉洁勤政水平，为干净干事提供了坚强保障。

下大力气转变干部作风。通过重点工作、重点工程考验锻炼干部，进一步提升各级干部主动作为、奋发有为的精神状态，迎难而上、破难攻坚的工作能力，敢于负责、勇于担当的干事作风。完善重点行业、重点领域的规章制度建设，提升部门和党员干部依法行政和规范管理的水平。广大党员干部以加快五华发展为己任，凝心聚力共推发展，以作风转变推动工作取得实际成效。

同时，大力支持县人大、县政协依法履行职责，充分发挥人大、政协在推进重点工作、重点工程中的重要作用；推进法治建设，支持司法机关依法行使职权，促进司法公正；重视党管武装工作，加强双拥共建。工青妇和对台、宗教、侨务、工商联、史志、老干、党校、科协、文联、残联等工作取得新成效，服务了发展大局。

2013年的工作成效是在省、市的坚强领导下取得的，是历届班子打下良好基础上和积聚能量取得的，是全县上下共同努力、真抓实干、破难攻坚的结果，是在外乡亲和社会各界人士关心支持的结果，是省、市直有关单位和广州市、番禺区大力帮扶的结果。在此，我代表县委向所有关心支持五华发展、为五华发展付出辛勤努力的社会各界人士和同志们表示衷心的感谢！

过去一年虽然取得了一定的工作成效，但我们也要清醒地看到存在的困难和问题：一是经济落后的状况没有根本性转变。经济总量小和人均水平低，经济发展水平长期处于全省末位，按照人均GDP在2020年达到全国平均水平的要求，差距非常大；产业结构不合理，缺乏大项目和支柱产业支撑，工业规模小，产业集聚度低，规模以上工业企业少；财政收支矛盾突出，自给能力差。二是城乡建设水平较低。城镇化水平低，城乡规划、建设、管理水平落后，公共服务配套设施不足；交通基础薄弱，道路密度小、路况差、等级低，南北不均衡。三是民生改善任务繁重。农村贫困面大，扶贫开发任务重，尤其是教育创强、“新三校”建设压力大，医疗保障水平低、公共医疗服务能力差；信访维稳压力较大，一些不稳定不安全因素依然较多。四是作风转变还有差距。一些部门和党员干部主动履职、依法履职能力不强，推进工作办法不多、措施不实，党员干部违纪违法问题时有发生，等等。对这些问题，我们要高度重视，在今后工作中认真加以解决。

二、深刻认识和把握面临的形势和任务，扎实做好今年工作

2014年是贯彻落实党的十八届三中全会精神、全面深化改革的第一年，是落实省委促进粤东西北振兴发展战略部署、加快我县发展步伐的关键之年，做好今年工作意义重大。

今年工作的总体要求是：认真贯彻落实党的十八届三中全会、习近平总书记系列重要讲话和省委十一届三次全会、促进粤东西北地区振兴发展以及市委六届四次全会精神，按照市委“一园两特带动一精”发展战略和对我县提出的“华城华工华农华山华为，五华联动振兴发展”的要求，继续实施“两新两特两重点”、惠民生、促和谐、强队伍的工作思路，立足当前、着眼长远，全面谋划、重点突破，全力以赴、量力而行，抢抓发展机遇，落实改革举措，全力推动经济社会加快发展。

我们要深刻认识当前面临的形势和任务。党的十八届三中全会作出了全面深化改革的重大部署，将极大地激发发展的动力和活力。我县被确认为原中央苏区范围，将会获得更多政策扶持，助力加快发展。省委、省政府出台了《关于进一步促进粤东西北地区振兴发展的决定》，调整加强了对口帮扶工作，从机制、项目、资金等方面加大对粤东西北地区的扶持力度。省委十一届三次全会、市委六届四次全会相应出台贯彻落实中央全面深化改革的意见，对推进重点领域和关键环节改革、加快发展作出了部署要求，为我们做好今后工作注入了强大动力。从我县的情况来看，历届班子打下了良好的基础，一批重大项目进展顺利，投资规模不断放大，投资拉动作用逐步显现；交通区位条件改善，园区规模不断扩大，有利于我们更好地承接产业转移、扩大招商引资；县内民资民力丰富，为加快发展提供强有力的支撑；通过过去一年的工作实践和提升，干部作风有了很大转变，全县上下想发展、谋发展的愿望更强、信心更足、决心更大，干事创业的氛围更加浓厚。这些都为我们做好工作奠定了良好基础。我们要结合一系列有利条件和因素，在过去工作实践的基础上，进一步提升完善充实“两新两特两重点”、惠民生、促和谐、强队伍的工作思路，更加奋发有为地做好今年的工作，推动经济社会发展取得更大成效。

关于今年的经济工作，宜军同志将作具体部署。这里我就做好今年的工作讲八点意见。

（一）以全面深化改革为动力，破除思想和体制机制障碍，推动经济社会加快发展

中央《关于全面深化改革若干重大问题的决定》和省委《贯彻落实<中共中央关于全面深化改革若干重大问题的决定>的意见》、市委《关于全面深化改革的实施意见》确定的改革任务只有七年时间，抓好当前的改革工作尤为关键。我们要按照中央和省、市的部署，不折不扣落实好各项改革举措。

要深化认识。五华各方面条件比较落后，正处于负重爬坡的攻坚期、加快发展的关键期，推进全面深化改革的任务比以往任何时候都更为繁重和艰巨，以改革促发展的要求显得比以往任何时候、任何地方都更为重要。要消除对全面深化改革的模糊认识，认为只有经济发达地区才需要在增创新优势的过程中全面深化改革，而我县作为落后地区，与全面深化改革关系不大。事实上，越是落后，越是需要通过改革破除影响发展的束缚，越是需要全县干部进一步解放思想，更新观念，提高推动改革发展的能力和水平。要按照中央和省、市的要求，结合上情、县情、实情，出台《五华县贯彻落实全面深化改革的实施意见》，指导我县全面深化改革。

要系统谋划。全面深化改革是事关发展全局的重大工作，涉及社会发展的方方面面，不是某个领域或某个方面的单项改革，要周密部署、扎实推进、务求实效。要以战略眼光和超前思维，结合当前的形势和任务，进一步谋划五华未来几年甚至更长远的发展，多做打基础的改革，多谋利长远的发展，多做艰苦深入细致的工作，尤其要抓好重点领域和关键环节的改革，增强发展动力和活力，以改革推动加快发展。

要真抓实干。鼓起改革的信心和勇气，找准改革的突破口和着力点，找准问题导向，从条件成熟的事项改起，从百姓最期盼的领域改起，从制约发展最突出的问题改起，真抓真改，凝聚改革发展共识，少议论、少争论，敢于担当，主动作为，推动改革发展取得实效。特别是要认真研判、用好用活国家和省支持原中央苏区、粤东西北振兴发展、加强对口帮扶的政策，争取更大支持，推动改革创新，助力加快发展。

（二）以交通水利建设为重点，继续加快基础设施建设，改善发展条件

加快交通公路建设。全力推进高速公路建设，抓好兴华高速（含畲江、华阳支线）的征地拆迁工作，服务和保障平兴高速、汕湛高速五华段顺利施工，继续配合做好大丰华高速公路各项前期工作，及早谋划高速公路连接线和快捷通道，加快国省道和县乡公路改造步伐和部分省道升级国道工作，全面完成环城大道、S120线河东段、五华经平安寺至兴宁县际快捷通道、热矿泥旅游专线等公路建设、改造任务。完成100公里农村公路硬底化建设任务。做好琴江公路动工建设前期准备工作，规划建设S228经狮雄山接S239的快捷公路、长乐大桥与S120的连接线。抓好水毁道路、桥梁修复重建，加快横陂锡坑大桥等水毁桥梁重建步伐。

加快水利设施建设。全面完成省级水利示范县项目建设任务，改善水利基础设施和农村生产生活条件。完成益塘水库等中小型灌区改造工程和华城等内涝整治工程，推进中小河流整治工程，实施生态型小流域治理工程，做好镇村堤围加固项目的规划、测设工作。加快水毁工程修复，确保安全度汛。

加快能源电力建设。围绕早日动工建设抽水蓄能电站项目的目标，加快推进各项前期工作，完成剩余专题报批、审查工作和进场公路建设，做好前期工程开工准备工作，规划建设移民安置点。完成年度输变电工程建设，着力改善城乡电力设施。

（三）以园区建设和招商引资为抓手，促进产业集聚发展，做大工业经济总量

努力打造发展平台。建设好现有平台，加快经济开发区规划布局，全力完成年度扩园任务，推进产城联动。完成番禺五华合作共建产业园和省级产业转移园的申报批复工作。完善园区基础设施、生活配套和公共服务设施建设。谋划新的发展平台，随着平兴、汕湛、兴华三条高速公路陆续动工建设，粤东西北地区加快发展，五华的交通区位条件乃至外部整体环境将发生大的改变，我们要积极抢抓机遇，大胆谋划、及早筹划，启动河东油田工业区的规划建设，谋划好南部次中心和工业园区，预留发展空间，做大发展平台，为新一轮发展赢得先机。

着力强化园区管理。全力提高园区管理服务水平和效益。全面完成新进企业和企

业投产计划任务，规范企业进园审批程序，严格落实“双控”措施，既要兑现招商引资的优惠政策，又要体现招商引资的经济效益，提高招商引资质量。促进意向企业尽快落户，在建企业加快建设，建成企业顺产、达产、扩产，扩大产业聚集效应，提高园区效益。

致力发展主导产业。坚持工业立县不动摇、发展实体经济不放松，大力扶持规模以上工业企业发展，鼓励和扶持骨干企业做大做强，着力培育制酒、制药、汽车配件、五金机电、工艺品加工、可再生资源加工利用等主导产业，加快产业和资源的有效聚集，推进产业转型升级，形成规模与效益、速度与结构不断优化的产业体系。继续大力支持白石嶂钼矿完善投产前期准备工作，帮助企业度过调整期。加强金融和信息化工作，为产业发展提供支撑。

大力抓好招商引资。围绕“至2016年三年内进园企业达到100家以上、年产值50亿元以上、税收超3亿元”的目标，落实招商责任，继续大力实施“乡贤回乡投资兴业工程”，严控环保红线，全力扩大招商引资，完成好年度招商任务。加强与广州市、番禺区产业和项目对接，大力引进优质项目。

（四）以产城联动为纽带，加快县城扩容提质，提升新型城镇化水平

突出琴江新区规划建设。坚持规划引领，强化规划管控。完成产城联动规划，做好中心城区控制性详规的编制工作。规划建设琴江新区和起步区，重点以琴江新区中轴线道路建设为突破口，拉开新区架构，力促新区建设初具雏形，推动县城扩容提质。加大城市综合体项目招商力度，引进有实力的企业参与城市开发。加大市政基础设施投入，完成水中堤、上坝堤改造，加快建设长乐大桥、污水处理厂（二期）、管道燃气项目，升级水寨大道南段，改造县城供水管网，推进县城液化天然气场站及管网、通信等设施建设，建设新水寨肉联厂、县城农贸批发市场，启动亲水公园（二期）、人民公园人居环境改善工程项目，完善城市公共服务功能。全力抓好城区和城市建设扩展区重点地块征储工作，支撑城市基础设施和重点民生项目建设，保障后续发展。

以“创卫”推动环境改善提升。围绕2015年成功创建“广东省卫生县城”的目标，提高全民创卫意识，健全爱卫组织机构，加强与促进健康教育，完善县城环卫管理体制，着力改善县城和各镇环境卫生，强化环境保护，控制病媒生物，保障食品、饮水安全和公共卫生，防治传染病，推动城乡环境改善提升。

加强城乡规划建设管理。推进城市管理体制改革，建立网格化管理的工作机制。继续实施“123”工程，打造“和谐美丽镇村”，不断完善镇村配套设施，完成村庄整治规划工作。严格执行规范农村建房管理办法，逐步改变乱占乱建、无序管理的状态和农村有新房无新村的面貌。

（五）以强农惠农富农为目标，推进科学耕山致富，发展绿色生态产业

发展特色农业。在稳定粮食生产的基础上，大力推进耕山致富，继续落实县、镇领导挂办责任制，提高示范点建设水平。大力发展特色农产品。加大对龙头企业的培育扶持力度，培育特色主导产品，创建名牌产品。稳步推进农村土地集体所有权、农民土地承包经营权流转改革，促进土地集约、规模经营。

发展生态林业。林业生态脆弱是我县的一大短板，要像重视经济发展一样重视抓好生态林业建设，增强全民保护林业生态的意识。全面推进“一消灭三改造”，完成年度造林任务，提高造林质量。推进七目嶂省级自然保护区、蒲丽顶森林公园、环城大道及沿岸、沿路、县城主要进出口绿色通道建设。加强全县生态公益林、高速公路绿色廊道景观林带管护工作。大力发展现代林业和林下经济。进一步健全森林资源管护体系建设，加强生态保护，严厉打击毁坏森林资源的行为。

发展文化旅游。重点开发养生度假、生态休闲、文化特色旅游，加快非物质文化遗产项目申报，做好名人故居的保护开发，加快文化生态旅游项目建设，加大宣传推介力度，加快完善专线公路、酒店等旅游设施建设，提高特色旅游的竞争力。

（六）以扶贫“双到”和“三就一保”为重点，保障改善民生，提高城乡居民生活水平

抓好扶贫“双到”工作。保持力度不减。全力改善贫困村基础设施条件，致力打造长效稳定脱贫致富的主导产业，抓好示范村建设。完成危房改造、“两不具备”搬迁工作和“大禹杯”竞赛项目，实现村级集体经济收入稳步增长和贫困户稳定脱贫。

发展文化教育事业。加快教育创强步伐，确保今年如期实现教育强县和教育强镇全覆盖目标。加快县城华侨实验中学等“新三校”建设步伐，全力推进龙村高级中学建设。充分挖掘县内传统优秀民间艺术，做好文化传承人工作。承办好市七运会，推动农民体育健身工程。重视发展足球事业，继续抓好“足球三进”和梅州客家足球俱乐部建设，提升“足球之乡”美誉。

提升社会保障水平。实施全员培训新成长劳动力、全员推荐就业“两全”工程，支持创业带动就业，培育更多市场主体。加大“五大险种”扩面征缴力度，建立健全城乡综合性社会救助体系，加大低保、五保、残疾人、孤儿和养老的补助力度。完成县救灾物资储备仓库建设。重视抓好殡葬改革工作，加快县、镇两级公益性生态公墓建设。扎实做好“十件民生实事”。

加强卫生计生工作。理顺卫生计生管理体制，兑现医保政策，健全全民医保体系，抓好县级公立医院体制改革工作，加快医疗基础设施改造建设。鼓励民营资本进入医疗卫生领域，大力推进谷城健康城项目，培育健康养生产业。推广中医药适宜技术，发展中医药事业。完善人口计生工作动态考核和综合治理机制，全面开展“人口计生服务村村行”活动，夯实基层基础，不断提高整体工作水平。

（七）以创建平安五华为载体，大力加强社会管理，促进全县和谐稳定

五华县域大、人口多，社情复杂，必须始终高度重视社会管理工作，提升社会管理能力，以稳定的时间赢得发展的空间。

加强平安建设工作。继续扎实推进“平安五华”创建，大力实施“平安细胞”工程建设，完善社会治安防控体系建设，加强社会治安综合治理，坚决打击各类违法犯罪行为，加大禁毒工作和反邪教工作力度。

重视信访维稳工作。强化依法维稳观念，完善工作机制，畅通诉求表达渠道，注重源头治理和积案化解，及时排查、主动化解矛盾纠纷，落实涉法涉诉信访依法终结制度，依法处置缠访、闹访行为。加强对村级换届选举、土地和林权纠纷、征地拆迁、资源开采、劳资纠纷等领域突出问题的专项治理，提高做好群众工作的能力。

提高社会管理水平。注重运用法治思维和方式，提高社会治理能力。规范政府行为，加强对土地和建筑市场、河道采砂等重点行业和领域的规范管理。坚守法律底线，依法公正维护群众的正当合法权益，促进社会公正正义。积极培育发展各类社会组织，充分发挥群团组织在社会管理中的作用。加强农村基层治理，充分发挥村规民约的自治作用。落实安全生产“一岗双责”，加强交通、消防、食品药品等安全监督管理。加强精神文明建设，加强网络舆情应对和管理，打击网络传谣，加强舆论正面引导。加强社会主义核心价值观宣传教育，提高干部群众思想道德水平。努力在全县形成政府依法行政、企业依法经营、干部群众遵纪守法的良好社会风气。

（八）以党的群众路线教育实践活动为契机，进一步改进干部作风，全面加强党的建设

抓好党的群众路线教育实践活动。按照“照镜子、正衣冠、洗洗澡、治治病”的总要求，突出“为民务实清廉”的主题，深入开展教育实践活动。继续严格落实中央“八项规定”，切实解决“四风”问题。把开展教育实践活动与全面深化改革紧密结合起来，与转变工作作风和推进工作落实紧密结合起来，认真查摆问题、带头落实整改、抓好建章立制，确保教育实践活动取得实实在在的成效。

切实做好村级换届选举工作。按照上级的部署，加强组织领导和协调指导，依法依规、平稳有序做好村（居）“两委”换届选举工作，选好配强党支部书记、村委主任，提高“一肩挑”和“交叉任职”比例，确保村级换届选举工作圆满顺利完成，增强基层组织凝聚力和战斗力。

加强领导班子和干部队伍建设。加强党委中心组学习。坚持民主集中制，严格执行领导班子议事决策规则和程序。坚持正确的用人导向，注重在基层一线，注重在常规工作、重点项目、重点工作推进中考察干部、发现人才，选拔品行好、敢想会干的优秀干部。加强教育培训，提升干部队伍综合素质。加强“两新”组织党建工作，扩大党建工作在“两新”组织的覆盖面。继续大力抓好作风建设，进一步转变干部作风，努力让良好作风变成常态。

强化党风廉政建设和反腐败工作。严格执行中央“八项规定”和《党政机关厉行节约反对浪费条例》。强化干部有法必依、有章必循、执法必严的意识，完善制度建设，强化制度执行力和纪律刚性。巩固提升“廉洁镇村”创建工作，推进廉洁城乡建设。强化廉政风险防控，健全廉政体系，加强工程招投标、土地出让、城市规划建设、“三公”经费等的监督管理，着力解决腐败易发多发领域的突出问题。严肃查处违法违纪案件，营造风清气正的发展环境。

与此同时，要充分调动各方面的积极性，凝聚加快发展的合力。进一步健全党对人大和政协领导工作机制，支持人大及其常委会和政协依法履行职权，注重发挥人大代表和政协委员的作用。支持司法体制改革，确保司法机关依法公正行使职权。提高党管武装建设水平。支持工青妇等群团组织开展工作。重视做好史志、档案、宗教、党校、老干、科协、工商联、文联、残联、侨务、

统战和对台等工作。广泛凝聚各方力量共同推进事业发展。

同志们，让我们在省、市的坚强领导下，全面落实深化改革各项举措，坚定不移地实施“两新两特两重点”、惠民生、促和谐、强队伍的工作思路，坚定信心、凝心聚力，脚踏实地、奋发有为，为加快五华发展而努力奋斗！

政 府 工 作 报 告

——在五华县第十四届人民代表大会第四次会议上

五华县人民政府县长　范宜军

（2014 年 2 月 26 日）

各位代表：

我代表县人民政府向大会作政府工作报告，请予审议，并请政协委员和其他列席人员提出意见。

2013年工作回顾

2013年，面对复杂的经济形势和“8·17”洪灾的严重影响，我们以建设“工业新城，长乐之乡”为目标，全力实施“两新两特两重点”、惠民生、促和谐、强队伍的工作思路，迎难而上，勇于担当，主动作为，较好地完成了县十四届人大三次会议确定的目标任务。

一、扩规模兴工业，经济实力持续增强

经济总量不断壮大。全县生产总值100.8亿元，比增11.2%；地方公共财政预算收入3.4亿元、财政总收入33.7亿元，分别比增26.3%、14.5%；国税组织收入2.6亿元、地税组织收入3.6亿元，分别比增24.0%、23.3%；完成固定资产投资30.1亿元，比增31.9%；社会消费品零售总额66.7亿元，比增12.0%；外贸进出口总额1.2亿美元，比增36.9%；实际利用外资2299万美元，比增25.6%；全县金融机构本外币存款余额157.3亿元、本外币贷款余额48.2 亿元，分别比年初增长21.4 %、22.7%。

园区扩建步伐加快。筹资1.7亿元，集约土地1373亩，平整土地1015亩，开发面积累计达6500亩。广东五华经济开发区区位调整获省批准，申报省级产业转移园工作有序推进。工业大道及其市政配套设施建设已完成，工业一路全线贯通，3家搅拌站全部迁出园区。园区实现工业产值27.5亿元、税收1.1亿元，分别比增23.5%、11.1%。

招商引资成效明显。大力实施“乡贤回乡投资兴业工程”，出台《五华县招商引资责任制及绩效考核暂行办法》，落实招商责任，组建专业招商队伍，共引进项目35个，计划投资总额122亿元。冠华传导一期、辉骏科技投产，华阳包装试产，海宴酒业、天东通信、建利纤维等9家企业动工建设。

工业经济提速发展。深入开展“暖企”行动，投入扶持资金2493万元，加快工业企业发展。出台《五华县扶持奖励规模以上工业企业增资扩产项目暂行办法》等系列优惠政策，扶持长乐烧酒业、辉胜达电器、富胜五金、井得电机等骨干企业做大做强，支持创盛工贸和凸版艺彩增资扩产。新增3家规模以上工业企业，全年规模以上工业企业实现产值37.1亿元、增加值7.7亿元，分别比增27.3％、25.1％。

特色休闲高效农业有新发展。完成了特色农业发展总体规划编制。出台推进特色休闲高效农业和耕山致富奖励办法，创建了60个耕山致富示范点。新开垦连片100亩以上基地53个，新种植油茶2万亩、特色水果2.5万亩、茶叶1665亩，发展特色水产养殖375亩，收购干烟叶4.05万担。周江镇百香果协会被评为“全国先进农村专业技术协会”，登云嶂黄金芽绿茶、松岗嶂七蕃径绿茶、丰华有机大米、大田柿花被评为省级名牌农产品，五华县强盛生态农林发展有限公司被评为省重点农业龙头企业，新增农民专业合作社269家。建成2个万亩国家级水稻创高产示范片，完成高标准基本农田建设4.8万亩。粮食播种面积82.4万亩，总产量29.9万吨。全县农业总产值47.5亿元、农村居民年人均纯收入8975元，分别比增5.6%、14.2%。

文化旅游加快发展。完成县旅游发展总体规划。我县被确认为原中央苏区范围。狮雄山秦汉遗址申报国家级大遗址公园工作有序推进，长乐烧制酒工艺成功申报为省级非物质文化遗产保护项目。成功举办了第二届“酒香美食节”系列活动。广东清闲农业、鼎德信现代农业等一批农业旅游项目加快建设。热矿泥旅游专线公路、枫林至平安寺公路建设完成路基工程的80%。全年接待旅游人数227万人次、实现旅游收入15亿元，同比分别增长52.2%、66.7%。

财税金融稳健有序。整合资产资源，拓宽融资渠道，全年融资5.9亿元，有力地保障了重点项目建设。房地产、河道采砂、土地使用等税收管理工作得到加强和规范。金融运行平稳，全年新增贷款11亿元。五华惠民村镇银行开业。

二、兴交通修水利，发展基础不断夯实

交通建设成效明显。全年投入交通公路项目建设资金14.9亿元。汕湛高速和平兴高速五华段共6300亩、147座房屋的征地拆迁任务全面完成。兴华高速（含畲江支线）先行工程梅江大桥动工建设。大埔—丰顺—五华高速公路前期工作扎实推进。国道205线28.3公里的示范路建设已完成，省道120线河东至油田改造完成总工程量的70%，县道960线华阳至龙村、县道033线棉洋至双华一期、县道035线蝙蝠石至中兴等一批县道改造项目基本完成，琴江公路等项目已立项，全年完成农村公路硬底化126公里。安流大桥建成通车。

水利建设加快实施。梅州（五华）抽水蓄能电站移民安置点征地工作基本完成，专题报告编制及进场公路建设加快推进。全面推进121宗省级水利示范县项目建设，其中70宗已基本完工，51宗正加快推进，完成年度投资2.8亿元。28宗小型水库除险加固、31宗小型机电排灌、10宗小型灌区改造工程基本完工，益塘水库灌区改造、乌陂河小流域治理、潭下河治理和华城内涝整治等工程加快推进。全面完成年度小型农田水利重点县工程和长布小型农田水利示范镇工程。完成14宗新增农村饮水安全工程建设，解决了3.35万人的饮水不安全问题。

电网建设扎实推进。35千伏长布主变扩建项目已投入使用，35千伏岐岭输变电站、河东布头村配变样板工程建设顺利推进。全县68个农网低压台区改造工程和龙村、梅林等13个镇小水电自供自管区域用户接管工作有序推进。

三、重建设强管理，城乡面貌明显改观

县城提质扩容步伐加快。完成县城第三次总体规划修编，县城中心城区27平方公里和琴江新区9.6平方公里的控制性详细规划编制工作加快推进，产城联动发展规划初步确定。投入1.8亿元提升改造市政项目，高标准完成了员瑾堤、澄湖堤、琴江亲水公园一期建设和水潭东路升级改造，鸿云大道全面贯通，环城大道路基工程建设完成总工程量的80%，新增县城道路13.1公里。水潭东路一期、园新路等供水管网铺设工程和县城亮化工程已完成。开通3条县城公交线路和园区至华城、安流客运专线。碧桂园一期建设加快推进，二期建设已启动。长乐大桥、县城污水处理厂二期、县城生活垃圾无害化填埋场动工建设。城区液化天然气场站和管网建设扎实推进。铁腕整治非法采砂行为，捣毁非法采砂船28艘，采砂场从64家减少至37家。彻底清拆了琴江河、五华河河道内的25家31艘鱼生船，确保河道行洪安全。

和谐美丽镇村创建亮点突出。完成16个建制镇总体规划修编、44个村庄整治规划编制和47个名村示范村规划编制工作。充分发挥"小都模式"示范带动作用，积极开展"和谐美丽镇村"创建活动，一批圩镇市场改扩建、道路硬底化、绿化亮化工程建设有序推进。坚持每月开展一次城乡环境综合整治暨"洁净五华·美化家园"大行动，推进城乡生活垃圾治理，新建镇级垃圾转运站18个。水寨镇西河社区获评省级宜居社区。

生态建设有力推进。完成碳汇造林1.27万公顷、森林抚育4666.7公顷、封山育林7333.3公顷，造林备耕8933.3公顷。对31.8公里梅河高速公路沿线的生态景观林带进行了抚育，建成一个省级保障性苗圃场。成功竞得省生态公益林激励性补助资金。出台《五华县加强森林资源管护体系建设实施意见》，强化护林员管护责任，组建集森林消防和"三防"于一体的专业应急队，组建镇级扑火队16支，初步形成种、管、护、防一体化管理体系。

国土资源管理规范有序。全力抓好重点项目用地保障工作，土地储备工作有效开展，共报批用地12批次182.2公顷。严格落实耕地保护责任，进一步规范土地和矿产资源市场，矿产资源整治成果得到巩固。出台《五华县规范农村建房用地管理办法》，逐步规范农村建房管理。

四、惠民生促和谐，社会事业全面发展

灾后复产重建取得阶段性胜利。面对"8·17"洪灾，全县上下和外出乡贤全力投入抗洪救灾复产和家园重建，努力把灾害损失减小到最低限度。全力筹措资金加快水毁道路、桥梁、水利设施修复重建，276户全倒户全部搬进新居。

新一轮扶贫开发全面启动。完成103个重点帮扶村1.27万户贫困户、6.3万贫困人口的对接工作，各级帮扶单位累计投入帮扶资金2.36亿元，落实村集体帮扶项目1199个。3700户低收入住房困难户住房得到改造，完成了4个"两不具备"自然村115户492人的搬迁安置任务。

教育事业加快发展。岐岭、华阳、转水镇实现教育强镇目标，河东镇通过省教育强镇督导验收，棉洋、安流镇通过省教育创强督前检查，启动横陂、潭下、周江、龙村、长布镇及县直学校的教育创强工作。县华侨实验中学、实验小学、实验幼儿园和龙村高

级中学建设扎实推进。高考省3A线以上入围5300人，同比增长5.8%。

人口计生工作得到加强。建立“每月一检查一考核”动态管理工作机制，实行结扎手术定点管理，实施免费孕前优生健康检查，加强社会抚养费依法征收，开展“人口计生服务村村行”活动和集中整治“两非”专项行动，全面完成年度人口计划任务，人口计生工作水平得到提升。

社会秩序平安稳定。扎实推进“平安五华”创建，加强社会治安综合治理，全力做好“百局千所”立体化治安示范单位创建和群防群治工作，有力打击了各类违法犯罪活动。重点信访案件领导包案责任制有效落实，全县信访量同比下降37.8%。县法律服务大厅和县社区矫正信息化管理平台启用，社会信用体系和市场监管体系建设稳步推进。投入1159万元，对河东镇火灾隐患进行专项整治并通过省验收。投入586万元，组建安流、华城消防中队。严格落实安全生产“一岗双责”，深入开展交通安全、烟花爆竹、食品药品等专项整治，安全生产形势总体平稳。

各项事业协调发展。村级“两委”换届选举工作扎实开展。积极实施“双提双带”工程，培训劳动力1.22万人，转移就业2.77万人。“五大险种”征缴收入2.97亿元，城乡居民医保、机关事业单位工作人员工伤和生育保险实现全覆盖，提高了财政供养人员津补贴，全面实施城乡居民大病保险制度，发放大病“二次补偿”医疗费995万元。县人民医院、县妇幼保健院提升改造和安流卫生院住院综合大楼、龙村中心卫生院门诊大楼建设有序推进。无偿献血49.4万毫升。县级公益性生态公墓一期建设扎实推进，提升改造了县殡仪馆基础设施。全面清理核查了低保对象，实现应保尽保、阳光低保。市七运会筹备工作和足球“三进”活动扎实推进，承办了梅州客家足球队中国足球乙级联赛主场赛事，完成了广播电视“户户通”工程和转水、梅林等5个镇农民体育健身工程建设。县图书馆被评为“国家二级图书馆”，河东镇河东社区获评“广东省科普示范社区”。“十项惠民工程”全面实施。人事编制、外事侨务、对台事务、双拥共建、征兵、气象、档案、方志、宗教、物价、供销、残联、妇女儿童、人防、打私、住房公积金等各项事业取得新发展。

五、转作风强队伍，政府效能明显提升

自觉接受县人大的法律监督、工作监督和县政协的民主监督，39件代表议案、建议和20件政协委员提案全部得到办复。严格落实中央“八项规定”以及厉行节约、反对铺张浪费有关规定，着力纠正“四风”，政务接待进一步简化和规范，“三公”经费支出同比下降5%。强化重点领域、重点环节的权力运行监督，商事登记改革步伐加快，网上办事大厅和县行政服务中心建成使用，行政管理和服务水平不断提升。加快政府职能转变，行政审批制度改革不断深化，审核清理行政审批项目297项，清理压减55.1%。全年审计项目50个，涉及资金1.29亿元。“六五”普法工作成效显著。深入落实党风廉政建设责任制，扎实抓好“廉洁城乡”建设，风清气正的干事创业环境逐步形成。

各位代表！回顾过去一年，成绩来之不易。这是市委、市政府和县委坚强领导的结果，是全县人民共同奋斗的结果，是社会各界鼎力支持的结果，是省、市直有关单位和广州市、番禺区大力帮扶的结果。在此，我代表县人民政府，向全县人民、驻五华部队、武警消防官兵，向所有关心和支持五华发展的海内外同胞们、朋友们，表示衷心的感谢和崇高的敬意！

各位代表！在看到成绩的同时，我们也更加清醒地认识到，全县经济社会发展还面临不少困难和问题：一是经济总量小、人均水平低，工业发展基础薄弱，加快发展压力大。二是产业发展缺乏龙头带动，主导产业不突出。三是收支矛盾突出，财政自给能力差，收支缺口大。四是城镇化率较低，农村建房秩序较乱。五是交通建设滞后，县内交通“通而不畅”，出县快捷通道尚未完善。六是干部队伍改革进取的锐气不足，政府行政效能仍需进一步提升。对此，我们将正视困难和问题，切实采取有效措施，努力加以解决。

2014年工作安排

今年政府工作的总体要求：认真贯彻落实党的十八届三中全会和中央、省、市有关会议精神，按照县委十二届四次全会要求，以建设“工业新城，长乐之乡”为目标，继续实施“两新两特两重点”、惠民生、促和谐、强队伍的工作思路，着力抓好园区扩能增效，着力抓好交通基础设施建设，着力抓好县城扩容提质，着力发展绿色富民产业，着力保障改善民生，着力推进各项改革，推动经济社会加快发展。

今年全县经济社会发展的主要预期目标：生产总值增长13%；地方公共财政预算收入增长15%以上；固定资产投资增长25%；城镇居民年人均可支配收入增长10%；农村居民年人均纯收入增长10%。为实现以上目标，重点抓好五方面工作。

一、全力推进以效益园区为重点的县域经济发展，壮大经济总量

*加大园区建设和招商引资力度。*完成产城联动规划编制，优化20平方公里的园区规划布局，把园区开发与县城建设相融合，完成广州番禺·五华合作共建产业园申报工作，取得省级产业转移园资格。启动油田工业区的规划建设。加快三坑板块、罗湖板块征地拆迁工作，完成集约土地100公顷以上，平整土地66.7公顷以上。完成工业一路市政配套设施建设，升级改造一横路、二横路、三坑路，加快三坑路、二横路高压供电线路迁移。严格执行“双控”措施，规范园区用地、税收等管理，落实进园企业“一站式”服务，全面提升服务水平和经济效益。围绕“2016年园区企业达到100家以上，年产值达到50亿元以上、税收超3亿元”的目标，继续落实县领导和单位招商引资责任制，全年引资70亿元以上，引进2个投资10亿元以上优质大项目。积极跟进意向项目尽快落户，力争谷城国际健康城、创盛工贸二期等项目尽快动工建设，海宴酒业、冠华传导二期、华阳包装、立信织造等7家企业实现投产，园区实现产值30亿元、税收1.5亿元以上。

*全力推动工业振兴发展。*深入实施产业振兴三年行动计划，全力扶持制酒制药、汽车配件、五金机电、工艺品加工和可再生资源加工利用等主导产业转型升级。鼓励和扶持辉胜达电器等骨干企业做大做强，支持辉骏科技、创盛工贸加快上市步伐，加快长乐烧酒业7500吨现代化仓库建设，力促眉山水泥厂100万吨粉磨站技术改造项目实现投产，支持白石嶂钼矿完善投产前各项工作。新增5家规模以上工业企业，规模以上工业增加值增长25%以上。

大力抓好耕山致富。继续落实耕山致富示范点挂办责任制，大力推进60个耕山致富示范点建设。支持特色农产品的品牌创建，新增3个省级名牌农产品，积极培育特色主导产品，扎实推进“一乡一品”、“一村一品”建设，建成特色农产品展示中心。种植蔬菜1.02万公顷，新增发展名优水果666.7公顷、特色水产养殖266.7公顷、高山云雾茶66.7公顷、南药33.3公顷，稳定烤烟种植面积。培育发展5家以上县级农业龙头企业和100家农民专业合作社，扶持茶叶生产企业发展，建设标准化茶叶加工厂2家。

加快特色文化旅游发展。开发以长乐古城、寨顶巷古村落等为重点的特色文化旅游，支持热矿泥温泉山庄升级改造为国家AAAA级景区。加快五洲阳光温泉、广东清闲农业生态园、鼎德信现代农业休闲庄园等旅游重点项目建设。加快长布元坑中国内地现代足球发源地的保护规划开发，推进世界球王李惠堂故居足球博物馆和足球产业园规划建设，支持梅州客家足球队冲甲，打造“球王故里”足球文化品牌。抓好古大存故居、李威光故居的保护规划开发。推进狮雄山秦汉遗址申报国家级大遗址公园工作。完成热矿泥旅游专线公路和枫林至平安寺公路建设，启动华城观源至狮雄山旅游公路建设。加大宣传推介力度，确保旅游接待量、旅游收入均增长30%以上。

扎实推进财税金融改革创新。创新财税管理机制，加强对重点行业、重点领域和重点税种的监管，确保应收尽收。强化财政资金整合使用，加大民生各项事业的投入。拓宽融资渠道，加强“政银企担”合作，加大对重点项目、重点企业的信贷支持力度，加快推进农村信用合作联社改制为农村商业银行工作步伐。

二、全力推进以高速公路为重点的基础设施建设，夯实发展基础

加快交通公路建设。全力推进汕湛高速、平兴高速五华段建设，完成兴华高速（含畲江支线）征地拆迁工作，确保无障碍施工。继续做好大埔—丰顺—五华高速公路建设前期工作。全面完成省道120线河东至油田、环城大道、龙村新大桥建设。省道228线华城至河东段升级改造为一级公路。动工建设兴华高速五华互通至县城一级公路、县道031线横陂至周江公路、县道003线金坑至龙村公路、郭田至双华公路。做好琴江公路动工前各项工作，力争今年动工建设。加快推进锡坑大桥等水毁桥梁重建工作。规划建设长乐大桥至化裕接省道120公路的连接线，汕湛高速华阳互通接乡道304金龙公路及长布、周江的连接线，谋划储备一批交通公路项目。抓好省道升级改造，力争新增国道185.4公里。同时，创新融资方式，保障交通公路建设资金需求，加快交通公路建设步伐。

加快水利电力建设。完成梅州（五华）抽水蓄能电站项目剩余专题报批审查及进场公路建设工作，做好移民安置点的规划建设，力争取得开工令。全面完成省级水利示范县项目建设任务，加快益塘水库、东方红水库、岩前水库等中型灌区和岐岭、华城内涝区整治工程建设。扎实推进蕉州河、琴江河双华段和梅江河五华段等中小河流综合治理工程，启动实施双头河、硝芳河、宣优河和新桥河等生态型小流域治理工程。做好横陂万亩堤围加固和安流、华城中心镇堤围加固等项目的规划设计。加快水毁河堤、山塘等水毁工程修复，确保安全度汛。启动

110千伏枫林、狮潭输变电和10千伏及以下配网工程建设，完成全县68个农网低压台区改造工程和龙村、梅林等13个镇小水电自供自管区域用户接管工作。

三、全力推进以县城提质扩容为重点的城乡建设，改善人居环境

加快县城提质扩容。建立覆盖城乡的“三规合一”规划体系，优化县城空间布局，完善县城中心城区27平方公里的控制性详细规划，高标准规划9.6平方公里的琴江新区，启动3平方公里的起步区建设。加快推进碧桂园二期、长乐大桥建设，完成县城生活垃圾无害化填埋场升级改造、下坝堤湿地公园建设及沿路改造提升工程，建成县城农贸批发市场，启动琴江亲水公园二期、长乐大桥湿地公园建设。规划建设环城大道接琴江公路的东延线。加快建设县城液化天然气场站和管网。增加出租车、公交车投放市场营运，加大县城无牌无证三轮车营运的整治力度。完善城市管理体制机制建设，全力推进“广东省卫生县城”创建活动，改善人居环境。

推动和谐美丽镇村创建。坚持把实施“123”工程和名镇名村建设、“和谐美丽镇村”创建有机结合起来，不断完善镇村配套设施。推广“小都模式”，鼓励和引导乡贤参与和谐美丽镇村建设，扎实推进华城、岐岭2个特色镇和小都、畲柯、新一3个美丽乡村建设，创建一镇一个示范点，不断改善农村人居环境。继续开展“洁净五华·美化家园”大行动，加强城乡生活垃圾治理，完成“一村一点”建设，着力改变“脏、乱、差”现象，推动城乡面貌持续改观。

提升生态文明建设水平。大力实施森林进城、森林围城工程，动员全社会参与“新一轮绿化广东大行动”，建立健全造林绿化新机制，鼓励和支持群众通过承包、合股等多种形式加快荒山、荒地的开发和造林绿化，大力发展现代林业和林下经济。全面完成“一消灭三改造”碳汇造林任务，高标准建设工业大道、环城大道绿色通道，全面提升蒲丽顶森林公园、县城主要进出口及“五沿”绿化档次和水平，加强全县生态公益林和梅河高速五华境内绿色廊道景观林带管护。建立健全森林防火体制机制，严厉打击毁坏森林资源的行为，坚决遏制重大森林火灾。继续落实殡葬改革目标责任制，完成县级公益性生态公墓一期、革命烈士陵园建设，加大“三道两区”占地毁林建坟专项整治力度。健全节能减排问责机制，完成省、市下达的目标任务。

加强国土资源管理。严格实施土地利用和矿产资源总体规划，全力争取用地指标，加大土地储备力度，完成城区和城市建设扩展区7宗重点地块征储任务。完成数字五华地理空间框架建设，实施“一村一镇一地图”工程。加强农村建房管理，规范宅基地报批，逐步改变农村有新房无新村的面貌。严厉打击违法用地、违章建筑、非法采矿等行为，全面规范国土资源管理秩序。加强地质灾害防治，确保地质灾害隐患点每年递减10%。

四、全力推进以底线民生为重点的社会事业发展，提升人民群众幸福感

不断完善保障体系建设。全面实施新成长劳动力全员培训、全员推荐就业的“两全”工程。加大“五大险种”扩面征缴力度，实现城乡居民医疗保险全覆盖目标。健全社会救助体系，实现低保户、五保户等困难群体应保尽保。落实优抚安置政策，提升养老服务水平。大力发展慈善事业和志愿服务事业。建成县救灾物资储备仓库。启动镇、村两级便民服务中心和网络建设。

扎实推进扶贫开发。突出长效帮扶，全力改善贫困村生产生活条件，致力打造长远稳定脱贫致富的主导产业，完成“两不具备”自然村搬迁安置工作和“大禹杯”竞赛项目。全力推进103个重点帮扶村的扶贫开发工作，实现60%以上重点村村集体经济年收入达到5万元以上，80%以上重点村贫困户稳定脱贫的目标。

全力创建教育强县。优化教育布局和结构，改善教育教学条件。上半年完成棉洋、安流镇教育创强督导验收，加快推进横陂、潭下、周江、龙村、长布镇及县直学校的教育创强工作，实现教育强镇全覆盖、创建教育强县和义务教育发展基本均衡县的目标。

加快卫生计生事业发展。完成卫生计生机构改革，深化县级公立医院综合改革，鼓励合作办医、民营资本办医。建设县中医院外科综合楼，加大无偿献血工作力度，确保临床医疗用血需求。扎实抓好定点结扎、免费孕前优生健康检查和“人口计生服务村村行”活动，严格执行人口与计划生育责任制考核办法，坚决实行计划生育“一票否决”制度，稳定低生育水平。加强人口计生队伍建设，全面夯实基层基础，提高人口计生工作整体水平。

维护社会和谐稳定。加强社会治安综合治理，加快县城治安视频监控设施建设，加大“黄赌毒”治理力度，严厉打击各类违法犯罪活动。推进县应急平台和综治信访维稳平台建设，加强互联网管理，畅通信访渠道，下大力气化解信访积案，依法依规处置缠访、闹访行为，保持信访正常秩序。严格执行安全生产“一岗双责”制度，加强食品药品、非煤矿山、危化品、烟花爆竹、建筑施工、道路交通等重点行业和重点领域的安全监管整治，坚决遏制重特大事故的发生。

推进各项事业发展。完成第三次经济普查和村级“两委”换届选举工作。加大科技推广力度，加强省级专业镇建设。充分挖掘县内传统优秀的民间艺术，擦亮采茶戏、竹马舞、木偶戏等文化品牌。完成风雨操场升级改造，筹办好市七运会。发挥社工委作用，积极探索社会管理的新方法、新模式。切实加强人事编制、广播电视、外事侨务、对台事务、民兵预备役、双拥共建、征兵、气象、档案、宗教、物价、粮食、人防、打私、住房公积金等工作，进一步发展妇女儿童、老年人事业，加快推进社会各项事业全面发展。

五、全力推进以为民务实清廉为重点的政府建设，提升行政效能

全面提升政府创新力。善于学习借鉴先进地区的好经验和好做法，切实克服封闭保守、墨守成规等思想障碍，解放思想、大胆探索、主动作为、勇于担当，不断提升谋发展、破难题的能力。继续精简行政审批事项，加快数字化城市管理、办公自动化建设，不断提升工作效能。全面开展商事登记制度改革，坚持“宽入严管”，强化事中、事后监管，培育发展市场主体，激活市场活力。

全面提升政府执行力。坚持问题导向，建立抓落实和目标责任管理机制，实行重要工作“限时办结制”，完善工作考核激励机制，突出考核质量和实效。加大重点工作督办力度，严肃查处推诿扯皮、不作为和乱作为的行为，切实解决“中梗阻”问题。结合党的群众路线教育实践活动，勤调研、摸实情、找对策，少开会、开短会，转变作风抓

落实，全面提高执行力。

全面提升政府公信力。主动接受县人大及其常委会的法律监督、工作监督和县政协的民主监督，认真听取社会各界意见和建议，自觉接受公众和舆论监督，严格执行县人大及其常委会的决议、决定，认真办理人大代表议案、建议和政协委员提案，切实提高办理质量。认真落实党风廉政建设责任制，深入推进“廉洁城乡”建设，加大对土地出让、工程招投标等重点领域的监督力度，严肃查处各类违纪违法案件。严格执行中央“八项规定”和厉行节约、反对浪费的要求，大力压缩“三公”消费，全力打造人民满意的政府，不断提高政府公信力。

各位代表，为切实解决广大群众最关心、最直接、最迫切问题，今年我们将集中力量办好“十件民生实事”。

一是保障底线民生。城镇低保月人均补差水平提高到不低于334元、农村不低于148元；城乡居民养老保险基础养老金人均标准下半年由65元/月提高到80元/月；农村五保年供养标准提高到不低于当地上年度农村居民人均纯收入的60%；低保户基本医疗保险政策范围内住院自负医疗费用的救助比例提高到70%以上；残疾人生活津贴标准由100元/年提高到600元/年，重残护理补贴标准由600元/年提高到1200元/年。

二是提高就业和社会保障水平。培训各类劳动力1万人次以上，转移就业1.8万人次以上；新增城镇就业人员5000人以上，城镇登记失业率控制在3%以内。职工养老保险的企业退休养老金提高10%，城乡居民医保每人年补助标准由280元提高到320元，城镇职工医疗保险年最高支付限额由30万元提高到33万元，城乡居民医疗保险住院报销比率提高5%。对民办养老机构（含公办民营）入住老人每月每床给予100元运营补贴。

三是促进教育均衡发展。实现教育强镇全覆盖、创建教育强县和义务教育发展基本均衡县的目标；加快推进县华侨实验中学、实验小学、实验幼儿园和龙村高级中学建设。

四是改善农村生产生活条件。完成4.8万亩高标准基本农田建设任务；完成潭下河、周江河等2宗中小河流治理，乌陂河、罗陂河、棉洋河等3宗小流域治理和19宗小型灌区改造工程；改造升级农村电网。

五是提升人居环境。启动人民公园人居环境改善工程；完成县城污水处理厂二期及管网建设；完成上坝堤、水中堤、水寨大道南段升级改造；建成100套保障性住房。

六是提高医疗卫生服务水平。实施偏远镇卫生院在编人员岗位津补贴政策；建设县120公共卫生应急指挥中心；为每个镇配置“五个一”医疗设备；提高地中海贫血筛查率。

七是实施交通便民工程。增加公交车的线路和密度，新增出租车40辆；完善县城关键节点的交通设施；完成农村公路硬底化100公里。

八是实施造林绿化工程。完成森林碳汇重点生态工程建设13.4万亩、备耕13.4万亩；打造“村村绿”示范点10个以上。

九是加强食品安全监管。实施“放心菜”“放心肉”工程；建成新水寨肉联厂。

十是开展助困扶残。完成4300户农村低收入住房困难户的住房改造任务；为500名贫困白内障患者实施免费复明手术；建成残疾人康复中心。

各位代表！新征程承载新使命，新目标赋予新任务。让我们在县委的坚强领导下，以更加振奋的精神，更加有力的举措，更加务实的作风，为推动五华加快发展、科学发展，建设“工业新城，长乐之乡”而努力奋斗！

附：

名词解释

1. **两新两特两重点**：指新型工业化、新型城镇化，特色休闲高效农业、特色文化旅游，以交通水利为重点的基础设施、以造林绿化为重点的生态环境。

2. **汕湛高速**：起点位于汕头，终点位于湛江，五华境内全长40.5公里，途经棉洋、梅林、华阳等镇，预计于2015年年底建成通车。

3. **平兴高速**：是济广高速公路在广东省境内的一段，由北往南经平远县、梅县区、兴宁市，终点位于五华县转水镇，与梅河高速公路相接。五华境内全长4.8公里，途经转水镇青西村、三源村，预计于2015年年底建成通车。

4. **兴华高速（含畲江支线）**：全称为兴宁至汕尾高速公路兴宁至五华段，五华境内全长81.15公里，途经转水、河东、水寨、横陂、安流、梅林等镇，预计于2017年年底建成通车。

5. **产城联动**：指各类产业与城市基础建设一起发展，形成工业化与城市化的互动并进。2013年8月，省委胡春华书记到五华县视察时指出，县经济开发区与县城连在一起，要通过园区规模的扩大，聚集农村劳动人口，完善基础设施，扩张城市，使城市有大的发展，同时完善城市的服务功能，支撑整个工业的发展，打造产城联动。

6. **小都模式**：指以村委会为主导，充分挖掘和发挥群众主体作用，以“全面改造、分段推进，建立机制、长效管理”的办法，实施村庄净化、绿化、亮化、美化工程，引进城市“物业管理”模式，对小都所辖范围内的环境、卫生、绿化、安全、公共设施进行全面的清理、整治和更新改造。在环境改造治理完成后，搭建完善的物业管理架构，帮助小都长期有效地进行环境卫生管理，形成新农村建设中有特色的“小都物业管理模式”，简称“小都模式”。

7. **“两不具备”自然村**：指不具备生产、生活条件的贫困村。

8. **双提双带**：指以提升技能水平，提高就业质量为目的，开展激励式技能培训，引导鼓励新成长劳动力和优秀中青年劳动力带头参加“订单式”技能提升培训，实现定向就业，打造劳务输出品牌，辐射带动全县城乡劳动力积极主动参加技能提升培训，促进区域劳动力实现高质量转移就业，加快脱贫奔康致富步伐。

9. **五大险种**：指养老保险、失业保险、医疗保险、工伤保险、生育保险。

10. **大病“二次补偿”**：指参加城乡居民医保的参保人年度内一次或多次住院个人自付费用累计超过16761元的，超出部分可再次获得50%的赔付，超过6万元以上的部分，获60%比例赔付。

11. **商事登记**：指申请人按照有关规定向商事登记机关提出申请，由商事登记机关将商事主体的设立、变更或注销等事项进行登记，签发营业执照并予以公示的行为。

12. **“双控”措施**：2012年，县政府出台了《五华县招商引资企业“双控”暂行办法》（华府〔2012〕48号）文件，依法依规对进园企业的投资强度和建设进度作出明确的控制规定，简称为“双控”措施。

13.**“政银企担”合作**：指政府、银行（金融机构）、企业、融资担保公司之间搭建一个相互了解的平台，使银行业、中小微企业和融资担保公司了解政府的政策导向，银行业了解企业的融资需求，企业了解银行业的贷款条件和融资担保条件，由政府牵头解决存在问题，从而扩大银行业对中小微企业的信贷支持，促进中小微企业健康快速发展。

14.**三规合一**：并非指只有一个规划，而是指只有一个城市空间，在规划安排上互相统一，同时加强规划编制体系、规划标准体系、规划协调机制等方面的制度建设，强化规划的实施和管理，使规划真正成为建设和管理的依据和龙头。

15.**“123”工程**：高起点规划建设一个县城，重点抓好两个特色镇，精心打造三个美丽乡村。

16.**一消灭三改造**：指按照省、市部署，从2012年开始至2015年，用4年时间消灭我县现有96.84万亩的宜林荒山荒地和改造疏残林、纯松林及布局不合理的速生林。

17.**“五沿”**：指沿路（高速公路和国、省道）、沿江（梅江、琴江、五华河）、沿水（水库）、沿线（旅游景区景点）、沿城乡。

18.**三道两区**：指铁道、国道、省道公路两侧及城市周边区、风景名胜区。

19.**“一村一镇一地图”工程**：指基于地理空间框架，通过对每个乡村自然地形地貌、山水田林路的地名地址进行调查和标注，最终做成一个行政村一张地图，一个镇一张地图。这些地图和数据，既是村镇地名地址数据库的组成部分，也是地理空间框架的有机组成，将为美丽幸福村居建设、生态文明新农村建设、社会管理、应急指挥等提供详细、准确的地理信息服务。

20.**“大禹杯”项目**：全称为“大禹杯”竞赛活动，主要内容为以治水为中心，山、水、田、林、路综合治理，重点解决农业、水利、林业、国土资源、交通等职能部门工作规划中未涵盖的部分欠发达地区农业基础设施建设问题。本项目以贫困村为项目实施单位，省每年扶持一批贫困村，借此引导和带动地方政府加大投入，调动农民投工、投劳的积极性，共同改变贫困村的落后面貌。

21.**“五个一”医疗设备**：指一辆救护车（含车载设备）、一台全自动生化仪、一台500毫安X光机（中心镇卫生院配置直接数字化X线成像系统）、一部黑白B超（中心镇卫生院配置彩超）、一台心电图仪。

大事记

2014年五华大事记

1　月

1日，全县商事登记改革正式启动。

2日，广东省卫生计生委主任陈元胜率省卫生计生委相关处室负责人，到转水镇下潭村开展慰问活动。

3日，省卫生和计划生育委员会党组书记骆文智率省卫生计生委相关处室负责人以及义诊团，到潭下镇光华村开展慰问活动。

15日，广东省广晟集团董事长朱伟率集团领导和部门负责人，到棉洋镇开展对口帮扶工作。

△五华召开创建“广东省卫生县城”动员大会，正式启动创建工作。

△县政府常务会研究决定，将七峯径林场改制后处于失管状态的大光、径顶自然村增设棉洋镇大光村民委员会，并落实村干部编制。

23日，五华首家惠民村镇银行正式挂牌成立，对外办理各类金融业务。该银行是经中国银监会批准，由吉林九台农商银行携当地知名企业发起设立的股份制商业银行。

25日，全省党的群众路线教育实践活动第一批总结暨第二批部署会议在广州召开。张映平、范宜军等在县分会场收看收听会议。

△经过4个多月的紧张施工，琴江亲水公园（首期）完成基本工程建设，正式向广大群众开放。

△五华县经济开发区内的工业大道，完成硬底化及亮化等相关配套设施建设，正式建成通车。

△五华县城员瑾堤、澄湖堤续建改造工程竣工，正式通车。

27日，五华投入近200万元购置的6部公交车，正式在县城开通运行。

28日，原广东省委统战部部长郑群，国家航天一院研究员、副总工程师陈浪平，华南师范大学教授魏标贤，原梅州市委统战部副部长钟兆平等收藏的200件文物，在县博物馆展出，并进行义卖活动。

是月，五华县总投资4722.02万元的19个小型灌区改造工程项目完成工程招投标，进入全面建设阶段。

2　月

5日，五华县2014年第十三届“球王杯”足球赛在县体育场降下帷幕，河东镇代表队获得冠军。

7日，五华县“春暖梅州”就业服务专场招聘会在县府文化广场举行。

14日，县委召开党的群众路线教育实践活动动员部署大会。

19—20日，广东省林业厅厅长张育文带领林业厅相关部门负责人到五华检查指导春季造林工作。

25日，县政协九届四次会议在县党政大会堂开幕。

△投资1500万元的新水寨肉联厂动工兴建。该厂位于水寨镇高车村，占地面积8389平方米，建成后日屠宰能力达1000头生猪。

26日，五华县第十四届人民代表大会第四次会议在党政大楼大会堂开幕，县长范宜军向大会作《政府工作报告》。

28日，县污水处理厂一期项目（TOT）移交仪式在县水质净化所举行。县污水处理厂由粤海水务集团采用“TOT+BOT”模式合作运营，出资2700万元获得一期项目30年的特许经营权；独资2800万元采用A/A/O工艺建设二期工程，获得30年特许经营权。

是月，春节期间，五华回乡乡贤捐资1400多万元（含认捐），用于道路桥梁、教育、环境卫生等公益事业，全力支持家乡建设。

△投资4600万元，全长1350米的琴江河县城段水中堤升级改造工程开始动工建设。

3 月

6日，广州开发区党工委书记、管委会主任、萝岗区委书记骆蔚峰率队到县考察园区建设和招商引资工作。

10日，广百股份有限公司和广东长乐烧酒业股份有限公司的扶贫项目签约仪式在岐岭镇举行。

12日，县五套班子领导与县委办、县府办、县林业局以及水寨镇干部职工300多人一起，到蒲丽顶森林公园造林点，参加义务植树。

13—14日，广州市经信委主任王旭东到县考察园区建设和招商引资工作。

14日，省委第七督导组到县检查指导党的群众路线教育实践活动工作。

24日，广东省军区司令员盖龙云到五华调研武装力量建设。

26日，水利部水保司司长刘震一行到县调研水土保持工作。

28日，全国普法办通报表扬在“六五”普法中期督查、评比活动中的先进集体和个人，五华县荣获“全国普法先进县”称号。

是月，位于水寨镇七都村的长乐大桥动工建设。该桥西起梅华路（县道969线），向东跨越梅江河与河东镇横塘村村道衔接，桥宽22米，主桥170米，引道1558米，工程总造价1.79亿元，采取BT模式建设。

△广东长乐烧酒业股份有限公司被评定为第二批“广东老字号”企业，是此次梅州市唯一获此殊荣的企业。

4 月

9日，市政协主席李金元率队到龙村镇与县政协联合开展“政协和谐林”植树活动。

10日，县政府举行食品药品监管体制改革职能交接仪式。

12日，五华县作家协会召开第二次代表大会，缪德良当选作协主席，古从新、张小玲当选作协副主席。

13日，93岁高龄、曾与世界球王李惠堂一起征战球场的李广铸，向县体育局捐赠一批其几十年收集的有关李惠堂的珍贵图文史料。

19日，由龙村镇乡贤温喜泉捐资580万元新建四幢，建筑面积3000平方米的硝芳卫生院举行揭幕庆典仪式。

29日，广州市国资委主任黄伟林、萝岗区区长李红卫率广州市优秀企业到五华经济开发区考察。

30日，五华县人民检察院驻华城检察室举行挂牌揭幕仪式。5月5日，派驻龙村、安流、长布检察室也相继挂牌成立。

是月底，全县完成植树造林面积1.01万公顷，比年度造林目标任务8926.7公顷超出1220公顷，增幅达13.6%。

5 月

3日，共青团中央发出表彰通知，中国移动通信集团广东有限公司五华分公司团支部荣获2013年度“全国五四红旗团委（团支部）”称号。

6日，省道华中线大田过境段全面完成征地拆迁工作。

8—9日，广州工业发展集团到县开展调研考察活动。

9日，五华县委实践办和县博物馆联合举办的“广东省廉政文物展”拉开帷幕。

20日，水利部珠江委副主任谢志强率国家防总检查组一行到县检查防汛和山洪灾害防治工作。

21日，广州市市长陈建华率广州党政代表团到五华经济开发区检查对口帮扶工作，并在梅城召开穗梅对口帮扶工作会议。

△番禺区委书记卢一先率该区领导班子成员、相关部门、镇（街）负责人及商会、企业家代表一行，到五华开展对口帮扶对接工作，共同探讨对口帮扶相关事宜。

22日，广东省抗洪抢险民兵轻舟机动五大队五华轻舟分队成立。

23日，广州市委副秘书长、政研室主任沈奎率广州市委政研室及广州市华润教育科技有限公司代表一行到龙村镇睦贤村，跟踪扶贫项目工作。

是月，县城新增40辆出租车正式投入运营。

△投资4400万元，全长1333米的县城上坝堤升级改造工程动工建设。

6 月

1日起，在县城城区（含水寨、河东、大坝）范围内全面禁止机（电）动三轮车通行。

10日，县举行2014“感恩琴江、保护生态”增殖放流活动，分别在琴江河县城亲水公园段和益塘水库放流500万尾鱼苗。

13日，潭下镇外出乡贤卢远桓捐资100多万元建设的光华小学新教学大楼落成。

14日，五华商会组织的中山医科大学及附属医院的70多名专家教授，到五华开展义诊活动。

17日，五华县原卫生局和原人口计划生育局正式合并为五华县卫生和计划生育局，简称为县卫计局。新组建的县卫计局，内设股室11个。

18日，市长谭君铁到济广高速平兴段转水枢纽互通、五华至兴宁县际快捷通道、五华环城大道等施工现场检查施工进展情况。

20—21日，广州市国资委组织市属国有企业到五华衔接项目落地工作。

21日，第二届“五华荔枝节”在益塘水库旅游区举行。来自全市及潮汕、河源、珠三角等地的自驾车友和旅游团等共300多人参加活动。

25日，省发改委党组书记、主任李春洪率相关部室负责人和暨南大学附属医院医务人员一行，到县开展“广东扶贫济困日”活动。

27日，省卫计委主任陈元胜率省红十字会、省医师协会、广东省第二人民医院、广州市第一人民医院医疗队以及相关部室负责人，到县开展扶贫济困日慰问活动，送上价值31.72万元的药品和生活用品一批。

30日，县城污水处理厂二期工程实现试通水。该工程总投资2800万元，设计规模为2万吨/天，由粤海水务公司负责投资建设和运营管理。

是月，水寨镇大布七月七药粄制作技艺、周江镇锡制品制作技艺、棉洋镇天柱山绿茶制作技艺和周江镇观音民俗庙会等4个项目列入五华县第五批县级非物质文化遗产代表作名录。

7 月

4日，省卫计委、省人口文化促进会、市卫计局、五华县委县政府，联合举办广东省科学育儿家庭教育主题讲座，吸引400多名父母聆听取经。

△大埔县党政代表团到五华县参观考察。

5日，琴江亲水公园（二期）工程正式动工建设，该工程投资6000万元，分为侨乡文化区、运动健身区，是一期工程的续建项目，占地面积7.5万多平方米。

6日，五华县供电局成功采用新技术进行10千伏高压带电作业，完成新装隔离刀闸高压电源上引线搭接，实现五华境内10千伏配网带电作业“零突破”。

13日—8月20日，由梅州市政府主办、五华县政府承办的市“长乐烧”杯第七届运动会在五华举行。本届运动会是历届梅州市运会规模最大、参赛人数最多的一届。来自全市5县1市2区8个代表团1500名运动员，260名领队、教练员，289名裁判员参加赛会。五华县以62枚金牌位居金牌榜榜首。

14日，五华县以96.6的高分通过全国第二批水土保持监督管理能力建设县初步验收。

16日，番禺区政协主席谭应华率番禺区石碁镇及经贸局负责人，到棉洋镇中新村开展对口帮扶工作，正式启动百万扶贫项目。

20日，位于员瑾堤、实验学校和第三小学之间，投资1000万元，总面积约1.90万平方米的狮山公园动工建设。

25日，市政协主席李金元带队到五华视察工业经济发展情况，并走访部分委员企业。

是月，河东镇水梅路大新街至河东大道段升级工程动工，该工程全长548米，总投资310万元。

8 月

5日，总投资约2.3亿元的五华县华侨实验中学动工建设。

14日，广东省总工会在兴华中学正式启动2014年“金秋助学”活动，向县总工会捐赠“金秋助学”资金20万元。

15日，省人大常委、省人大农工委副主任林进雄率省人大代表一行13人，到县开展“回头看”活动，视察碳汇造林生态基础工程建设。

19日，省道228线G25长深高速出入口至河东镇塘背段二级升一级公路改造施工图通过专家组评审。

△住建部巡查组到县督查保障性安居工程建设。

22日，市委书记黄强到五华先后考察济广高速转水枢纽互通工程、冠华传导科技公司、县城员瑾堤改造工程等项目，重点了解五华“三大抓手”建设进展情况。

△2014年希望工程卓定华助学基金暨高

考奖颁发大会在县党政大楼大会堂举行。180名准大学生每人获得5000元的奖励。

是月，广州林业和园林局筹资266万元落实五华县安流镇双径村帮扶项目。

△县城建设路和园新路两条主干道升级改造工程动工，改造工程总长560米，包括路面工程、亮化、绿化以及水沟、人行道等市政配套工程。

9 月

2日，省卫计委党组书记、副主任骆文智到五华调研挂点帮扶村扶贫工作。

3日，安流中学高一（18）班学生邓国猛在上学途中安流大桥跳河勇救一自杀男子被溺不幸牺牲。事后，被团省委、省青联追授“广东青年五四奖章”；被梅州市见义勇为基金会评定为“见义勇为”行为。

15日，省委副书记、政法委书记马兴瑞到横陂镇小都村，对物业管理进乡村，帮助村镇环境优化，建设宜居家园项目进行调研。

△中共东江后方特别委员会驻地旧址——长布镇石灰坝骏兴楼爱国主义教育基地举行挂牌仪式。

18日，市长谭君铁深入益塘水库库区和七目嶂省级自然保护区调研备用水源和林业生态保护开发工作，要求坚守生态底线，加快振兴发展。

26日，省委常委、广州市委书记任学锋深入番禺（五华）产业转移工业园调研。要求集中精力，加快工业发展。

28—29日，广州番禺区、五华县决定在广州番禺（五华）产业转移园内，规划289.4亩合作共建番禺节能科技园。

30日，全国第一个法定“烈士纪念日”，县在蒲丽顶森林公园革命烈士纪念碑前举行公祭烈士活动。

是月，总投资6100万元的乌陂河治理工程完成改造。该工程治理河道16.45公里，改造防汛道路0.99公里，同时治理水土流失面积13.14平方公里，营造水土保持林647.14公顷。

10 月

1日，五华县旅游美食文化活动周在国际大酒店广场开幕。

△安流镇文葵村举行文化广场落成剪彩庆典。该广场由乡贤古广明等捐资100多万元兴建，占地3000多平方米，配有戏台、健身器材、石凳等设施。

3日，深圳市东方建富集团“汉满爱心基金”教育奖学金颁奖暨捐款大会，在周江中学举行。东方建富董事长杨汉军、叶秀满伉俪对考上重点本科的29名学生每人奖励5000元，对考上重点高中、在校优秀学生奖励1000元。同时捐款70万元支持周江镇“创建教育强镇”、捐款70万元帮助兴建中兴卫生院综合楼。

13日，副省长邓海光率队到县就营造森林碳汇工程、革命老区发展等工作进行专题调研。

14—16日，省交通集团组织召开兴华高速施工图审查会议，全长约85.5公里的兴宁至汕尾高速公路兴宁至五华段（含畲江支线）计划于2017年建成通车。

15日，五华召开全县党的群众路线教育实践活动总结大会，对开展教育实践活动进行全面总结。全县在党的群众路线教育实践活动期间，完成“马上就改”项目1694个，解决关系群众切身利益问题801个、联系服务群众“最后一公里”问题647个。

16日，省水利厅厅长林旭钿等率队调研五华县中小河流专项治理工作。

20日，“集思公益·幸福广东——支持妇女计划”支持的“共创成长路”社工服务站在河东镇桂岭小学揭牌。

是月，五华县全面铺开律师进村工作。全县聘请34名律师分别担任16个镇446个村（居）的法律顾问。

△S228线五华县华城高速路口至河东段公路改建工程第一期斗米岭至河东镇塘背（穿县城段）工程动工，该期工程线路长9.02公里。该公路是五华县第一条一级公路。

11 月

3日，广东狮子会爱芯工程委员会携手8个服务队到县举行“爱芯工程·扶志助飞”公益助学活动。向县南山小学，郭田镇第一小学、蕉州小学赠送11套价值22万元的电化教学设备、软件和近3000册图书。

4日，广州市委常委、宣传部部长甘新率工作组一行，到挂钩扶贫的横陂镇新寨村检查对口帮扶工作。

6日，梅州市、五华县公安部门在河东镇茶亭岗一农户李某全的楼房查获一制毒窝点。现场缴获成品固态病毒约90公斤、液态冰毒154.9公斤、原材料麻黄素约102公斤及半成品一批。制毒嫌疑人范某艇、范某美、范某振、陈某钢（均为汕尾市陆丰市甲西镇人）等当场擒获。

6—7日，市委书记黄强率队深入五华城乡调研。强调坚定不移走新型工业化道路，全力推动五华加快振兴发展。

8日，深圳市卫计委组织深圳市人民医院、妇幼保健院等院所的34名医技人员，专程到横陂镇开展扶贫义诊活动，向该镇卫生院赠送一批医疗器械，为基层卫计工作人员进行业务技能培训。

9日，广州市市长陈建华率队到五华县长乐大桥建设现场、河东工业园规划区域考察。

15日，水寨中学举行建校100周年庆典活动，1000多名校友相约回校欢聚一堂，共庆母校百年华诞。各地校友嘉宾捐款1400多万元支持母校发展。

20日，省政协副主席梁伟发率队到县专题调研“丰华兴梅产业集聚带”规划建设。

22日，东莞市五华商会第一届选举大会在东莞会展国际大酒店召开，大会推选古军荣当选会长。

22–23日，南方日报社社长张东明，省委农办副主任、省扶贫办主任莫定伟到五华调研扶贫“双到”工作。

25日，岐岭镇凤凰村、横陂镇夏阜村入选由住建部、文化部、国家文物局、财政部、国土资源部、国家旅游局等联合公布第三批中国传统村落名录。

27日，广州市委常委、组织部部长王世彤率队到河东镇河口村开展扶贫“双到”工作。

28日，潭下镇中心幼儿园正式启用。该园规划建设占地6000平方米，建筑面积2709平方米，总投入300万元。

是月，县委、县政府专门成立振兴发展工作领导小组以及产业园区建设、交通基础设施建设、城市扩容提质三个指挥部，统筹协调加快振兴发展工作。

△全县23741户低保户获价值每户100元的文化消费补贴，共发放9764册图书，44130件文具。

12 月

4日，广东省交通集团有限公司董事长、党委书记李静，率相关单位和部门负责人到潭下镇金石村，调研扶贫“双到”工作。

10日，梅州市客家山歌传承保护中心组织演员到梅林镇宣优村进行文艺展演，吸引上千人观看。

17日，省军区副司令员陈维展到县调研人武部建设。

19日，市委书记黄强、市长谭君铁率梅州市、五华县有关领导到广州抽水蓄能电厂学习考察，要求加快梅蓄项目建设，助推五华振兴发展。

24—26日，五华县足球代表队夺得梅州市第五届蓝宝石李惠堂足球赛甲组冠军。

26日，县召开县城中心城区控制性详细规划等方案汇报会，研究评审《五华县中心城区控制性详细规划》和《琴江新区规划》方案。

28日，由五华县委宣传部、五华县文联主办的“中国梦·长乐情”五华县书画作品展，在梅城市文学艺术中心（原华侨博物馆）开幕。本次书画展共展出80幅作品，均由五华籍书画家精心力作。

是月，梅州抽水蓄能电站《移民安置规划大纲》《移民安置规划报告》通过了水电水利规划设计总院和省移民工作局专家组联合评审。

△琴江河流域（横陂段）治理工程动工建设。该工程治理河长28.1公里，其中琴江河主河道长4.3公里，主要支流小都河中下游23.8公里，河道清淤24公里，新建河堤3.1公里，河道护岸9.5公里。

△横陂镇乡贤魏宝芳捐资100万元成立横陂镇夏阜中学奖教奖学基金。

△全国劳模曾伯初经10年潜心创作的25万字长篇小说《小小牧童闹山乡》出版发行。

概况

2014年五华概况

基本概况

【建置沿革】 五华史称长乐。北宋熙宁四年（1071）置县，称长乐县，县治长乐镇（今华城镇），归广南东路循州管辖。宋绍兴十九年（1149）迁县治于七都九龙冈（今水寨镇七都村）。元世祖至元二十九年（1292）复县治于长乐镇。明洪武属惠州，清雍正属嘉应州。民国3年（1914）易名五华，县治长乐镇改称华城，属潮循道。1949年新中国成立，属兴梅专区；1952年属粤东行政区，自1954年始，县治从华城迁至水寨至今。1956年属汕头专区；1965年属梅县地区；1988年后属梅州市。

【位置面积】 五华县地处广东省东部、韩江上游，位于北纬23° 23′ ~24° 12′ 、东经115° 18′ ~116° 02′ 之间。本县版图略呈三角形。东南界丰顺、揭西、陆河，西南接东源、紫金，西北邻龙川，东北连兴宁。县境东起郭田照月岭，西止长布鸡心石，南起龙村登畲香炉山，北止华城新桥洋塘尾。东西宽71.59公里，南北长87.99公里，总面积3237.8平方公里。

【地质、地形、地貌】 五华地质较复杂，主要有侵入岩、喷出岩、砂质岩、石灰岩、花岗岩等五大类岩石构成山地、丘陵、盆地等三大地貌类型。全县山地占49.1%，丘陵占41.3%，河谷冲积平原占5.4%，盆地占4.2%。

盆地　西南东三面群峰矗立，地势逐渐由西南向东北倾斜。地形分为西部山地盆地区（北起玳瑁山，南至南琴江，西自白云嶂、七目嶂，东止马凹，包括潭下、长布、周江、华阳、横陂西部和岐岭、华城、转水的南部，横陂、安流的西部，龙村、梅林的北部）；东南山地丘陵区（梅江河谷平原以南，琴江谷地以东，包括棉洋、双华、郭田和龙村、梅林、安流、河东的一部分）；北部丘陵区（梅江和五华河谷地北部，包括岐岭和华城、转水、水寨的一部分）和中部河谷平原区（包括琴江、五华河沿岸狭长的河谷地带，和梅江五华县境河谷平原。琴江河谷平原南起梅林北部，北至河东河口，包括梅林、安流、横陂、河东、水寨大坝的一部分；五华河谷地西起蓝关，东止水寨大坝，包括岐岭、华城、转水、水寨大坝的沿河两岸；在琴江和五华河汇合处，是面积较大的水寨平原）。

山脉　境内山脉多属东北至西南走向，主要有莲花山脉、西部山峰和北部低山组成。全县有海拔千米以上的山峰31座，其中最高山峰为县西部的七目嶂（1318米）。

河流　县内河流属韩江流域琴江水系，集雨面积在10平方公里以上大小河流98条。主要河流有琴江河（古名右别溪），集雨面积2871平方公里，五华河（古曰兴宁江、县前河），集雨面积1832平方公里。两河在水寨河口相汇，东流出境经兴宁、梅县，至大埔三河坝汇合，注入韩江。

【气候、物候】 五华地处粤东丘陵地带，北回归线横跨县境南端，属亚热带季风性湿润气候，雨水丰富，夏秋温热多雨，冬季较短，开春较早，日照时间长，光能充足，农作物生长期长，一年三熟，四季宜耕。主要气象灾害有洪涝、干旱、低温霜冻、寒露风、倒春寒等。

2014年气候特点：气温比历年平均偏高，降水量偏少，日照偏多。年均气温21.8℃，比历年平均气温偏高0.4℃；年降水量1378.6毫米，较历年平均偏少10%；年日照时数1918.7小时，比历年平均偏多3%。

【水土资源】 本县地下水全靠降雨下渗积存而成，地下水常年为5.29亿立方米。过境年径流量13.03亿立方米。每平方公里土地水资源量为80.5万立方米，每亩耕地占有水量5212.54立方米。全县可利用水量为8.67亿立方米，其中蓄水2.68亿立方米、引水5.39亿立方米、提水0.6亿立方米。需水量5.22亿立方米，其中农业需水4.56亿立方米，工业需水0.02亿立方米，人、畜、生活需水0.64亿立方米。水力资源丰富，理论蕴藏量13.81万千瓦，可开发量9.94万千瓦。

【矿产资源】 五华矿物资源品种多。境内有各类金属矿物34种，其中含有色金属12种（钨、锡、铋、钼、铜、铅、锌、铝、钴、钛、锰、铁），贵重金属2种（金、银），稀有金属20种（镧、铈、镨、钕、钐、铕、钇、钆、铽、镝、钬、铒、铥、镱、镥、钽、铌、铍、锆、铷）；还有非金属矿物19种（石灰石、重晶石、萤石、水晶石、独居石、电气石、钾长石、云母、石墨、耐火石、石英石、玻璃石、方解石、蛭石、石棉、瓷土、稀土、煤、大理石），矿点97处。其中钨矿、钼矿达国家标准一级一类；萤石矿属世界一级品；钾长石储量和质量均居全省首位；瓷土含铝多，含铁少，储量大，质量上乘，其中尤以郭田、河东油田为最；油田矿泉水单日井涌量1662.68吨，其游离二氧化碳、偏硅酸、锶和锂含量以及矿化度均达国家《饮用天然矿泉水》（GB8537－87）标准；全县温泉有4处，开发利用3处，其中转水维龙汤湖热矿泥，经专家鉴定含有人体所需的60多种微量元素，被誉为“天下第一奇”。

【动植物资源】 五华动植物种类繁多。境内有各种兽类20多种，禽类100多种，两栖爬行类50多种，各种植物1000多种。珍稀动物有国家一级保护动物云豹、蟒蛇、五爪金龙、黄腹角雉、白颈长尾雉、鹰和国家二级保护动物穿山甲、小灵猫、大灵猫、白鹇（省鸟）等。珍贵树种有泡桐、水松、穗花杉、油椤树、落羽杉、观光木、刺桫椤、吊皮椎、山桐子、将军树、三尖杉、南方红豆杉、粘木、红椿、伯乐树、野龙眼等，其中有国家一级保护植物——桫椤，分布在省级自然保护区七目嶂区内粗石坑，群落面积较大，数量可观，有大小近百棵，其中一株高9.1米，冠幅20多平方米，誉称“桫椤王”。优良树种主要有杉树（面积1.02万公顷，蓄积量28.92万立方米）、湿地松（面积6526.7公顷，蓄积量22.42万立方米）。果树主要有妃子笑、黑叶、桂味、糯米糍品种荔枝，茶亭岗沙田柚，大田果合柿，双华板栗，棉洋桃驳果等。野生药材颇丰，有255个品种，经专家学者鉴定有237种，其中列为国家重点普查的143种，药用价值较高的129种。

【旅游资源】 五华历史悠久，人文积淀厚重，是世界球王李惠堂的故乡，也是原中央苏区县。境内文物古迹众多，有华城狮雄山秦汉遗址、长乐学宫、狮雄山塔、李威光故居，双华英烈庙，横陂李惠堂故居，转水荣槐楼等省级重点文物保护单位7处，县级重点文物保护单位63处。其中，狮雄山秦汉遗址被列为广东省“八大大遗址”之一。民间艺术斑斓，主要有木偶戏、采茶戏、竹马舞、春牛舞、花朝戏、民歌、狮舞、龙舞、八音乐班、杂要等近20个群众喜闻乐见的传统文艺品种。其中提线木偶被列入全国优秀非物质文化遗产，提线木偶、竹马舞、石雕、采茶戏、锣花舞、长乐烧制酒工艺被省政府列入全省非物质文化遗产保护项目。五华土特产丰富，极具市场优势。岐岭长乐烧酒，被评为国优产品，畅销省内外；华城细核荔枝、大田柿花、棉洋桃驳果、转水红釉，历为名品；绿茶、板栗、老红酒、巴戟酒、三黄鸡、酿豆腐、特级豉油、白芒坝花生、新桥腐竹、龙村腊蔗、双华巴戟、益塘荔枝、长布土茯、茶亭冈沙田柚，以其独特的风味和功用，为世人所称道。五华还被省列为水果、南药、紫胶、烤烟生产基地，产量、质量均居全省前列。素有“工匠之乡”的美誉，造型美观的金木雕、小巧精致的竹编工艺、雄浑古典的石雕，久负盛名。五华交通便利，205国道、广梅汕铁路穿梭而过，境内梅河高速公路出口两个，融入梅州一小时生活交通圈。“山、水、泥”旅游独具特色，景点有被誉为“粤东明珠、物种宝库”的省级自然保护区七目嶂；有四季花果飘香，湖光潋滟的国家AAA级旅游区、国家水利风景区—益塘水库旅游区；有集休闲娱乐、农业观赏和理疗保健于一体的国家AAA级旅游区汤湖热矿泥山庄等。

【行政区划】 五华县辖水寨、河东、转水、华城、岐岭、潭下、长布、周江、横陂、郭田、双华、安流、棉洋、梅林、华阳、龙村16个镇，412个村民委员会，7390个村民小组，34个居民委员会。

【民族人口】 县人多属汉族，还有蒙古族、壮族、回族、满族、瑶族、藏族、苗族、彝族、布依族、维吾尔族、侗族、土家族、白族、朝鲜族、佤族、高山族、塔吉克族等少数民族。旅居海外华侨13万多人，港澳台同胞29万多人。2014年年末，全县总人口为1363122人，其中非农人口为182956人；农业人口为1180166人。人口密度为每平方公里421人。

五华县行政区划

镇名称	村民委员会名称	村委会(个)	村民小组(个)	居委会(个)
水寨	员瑾、河尾、罗湖、犁滩、协和、良美、黄井、大岭、大布、上坝、坝美、大沙、高车、善坑、平湖、中洞、榕树、岗阳、坝心、澄湖、大湖、七都、莲洞	23	449	4
河东	走马、增塘、苑河、苑堂、澄塘、东溪、太和、沙渴、宝瑞、下村、下一、高榕、下二、黄湖、河口、牛石、赛洞、布头、礤坑、三田、桂田、蝉塘、桂岭、罗塘、林石、枫林、联岭、平东、黎塘、黄坑、平西、黄泥寨、油新、下陶、浮湖、礤新、洋坑、万华、油田、化裕、和民、大嵩、高车塘	43	555	3
转水	畲维、维龙、益塘、新丰、畲荷、黄梅、青西、下潭、五星、青塘、长源、流洞、蛇塘、新华、新民、三源、黄龙、矮车、里塘、旱塘、枫林塘	21	425	1
华城	满堂、红星、高华、南方、兴一、城镇、董源、铁炉、葵富、兴中、新兴、高竹、万子、齐乐、维新、维西、湖田、西林、观源、塔岗、城东、黄埔、黄金、河子口、河亭、新二、新建、新四、民主、新一、新五、华安、新亨、洋田	34	1160	3
岐岭	罗经、朝阳、皇华、北源、荣贵、合水、凤凰、荣福、黄福、龙寨、联安、清溪、孔目、王化、鲁占、黄塔、塔星、龙岭、华源、荷梅、龙水、大蒲、双山、礤下、赤水	25	504	2
潭下	杞水、南华、文里、福灵、模石、竹梅、龙田、乐道、品畲、汶水、上围、光华、新田、柏洋、布坪、锡坪、大玉、百安、中村、金石	20	315	1
长布	石础、蓝塘、长生、长安、琴塘、栋岭、横江、粘坑、金华、北洋、栋新、太平、源潭、梅塘、红旗、嶂下、大客、大径、大坑、福兴、高礤、五彩、樟村、青岗、中心	25	270	2
周江	新良、甘茶、龙堵、狮潭、兰鱼、黄华、冰坎、早成、蓝坑、联太、黄布、溪口、良宁、崀头、红源、增洞、利洋、桂子、龙洞、三河、利河、中兴	22	399	2

续上表

镇名称	村民委员会名称	村委会(个)	村民小组(个)	居委会(个)
横 陂	东山、新联、石下、章联、西湖、横陂、崇文、江南、超群、杨恩、红光、联长、华阁、夏阜、新寨、叶湖、近江、湖塘、长塘、增华、坑口、兴华、坝头、老楼、罗陂、东升、田布、长兴、安全、斑鱼、桐树、双联、贵人、增大、小都	35	569	3
郭 田	湖华、礤下、硿南、龙潭、横塘、三坑、石团、布美、双光、郭田、坪上、蕉州	12	249	1
双 华	黄径、禾沙、大陂、军营、冰塘、苏区、华拔、华南、竹山、虎石、福全、华东、公平、双华、矮畲、富美	16	254	1
安 流	学园、大九、双福、吉程、樟潭、龙楼、福龙、福陂、福华、完塘、三江、低坑、洑溪、东礼、福江、半径、半田、吉水、万塘、龙中、蓝田、福西、学少、青江、葵樟、五联、楼江、里江、长江、文葵、福岭、红山、联新、双径、大和、大同、联和、丰联、胜利、上布、河沿、石门	42	789	4
棉 洋	群星、荣华、洛阳、新光、中新、琴江、红星、美光、竹坑、罗城、福城、联西、美田、葵岭、黎洞、棉洋、阳光、平安、绿水、唐纯、桥江、溜砂、水湖、双璜、富强、大光	26	674	2
梅 林	新成、福新、福塘、新塘、黄沙、上礤、华光、招田、三乐、尖山、金坑、梅北、梅南、梅林、琴口、优河、梅东、宣优	18	417	1
华 阳	高塘、红洞、莲高、社径、太坪、叶新、小拔、坪南、华阳、华南、华新、大拔、陂坑	13	329	1
龙 村	梧溪、公联、杜坑、睦贤、龙村、金龙、樟华、塘湖、三湖、洞口、大坑、湖中、宫前、潭溪、石溪、柏溪、新艳、云溪、南洞、南中、水口、水南、兴民、黄洞、营田、老田、硝芳、南口、留畲、先河、吉祥、榕溪、翻新、黄狮、登畲、大梧、下滩	37	596	3
合 计	全县辖16个镇，412个村民委员会、7390个村民小组，34个居民委员会			

注：2014年1月，原属七輋径林场管理的大光、径顶自然村增设为棉洋镇大光村。

社会经济发展概况

【经济发展概况】 2014年，全县实现生产总值110.5亿元，对比上年增长9.8%，其中第一产业增加值29.5亿元、第二产业增加值24.3亿元、第三产业增加值56.6亿元，分别对比上年增长4.4%、18.2%、8.1%。地方财政一般预算收入4.31亿元、财政总收入44.9亿元、财政总支出40.6亿元，分别对比上年增长27.85%、27.78%、22.55%。

【农业】 2014年，全县扎实推进60个耕山致富示范点建设，新开垦连片百亩以上基地63个，新增油茶666.7公顷、特色水果866.7公顷、茶叶162.7公顷，发展特色水产养殖基地16个，收购干烟叶190万千克。新增省级名牌农产品4个、省级农业龙头企业3家、市级农业龙头企业5家、农民专业合作社104家。松岗嶂有机茶叶专业合作社、富强农副产品专业合作社被评为国家级示范社。双华镇被评为市级板栗专业镇，岐岭镇荣福村、华城镇黄埔村、横陂镇夏阜村、安流镇红山村成功申报为广东省名村。顺利完成县种子公司转制。完成高标准基本农田建设3200公顷。全县粮食播种面积5.5万公顷，总产30.1万吨。全县农业总产值48.8亿元，对比上年增长4.1%。

种植业　全年粮食总产量28.65万吨，对比上年增长1.8%。其中：稻谷27.99万吨，对比上年增长2%；甘蔗6989吨，对比上年增长14.3%；烤烟2582吨，对比上年下降24%；花生产量6884吨，对比上年增长8.3%；大豆产量3742吨，对比上年增长6%。

林业　林业生产平稳发展。全年完成新造林1.20万公顷，年末森林覆盖率69.53%，对比上年提高1.16个百分点，林木蓄积量累计达748万立方米，对比上年增长5.5%。全县有自然保护区11个，县级森林公园6个。

畜牧业　畜牧业产品总量稳中有增。全年肉类总产量5.74万吨，对比上年增长2.3%。

水产业　渔业生产稳定发展。全年淡水产品产量1.87万吨，对比上年增长9.3%。

水土保持　水土保持成果进一步得到巩固和发展。至2014年年末，投放治理水土流失资金1.88亿元。其中，2014年度投入治理水土流失资金9284万元，比对上年增长13.9%。累计治理水土流失面积422.8平方公里，对比上年增长9.3%。

【工业】 2014年，全县工业总产值81.2亿元，对比上年增长24.3%；完成工业增加值17.4亿元，对比上年增长24.3%。其中：规模以上工业企业（新口径）22家，实现总产值50.4亿元，对比上年增长33.4%，实现增加值11.4亿元，对比上年增长25.9%。规模以上工业产销衔接，销售收入增长较快，经济效益稳定提高。规模以上工业企业（新口径）实现销售收入48.2亿元，对比上年增长36.9%，实现利润总额2.82亿元，对比上年增长21%。全年主要工业产品产量：发电量2.26亿千瓦时，对比上年下降15.6%；涤纶纤维6052吨，对比上年增长20.0%；饮料、酒6063吨，对比上年下降17.1%；中成药3447吨，对比上年增长15%；电烤箱286.6万台，对比上年增长7.6%。

【园区建设及招商引资】 2014年，积极参与“丰华兴梅产业集聚带”规划，启动河东生态工业区规划建设。广州番禺（五华）产业转移工业园获省认定为省级产业转移工业园。投入1.7亿元，新征土地183.7公顷，平整土地86.7公顷，完成工业四路、三坑路中段的道路硬底化建设和工业大道、二横路等绿化亮化工程。加大闲置土地和厂房清理力度，“双控”措施得到有效落实。全年园区实现产值44.8亿元、工业增加值9.9亿元、税收1.28亿元，分别对比上年增长63.6%、14.0%、18.1%。大力实施“乡贤回归投资兴业工程”，依托广州全面对口帮扶平台，突出产业链招商、以商引商。全年引进项目23个，其中乡贤回归投资项目13个，计划投资总额104.2亿元、固定资产投资额71.7亿元。华阳包装、权致服装、立信织造、合成纸业等7家企业实现投产，海宴酒业、创盛工贸二期、冠华传导二期、松盛实业等19家企业加快建设，引进香雪制药等一批优质项目。

【固定资产投资】 2014年，全县固定资产投资大幅增长。全年完成固定资产投资43.7亿元（新口径），对比上年增长39.4%。其中，工业投资21.8亿元，对比上年增长67.3%；交通投资5.6亿元，对比上年增长3.1倍；旅游投资2.05万元，对比上年增长1.9倍；房地产开发投资6.3亿元，对比上年下降4.17%。

【基础设施建设】

交通运输　全年投入19.9亿元，加快高速公路建设和县内路网改造提升。汕湛、平兴高速五华段实现无障碍施工，启动兴华高速（含畲江支线）五华段征地拆迁，积极对接丰顺至五华高速公路前期各项工作。省道228线五华大桥至琴江大桥段升级改造为一级公路。省道120线河东圩镇至再新段升级改造工程、县道960线华阳至龙村段、县道035线蝙蝠石至中兴公路、县道033线棉洋至双华段一期工程、热矿泥旅游专线公路和枫林至平安寺公路基本建成。县道X003线金坑至龙村公路动工建设。修复重建水毁桥梁34座。完成农村公路硬底化202公里。全县各种交通运输方式完成货物周转量9.12亿吨公里，对比上年增长15.6%，完成旅客周转量4.59亿人公里，对比上年增长15%。年末，全县公路通车里程3122公里，对比上年增加86公里，增长3.2%。其中：高速公路32.5公里；公路密度每百平方公里由上年的94.1公里增至本年的96.7公里，对比上年增加2.6公里，增长3.2%。

水利电网建设　全县121宗省级水利示范县项目已完工101宗。3宗中小河流治理工程、4宗小流域治理工程、19宗小型灌区改造工程和241宗“8·17”洪灾水毁水利修复工程基本完成。琴江河横陂段、双华段治理工程和益塘水库农业水价综合改革示范工程扎实推进。农村饮水安全工程建设任务基本完成，解决34.6万名群众农村饮水安全问题。梅州（五华）抽水蓄能电站项目移民安置规划大纲获省政府批准，安置规划报告通过审查，项目核准涉及27个专题报告编制和审查已完成23个，移民安置点征地工作基本完成，启动筹建期工程88.3公顷土地的征拆工作。投入7000多万元，升级改造农村电网，惠及3.4万户17万人。完成13个中低压配电网基建项目和岐岭镇3个村、梅林镇2个村小水电自供自管区域用户接管工作。

城乡人居环境改善　完成县城中心城区27平方公里的控制性详细规划和琴江新区13.5平方公里的规划编制。投入4亿多元完善县城基础设施，环城大道建成通车，全面完成水中堤、上坝堤升级改造工程和澄湖堤加固工程，高标准完成园新路、建设南路改造，打通富强路、水中堤水寨大桥、上坝堤琴江大桥、县三小至员瑾堤等9个市政工程节点，新增县城道路13.9公里；完成琴江大桥至华兴大桥沿河两岸及员瑾堤、澄湖堤亮化工程；亲水公园二期、狮山公园、上坝公园建成开放，县城生活垃圾无害化处理场、华园市场投入使用；长乐大桥、新水寨肉联厂、城区天然气场站和管道管网等一批市政工程扎实推进；启动人民公园人居环境改善工程。设立县公共事业服务中心，理顺城市管理体制机制，全力推进“广东省卫生县城”创建工作，县城面貌得到明显改善。镇村环境持续改观。完成16个建制镇总体规划修编、337个行政村村庄整治规划编制。深入推进“和谐美丽镇村”创建，各镇2个以上村（居）创建为“和谐美丽镇村”示范点，实施省道238线安流圩镇段亮化、华城镇环城街、郭田圩镇文体广场等一批市政改造提升工程，完善一批农村生活垃圾处理设备设施。

邮电通信　城乡固定电话用户76419户，对比上年下降10.5%。通信网络快速发展，移动3G网络覆盖范围不断扩大，4G网络顺利开通。全县计算机互联网用户达41603户，比上年增长7.1%。

【旅游业】 2014年，特色文化旅游快速发展。成立五华县狮雄山秦汉遗址管理处。双龙山、新丰寨、鼎德信、颐星湖等休闲旅游项目建设加快推进。横陂镇夏阜村西门寨和双华镇虎石村下门寨被评为省级古村落。成功创建了华城镇新一村、河东镇牛石村等5个市级农村文化俱乐部。全年接待旅游人数370.6万人次、实现旅游收入25.53亿元，分别对比上年增长63.2%、69.3%。

【商贸·财税】 2014年，国内消费品市场稳定发展，全县实现社会消费品零售总额73.79亿元，对比上年增长10.6%。社会消费品零售总额中，批发零售贸易业实现70.56亿元，对比上年增长10.7%；住宿和餐饮业营业额3.23亿元，对比上年增长8.9%。对外经济工作成绩显著，外贸进出口总额增长较快。外贸进出口总额1.66亿美元，对比上年增长33.5%，外贸出口总额7191万美元，对比上年增长2.1%。其中“三资”企业出口额1.29亿美元，对比上年增长79.1%；一般贸易出口1.01亿美元，对比上年增长93.8%。实际利用外资实现1248万美元，对比上年下降45.7%。

全县财政收入增长较快，县内财政收入实现4.31亿元，对比上年增长27.9%；财政支出40.67亿元，对比上年增长22.5%。财税金融健康发展。整合资产资源，创新融资模式，全年融资6.3亿元，有力保障重点项目建设。出台县重点项目管理、考核办法，规范重点项目建设资金监管。金融运行平稳，省农村普惠金融试点县等农村金融改革扎实开展，农村信用合作联社改制为农村商业银行工作顺利推进。

【金融·保险】 2014年，金融业快速发展，存贷款余额实现同步较快增长。年末，全县国家银行各项本外币存款余额188.65亿元，对比上年末增长20%。城乡居民储蓄存款余额144.74亿元，对比上年末增长17.5%。各项本外币贷款余额58.13亿元，对比上年末增长20.5%。

保险事业呈现多家经营竞争趋势，保险

事业稳中发展。人保、人寿保险费收入1.81亿元，对比上年增长9.5%。其中：人民保险保费收入2829万元，对比上年增长29.1%；人寿保险费收入1.53亿元，对比上年增长7%。

【教育·科技】 2014年，教育事业发展势头良好。县鸿云实验小学建成使用，县华侨实验中学建设扎实推进。认真落实山区和边远地区义务教育阶段教师岗位津贴。横陂、周江、潭下、长布、龙村5个镇和县直学校通过省教育“创强”督导验收。投入5.3亿元，顺利实现教育强镇全覆盖目标，成功创建省教育强县、义务教育发展基本均衡县。全年教育财政拨款12.77亿元，对比上年增长27.6%。全县有622所学校，其中：幼儿园172所、完全小学160所、教学点229个、初级中学34所、九年一贯制学校9所、完全高中10所，高级中学2所、中职学校5所、特殊教育学校1所。全县在校学生222926人，其中：高中34146人、初中49529人、小学91738人、学前教育40449人、中职7037人、特殊教育27人。全县教职工13757人，其中：高中2760人、初中3762人、小学5342人、学前教育1687人、中职学校192人、特殊教育14人。在2014年高考中，全县入省大专A线以上人数达4638人，入围率为43%，入本科线以上人数2299人，入围率21.3%。科技事业取得新的进展，科技队伍不断壮大。全县有各类专业技术人员16245人，对比上年增长10.5%。全年申请国家专利197例，授权118例，分别对比上年同期增加4.4%和3.4%。

【文化·广电】 2014年，文化事业欣欣向荣，各种文化设施不断完善，广场文化丰富多彩。两个专业剧团以及各业余剧团不断扩宽演出市场，广泛深入农村山区巡回演出，取得社会效益和经济效益“双赢”。全年两个专业剧团和县文化馆一条龙业余剧团送戏下乡演出201场。电影行业送影下乡，全年放电影4890多场。图书馆有藏书13万册，进馆读者91万人次，对比上年增长3.5%，图书流通量13万册次。县城文化广场业余演出26场。广播电视事业稳步发展。全县建有调频广播电台1座，有线电视台1个，有线电视站16个，卫星电视地面接收站6个，有线电视用户6.85万户，广播、电视人口覆盖率为98.8%。

【卫计·体育】 2014年，卫生计生水平明显提升。顺利完成卫生计生机构改革。县“120”公共卫生应急指挥中心投入运行。基本完成县妇幼保健院住院大楼、安流镇中心卫生院住院大楼、龙村镇中心卫生院门诊综合大楼建设。全县拥有卫生机构42个，床位2215张。各类卫生技术人员3242人，其中：执业医师943人，执业助理医师982人。无偿献血61.7万毫升。全县人口增长势头得到有效控制。年末，全县总人口1363122人，对比上年增加16855人，增长1.3%。其中，常住人口为1076280人，对比上年增长0.5%。当年出生18764人。非农人口为182956人，占总人口的13.4%；农业人口为1180166人，占总人口的86.6%。在总人口中，男性人口为702130人，女性为660992人，性别比为106.2%。全县出生率为14.54‰，比上年提高1.18个千分点；死亡率为5.62‰，比上年下降0.3个千分点；自然增长率为8.92‰，比上年下降0.85个千分点。

2014年，成功承办市七运会，五华县体育代表团共获得金牌62枚，位列金牌榜第一，团体总分1092分，位列全市第三。完成安流、潭下镇全民健身工程建设任务，建成1个社区体育公园和2个标准足球场，“足球三进”活动加快推进。群众体育蓬勃开展，全民健身步步深入。全县积极开展群众性体育竞赛活动，举办足球、篮球、乒乓球、棋类、健身竞走等大型群众活动28场次，推动全民健身运动发展。

【生态环境建设】 积极推进“一消灭三改造”，完成碳汇造林1.21万公顷、森林抚育1.78万公顷，造林备耕1.06万公顷，认捐认种造林800公顷。建成“乡村绿化美化示范村”18个。蒲丽顶森林公园景观得到提升。落实森林防火责任制，森林资源管护得到加强。革命烈士陵园建设扎实推进，完善县殡仪馆设施建设，县级公益性生态公墓一期工程基本完成。县城污水处理厂二期建成运行，动工建设华城、安流污水处理厂。依法关闭落后产能水泥企业3家，完成全县57个加油站的油气回收治理改造任务。环境保护工作力度加大，城市环境质量有较大改善。全县有环境监测站1个，环境监测人员22人。加强对11个自然保护区、6个县级森林公园、1个省级森林公园和5个一级饮用水源保护区的管理，固体废物综合利用率达100%。

【民生改善】

扶贫双到　大力推进新一轮103个重点帮扶村扶贫开发工作，累计投入帮扶资金5.3亿元，加快重点帮扶村基础设施建设，落实村集体项目2209个，村集体经济年收入达到5万元以上，贫困户年人均纯收入7370元，比上年增长64.1%。完成4300户低收入住房困难户住房改造任务。

社会保障　积极实施“双提双带”工程，培训各类劳动力1.85万人次，转移就业1.41万人次，新增城镇就业人员5106人。“五险”收入达到3.34亿元，实现城乡居民医疗保险全覆盖目标。积极实施大额医疗费“二次补偿”，全年支付大额医疗费1400多万元。城乡居民基础养老金、城乡居民医保补助标准、农村五保供养标准、残疾人生活津贴标准等得到提高。理顺敬老院管理体制。县救灾物资储备仓库建设扎实推进。完成100套公共租赁住房建设。周江、龙村、双华等6个镇便民服务中心建成使用。社保工作稳定发展，社会保险人数稳中递增，社保覆盖面进一步扩大。全县参加城乡居民医疗保险的人数120.88万人，对比上年增长2.8%。参加农村养老保险的人数40.68万人，对比上年增长0.1%。全县29437人参加失业保险，对比上年增长1.4%；参加职工医疗保险人数47920人，对比上年增长1.4%；参加基本养老保险的职工人数43101人，对比上年减少1.5%；有26643名离退休人员享受社会养老保险，对比上年增长9.1%。全县享受最低生活保障的困难群众72153人，其中城镇538人、农村71615人。全县各乡镇已建立农村社会保障网络。

平安创建　“平安五华”创建工作有序推进，开展了社会治理服务平台建设，在全市“客都民意警务”考核中荣获第一，严厉打击涉黑涉毒涉赌等违法犯罪活动，社会治安持续好转。扎实推进全县“一村（社区）一法律顾问”试点工作，加强县镇村综治信访维稳中心（站）建设，大力宣传新信访条例，妥善化解一批信访积案，群众进京到省上访人数分别下降81.3%、56.7%。县应急平台建成运行。完成了转水镇火灾隐患专项整治。严格落实安全生产“一岗双责”，深入开展“八打八治”打非治违专项行动，重点行业和重点领域的安全监管整治得到加强，安全生产形势总体平稳。

【人民生活】　2014年，城乡居民收入进一步增加，生活水平稳步提高。五华居民人均可支配收入11452元，对比上年增长11%，其中，城镇居民年人均可支配收入16193元，比上年名义增长8.4%。农村居民年人均纯收入9387元，比上年名义增长11.4%。

（江连辉　郭文娴）

政治

中国共产党五华县委员会

主要会议简述

【创建“广东省卫生县城”动员大会】 2014年1月15日，县委、县政府召开创建“广东省卫生县城”动员大会。会议强调，各级各部门要进一步明确目标任务，树立责任意识、攻坚意识和毅力意识，落实责任，加强配合，抓住重点，突破难点，综合治理。要加大宣传力度，强化组织领导和督促检查，动员广大干部群众人人参与，顺势而上，迅速行动起来。要采取有效策略，进一步完善体制和机制，常抓不懈，全力推进“创卫”各项工作的落实，确保2015年年底通过省验收，成功创建。

【全县党的群众路线教育实践活动动员部署大会】 2014年2月14日，县委召开党的群众路线教育实践活动动员部署大会。县委书记张映平指出，全县各级党组织和广大党员干部要站在全局和战略的高度，把思想和行动统一到中央、省委、市委和县委的决策上来，切实增强工作的责任感和使命感，以发展的实效检验教育实践活动的成效，以人民群众是否真正满意作为衡量作风是否转变的重要标尺，大力弘扬党的群众路线，以党员干部的优良作风凝聚民心，加快全县经济社会发展步伐。教育实践活动要紧密联系五华县实际，着力查摆党员干部中“四风”（即形式主义、官僚主义、享乐主义和奢靡之风）方面的突出问题。要通过开展教育实践活动，对作风之弊、行为之垢来一次大排查、大检修、大扫除，实现自我净化、自我完善、自我革新、自我提高。教育实践活动以县领导班子、领导机关和领导干部为重点，突出抓好直接联系服务群众的执法监管问部门和窗口单位、服务行业，注重抓好乡镇、村（居）等基层组织，坚持教育和实践两手抓，两手都要硬，打牢学习教育和查摆问题两个基础，抓住整改落实和建章立制两个关键，确保活动取得成效。县委书记张映平强调，各级党组织和广大党员干部要高度重视、加强领导、精心组织、扎实推进。要加强领导，落实责任。各级各单位的一把手作为本单位开展教育实践活动的第一责任人，抓好本单位的教育实践活动。要突出重点，分类指导。突出每个阶段的重点环节，创新载体，丰富内容，让教育实践活动有声有色。坚持结合实际、分类指导，增强活动的针对性和实效性。要强化督查，培育典型。善于发现和培养典型，用典型引路，抓点带面，推动教育实践活动深入开展。要加强宣传，营造良好的舆论氛围。要统筹兼顾，互相促进。各镇各单位要把此次教育实践活动作为推动工作、解决问题、促进发展的重要载体，把开展教育实践活动与做好当前各项工作有机结合起来，围绕“两新两特两重点”、惠民生、促和谐、强队伍的工作思路，选好切入点、找准结合点，做到通盘考虑，统筹兼顾，合理安排，做到“两手抓、两不误、两促进”，确保各项工作有新突破、新亮点，让干部群众看到实实在在的变化。

【中共五华县委十二届四次全体（扩大）会议】 2014年2月17日，中共五华县委十二届四次全体（扩大）会议在县城召开。县委书记张映平主持全会，代表县委常委会向全会作报告，并作总结讲话。2013年的工作主要体现在七个方面：一是突出扩园区抓招商，工业经济提质增效；二是突出县城扩容提质，城乡环境逐步改善；三是突出交通水利建设，基础条件不断提升；四是突出生态文化建设，绿色产业稳步发展；五是突出改善重点民生，社会事业协调发展；六是突出加强社会管理，全县保持总体稳定；七是突出转变干部作风，党的建设进一步加强。2014年的工作总体要求是：认真贯彻落实党的十八届三中全会、习近平总书记系列重要讲话和省委十一届三次全会、促进粤东西北地区振兴发展以及市委六届四次全会精神，按照市委“一园两特带动一精”发展战略和对我县提出的“华城华工华农华山华为，五华联动振兴发展”的要求，继续实施“两新两特两重点”、惠民生、促和谐、强队伍的工作思路，立足当前、着眼长远，全面谋划、重点突破，全力以赴、量力而行，抢抓发展机遇，落实改革举措，全力推动经济社会加快发展。主要抓好八项工作。一是以全面深化改革为动力，破除思想和体制机制阻碍，推动经济社会加快发展；二是以交通水利建设为重点，继续加快基础设施建设，改善发展条件；三是以园区建设和招商引资为抓手，促进产业集聚发展，做大工业经济总量；四是以产城联动为纽带，加快县城扩容提质，提升新型城镇化水平；五是以强农惠农富农为目标，推进科学耕山致富，发展绿色生态产业；六是以扶贫“双到”（即规划到户责任到人）和“三就一保”（即就业、就医、就学和低保）为重点，保障改善民生，提高城乡居民生活水平；七是以创建平安五华为载体，大力加强社会管理，促进全县和谐稳定；八是以党的群众路线教育实践活动为契机，进一步改进干部作风，全面加强党的建设。张映平在总结讲话中指出，五华县域大、人口多，各方面条件艰苦，工作量和工作压力大，需要付出更大的努力。各级各部门要进一步转变作风，以良好的作风凝聚力量、推动工作、取信于民，推动全县经济社会实现更好更快发展。一要务实进取，艰苦创业；二要敢于谋划，善于谋划；三要敢于负责，勇于担当；四要提升主动履职、依法办事、规范管理水平；五要团结协作，大局为重；六要清正为民，廉洁奉公。县委副书记、县长范宜军总结2013年全县经济工作，并部署2014年全县经济工作。

【全县政法工作会议】 2014年4月1日，县委县政府召开政法和社会建设工作会议。传达贯彻中央和省、市政法工作会议精神，研究部署全县政法和社会建设工作。县委书记张映平要求，全县上下都要深化认识，主动作为，同心协力，努力打造稳定和谐的良好局面。一要严厉打击刑事犯罪，全力营造治安稳定大局。要坚持打防结合，坚决打击各类刑事犯罪，适时组织对突出犯罪的专项整治，不断提高群众的安全感和满意度。二要贯彻“事要解决”方针，着力化解社会矛盾。要深入开展“社会矛盾化解年”活动，采取扎实有效措施，下大力气解决群众反映强烈的问题。三要推进社会管理创新，努力建设平安五华。要着眼于进一步解决社会矛盾和增强社会活力，推动社会管理向社会治理转变，确保社会平安和谐稳定。

【全县人口计生工作会议】 2014年4月11日，县委、县政府召开全县人口计生工作会议，总结2013年全县人口计生工作情况、分析当前人口计生工作形势、全面部署2014年度人口计生工作。县委书记张映平指出，各级、各部门必须保持清醒头脑，认清形势，把人口计生工作当成重中之重，多调研督促检查，多为基层解疑释难。要强化抓人口计生就是抓发展、抓经济、抓民生的意识，从认识上和行动上增强紧迫感和责任感。要增强抓好计划生育工作的坚定性、主动性和创造性，鼓实劲、干实事、求实效，坚决防止打“擦边球”、搞变通、赌运气的现象。各级、各单位党政“一把手”，要切实把责任的担子挑在肩上，抓在手上，落实在行动上，决不能满足于会议布置、文件落实，在检查工作时局限于听汇报、走过场。要强化对计生包户责任人的目标考核，形成网格化管理，强化过程管理，落实网格化责任，以考核促工作落实。各级、各部门必须结合省、市人口计生工作会议精神，以完成人口计生目标管理责任书指标和市、县下达的其他工作任务为目标，认真制订好工作计划和工作步骤，统筹安排落实好优生健康检查、定点结扎、社会抚养费征收、服务村村行等人口计生各项工作任务。对行动中比较薄弱的镇、村，要加强跟踪指导，力促平衡发展。各单位、各部门要在从严、从紧抓好本单位计生工作的同时，严格执行计划生育重大事项报告制度，部门联动，紧密配合，形成合力，坚定信心，鼓足干劲，做足实功，共同促进全县人口计生工作再上台阶。

县长范宜军对抓好日常工作落实，提出四点意见。一是认识必须更加清醒。二是措施必须更加强硬。三是配合必须更加到位。四是作风必须更加扎实。

【纪律教育学习月动员大会】 2014年8月28日，县委召开纪律教育学习月活动动员大会。县委书记张映平指出，各级党组织和广大党员干部一定要深化对开展“纪教月”活动重要意义的认识，增强抓好“纪教月”活动的自觉性和责任感；各级纪检监察机关要负起监督责任，指导和督促检查各级党组织认真抓好纪律教育学习月活动。开展纪教月活动要结合群众路线教育实践活动，切实加强纪律作风建设，推动党风廉政建设取得实实在在的成效。一是严格遵守纪律，确保政令畅通。要坚守政治纪律，严明组织纪律。二是认真解决教育实践活动中查找出来的问题，进一步转变工作作风。要进一步严格执行中央八项规定，坚决反对和纠正“四风”问题，继续大力整治“慵懒散奢”，坚决纠正“为官不为”不良作风，强化建章立制，提高制度执行力。三是严肃查处不正之风和违法违纪行为，以查办案件带动作风转变。四是领导干部要带头廉洁从政，自觉接受监督。县委书记张映平强调，全县各级各单位要精心组织，端正学习态度，注重学习效果，注重领导带头，注重责任落实，务求纪律教育学习月活动取得实效。要通过开展纪律教育学习月活动，进一步锻造优良作风，提升工作效率，以铁的纪律、过硬作风，为全县经济社会发展提供更加坚强有力的保障，营造更好的发展环境。

【新型城镇化建设暨和谐美丽镇村创建工作现场会】 2014年9月26日，县委、县政府召开新型城镇化建设暨和谐美丽镇村创建工作现场会，进一步贯彻落实中央和省、市新型城镇化工作会议精神，研究部署全县新型城镇化建设暨和谐美丽镇村创建工作。县委书记张映平、县长范宜军出席会议并讲话，强调新型城镇化暨和谐美丽镇村建设，要注重因地制宜、分类实施，按照县城、镇村的功能定位，以人为核心，统筹推进。县委书记张映平指出，新型城镇化建设工作和“和谐美丽镇村”创建工作要按照“全国南药生产基地、广东省现代农业示范基地、客家文化旅游区、梅州市重要的绿色工业聚集地”定位，注重因地制宜、分类实施，以人为核心统筹推进。一是大力推进县城扩容提质。要以建设48万人口城市为目标，按照“重点向南，优化河东，适度向北，向西融调”的总体思路，做大县城。在扩容方面要以园区建设促进产城联动、以道路建设拓展城市空间、以新区建设优化城市布局；在提质方面要加快城区重点工程建设、扎实推进创卫工作、转变机关作风。二是统筹推进和谐美丽镇村建设。要把和谐美丽镇村创建作为城镇化的重要载体，更加注重生态环境保护、文化传承创新和农民转移就业，推动休闲高效农业、特色文化旅游与新型城镇化融合发展，不断丰富城镇化的内涵。

县长范宜军对新型城镇化建设和“和谐美丽镇村”创建工作提出四点要求。一是科学规划，强化管理，提升新型城镇化水平。二是突出重点，突破难点，加快县城扩容提质。三是城乡联动，综合治理，提高城乡宜居宜业水平。四是精心组织，抓好落实，为城乡建设提供坚实保障。

【全县党的群众路线教育实践活动总结大会】 2014年10月15日，县委召开全县党的群众路线教育实践活动总结大会，对开展教育实践活动进行全面总结。全县上下自启动党的群众路线教育实践活动以来，紧扣为民务实清廉主题和“照镜子、正衣冠、洗洗澡、治治病”的总要求，聚焦“四风”，坚持从严从实要求，完成“马上就改”项目1694个，解决关系群众切身利益问题801个、联系服务群众“最后一公里”问题647个。县委书记张映平在会上指出，干部队伍的作风有较大转变，但仍有差距，基础还不稳固，作风建设任重道远，丝毫不能松懈。一是继续深入学习习近平总书记系列重要讲话精神，把学习贯彻工作不断引向深入，进一步加深对系列讲话的重大意义、科学内涵、精神实质和实践要求的理解，进一步用讲话精神统一思想、武装头脑、指导行动。二是坚持不懈抓好作风建设，打造作风过硬的领导班子和干部队伍。要正确认识和处理好抓发展和抓作风的辩证关系，通过抓党风、促政风、带民风，促进经济社会加快发展。三是加强基层组织建设，着力解决联系服务群众“最后一公里”问题，充分发挥基层党组织的战斗堡垒作用，巩固党的执政基础。四是增强党建主业意识，为作风建设提供强有力的保证。充分发挥各级党委抓党建的主体责任，切实把党的建设抓在手上，用责任传导压力，用压力推动党建工作落实。五是注重成果转化，以作风转变推动工作取得更大成效。要贯彻落实好中央和省、市的决策部署，落实“两大政策”，突出

“三大抓手”不放松，大力推进“两新两特两重点”、惠民生、促和谐、强队伍各项工作，推动五华加快发展。

【传达贯彻市委书记黄强到县调研讲话精神】 2014年11月10日，县委、县政府召开专题会议，传达贯彻市委书记黄强到五华调研重要讲话精神。会议要求，全县上下要紧紧围绕“两大政策”“三大抓手”“一个产业带”，结合五华实际，继续强力实施“两新两特两重点”、惠民生、促和谐、强队伍的总体工作思路，在市委、市政府的坚强领导下，全力抓好各项工作。一是深化对丰华兴梅产业集聚带建设的认识。二是狠抓发展工业不动摇，积极参与丰华兴梅产业集聚带建设。三是狠抓交通基础设施建设，改善发展环境。四是狠抓县城扩容提质，推进产城联动。五是狠抓重大项目建设，支撑县域经济发展。六是狠抓依法治县和民生改善，切实维护社会稳定。

中共五华县委员会2014年度领导名录

书　记： 张映平

副书记： 范宜军　邓伯锦

常　委： 张映平　范宜军　邓伯锦
杨斌宗　李伟华　赖志侃
叶天泉　温浩泉　曾成奕
张爱芳　徐保宁（4月任）
吴庆松（4月任）

县委办公室2014年度负责人名录

主　任： 李伟华

副主任： 李惠香　钟万芳
张丽红（任至3月）　廖伟军
张雄辉（任至3月）　李文高
曾清华（任至1月）
陈志文（任至9月）　薛灼龄
古伟炎（任至3月）
钟彩扬（任至3月）
李定华　吴明辉（1月任）

组织工作

【党的群众路线教育实践活动】 2014年2月14日，五华县党的群众路线教育实践活动动员部署大会召开。县委组织部把该活动作为首要政治任务和全年党建中心工作，围绕“为民、务实、清廉”活动主题，聚焦“四风”，切实履行既是活动组织者又是参加者双重职责，引导765个单位、1249个党组织、45000多名党员干部转变作风，深入基层服务群众，使全县教育实践活动取得实实在在效果。一是坚持“规定动作”不走样，以整风精神抓作风建设。坚持从严审方案，按照“问题不找准不放过、目标不明确不放过、措施不具体不放过”原则，从严审定各单位实施方案，防止活动跑偏走样；坚持从严抓督查，组建8个督导组，对督导单位开展从严督查，增强紧迫感，防止走过场；坚持从严正风纪，对照中央21项和省委15项、市委41项专项整治任务，确定“整治节庆活动讲排场、比阔气，整治村级财务管理不规范”等38项县级专项整治任务，先后对60个单位机关作风进行暗访，查处一批违法违纪干部。二是突出“以上率下”作示范，以领导带头促整体推进。建立领导干部教育实践活动挂钩联系制度，15名县党政党员领导干部分别建立1个联系点。11名县委常委班子成员带头开展“十个一”活动，参加学习讨论、征求意见、查摆问题、自我剖析，带头整治“四风”问题，带头到联系点指导活动开展，示范推动全县活动整体推进。三是注重“广听真听”找问题，以群众满意为第一标准。通过召开服务对象座谈会、发放调查问卷、设立意见箱、民主测评等多种渠道，收集意见建议1.6万条。邀请“两代表一委员”、群众代表等社会各界人士参加活动成效测评，将活动效果满意度交给群众。四是着重“建章立制”抓落实，打通服务群众“最后一公里”。建立“马上就改”项目库和“边学边查边改”台账，制定查摆问题半月报告制度和挂、销号制度，制订好“两方案一计划一清单”，对存在问题实行动态管理，行路难、饮水难、就业难、上学难、社会保障等一大批民生问题得到解决。全县整改关系群众切身利益问题800多个，解决联系服务群众“最后一公里”问题600多个。

【党组织换届选举】 一是抓好村级党组织换届选举工作。严格按照《加强村级基层组织建设五年行动计划的实施意见》文件精神，制订好实施方案，把好宣传发动、骨干人员培训、难点村整顿、受理群众来信来访和依法依规推选选委会、选民登记公布、组织选举等重点环节，建立领导挂钩联系制度、定期汇报制度、部门协作机制“三个制度”，依法依规抓好换届选举工作。分别在3月17日和26日，全面完成全县446个村、社区党支部和村、社区委员会换届选举任务，呈现出上访少、出警少、一次选举成功率高、妇女当选率高、“两委”干部交叉任职率高等特点，选出村级党支部委员1685人，村、社区委员2070人，实现妇女干部配备率100%，“两委”干部交叉任职率88.5%，圆满完成村选任务，实现村级和谐换届。二是抓好机关企事业单位党组织换届选举工作。印发《五华县机关企事业单位党（总）支部换届选举工作实施方案》，抓好班子考察、班子调整方案制定、后备干部物色等关键环节，加强督促检查，于9月30日前圆满完成全县579个机关企事业单位党组织换届选举工作。同时，切实做好全县离任村（社区）干部生活补助发放及慰问农村老党员和困难党员活动等工作。

【整顿软弱涣散基层党组织】 2014年，县委组织部把整顿软弱涣散基层党组织工作列入教育实践活动的重要内容，制订下发《关于做好整顿软弱涣散基层党组织工作通知》，建立县、镇领导挂点包村制度，选派45个驻村工作组、20名党建指导员到进村入户，把好整顿方案、督查验收等关键环节。全县排查出68个软弱涣散基层党组织，其中：45个农村基层党组织（包括5个问题特别突出农村基层党组织）、6个机关单位党组织、11个事业单位党组织、6个企业单位党组织，整顿工作按时顺利完成。同时，在经贸系统党工委和华城镇党委开展处置不合格党员试点工作，在转水镇、华城镇开展镇街领导干部驻点普遍直接联系群众试点工作，不断加强基层党组织建设。

【“两新”组织党建】 2014年，县委组织部深入开展“两新”组织党组织“扩面提质”行动，对全县10个软弱涣散“两新”组织进行整顿；抓好省拨付“两新”组织党建工作财政专项经费发放使用、管理和清查工作。至年末，全县建立“两新”组织党组织202个，其中：非公有制企业党组织170个，覆盖非公有制企业384家，覆盖率82.1%；社会组织党组织32个，覆盖社会组织63家，覆盖率86.3%，实现党的工作全覆盖。

【党代表任期制】 2014年，县委组织部按照市委组织部《关于做好2014年试行镇党代会年会制有关工作的通知》要求，认真做好镇党代会年会制试点工作，制订出《五华县2014年试行镇党代会年会制工作实施方案》，以周江、河东两镇为试点的党代会年会顺利召开，圆满完成镇党代会年会各项试点任务。根据《关于印发〈梅州市在党的群众路线教育实践活动中发挥各级党代表作用实施方案〉的通知》精神，组织党代表开展专题视察调研活动，深入基层走访党员群众，到党代表工作室直接听取群众意见，切实为群众办实事做好事。全县各级党代表收集群众意见建议597条，走访慰问党员群众1677人，为党员群众办好事实事712件。同时，积极指导各党（工）委、县直各单位开展党代表各项工作，保证各级党代表参政议政、参与监督党委工作和社会事务相关权利。

【干部任用管理】 2014年，县委组织部通过县委中心组、组工干部培训会等形式，大力组织开展学习新《干部任用条例》，严按程序，扎实有效加强干部管理工作。一是认真做好清理核查超职数配备干部工作。组织人社、编办、财政和组织部门开展“四库”数据核查比对，摸清领导职数和非领导职数超配情况。经清理核查，有超职数配备科级干部199人，消化超职数配备干部39人。二是认真做好干部档案专项审核清理。制订《五华县干部档案专项清理工作方案》，下发《关于转发〈关于集中审核干部人事档案工作的通知〉的通知》等文件通知，至年末，审核干部档案15992卷，其中科级干部1064卷、其他14928卷。三是认真做好干部选拔任用工作。认真学习执行新《干部任用条例》，按照“信念坚定、为民服务、勤政务实、敢于担当、清正廉洁”20字好干部标准，严格执行干部档案任前审核制度，做到“凡提必审、凡转必审、凡进必审”，并对拟提任正科的干部档案实行双重审核，切实选好用好干部。全年提拔科级领导干部38人，其中正科领导干部11人、副科领导干部27人。协助做好新招录乡镇公务员的各项工作，全年招录乡镇公务员86人。执行领导干部个人有关事项报告制度，规范领导干部出国（境）审批和报告备案制度，调整任职岗位有“配偶已移居干部”3名，暂停执行《关于干部退休（改非）时提高职级待遇的意见》《关于提高社区和驻村民警职级待遇的意见》等5项“土政策”。

【党员干部培训教育】 2014年，县委组织部按照县委《党员干部教育培训规划纲要》，加大干部教育培训力度。结合新一届村（社区）“两委”干部培训，由县委书记作专题辅导，集中培训940多名基层党组织书记。坚持“两头在内，中间在外”培训方式，组织40名科级干部赴佛山学习，组织50名新提拔副科职干部到龙岩培训。举办干部培训班76期，参加人数10871人次，其中镇、系统党工委举办45期，参训干部6966人次，县委组织部、县委党校举办31期，参训干部3905人。上送省以上培训9批12人，上送市培训13批109人，全县参加广东省干部培训网络管理学院学习4207人。加强全县高层次人才队伍建设，抓好现有15名高素质人才管理，新引进高素质人才3名。做好市、县拔尖人才选拔工作。经个人申报、单位推荐、资格审查等环节，从21名符合第七批县管拔尖人才申报条件的人选中，向市推荐5名第七批市管拔尖人才申报对象人选。积极做好优秀企业人才培训学习、2013年度市对县实绩考核征求意见、群众幸福感测评和“扬帆计划”申报等工作。

【自身建设】 2014年，县委组织部与教育实践活动相结合，坚持从严治部，健全完善部机关各项制度；严格执行中央八项规定，进一步健全和落实集中学习、部务公开、谈心谈话、民主评议等制度；健全完善部内工作衔接与督办制度，提升效率，保证质量，增强凝聚力和团队精神。加大“大组工网”建设、远教站点应用管理和大学生村干部管理，突出特色，联合县电视台，摄制教育实践活动《守土有责》专题片，大力宣传农村党组织和党员带头致富、带领群众致富的先进典型以及反面典型案例警示，并作为村（社区）书记、主任培训学习教材之一。全年远教站点平均开机率99.98%，编发《教育实践活动简报》13期、《五华组工通讯》8期，向党报党刊报送党建组工信息180多条。

（古善贵）

县委组织部2014年度负责人名录

部　长：赖志侃

副部长：温献军　张祝平　钟祝莲　严兰芳（1月任）　李作华

2014年全县党组织、党员基本情况统计表

项目				数量
党组织	基层党委	合计		20
		其中	县委	1
			局党委	3
			镇党委	16
	党总支部	合计		34
		其中	县直机关企事业单位	25
			行政村、社区居委	5
			镇机关企事业单位	4

项目				数量
党组织	党支部	合计		1177
		县直机关企事业单位		369
		乡镇		808
		其中	行政村	414
			社区居委	34
			镇机关企事业单位	360
党员	总数			45493
	其中	正式党员		44961
		预备党员		532
	新发展	总数		455
		男		376
		女		79

机构编制管理

【行政审批制度改革】 2014年，把深化行政审批制度改革作为转变政府职能的重要抓手和突破口，深入开展行政审批制度改革，认真做好国务院和省市政府取消和下放行政审批事项承接工作。在《五华县人民政府2013年行政审批制度改革事项目录（第一批）》公布施行基础上，加强对行政审批事项的动态管理，扎实推进制定和公布县级保留的行政审批事项目录动态管理。5月，经县政府常务会议同意，《五华县人民政府2014年行政审批制度改革事项（保留承接）目录》公布实施。《目录》公布保留事项281项；省、市政府下放、委托事项95项。

【政府机构改革】 2014年，全县以理顺职责关系为重点，优化政府组织机构，积极稳妥地做好新一轮政府机构改革工作。至12月，全县新一轮政府机构改革全面完成，改革职能部门新"三定"规定制定印发。全县政府工作部门由29个（含下放管理的县工商局、县质监局）减为25个（含合署办公机构3个），精简率达13.8%。新一轮县政府机构改革的主要工作部门：

一、县食品药品监督管理体制改革。新组建食品药品监督管理局，为县政府工作部门，业务上接受上级食品药品监管部门的指导。设立食品药品监管基层派出机构。全县除水寨镇外设派出机构15个。所在镇在县城市区域范围内的，不设基层派出机构，由县食品药品监督管理局稽查分局负责监管工作。

二、组建县卫生和人口计划生育局。不再保留县卫生局、县人口和计划生育局，组建县卫生和计划生育局，作为县政府工作部门。整合县卫生局、县人口和计划生育局职责。将原人口和计划生育局的研究拟订人口发展战略、规划及人口政策的机构及其职责划入县发展改革局。将承担医药卫生体制改革的机构及其职责、人员编制整合划入县卫生和计划生育局。

三、组建新的县发展改革局。不再保留物价局，将物价行政管理职责、人员编制整合划入县发展改革局，组建新的县发展改革局。

四、组建县工商和质量技术监督局。根据省委、省人民政府关于印发《广东省人民政府职能转变和机构改革方案》，将县工商、质监部门垂直管理体制调整为属地管理。不再保留县工商局、县质量技术监督管理局，组建县工商和质量技术监督局。县工商和质量技术监督局为县政府工作部门，业务接受上级工商、质监部门的指导和监督管理。将原县工商局、县质量技术监督局的行政编制整合纳入县工商和质量技术监督局。工商和质量技术监督局派出机构按建制镇设立。原县工商局、县质量技术监督管理局所属事业单位由县工商和质量技术监督局领导和管理。

五、组建县科工商务局。不再保留县经济和信息化局、县科学技术局，组建县科工商务局。县科工商务局为县政府工作部门。原县经济和信息化局、县科学技术局人员编制整合纳入县科工商务局。县科工商务局业务接受上级经济和信息化局、科学技术局和商务局的指导和监督管理。原县经济和信息化局、县科学技术局所属事业单位由县科工商务局领导管理。

六、组建县民族宗教事务和外事侨务局。不再保留县民族宗教事务局、县外事侨务局，新组建县民族宗教事务和外事侨务局。县民族宗教事务和外事侨务局为县政府工作部门，与县委统一战线工作部合署办公，不计机构个数。原县民族宗教事务局、县外事侨务局人员编制整合纳入县民族宗教事务和外事侨务局。县民族宗教事务和外事侨务局业务接受上级民族宗教事务局、外事侨务局的指导和监督管理。

【减编控编目标管理】 2014年，根据《国务院办公厅关于对贯彻落实“约法三章”进一步加强督促检查的意见》（国办发〔2013〕105号）文件，县制订《五华县减编控编实施方案》，全面贯彻落实本届政府任期内财政供养人员只减不增的目标要求。一是严控机构编制总量。认真执行行政编制总额、机构设置限额和全县事业编制总量管理，坚持控制总量、盘活存量、优化结构。在新一轮政府机构改革期间，暂停办理县直各部门提出的机构编制调整事项。二是强化机构编制动态管理。按照控制总量、盘活存量、优化结构、有减有增的要求，完善机构编制动态调整机制，探索跨部门、跨系统、跨层级调剂编制的具体办法，促进机构编制资源优化配置。坚持机构“撤一建一”，编制在现有存量中调剂解决。三是严格用编审核。严格执行机构编制集中统一管理审批制度，不断完善机构编制管理办法。坚持实行机构编制实名制管理和进人核编、出编备案管理制度。机关、事业单位补充工作人员，一律凭《党政群机关、事业单位编制使用通知卡》办理相关手续。四是坚持在编制限额内开展公务员招考、在编制范围内公开招聘事业单位工作人员。五是强化监督检查。严格贯彻执行《机构编制违纪行为适用〈中国共产党纪律处分条例〉若干问题的解释》、《行政机关机构编制违法违纪行为政纪处分暂行规定》等机构编制法律法规，及时查处和纠正机构编制违纪违规行为。健全完善机构编制监督检查与干部监督、财政监督、人事监督、党风廉政建设相结合的工作机制。全县行政编制没有突破核定数，对比上年度减少69人。全县事业编制总数没有超过2012年年末总量。全县财政供养人员对比上年度减少632人，较好实现本届政府任期内财政供养人员只减不增的目标要求。

【事业单位登记管理】 2014年，县编办积极探索建立各类事业单位统一登记管理制度，完善事业单位登记管理系统，全面建立事业单位管理服务标准和年度报告公开工作。全县事业单位应提交年度报告书的单位258个，已提交254个，提交年度报告率98.4%。全县事业单位通过“广东事业单位登记管理”网，实行网上提交年度报告的登记改革，全县公开事业单位年度报告251个。根据《事业单位登记管理暂行条例》和《事业单位登记管理暂行条例实施细则》规定，有4个事业单位依法进行设立登记，41个事业单位进行变更登记，2个事业单位进行撤销登记。

【党政群机关、事业单位机构和人员编制核查】 2014年全县党政群机关、事业单位全面开展机构编制核查工作。通过机构编制核查，进一步强化机构编制管理和组织人事管理、财政管理的综合约束，纠正全县机关事业单位的机构编制管理工作中的存在问题，完善机构编制实名制管理机制和工作程序，实现全县机构清、编制清、领导职数清、实有人员清，具体机构设置与按规定审批的机构相对应，实际配备人员和财政供养人员与批准的编制和职数相对应目标管理要求。

【中文域名注册和标识管理】 2014年，县编办根据中央编办、工信部关于印发《党政机关、事业单位和社会组织网上名称管理暂行办法》（中编办〔2014〕69号）通知精神，扎实推进全县党政机关、事业单位中文域名常态化管理建设，提高党政机关网站安全防护水平，维护党政机关在互联网上的合法权益，保证党政机关网站的权威性和严肃性。按照上级要求扎实做好机关事业单位网站开办审核、资格复核和网站标识管理工作，全面建立党政机关网站标识制度。至12月31日，全县已完成中文域名注册136个（其中注册政务类52个、公益类84个），全部完成开办审核和资格复核工作。经中央编办审核批准，领取标识的网站25个。

【机构编制日常管理】 2014年，机构编制日常管理工作在县编委统一领导下，严格执行机构编制管理“三个一制度”和“五不准”原则，切实维护机构编制管理政策法规的严肃性和权威性。全县制发机构编制管理文件22个，印发机关事业单位“三定”规定文件13个，批复机关事业单位机构设置文件24个。（黄伟元）

县机构编制委员会办公室2014年度负责人名录

主　任：曾繁活

副主任：古汉琴　黄伟元

老干部工作

【政治待遇落实】 2014年，县委老干部局认真落实老干部政治待遇。一是坚持向老干部通报工作制度。2月15日，县委、县政府组织召开通报工作会议，县委主要领导向老干部通报全县政治、经济社会发展情况和工作计划，并向老干部征求意见和建议。二是坚持重大节日领导带头走访慰问老干部制度。每逢重大节日，分组走访慰问老干部，送上慰问品和慰问金。三是给老干部订阅报纸杂志。动员全县各单位为老干部征订《南方日报》150份、《梅州日报》176份、《秋光》杂志1161份、《2014年广东省老干部政治理论读本》100份。

【生活待遇落实】 一是根据（梅市组通〔2014〕36号）精神，提高离休干部护理费标准。抗日时期入伍的离休干部护理费标准由原每人每月400元提高到每人每月1200元。解放战争时期参加革命工作的离休干部护理费标准由原每人每月250元提高到每人每月600元。因瘫痪等原因生活长期完全不能自理的离休干部护理费标准由原每人每月600元提高到每人每月2000元。二是由企业离休干部管理服务中心每月向县财政局报送离休费表，使老同志每月能按时领到离休费。三是协助因病去世的老干部家属处理善后事，使老干部家属因有组织关怀感到宽慰。四是定期组织老干部体检制度。老人节前夕，组织县五套班子离退休干部、行政科发工资老干部和企业离休干部等100多人进行健康检查，并及时对检查结果汇总后反馈给老干部，为老干部防病治病提供科学依据。五是配合县财政局做好离休干部遗属困难生活补助费发放工作，督促提醒离休干部遗属及时提交生存证明材料，对符合条件的老干部遗属按月足额发放困难生活补助费，有效保障基本生活。

【老干部活动】 9月30日，组织部分老干部到蒲丽顶参加县委、县政府举办的五华县公祭烈士活动，老领导魏华润代表全县离退休老干部向烈士纪念碑敬献花圈。老人节前夕，老干部活动中心举办庆祝老人节活动，附城居住的近90位老干部参加庆祝活动。举办养生保健知识讲座，5月13日，邀请梅州市人大常委会原主任周刚为老干部讲授养生保健知识，近200多人参加保健知识讲座，并为参会的老同志赠送养生保健书籍，丰富老干部的养生保健知识，为老同志养生保健提供科学依据。（曾贵明）

县委老干部局2014年度负责人名录

局　长：钟祝莲

副局长：周钦良

关工委工作

【加强关工委自身建设】 2014年，县关工委下功夫把基层工作做好，把基层组织搞扎实。至12月，全县镇级关工委100%建立，建立村级关工委360个占总数86 %，县直机关各系统关工委全部建立。对建立的关工委组织结合实际逐步把关工委工作步入正常化,积极开展工作。对于换届班子变动的镇，及时调整和补充，使关工委班子保持连续性。经常到各镇及有关村、学校关工委进行调研，帮助基层关工委围绕“五好”努力做好工作，注重抓好“点”来带动“面”。全县各级关工委组织大部分保持稳定，工作开展比较正常。

【开展“三百”活动】 2014年，县关工委在深入开展“三百”活动中，加强点上联系，加强调研，加强指导，根据不同地区、不同情况，有针对性地实行分类指导，做到以点带面，点面结合，促进“三百”活动更广泛更深入更有效地协调发展。参加三百活动“五老”人员和青少年志愿者有2.70万人，为老人和弱势群体做好事实事550多件（次），发动社会力量捐资办学5572.8万元，五年累计参加人数2.79万人，捐资2.90亿元。县关工委还对2009年4月以来在全县范围内开展“百老帮百少、百小尊百老、百业助百校”活动中涌现出好人、好事进行评选表彰。报市表彰单位和个人有35个（先进集体6名，育苗帮少先进“五老”13名，尊老孝亲先进少年10名，助校助学先进个人6名）。争取香江集团社会救助基金会支

香江集团社会救助基金与省关工委携手联合开展“香江爱心图书室”捐助活动

持，为五华欠发达地区儿童青少年丰富和充实教育资源，基金会与省关工委向本县17所小学捐赠图书共45900册、书桌68套、书架34套，价值15.6万元。图书以科学知识类、名著类、人文历史类、漫画集连环画类等适合小学阶段孩子阅读的课外读物为主，辅以各年级学生教辅书、工具书和教师教辅书。受资助的学校分布为县三小、潭下镇4所小学、长布镇3所小学、横陂镇3所小学、周江镇3所小学、龙村镇3所小学。

【青少年思想道德教育】 2014年，全县各级关工委深入开展社会主义核心价值体系教育，用社会主义核心价值体系引领青少年，充分发挥“五老”队伍的优势和作用，竭诚为青少年健康成长服务，积极为弱势的特殊青少年群体做好事、办实事、解难事。在开展对青少年的思想道德教育中，充分发挥校外教育和“三教”结合的作用，认真组织好人员，编写好教材，利用和整合各种德育资源，针对中小学生思想道德形成的规律和特点，有针对性地组织人员深入到各中小学校、社区、农村青少年中上好各类思想道德辅导课；充分发挥教育讲师团和家长讲师团的积极性和作用，把握德育工作的时代性和方向性，努力提高德育工作的针对性和实效性，更加有效地开展青少年学生的思想道德教育。着力加强和创新校外教育，依靠各地“五老”和辅导员队伍，切实配合教育局、学校利用各种法定节日、传统节日，以及未成年人入学、入队、入团、成人宣誓等有利时机，集中开展思想道德主题宣传教育活动或仪式，引导未成年人弘扬民族精神，增进爱国情感，提高道德修养。配合县共青团做好“希望家园”和“幸福厨房”的建设，关心关爱留守儿童和边远山区学生的用膳难；配合县妇联维护妇女儿童的合法权益；配合政法部门做好法制副校长的聘任工作，充分发挥其自身优势,使青少年学生在校园里受到更多法律、法纪熏陶；配合县公安局关工委做好帮教青少年的“四走进”（走进社区、家庭、校园、高墙）活动，帮教失足青少年；配合县文化广播新闻出版局做好文化市场监管工作和网吧监督工作，切实净化好未成年人的成长环境等。进一步贯彻落实省、市关工委《关于开展“大手牵小手，共筑中国梦”宣传教育实践活动的意见》，特邀县书协会、县老年书法协会负责人参加会议，发动“五老”和“青少年”积极参加到作品创作活动。完成图画作品100幅，书法作品200多幅。其中“五老”创作书法作品70多幅，画作20幅；中小学书、画作品210多幅。县关工委还争取广东省雁洋公益基金会支持，全县有94名学生得到“叶剑英基金助学金”资助，每人2000元，发放资金18.8万元。全年各级关工委开展各项宣讲教育活动和校外教育活动1149场，受教育人数21.90万人。

【组织建设】 2014年，全县各级关工委组织进一步得到健全，班子各项工作进一步得到落实，取得比较好成果。全县有31个单位分别被评为省、市、县先进单位。其中县公安局关工委被评为省级创建“五好基层关工委”先进单位；县关工委等4个单位被评为市创建五好基层关工委优秀组织奖；农林水系统关工委等7个单位被评为市“五好”基层关工委先进集体；水寨镇大岭村关工委等19个单位被县评为“五好”基层关工委先进集体。

【农村创业青年培训】 2014年，县、镇、村实办培训班38期培训人数2858人。其中县办培训班3期：全县的柚果专业培训班、板栗专业培训班、油茶专业培训班，参加培训的学员286人。县关工委上报梅州市农业局、人力资源和社会保障局、市关工委授予水寨镇洪华专业合作社、棉洋柱山糖梨专业合作社为梅州市农村创业青年培训示范基地，进一步发挥创业青年示范效应。

（张宏君）

县关工委2014年度负责人名录

主　任：陈　耿

副主任：钟祝莲　陈锡彝

宣传工作

【理论武装工作】 2014年，县委宣传部突出抓好各级党委中心组理论学习为龙头，带动全县党员干部的理论学习。全县各级先后传达学习贯彻十八届四中全会精神、习近平系列重要讲话精神、省委胡春华书记到梅州调研讲话精神和市委黄强书记到五华调研讲话精神。根据年初制订下发的文件精神，结合群众路线教育实践活动，加强对各级中心组理论学习督促检查，查漏补缺，完善学习档案。紧紧依托各镇、各单位每周例会、每月读书会、送课下基层活动、干部脱产培训、网络在线学习、党校培训班等平台，在学中干、在干中学，不断增强解决实际问题的本领。抓好理论宣讲，大兴学习之风。按照中央、省、市关于推进学习型党组织建设意见的要求，增强党员干部学习热情，努力培养学习型党员干部。依托五华学习讲坛，分别邀请省、市、县专家、教授、讲师作专题辅导。配合市委宣讲团到五华开展系列主题宣讲活动，组织县委十八届四中全会宣讲团到基层进行宣讲活动。抓好理论研讨和典型宣传，全年组织开展《五华特色文化旅游投资项目》等多种课题调研活动，调研成果在《五华宣传》进行刊登。还先后总结县检察院、司法局、住建局、水寨镇等单位好的经验和做法，推进创建学习型党组织建设深入开展。

【舆论宣传】 2014年，县委宣传部做好中心工作宣传，围绕党的十八届四中全会精神、习近平系列重要讲话精神和省、市、县委全会精神的抓宣传贯彻；围绕县委、县政府全年重点工作、重点工程、重大项目和“十件民生实事”抓宣传引导工作；围绕各项创建工作抓社会宣传和典型宣传工作，努力营造全面推进“两新两特两重点”惠民生、促和谐、强队伍和打造工业新城、建设

县委常委、宣传部部长张爱芳深入挂点村调研创建省级卫生县城工作推进情况

长乐之乡的良好氛围。抓新闻宣传工作，定期召开新闻宣传分析会，对全县新闻宣传情况进行分析总结，提出开展下一阶段新闻宣传工作重点。全年五华电台、电视台播出新闻1315条，播出专题栏目350条，其中创卫专栏96期。抓好对外宣传工作，及时更新五华宣传网内容，时刻关注网上动态，更新网站内容200条、图片50多张，每天点击率保持在50人次以上，总浏览量突破6万人次。坚持做好“五华之声”微博更新、发布，采用新平台宣传五华、推介五华，发布有关五华的各种微博信息2000多条。努力做好到五华媒体、记者的服务、配合工作。积极做好重点党报党刊发行，较好完成市下达的重点党报党刊发行工作任务，得到上级部门肯定。充分发挥重点党报党刊作用，及时传达党和政府的声音，使基层党员群众能尽快、全面了解党在农村各项方针、政策。

【群众文艺活动】 2014年，县委宣传部开展“长乐大舞台”群众文艺走基层活动。全年举办春节团拜文艺晚会、创卫宣传文艺晚会、走基层到乡镇文艺演出10多场。组织参赛全市百歌颂中华合唱比赛、群众歌会、歌手赛获得较好成绩，其中由安流中学合唱团获得银奖、文化志愿者合唱团获得铜奖，2名歌手获得铜奖。大力打造大众文化活动，县图书馆、文化馆着力做好免费开放开馆服务工作；县电影公司坚持在县府文化广场举行每周一影活动和每月送戏到村活动；采茶戏演艺有限公司和木偶戏传习所开展送戏下乡，同时切实做好采茶戏和木偶戏的传承和发展，积极开展送戏进校活动。积极开展文化惠民工程，不断满足人民群众精神文化多元化、多层次的需求，保障困难群体基本文化权益，全年取得省里更大支持力度，对全县低保户群众进行文化消费补贴“礼包”，使老百姓感受到改革带来的精神红利。

【文化重点项目建设】 一是着力打造“球王故里”足球文化品牌。加快长布元坑中国内地现代足球发源地的保护规划开发进度，推进世界球王李惠堂故居足球博物馆和足球产业园规划建设，擦亮“球王李惠堂”品牌。二是着力推进狮雄山秦汉遗址规划建设。成立五华狮雄山秦汉城址管理处，有效推进狮雄山秦汉城址打造工作。积极开展五华狮雄山秦汉城址保护、规划、利用，如期推进狮雄山秦汉遗址申报国家级大遗址公园工作。三是加快五洲阳光温泉休闲山庄建设和寨顶巷古村落规划开发。组织相关单位开会研究，详细制定出具体实施方案，落实人

“长乐大舞台”群众文艺活动深入基层开展演出活动

员、任务，明确职责、完成时限，加大推进力度，相关部门对各项工作如期推进。四是积极稳妥推进县广播电视网络改革工作。启动县广电网络的清产核资、资产评估和法律尽职调查等中介工作，着手完善县广播电视网络改革方案，正式启动改革重组。

【社会主义核心价值体系建设】 2014年，县委宣传部、县文明办大力推进思想道德建设。组织开展社会主义核心价值观宣传教育活动，张贴社会主义核心价值观挂图，播放“图说我们的价值观”，利用各种宣传工具对社会主义核心价值观24字进行宣传；组织“最美家庭”“我推荐、我评议身边好人”“最美孝心少年”推荐宣传教育活动；充分利用有线电视、五华公众网、宣传栏、板报、横幅、电子显示屏等载体继续开展文明礼仪公益广告宣传。谢祝英、宋晓婷、罗素娣3位学生评为“2014年梅州市最美孝心少年”。扎实开展志愿服务制度化。积极探索以城乡社会为重点，以关心关爱为主题，以积德行善为动力用制度化实现常态化的相关工作；开展关爱空巢老人、留守老人、留守儿童等活动开展守望志愿服务活动；与团县委联合举办“学雷锋志愿服务月”活动。组织文化志愿者到乡村学校、农村、企业开展活动。逐步发展壮大志愿者队伍。加强青少年活动中心阵地建设。组织华城镇、转水镇乡村少年宫负责人、辅导老师参加在梅县丙村举办的广东“大篷车”乡村学校少年宫送教交流活动；新申报的横陂小学少年宫项目建成，并通过验收。

【群众路线教育实践活动】 2014年，县委宣传部深入开展以解决“四风”问题为主要内容的党的群众路线教育实践活动。通过教育实践，较好解决干部职工在“四风”方面存在突出问题。结合教育实践活动，领导干部带队经常深入郭田、水寨的挂扶村，开展整治软弱涣散村支部工作、扶贫工作、创建省级卫生县城工作。认真做好全县教育实践活动的学习宣传工作：一是做好县委班子学习活动的相关工作，扮演好中心组学习秘书角色；二是对全县在开展教育实践活动涌现出来的典型、经验进行宣传，在电视台、县政府公众网、《五华政报》《五华宣传》开设专栏，带动促进全县教育实践活动的深入开展。全年报道县典型20个，推荐市典型6个，电视台专题报道12个。　（周惠雄）

县委宣传部2014年度负责人名录

部　长： 张爱芳
副部长： 杨　尚　张远平（任至6月）
谢　意　李林权（任至6月）
甘　平
宣传系统党工委副书记： 黄锡坤

精神文明建设

【思想道德建设】 一是继续“开展我推荐、我评议身边好人”活动。发动广大干部、群众推荐2014年“身边好人”。二是组织开展“最美家庭”推荐、宣传、教育活动。各镇、各单位因地制宜，充分运用群众喜闻乐见的形式扎实有效推进活动，县妇联、文明办、电视台、对上报的“最美家庭”进行筛选，深入采访，制作专题，开辟专栏每月播出一至两期进行宣传报道。三是积极开展梅州市2014“寻找最美孝心少年”公益活动。通过深入发掘，严格选择，择优推荐上报郭田镇的江娴、黄国红，华新中学的邹婕妤，桥江中学的宋晓婷、宋佳，棉洋镇的罗素娣，田家炳中学的谢祝英等七位同学尊老敬老爱老的先进事迹，引导广大未成年人学用结合，知行合一，争做孝心少年。

【社会主义核心价值观宣传教育】　2014年，县文明办印发《关于印发〈五华县关于培育和践行社会主义核心价值观的实施意见〉的通知》，明确各单位职责分工，形成多方合作、统筹协调、组织实施和督促落实推动培育和践行社会主义核心价值观同全局工作融为一体，与实际工作相互促进。各镇、各单位结合实际，充分利用橱窗、宣传栏、板报、横（条）幅、电子显示屏等载体，对社会主义核心价值观的内核24字以宣传标语形式进行张贴、悬挂或滚动播放；县广播电视台、五华政府公众网播放公益广告；分发张贴社会主义核心价值观挂图；播放“图说我们的价值观”；在宣传教育活动中，注重发现典型、宣传典型。培育社会主义核心价值观示范点，推荐并报送县司法局、小都村、鸿云社区、辉胜达有限公司、南山小学、县医院为县级示范点。开展社会主义核心价值观基层宣讲报告会，分别到华城、安流、棉洋、长布等镇开展宣讲，为广大党员干部践行社会主义核心价值观作宣讲辅导。

开展社会主义核心价值观基层宣讲报告会

【乡村学校少年宫建设】　2014年，县文明办组织华城镇、转水镇乡村少年宫负责人、辅导老师参加在梅县丙村举办的广东“大篷车”乡村学校少年宫送教交流活动。通过了解和实地调研，申报横陂镇中心小学为2014年乡村学校少年宫申报项目。

县文明办2014年度负责人名录

主　任：谢　意

副主任：周惠雄　钟华清

统一战线工作

【民主政治建设】　一是注重党外代表人士发现储备。紧密配合组织部门，积极发现储备政治坚定、业绩突出、群众认同的党外优秀人才，努力实现人才选拔宽领域、广覆盖，打造老中青相结合合理队伍结构。二是注重党外代表人士教育培训。注重加强对党外代表人士教育培训。坚持政治培训为主，突出培训重点，把系统深入开展中国特色社会主义理论体系、中国特色社会主义制度和社会主义核心价值体系教育作为政治培训主要任务，突出党外代表人士思想建设，制定教育培训规划，根据不同对象和特点，分层次分领域地开展培训，重点在理想信念教育和党的方针政策理解上下功夫。采取集中学习、调研考察、专题讲座、“走出去、请进来”等灵活多样方式，组织党外代表人士中的优秀企业家、政协委员分别到珠三角等地参观学习。三是注重党外代表人士选拔使用。大力推进党外代表人士政治安排和实职安排工作，有针对性在人大、政府、政协、人民团体等积极推荐使用。从机关、企事业单位和生产一线业务骨干中挑选和推荐党外干部，做到重心下移；坚持从实际出发，看本质、看主流、重一贯表现，打破身份、部门、行业和所有制限制，大胆推荐到领导岗位上；注重从基层选拔党外干部，让更多与基层群众有密切感情、群众认同度高的党外干部充分发挥自身特长和优势。四是参政议政作用不断凸显。党外代表人士围绕县委中心工作，服从大局，服务大局，积极出谋献策，特别是在重点民生项目建设方面，通过专题考察、调研，利用议案、提案、调研报告等形式，向县委、县政府提出意见建议。

【非公有制经济领域工作】 一是在非公有制经济人士中深入开展以“信念、信任、信心、信誉”为主要内容的理想信念教育实践活动。5月30日，召开全县非公经济人士理想信念教育动员会，全县非公有制经济人士理想信念教育实践活动得到扎实有效推进。二是积极做好企业调研工作。组织力量，做好全国第十一次私营企业抽样调查工作，先后到梅州市松岗嶂农业发展有限公司、宏发电机有限公司、广东创盛工贸有限公司等企业进行调研，了解企业发展情况，形成调研文章，推动非公有制经济发展。三是协助政府抓好招商引资。积极协助政府组织企业代表参加商务考察、贸易洽谈、展销会等各种经贸活动，全程跟踪解决企业在落户、建设、生产过程中遇到困难和问题，加强投产企业、在建企业的跟进服务，落实进园企业“一站式”服务，全年组织各类银企对接活动130多人次。四是推进光彩事业。积极引导全县非公有制经济人士自觉践行社会主义核心价值体系，自觉履行社会责任，积极参与光彩事业，支持县重点项目建设。通过搭建活动平台，引导会员企业、外地商会开展扶贫济困、捐资助学、善待员工等活动，积极投身光彩事业，勇于承担社会责任，展示非公有制经济人士良好社会形象。

【港澳社团工作】 2014年，县委统战部通过走出去开展联心联谊活动，进一步加强海外联络联谊，充分发挥港澳台和海外华侨华人社团作用。3月2—4日，县政协副主席、统战部部长甘飞鸿应邀参加香港五华同乡总会第六届会董就职典礼暨新春宴会；7月10—11日，前往香港召开香港五华政协委员座谈会，通报全县上半年经济社会发展情况；10月11—13日，走访香港五华同乡总会、同乡会、宗亲会等社团，召开香港五华政协委员、香港青少年座谈会，以乡情、亲情、友情、商情为纽带，通过认识和了解内地、家乡改革和发展成就、了解家乡变化情况，充分发挥旅港联谊会和爱国、爱港、爱乡人士作用，增进家乡感情，促进香港长期繁荣稳定；10月31日，应邀参加在香港仔深湾游艇俱乐部宴会大礼堂举行的“港区梅州市各级政协委员联谊会会员大会暨庆祝国庆联欢晚会”；12月10日，应邀参加澳门嘉应同乡会在澳门举行庆祝中华人民共和国成立

65周年、澳门回归15周年、第九届主席团暨理监事会就职典礼系列活动。通过搭桥引线，争取到香港“摘星计划”资助，有9名贫困大学新生在本科就读期间获得每人每年6000元资助。全年通过亲情联谊，港澳台同胞为家乡公益事业捐款1200多万元，主要用于支持五华教育、交通、水利、环境整治等基础建设和扶贫帮困等领域。通过请进来的方式，充分利用春节、清明、中秋等节日，邀请港澳台同胞及海外侨胞回乡探亲、参观和考察，感受家乡的变化和政府对侨胞的热情。全年接待回乡“三胞”1500多人次。4月24—26日，台湾宋氏宗亲一行60多人在宋氏家族会长宋洪隆带领下，从台湾回到梅林镇琴口村寻根问祖。5月18日，五华旅港同乡会达美美食之旅旅游考察团一行38人，在香港五华同乡总会会长曾庆胆、五华旅港同乡会有限公司理事长李彪带领下，回五华县旅游考察。7月7—9日，在香港五华同乡总会创会会长周树菁、会长曾庆胆、副会长廖广铸等乡贤率领下，香港屯门乡事委员会所属扫管笏陈屋村、李屋村、大榄涌村等40多名村民代表及乡亲，首次到五华寻根问祖、访亲考察。9月1日，由125名爱心人士组成的香港义工团队在省政协常委余鹏春太平绅士带领下到五华县横陂镇开展敬老扶幼爱心活动。9月5—6日，香港大埔黄宜坳村村长、香港五华同乡总会副会长陈长有率香港大埔黄宜坳村公所五华学校访问团25人，到水寨镇罗湖小学开展访问活动。11月5日，旅港嘉应五属同乡会一行165人，到本县横陂镇锡坑李惠堂故居“联庆楼”参观考察。积极推进招才引智、招商引资工作。发挥统战系统人才智力密集、海内外联系广泛、密切联系非公有制经济的优势，大力实施“侨爱工程”，鼓励引导港澳台侨商充分发挥自身优势，助推五华经济社会发展。加大对“三胞”企业服务力度，积极开展互助惠民活动，促进实现共赢。

【民族宗教事务】 2014年，县委统战部积极开展以“发挥正能量，共筑中国梦”为主题的宗教政策法规学习月活动。广泛深入开展民族宗教政策、法律法规学习宣传，加强普及宗教政策和法律法规知识，推动党的宗教政策全面贯彻落实，为建造一支“政治上靠得住、学识上有造诣、群众中有威信、关键时起作用”的宗教教职人员队伍起到促进作用。8月，举行基督教三自爱国会第八届、县基督教协会第五届代表会议。积极开展“宗教慈善周”活动，全县宗教团体、宗教界人士踊跃为2014年“广东扶贫济困日”活动捐款5万多元。

（廖孟中　曹　敏）

县委统战部2014年度负责人名录

部　长：甘飞鸿

副部长：古共和　钟作宏　古寿森

台湾事务工作

【对台接待和交流交往】 2014年，县委台办接待回乡台胞250多人次，在国庆、重阳期间，接待台北市五华同乡会理事长魏保章；五华赴台交流3批次29人：4月21—28日，县长范宜军赴台参加由梅州市政府组织的梅台经贸文化交流合作恳谈会；6月10—17日，广东井得电机有限公司中层以上管理人员一行27人应邀赴台参加客家文化产业交流活动；8月12—19日，潭下镇党委书记李雄青参加梅州市经贸文化交流合作访问团赴台考察。

【涉台经济和为台企服务】 2014年，县委台办积极参与“台湾农民创业园”建设。全力支持园区建设，积极联络台商，对台招商，使核心区建成辐射带动周边农业产业的发展。积极协助双华镇华石养殖场和周江镇梅州市中渔远洋水产（五华）有限公司争取市“台湾农民创业园”专项资金。9月10日，县委书记张映平带领相关部门负责人到园区隆华塑胶、仁隆电子等台商企业调研，参观企业生产车间，深入生产一线与企业员工座谈，要求企业家树立起加快发展的信心，积极进取，谋划增资扩产，在发展过程中遇到困难，加强对接沟通，共同协商解决。同时，县委台办还积极为台企台胞台属排忧解难，积极为定居在本县的台胞解决生产、生活中碰到的各种困难；依法积极维护本县台资企业及台属企业的合法权益，正确引导和帮助通过合法途径开展维权活动；重视做好台胞台属来信来访的接访及调处工作；积极为台胞台属提供各种咨询服务。全年前来咨询涉台遗产继承、在台各种补偿（补助）的申领、涉台婚姻、因私赴台、涉台赡养收养、到大陆投资、出境入台手续办理等问题80多人次。为台企洋京塑胶制品（梅州）有限公司协助解决用地、海关报税和用工等问题；协助广东井得电机有限公司解决有关政策性社会保险补贴和岗位补贴不足的问题；协助台湾乡亲陈发义寻根，初步确定其祖居地为安流镇半径村。

【把握信息，寻找新突破点】 2014年，全市对台工作会议上，主任陈德荣在兄弟县台办互动中，获悉平远县台办与台湾大仁科技大学达成向该县招生共识。回来后马上研究，马上跟进，主动与平远县台办沟通，学习取经，了解相关详细情况。5月9日，当获知台湾大仁科技大学副校长黄国光、处长冯启宏博士到平远中学介绍招生计划情况后，县委台办派出干部赶赴平远县，与黄国光等人沟通协调，详细了解该校招生的报考、录取专业、费用和推荐就业等情况，为五华高考学生赴祖国宝岛台湾就读积极争取名额。

【积极发动台胞支持教育事业】 2014年，县委台办发动台胞广东井得电机有限公司董事长黄明智捐款10万元，资助2名在高考中取得优秀成绩且家境较贫困的大学生完成四年大学学业；8月26日，第十一批30名优异成绩的高考学生获得由台北市五华同乡会理事长魏保章个人出资每人1000元的希望工程奖学金，比上年增加10个名额。

（魏新华）

县委台办2014年度负责人名录

主　任：何超华（任至2月）

陈德荣（2月任）

副主任：汤伟平

直属机关工委工作

【思想建设】 一是结合党的群众路线教育学习实践活动，积极开展理论学习。在学习实践活动中，工委组织集中学习18次，累计学习时间20天，个人自学累计250多人次，工委领导亲自上辅导课4次，集中收看收听专家讲座3次，个人撰写学习心得体会文章21篇，学习笔记208篇。二是结合县委中心组学习活动、落实县委政治理论学习目标任务。工委组织党员干部认真学习《中共中央关于加强和改进作风的八项规定》《厉行节约，反对浪费》重要论述摘编和《辩证看，务实办》等读本，学习党的十八届全会精神，积极参与开展党的群众路线教育学习实践活动。三是结合县委纪律教育学习月实践活动，积极开展党风廉政建设。工委认真开展好每一个环节活动，认真学习《十八大以来作风建设制度规定汇篇》、省纪委《反腐倡廉（2014）教育读本》等，通过征求意见、开展谈心交心活动、自我检查、召开民主生活会和组织生活会，进一步找准领导班子及其成员在推进发展、促进和谐、改革创新、为民务实、清正廉洁等方面存在的突出问题，理清开展机关党风廉政建设思路和方向。

【组织建设】 一是扎实深入开展党的群众路线教育实践活动，增强党员干部宗旨意识。2月27日始，启动党的群众路线教育实践活动。认真抓好学习教育、听取意见环节各项工作，按节点完成阶段性目标任务，确保教育实践活动有力有序推进。至9月，圆满完成第二批党的群众路线教育实践活动的各项工作目标任务。二是严格培训考核，把好党员入口关。做好入党积极分子教育培训、发展党员工作。9月，在县委党校举办为期四天的县直机关企事业单位入党积极分子培训班。县直十二个系统党工委的党总支、支部推荐的150多名优秀青年参加培训学习。严格按照《中国共产党发展党员工作细节》中提出“控制总量、优化结构、提高质量、发挥作用”十六字方针要求，落实“三个坚持”，严格组织发展程序，发展吸收预备党员。三是开展丰富多彩的纪念建党93周年庆祝活动。召开县直机关庆“七一”暨新党员入党宣誓大会，县直机关党龄在五十周年以上老党员中有46名获颁五十周年以上党龄纪念章。四是召开县直机关党建工作座谈会。五是开展好党代表活动，搭稳党群沟通连心桥。县直机关党代表工作室积极开展各级党代表调研、视察活动，各级党代表在党的群众路线教育实践活动中收集民情民意，深入到生产一线，倾听群众诉求，积极为群众解决解答各类问题。六是指导县直机关企事业单位党（总）支部作好换届选举工作。至8月30日，县直有23个党总支部，319个党支部如期完成换届选举工作，占县直机关企事业单位党（总）支部总数的84.6%，其余4个党总支部、59个党支部将在完成单位撤并、组织人事变动后启动支部换届选举工作。

【作风建设】 一是抓好评议活动，推进机关作风建设。县评议办把县直和省、市属驻华单位86个，分为A、B二类列入评议对象。广泛发动社会各界人士按“优秀”“满意”“基本满意”和“不满意”四个档次对单位进行评议，评选20个机关作风建设先进单位报县委通报表扬。二是开展机关作风明察暗访工作，严肃查处不良行为，力促机关作风转变。全年明察暗访60个单位（含乡镇），发现机关作风存在问题的单位和个人有5个11人。对涉及问题的5个单位主要负责人，进行诫勉谈话，责令当事人向县委作出书面检讨，县纪委对个别严重的作出党纪政纪处分。要求机关单位狠抓落实整改，整改率100%。三是严肃党内组织生活，力抓党支部基础党建工作。要求严格执行党支部“三会一课”制度，坚持每月召开一次支委会和党小组会、每季度召开一次支部会，每年由党支部书记为全体党员上一堂党课；党支部内重大事项、大额财经往来由支委会或支部会讨论决定，并做好会议记录，杜绝单位一把手大包大揽一言堂现象；坚持开好支委班子民主生活会和支部党员组织生活会，民主生活会要求各个支委写好发言材料，会上作发言并作批评和自我批评，坚持做好年终民主评议党员，并做好民主评议党员情况的记录。

（蔡文淮）

县直属机关工委2014年度负责人名录

书　记：张丽红

副书记：曾利联　张政浪

保密工作

2014年，县保密工作紧紧围绕县委、县政府工作部署和上级保密部门工作要求，以确保国家秘密安全为中心，强化组织领导，突出工作重点，加强保密管理，努力提升全县保密工作水平。加强保密工作组织领导，健全充实保密领导机构，召开县委保密委员会全体成员暨全县保密工作会议，贯彻落实中央和省、市保密工作会议精神，部署全县保密工作。加强保密宣传教育，组织县五套班子全体成员，法检两长，县直部委办局和省市属驻华单位主要领导到市观看保密技术演示，举办县保密专题党课教育暨全县计算机网络信息安全形势报告会，会同纪检监察部门联合在纪教月活动中开展保密法纪宣传教育，加强保密法纪宣传教育，增强党员干部保密防范意识。加强保密要害环节管理，突出重点单位、重要部位，依法加强保密管理，对全县“三密”文件、电报全面清理清查，开展对非涉密网络和电子政务平台检查，做好国家统一考试试题保密管理。加强硬件建设，提高保密技术防范能力。

（古坚祥）

县保密局2014年度负责人名录

局　长：李惠香（任至11月）

古坚祥（12月任）

副局长：陈国清（11月任）

政策研究

【文稿服务】 2014年，县委政研室按照县委工作部署，紧紧围绕县委工作，突出调查研究，注重成果转化，致力打造文稿精品；着力加强业务水平和综合素质提升，不断扩宽思维和视野，认真吃透上级文件精神和领导意图，全力做好文字材料工作，及时高效完成各项工作任务，为县委决策和实施充分发挥参谋和助手作用。全年撰写上级领导来县汇报材料40多篇，会议讲话材料250多篇，报送省市材料170多篇共120万余字。

【调查研究】 2014年，县委政研室重点围绕加强农村基层治理和管理、整顿软弱涣散基层党组织、创建“广东省卫生县城”、城中村生活垃圾收运处理，重点行业部门（国土、住建、开发区、房管局等）建章立制及规范管理，推进“丰华兴梅产业集聚带”建设、规划建设产业园区、理顺经济开发区管理体制等专题进行深入调研，摸清现状，深挖问题根源，提出相应的对策和措施，为县委领导和相关部门在决策时提供有力依据。

【督办检查】 2014年，县委政研室为把县委、县政府工作部署更好落到实处，多次深入到相关乡镇，督查水毁桥梁重建和环境卫生整治等工作；定期和不定期到城市扩容提质、交通基础设施、园区等重点项目建设现场，了解工程推进进度情况及工作中存在问题；及时督促各镇和相关部门优化工作方案，细化工作措施，落实工作责任，确保“三大抓手”、“丰华兴梅产业集聚带”建设、十项民生实事等工作更好地推进。全年办结市交办督查事项30多件，办理县委书记批示件180多件。

县委政策研究室2014年度负责人名录

主　任：陈志文（9月任）

副主任：古坚祥（任至12月）

张志军

新闻工作

【简况】 2014年，县委新闻办认真贯彻落实中央、省、市、县宣传工作会议精神，围绕县委、县政府“两新两特两重点”、惠民生、促和谐、强队伍的中心工作，扎实做好新闻宣传报道。全年在光明网、央广网、中国日报网、中国新闻网、广东新闻网、《南方日报》《羊城晚报》《广州日报》、中央人民广播电台等省级以上媒体发表稿件171篇，《梅州日报》发表202篇，梅州电台发稿126篇。向《五华政报》《五华宣传》、五华政府网、《五华年鉴》等提供一大批文字信息和图片。同时协助上级媒体做好相关采访工作。

【突出中心宣传】 2014年，县委新闻办围绕县委、县政府中心工作，突出重点，加强宣传。先后采写《园区引领产城联动帮扶助力》《全力推动经济社会加快发展》反映县委、县政府加快园区建设和产城联动的工作措施；《多举措抓落实让群众得实惠》，反映全县继续谋划抓好民生实事的工作落实；《五华今年确定63件重点工作》，让广大群众对县委、县政府的工作部署有一个更全面了解；《搭建经济社会大发展的交通网》，反映全县加快交通基础设施建设，着力改善交通出行环境不懈努力。《市第七届运动会开幕》系列报道、《上半年固定资产投资近21亿元》《重建47座水毁桥梁已竣工11座》《五华工业园已有76家企业进驻》《番禺五华共建节能科技园》《打造宜居宜业宜游长乐之乡》《五华上坝堤加快建设》《五华环城大道春节前可通车》《初步形成五大特色产业群》《创新模式全面普及健康教育》《今年来投1.2亿元建设产业园》等，全面反映县域经济社会发展的建设热潮和成果。先后采写《三问三主动践行群众路线》《扎实推进教育实践活动》《8000多个问题得到有效整治》等，系统反映全县党的群众路线教育实践活动开展情况。

【反映城乡变化】 2014年，县委新闻办先后采写《三件实事让乡村换新颜》《知青手植茶今成致富宝》《电影送下乡百姓乐享文化餐》《五华优质蔬菜畅销全市各地》《山旮旯里卫生院的新变化》《山旮旯里就数学校最漂亮》《小果园变大庄园荒山地成香饽饽》《昔日小果园今成生态游乐园》等，全面反映五华城乡环境的持续改善，以及城乡居民生活变化。

【反映社会民生】 2014年，县委新闻办先后采写《新春·新居》《全倒户乔迁：春节最大的喜事》《五华45座断桥重建已开工》《全力打造计生惠民服务品牌》《多举措提升社会治理服务水平》等，系统全面反映了五华底层社会民生的变化。

【基层典型人物报道】 2014年，县委新闻办先后撰写《张厅长和他三次握手》《梅州独臂志愿者每月创税超万元》《我已经爱上了扶贫》《五华有间最美美发室》《一农民30多年捐资近500万元》《女汉子：背起生活重担》《19岁截肢青年渴望装假肢》《外来媳妇为夫奔走求医不离不弃》《学会吟诵才能和古人交心》等，反映全县各行各业典型人物可歌可泣的精神面貌，弘扬社会正能量。

【反映乡贤企业发展历程】 2014年，县委新闻办先后采写《冠华传导争做行业先行者》《自主研发上百种LED灯》《富胜实业进军高端制造业》等。系统反映全县工业经济发展离不开乡贤企业的大力支持，也从一个侧面反映全县加快工业经济发展的举措。

【办好县域新闻专栏】 2014年，县委新闻办根据县委与梅州日报社的合作协议，《梅州日报》每个月为五华开设2个专栏。充分利用这一宣传阵地，认真挖掘题材，精心准备，图文并茂，全方位，多角度宣传报道经济社会建设情况。协助《梅州日报》记者开展“镇村行”大型采访活动，分别采写横陂镇、华城镇、双华镇、棉洋镇、水寨镇等乡镇的综合稿件。 （张炳锋）

县委新闻办2014年度负责人名录

主　任：张炳锋

党校工作

【干部培训】 2014年，县委党校按照工作职责要求，发挥阵地作用，努力办好各类培训班次，扎实推进干部培训、轮训工作的开展。全年举办主体培训班次59期，培训总人数23835人。其中：5月7日，对全县基层党组织书记、主任937名进行培训，邀请县委书记张映平作专题辅导报告。5月8—23日，对农村（居委）党支部书记、主任（534人）分六期到县委党校集中培训，培训采取听专题授课、实地考察、分组讨论的形式。6月24—27日，组织全县16个镇、县直24个单位挑选出来的44名副科职领导干部赴佛山培训班。10月27日—11月5日，县委组织部、县委党校联合举办“2014年五华县新提拔的54名副科职干部赴龙岩学习培训班”，培训采取“两头在内，中间在外”的形式在五华、龙岩两地进行。还组织教员认真备课，采取送课下乡的形式对基层干部进行培训。培训内容主要有《如何做好村干部》《十八届三中全会精神解读》《重温党史党章争当时代先锋》《全面深入贯彻党的群众路线教育实践活动》等课题，对乡镇、县直单位、村（居）委培训50场次，培训总人数16000多人次。12月16—24日，县委宣传部、县委党校联合举办“学习贯彻党的十八届四中全会精神”专题培训班。采取“送课下乡”的形式，对各镇机关党员干部，企事业单位党员干部，村委（居委）党支部书记、主任、干部，县直部委办局和省市属驻华单位党员干部6800人进行培训。

【教学科研】 一是选送骨干教师参加市委党校组织的集体备课会和全市党校系统师资

培训班，在课题试讲中，钟爱娜老师取得全市县级党校试讲第一名。11月，选派张志强老师参加省委党校举办的师资专题培训班。二是组织老师到华城、长布、郭田等镇实地调研，了解县情、镇情、村情。三是认真抓好备课、授课环节。在备课、授课过程中，要求教师在认真钻研教材、吃透教材内容和重点、难点，搜集、掌握有关资料的基础上，针对学员对象不同，详细写好教案，授课时要突出重点，讲清难点，理论联系实际。课前进行试讲、相互交流、取长补短；参加各类培训班授课的老师均得到学员好评。四是积极开展科研活动。遵循“科研兴校”原则，积极鼓励老师参加各类研讨会，撰写理论文章18篇，其中《学习“叶帅精神”践行群众路线》《新时期党校梦向现实转化的路径探讨》《基层党员干部应怎样忠实践行党的群众路线》等7篇论文在市级以上刊物发表。 （黄敬德）

县委党校2014年度负责人名录

校　长：邓伯锦

常务副校长：江少林

副校长：陈雨新　李启智

五华县人民代表大会及其常委会

【县十四届人大四次会议】 2014年2月26—27日，五华县第十四届人民代表大会第四次会议在县城水寨召开。会议应出席代表339人，出席308人，占代表总数91%。非代表的县五套班子领导成员，出席、列席县政协九届四次会议人员，县直部委办局和省市属驻华局以上单位主要负责人，各镇党委书记、镇长、人大副主席，高（完、职）中校长列席会议。特邀请担任过县人大常委会主任、常务副主任的老领导出席大会开幕式。大会议程：1. 听取和审议五华县人民政府工作报告；2. 审议五华县2013年国民经济和社会发展计划执行情况与2014年计划草案的报告，批准五华县2014年国民经济和社会发展计划；3. 审议五华县2013年预算执行情况和2014年预算草案的报告，批准五华县县本级2014年预算；4. 听取和审议五华县人大常委会工作报告；5. 听取和审议五华县人民法院工作报告；6. 听取和审议五华县人民检察院工作报告；7. 选举；8. 其他。

2月27日，大会依法补选冯志强、张玉珍、张建城、张祝平、谢润新、黎辉文为五华县第十四届人民代表大会常务委员会委员，依法补选黄明仰为五华县人民检察院检察长。

【法治建设】 2014年，县人大常委会围绕县委依法治县的中心工作，通过协助县委研究起草《五华县2014年依法治县工作要点》，认真落实《中共中央关于全面推进依法治国若干重大问题的决定》，牵头组织召开县依法治县工作领导小组会议和全县依法治县工作会议，认真落实依法治国方略，为五华振兴发展提供法治保障。

执法检查实效较大。组织开展《中华人民共和国土地管理法》实施情况的执法检查，促进我县土地管理进一步守法规范，总体用地依法平稳，合理高效，为全县重点建设项目顺利实施和经济社会振兴发展提供有力支持。结合《中华人民共和国消费者权益保护法》的修订开展执法检查，督促工商等行政主管部门进一步加大宣传力度，切实维护消费者的合法权益，进一步优化消费环境。通过对《突发公共卫生事件应急条例》执行实施情况进行检查，增强了各级领导和卫生部门的危机意识和应急观念，提高了社会公众对卫生应急知识知晓度和以科学态度应对突发卫生事件的能力，全县应急预警机制和救治能力得到提高。

公正司法扎实推进。听取和审议县政府关于司法行政工作情况的专项报告，促进司法部门进一步做好公共法律服务平台建设、依法化解矛盾纠纷、规范社区矫正等工作，提升司法行政水平。组织县人大常委会部分组成人员对县人民法院审判执行工作进行专项视察，促进县法院对民商事纠纷和行政争议大力开展调解和协调工作，化解矛盾纠纷；坚持“和解为主、强制为辅”的执行理念，敢用、慎用强制手段，及时执结案件，有效维护司法权威。

法律普及成效明显。认真开展首个国家宪法日宣教活动，弘扬宪法精神，树立宪法权威，增强宪法意识。坚持拟任干部任前法律学习考试制度，增强依法用权、秉公用权、廉洁用权意识。深入推进“六五”普法规划目标，督促政府及有关部门组织法律宣传和学法考试。积极开展《广东省信访条例》宣讲活动，抓好《条例》贯彻实施工作，制订出台了《五华县人大常委会机关贯彻实施〈广东省信访条例〉暂行办法》。

人大制度宣传有力。认真办好常委会《会刊》和《文件汇编》，创新会议报道和经常性工作宣传。常委会办公室密切与新闻单位联系，对人大视察、执法检查等活动，邀请人大代表发表现场观感及意见，深化宣传县委、县政府的各项工作。坚持围绕中心热点开展调研，形成《关于我县小学生均公用经费落实情况的调查报告》等调研报告3篇，人大制度理论研究得到加强。

【监督工作】 2014年，县人大常委会紧紧围绕全县工作大局，把群众关注热点作为监督工作的着力点，回应了社会关切，推动了依法行政。

监督财经工作，促进经济社会发展。加强对计划、审计和预算执行情况的监督。常委会召开四次会议分别听取和审议县政府财政、计划、审计工作等报告，并作出相应的决议。通过严格对计划、财政预算编制和执行进行审查监督，督促政府依法理财、依法用财、依法治财，促进经济社会健康发展。

监督政府组成部门工作，推进提升政府工作效能。常委会听取和审议县政府关于外事侨务、司法行政、生态公益林建设、人力资源和社会保障等5项工作报告，就发现的问题进行反馈和通报，督促整改落实。常委会按照《五华县人大常委会评议政府组成部门年度工作暂行办法》的规定，组织对县发展和改革局等24个县政府组成部门2014年年度工作情况进行评议，并根据评议结果，确认各评议对象的评议等次并进行通报，进一步推动政府组成部门加强队伍建设，提高依法行政水平，提升工作效能。

视察专项工作，推动中心工作落实。常委会组织部分组成人员和县人大代表视察五华县省级水利建设示范县建设实施、法院审判执行、教育创强、交通公路建设等工作情况，围绕县委中心工作和群众关注热点，视察重落实、重实效，指出问题不偏不颇，相关工委加强跟踪督办，促进了中心工作进一步落实。

重视信访监督，促进社会和谐发展。常委会严格依照国家《信访条例》和《广东省信访条例》的有关规定，制定《五华县人大常委会机关贯彻实施〈广东省信访条例〉暂行办法》，对信访事项的提出、受理、办理，信访情况综合分析，信访责任和监督，信访秩序的维护作出明确规定。全年受理群众来信182件，接待群众来访148人次，接待并妥善处理群体上访11件。为保障人民群众的合法权益，促进社会和谐稳定做出努力。

【人事任免工作】 2014年，县人大常委会根据地方组织法和《广东省各级人民代表大会常务委员会人事任免办法》的规定，认真贯彻落实《党政领导干部选拔任用工作条例》，严格遵循党管干部的原则，做到既充分相信党委向人大常委会推荐干部，保证党委意图的实现，又充分尊重人大常委会组成人员的意志，严格程序，坚持任前法律学习考试制度和现场颁发任命书仪式，增强被任命人员的光荣感、责任感和使命感，提高依法行政和接受人大监督的自觉性。全年依法任命县政府副县长2名、任免政府职能局局长4名，任免人大机关干部3名，法院、检察院干部7名，任命法院人民陪审员46名。

【代表工作】 2014年，县人大常委会拓宽代表履职渠道。一是注重提高代表素质。采取集中培训、分组培训、以会代训、边活动边培训等方式抓好代表培训。坚持为代表订阅《人民之声》等刊物，为代表们学习相关法律和人大业务知识创造条件。二是认真组织代表履职。邀请县人大代表列席参加常委会、专项视察、执法检查、督查调研等活动；推荐代表担任行风政风监督员，支持代表参政议政。三是周密筹划代表活动。受市人大委托，11月，组织在五华县、兴宁市的省人大代表视察县城扩容提质和人大代表联络室建设工作；6月，组织在五华的市人大代表分成两组分别到华城镇和安流镇进行视察调研，11月，组织在五华的市人大代表集中学习贯彻党的十八届四中全会精神；常委会把县人大代表小组活动融入党的群众路线教育实践活动中，由各位副主任带队，到各镇参加和指导县人大代表活动。

推进议案建议办理。县十四届人大四次会议代表提出的议案转意见建议共26件，其中，涉及交通、公路方面的10件，水利方面的5件，城建、环保方面的5件，其他方面的6件。为办好这些建议，及时召开交办会议，落实好26件建议的承办单位，并组织相关工委进行督办。全部建议均依法按时办结并书面答复代表，代表表示满意和基本满意的23件，满意率92.3%。

加强对镇级人大联系指导。常委会关注镇人大建设，坚持和完善常委会负责人联系和指导镇人大工作、镇人大专职副主席列席常委会会议制度，加强与镇人大的联系沟通，指导开展监督工作，增强镇人大工作实效。按上级部署，制订出台《人大代表联络室工作办法》，要求各镇设立人大代表联络室，作为人大代表密切联系群众的场所，促进人大代表依法履行职责。各镇人大坚持在党委的领导下，积极组织代表开展活动，与县人大常委会工作形成良性互动。

密切代表联系群众。制订出台《关于五华县人大常委会主任会议组成人员联系县人大代表和县人大代表密切联系人民群众的意见》，主任会议组成人员各直接联系5名代表，通过走访、电话、参加小组活动等方式密切与代表的联系；县人大代表通过人大代表联络室、专题调研、小组活动等多种渠道，听取群众意见，反映群众诉求，履行职责；常委会机关和各镇人大为代表联系群众提供服务保障，重视并及时处理代表反映的意见。

【常委会及其机关自身建设】 2014年，县人大常委会深入开展党的群众路线教育实践活动，切实加强自身建设，工作水平不断提高。

加强理论学习。完善常委会党组、主任会议学习制度，制订出台《县人大机关党员干部参加党的群众路线教育实践活动理论专题学习方案》，明确学习目的、内容、方式、方法、要求，坚持每月两次机关干部职工集中学习制度，常委会领导班子带头举办专题讲座，结合人大工作实际，认真学习贯彻党的十八大、十八届三中、四中全会精神和习近平总书记系列重要讲话精神，自觉把思想和行动统一到上级的决策部署。认真学习纪念全国人大成立60周年和广东省地方人大常委会成立35周年座谈会精神，增强做好新常态下人大工作的责任感和使命感。

加强作风建设。按照中央、省、市、县的部署，深入查摆“四风”突出问题，认真做好对照检查。召开专题民主生活会，深刻剖析思想根源，切实促进常委会领导班子及机关的建设。制定整改方案，明确责任要求，逐条抓好意见建议的整改落实。全面制定、修订和完善密切代表联系群众、评议政府组成部门年度工作暂行办法等8项工作制度，进一步明确常委会工作职责与要求，有效提高人大工作的制度化、规范化水平。

加强中心工作。按照县委的部署，组织常委会领导和机关干部职工认真做好创建卫生县城、平安建设、安全生产、扶贫挂钩等工作，积极为挂钩村民小组解决创卫工作中卫生清洁经费困难问题，落实网格化管理工作，每周组织一次卫生责任区大扫除；帮助挂钩扶贫村提高集体经济收入，推动各项工作任务完成；向挂钩后进党支部派出干部担任“第一书记”，加强村党组织建设，扭转后进局面，筹资为村民办好事实事。

（林国标）

县人大常委会2014年度正、副主任名录

主　任：张映平

常务副主任：幸小明

副主任：徐建雄　李启洪　曾冬云　李永浩　张群典

县人大常委会办公室

主　任：何枢球

副主任：谢兰花　林国标

县人大常委会农村工作委员会

主　任：钟旭祥（任至4月）　魏少洲（6月任）

副主任：高东贤

县人大常委会财经工作委员会

主　任：谢运新

县人大常委会教科文卫工作委员会

主　任：黄叨明

副主任：曾小霞

县人大常委会法律工作委员会

主　任：冯志强

县人大常委会选举联络人事任免工作委员会

主　任：张建城

县依法治县工作领导小组办公室

主　任：魏晓斌

副主任：陈宏忠

五华县人民政府

重要会议、活动简述

【重要会议】

1月15日，五华县召开创建“广东省卫生县城”动员大会。会议要求全县上下要凝聚共识，明确职责，迅速行动，全力推进创建工作，确保2015年年底通过省验收。

2月14日，县召开党的群众路线教育实践活动动员大会。市委第八督导组组长曾祥海、县委书记张映平、县长范宜军等参加会议。

2月26—27日，五华县第十四届人民代表大会第四次会议在县党政综合大楼大会堂召开。县委书记、大会主席团常务主席张映平主持开幕大会，县长范宜军代表县政府向大会作政府工作报告。

5月20日，全市多种形式消防队伍建设现场会在安流镇召开。省消防总队副参谋长邓燕飞，县长范宜军等参加会议。

5月21日，番禺区·五华县对口帮扶联席会议暨对口帮扶部门对接工作会议在五华召开。番禺区委书记卢一先和县委书记张映平、县长范宜军等参加会议。

11月28—29日，全省健康教育工作会议暨健康教育业务培训班在五华召开。国家卫计委宣传司副司长姚宏文，中国健康教育中心主任助理田向阳，省卫计委副主任陈义平，省健康教育中心主任汤捷等以及全省各市（区）卫计局、健康教育所等相关人员参加现场会。

【重要活动】

1月2日，省卫计委主任陈元胜率省卫计委相关处室负责人，到转水镇下潭村开展慰问活动。

1月3日，省卫计委党组书记、副主任骆文智率省卫计委相关处室负责人以及义诊团，到潭下镇光华村开展慰问活动。

2月19—20日，省林业厅厅长张育文率领省林业厅有关处室负责人到五华检查指导春季造林工作。

3月6日，广州开发区党工委书记、管委会主任、萝岗区委书记骆蔚峰、萝岗区副区长张超平率队到五华考察园区建设和招商引资工作。

3月13—14日，广州市经信委主任王旭东、萝岗区副区长张超平率队到五华考察园区建设和招商引资工作，开展意向项目对接活动。

3月14日，省委第七督导组到五华检查指导教育实践活动工作。

3月24日，省军区司令员盖龙云到五华调研武装力量建设，市军分区司令员夏高远、县委书记张映平等陪同调研。

3月26日，水利部水保司司长刘震一行到五华调研水土保持工作，省水利厅副厅长张英奇、县长范宜军等陪同调研。

4月29—30日，广州开发区管委会副主任、中新广州知识城管委会副主任、萝岗区区长李红卫，广州市国资委主任黄伟林率广州市优秀企业到梅州考察。

5月20日，水利部珠江委副主任谢志强率国家防总检查组一行到五华检查防汛和山洪灾害防治工作。省三防办副主任、督查专员邹振宇等陪同检查。

5月21—22日，广州市市长陈建华率广州党政代表团到梅州检查对口帮扶工作。在五华期间，陈建华一行先后到凸版艺彩有限公司、番禺·五华合作共建产业园用地现场等考察，市县相关领导陪同考察。

5月28日，省卫计委党组书记、副主任骆文智率队到五华开展医疗扶贫活动，市县相关领导陪同。

6月18日，市长谭君铁率队到五华检查交通建设大会战推进情况。县委书记张映平、县长范宜军，梅县区、兴宁市、平远县、大埔县和市直相关部门负责人等陪同检查或参加座谈会。

6月20—21日，广州市国资委组织风行发展集团、广州酒家集团、轻工工贸集团、广州工业发展集团、岭南集团等市属国有企业到五华衔接项目落地工作。

6月25日，省发改委党组书记、主任李春洪率队到五华开展“广东扶贫济困日”活动，县长范宜军等陪同。

6月27日，省卫计委主任陈元胜率队到五华开展扶贫济困日慰问活动，县委书记张映平等陪同。

7月13日—8月20日，由梅州市政府主办、五华县政府承办的市“长乐烧”杯第七届运动会在五华举行。本届运动会是历届梅州市运会规模最大、参赛人数最多的一届。来自全市5县1市2区8个代表团1500名运动员，260名领队、教练员，289名裁判员参加赛会。五华县以62枚金牌位居金牌榜榜首。

8月22日，市委书记黄强率队到五华调研，市委常委、秘书长彭耀新，县委书记张映平、县长范宜军等陪同调研。

9月2日，省卫计委党组书记、副主任骆文智到五华调研挂点帮扶村扶贫工作，县长范宜军等陪同调研。

9月18日，市长谭君铁到五华调研备用水源和林业生态保护开发工作。县长范宜军等陪同调研。

9月26日，省委常委、广州市委书记任学锋到五华调研番禺（五华）产业转移工业园工作。市长谭君铁、县委书记张映平等陪同。

9月28—29日，番禺区副区长戴友华率领经贸考察团到五华考察调研产业园区投资环境，县委书记张映平、县长范宜军等陪同考察。

10月13日，副省长邓海光率队到五华就营造森林碳汇工程、革命老区发展等工作进行专题调研。省政府副秘书长颜学亮，省农业厅厅长郭伟仪，省林业厅厅长张育文，省委农办副主任、省扶贫办主任莫定伟，省发改委副主任余云州，省财政厅总会计师钟炜；县长范宜军等陪同调研。

10月16日，省水利厅厅长林旭钿、副厅长张黎明率队调研五华县中小河流专项治理工作，县长范宜军等陪同调研。

10月23日，县长范宜军做客“梅州发布”微访谈，与广大网友在线交流。

11月6—7日，市委书记黄强率队深入五华城乡调研。县委书记张映平、县长范宜军以及市直有关单位负责人等陪同调研或参加座谈会。

11月9日，广州市市长陈建华率队到五华县长乐大桥建设现场、河东工业园规划区域等考察，市委书记黄强、市长谭君铁，县委书记张映平、县长范宜军等陪同考察。

11月15日，水寨中学举行建校100周年庆典活动。

11月20日，省政协副主席梁伟发率省政协专题调研组，就梅州如何“充分利用中央苏区政策，打造丰华兴梅产业集聚带”进行专题调研。在梅期间，调研组一行到五华县河东生态工业园规划区考察调研，市委书记黄强和县委书记张映平、县长范宜军等陪同调研。

11月22—23日，南方日报社社长张东明，省委农办副主任、省扶贫办主任莫定伟到五华调研扶贫“双到”工作，市县相关人员陪同。

12月4日，省水库移民局局长曾建生一行到潭下镇上围村开展“移民图书室”授牌仪式。（张兴辉）

县人民政府2014年度领导名录

县　长：范宜军

副县长：温浩泉　吴庆松（4月任）　曾光华　邓秋香　宋学希　傅国强　詹庆东

县政府办公室2014年度负责人名录

主　任：谢国泉

副主任：黄永红（任至4月）　宋国强　张　勇（任至4月）　温　锋　李　权　张思伟

党工委专职副书记：邓瑜文

党组成员：黄永红（6月任）　张　勇（6月任）　张云中（6月任）

外事侨务

【简况】 2014年，县外事侨务部门认真做好海外联谊工作，全年接待华侨、华人、港澳同胞和团体10批482人次；接受华侨、港澳同胞捐建兴办公益事业346.6万元，历年累计2.82亿元；办理因公出国赴港澳人员30批31人次。

【联心联谊】 1月10日，华南美国商会会长哈利率会员企业50多名代表，到转水镇长源村（广州市外办新一轮扶贫开发“双到”工作对口帮扶村），举行物资捐赠仪式及义诊活动；2月25—26日，香港政协委员李崇斌、廖广铸、陈长有等23人出席五华县政协九届四次会议；3月2—4日，局长张霞英陪同县领导张建华、甘飞鸿等，出席香港五华同乡总会第六届会董换届就职庆典；4月3日，香港五华同乡总会秘书长李乃英等3人回乡参加河东镇黎塘中学校庆；4月18日，香港五华同乡总会会长曾庆胆、五华旅港同乡会有限公司理事长李彪等38人回乡旅游考察；7月7—9日，香港五华同乡总会率团来五华访亲考察，考察团荣誉团长周树菁、团长曾庆胆等一行46人参加活动；7月12—13日，香港五华同乡总会创会会长周树菁、香港梅县同乡会理事长李友权博士等2人，到县慢病站、县人民医院进行考察活动；7月21日，香港五华同乡总会创会会长周树菁等10人，回乡探亲考察；9月1—2日，省政协常委、香港梅州联会会长余鹏春率香港方义工团120多人，到县开展敬老扶幼活动；9月5—6日，香港大埔黄宜坳村村长、香港五华同乡总会副会长陈长有率访问团25人，到水寨镇罗湖小学开展访问活动；11月5日，旅港嘉应五属同乡会一行165人，到横陂镇锡坑李惠堂故居“联庆楼”参观考察。11月14—16日，县外事侨务局局长张霞英应邀出席香港举行的第二届世界客属青年大会；11月30日—12月7日，县长范宜军随市政府考察团，到加拿大多伦多万锦市政府、温哥华全加客属总会，墨西哥特拉尔内潘特拉市政府和巴拿马市政府、中华总会考察访问；12月10日，县外事侨务局局长张霞英陪同县领导张建华、甘飞鸿等，出席澳门嘉应同乡会庆祝澳门回归祖国十五周年，同乡会二十二周年会庆、第九届主席团暨理监事会就职典礼。

【捐资引资】 2014年，县外事侨务局依托香港五华同乡总会和海外社团，发动侨胞、港澳同胞热心家乡公益事业。为支持家乡社会各项事业，全力推动五华加快振兴发展。广大侨胞、港澳同胞慷慨解囊，无私奉献，全年捐款346.6万元支持家乡公益事业建设。如香港善一堂道德协会工作人员向长布镇栋岭小学捐资90多万元建教学楼、添置教学设备。旅新西兰华侨、广东省瑞华集团有限公司董事长兼总经理卓定华出资94.6万元奖学助学（当年考上大学180名学生，每人奖励5000元；4名曾获奖励的在读贫困大学生，每人资助4000元），为五华县教育基金捐款50万元；为华城镇兴一村村道硬底化建设捐款38万元；广东省侨界仁爱基金会转来广东省瑞华集团有限公司定向捐款40万元（其中支持河东镇油田中学20万元、河东镇平西村村道建设20万元）。香港同胞李木权等为黎塘中学教育基金捐款34万元。

【为侨服务】 2014年，县外事侨务局深入到归侨侨眷家中，开展走访慰问活动，慰问困难归侨侨眷4户。落实好省归侨扶贫专项资金，落实符合条件的归侨困难户56户、发放资金13.8万元。加大侨务信访工作力度，维护社会稳定、促进社会和谐全面发展。热情接待来访华侨、港澳同胞和归侨侨眷，对提出的诉求，积极组织人力，认真查找有关档案依据，积极主动做好解释工作，或协调、督促有关职能部门及时解决，做到件件有登记、事事有落实，全力为其排忧解难，维护其合法权益。如7月，接香港同胞李屏信访件后，高度重视，组织相关工作人员，深入调查并反复认真研究，以高度负责的态度妥善处理好该信访案件；李屏来信要求落实归还其祖业“瑞成当”房产问题；经调查，“瑞成当”房产使用权已变更，且信访当事人未能提供落实侨房政策的相关合法依据。因此，不属落实侨房政策范畴，并已函告当事人，要求他息诉息访。又如，对陈嘉陵母子反映其长布镇祖屋被霸占的信访件，据查，该信访案是属于当事方亲人之间的财产纠纷案。县外事侨务局对解决问题提出三点具体建议，建议协商或法律途径进行解决。聘请常年法律顾问，为侨界维护侨益提供法律服务，进一步提升为侨服务水平。

【文化外宣】 2014年，县外事侨务局精心策划出版发行《五华侨刊》（第19期），并将出版发行侨刊邮寄至华人、华侨比较集中的国家和地区，对联络海外华侨华人及港澳同胞感情，提高五华知名度，推进五华经济发展和社会进步方面发挥着积极的作用。

（冯少达）

县外事侨务局2014年度负责人名录

局 长：张霞英

副局长：张丽阳

县归国华侨联合会2014年度负责人名录

主 席：张霞英

副主席：梁国平

人民武装

【政治工作】 2014年，县人武部政治工作突出学习贯彻中共中央十八大和党的群众路线教育两条红线，按照“三个确保”（指从思想上、政治上、组织上确保我军始终成为党绝对领导下的人民军队，确保国防和军队建设科学发展，确保有效履行新世纪新阶段我军历史使命）要求，坚持抓教育管思想、抓队伍育人才、抓组织强功能、抓基层打基础、抓安全促稳定，政治工作扎实推进、有力落实、亮点突出、成效明显。当年，县人武部党委班子进行大调整，政委、副部长和后勤科长相继轮换到位后，及时统一党委班子思想，凝聚共识。统一思想认识，建立完善《党委议事规则》，并根据上年工作存在薄弱环节，确立“军事训练有突破、征兵工作有突破”的“两突破”工作思路。认真组织开展主题教育活动，激发献身强军实践动力。认真组织“牢记强军目标，献身强军实践”的主题教育，从信念缺钙、和平积习、作风不实、能力素质不足四个方面问题剖析原因，进一步强化战斗精神，浓厚武装氛围。出版专题板报，悬挂横幅，积极营造学习贯彻习主席系列讲话精神和“爱武装干武装”浓厚氛围。组织召开全县武装工作会议，研究部署年度工作任务。2月，组织召开全县武装工作会议，总结2013年武装工作情况，部署安排2014年武装工作任务，并根据颁布的《专职人民武装干部工作规定》有关精神，任命各镇党委书记和县直属机关党工委书记为该单位武装部政治教导员，强化党管武装责任意识。6月，省军区司令员盖龙云到县人武部检查工作时对任命政治教导员工作给予肯定和赞扬。周密组织党的群众路线教育实践活动，确保纠“四风”落到实处。从年初开始，至9月结束，分制定方案、搞好部署，学习教育、听取意见，查摆问题、开展批评，整改落实、建章立制，巩固深化、总结提高等五个阶段进行。坚持效果至上，质量第一，采取每项活动展开前都提要求部署，每个任务完成时都进行小结讲评，每个阶段结束后都进行检查验收，每个薄弱环节都及时组织“回炉”办法，确保每个知识点讲解到位，每项配合活动落实到位，每个过程都开展到位。通过教育，干部职工进一步理解掌握群众路线深刻内涵和实践方法，听党指挥的信念进一步坚定，干部作风进一步转变，内部关系进一步密切，为民务实清廉形象进一步树立，基层基础进一步夯实。有序展开征兵宣传，高标准完成宣传发动工作。针对征兵工作新形势、新特点，紧扣“报名方式调整、征集高学历兵员”征兵中心点做好文章。宣传发动方式上除采取挂横幅、贴标语、举行报名第一天活动仪式等传统方式外，根据五华广大偏远山区和广大预征青年在外地读书、到外地打工实际，通过电视台制作征兵专题片和滚动播出征兵宣传标语，利用电信、移动、联通群发短信，还在县政府中心网站制作征兵宣传网页等方式，把征兵宣传送到千家万户，最大限度激发广大适龄青年应征积极性，为圆满完成夏秋季征兵任务打下坚实基础。充分发展桥梁纽带作用，进一步密切军政军民关系。建军节前夕，县武装部积极协调地方政府和企事业单位到驻五华部队进行走访慰问，帮助解决驻军实际困难，密切军民鱼水情。积极发挥人武部桥梁纽带作用，协调安排2名随军家属就业、3名转业士官安置，协调解决8名现役干部战士家庭涉法问题，解决后顾之忧。组织对帮扶潭下镇金石村进行慰问，给贫困户送上大米、食用油、慰问金等。当年，县人武部被解放军报社后备力量建设宣传部和中国国防报社评为“全国国防后备力量建设刊授教育先进单位”，被广州军区《民兵生活》杂志社评为“订刊用刊标兵单位”；华阳镇武装部被梅州军分区评为“基层武装部建设标兵单位”；岐岭镇武装部部长邓玉先和梅林镇武装部副部长陈活祥被梅州军分区评为“优秀专武干部”；黄伯金、何祥泉、李寿龄3人被梅州军分区评为“优秀民兵干部”，职工叶早宏被梅州军分区评为“优秀职工”，政工科长吴正前被梅州军分区评为“先进工作者”。

【军事工作】　2014年，县人武部在梅州军分区党委和县委、县政府具体指导下，认真贯彻落实中共中央十八大和十八届四中全会精神，坚决落实习主席一系列重要指示和军委总部、两级军区和军分区党委的统一部署，坚决执行《军分区2014年军事工作指示》等一系列指示精神，结合军事训练工作实际情况，围绕强化核心军事能力建设，拓展深化军事斗争准备，大抓军事训练，巩固依法从严治军成果，持续加强国防动员和后备力量建设。一是提高机关业务工作水平。上半年，机关每周抽出两个工作日进行业务集训，3月、4月，派出1名参谋参加省军区参谋集训，系统学习参谋业务知识，提高机关业务工作能力。二是提高应急分队应急处突能力。4—6月，完成民兵轻舟分队全员普训，并参加市轻舟分队骨干集训，提高抗洪抢险能力；10月上旬，组织森林防火分队进行为期2周专业训练，培养大批森林防火骨干力量，提高扑救山火能力，常驻应急分队出动扑救山火28次。三是提高民兵军事训练水平。5月，参加军分区组织“四会”教练员比武竞赛活动，为军事训练开展奠定坚实基础；5月中下旬，组织民兵应急分队和职工队伍参加军分区组织比武竞赛，职工队伍获得总分第三名，应急分队3000米跑获得第二名；11月，现役干部参加军分区比武竞赛，提高干部综合军事素养。12月，县人武部分2批组织510名基干民兵进行军事训练，集训考核合格率98%，增强民兵国防战备意识，提高基干民兵军事素质。

【后勤装备】　2014年，县人武部坚持党委集体理财，经费开支军政主官“双签”审批制度，加强经费物资管理，实行公务卡结算制度；严格财经纪律，强化监督，加大审计力度，严格按预算开支，突出重点保障，严控车辆维修、油料、水电和接待等开支，大力压缩行政消耗性开支；拓宽“财源”，多渠道争取预算外经费，保障各项工作顺利开展。4月，成立广东省防汛抢险民兵轻舟机动五大队五华分队，年度经费保障到位。5月，完成县政府民兵武器装备仓库武器弹药搬迁至梅州中心库。县政府出资20万元建设县人武部兵器室，出资330多万元补偿款帮助县人武部收回强盛山庄（原大岭山庄）。县人武部出资3万元帮扶支持潭下镇扶贫挂点村组，出资2万多元帮助创卫挂点村——水寨镇大岭村制作创卫宣传栏、清理老粪坑。

【兵员征集】 2014年是全面实行网上征兵工作第一年，县人武部认真贯彻落实全国、省、市征兵工作会议精神，本着早计划、早准备、高标准、高质量完成征兵工作任务原则，做到周密计划、严密组织。7月9日，召开全县征兵工作会议，全面部署征兵工作任务，并充分利用张贴标语、悬挂横幅、派出宣传车、电视台滚动播报、手机短信发送等宣传手段，营造浓厚氛围；县武装部党委委员分片包干负责，深入乡镇挨家挨户宣传，广泛激发适龄青年参军热情。并严把体检、政审关，加大廉洁征兵工作力度，按照市征兵办统一部署安排，实施“阳光征兵”电脑派号确定兵员去向，确保全过程公正、公平、公开。全县青年积极踊跃报名参军，确保兵员征集任务圆满完成。全县适龄青年网上报名1804人，其中大学生报名186人，高中、中职学历报名1457人，参加县体检996人，体检政审双合格383人。

（刘 威）

县武装部2014年度负责人名录

部 长：徐保宁

政治委员：郑壮宏（任至2月）

杨兴会（2月任）

副部长：黄剑锋（任至2月）

罗兹洪（2月任）

中国人民政治协商会议五华县委员会

【县政协九届四次会议】 2014年，中国人民政治协商会议五华县第九届委员会第四次会议于2月25—26日在县城举行。县委书记张映平、县长范宜军等县委、县人大、县政府、县纪委的全体领导以及县武装部部长、县法院院长、县检察院检察长及县直有关单位负责人出席开幕大会和闭幕大会。县政协主席张建华作常委会工作报告，政协副主席李清昌作提案工作报告。大会选举古寿森、钟作宏、温怀浩为县政协常委。中共五华县委书记张映平在会上讲话。会议审议通过政协常委会工作报告和提案工作报告，协商并赞同县政府工作报告及其他报告。会议号召，全体政协委员在中共五华县委坚强领导下，凝聚改革共识，明确改革方向，把握改革重点；建言改革大局，围绕改革履职；营造改革环境，充分发挥人民政协凝聚人心、汇聚力量作用,投身改革实践；自觉做改革参与者和推进者。为实现五华振兴发展宏伟目标，为谱写五华新篇章做出新的更大贡献。

【理论学习】 2014年，县政协常委会深入开展党的群众路线教育实践活动，狠抓学习教育，把学习教育贯穿活动始终；注重找准问题，明确整改方向；坚持立行立改，将整改落实贯穿活动始终，教育实践活动取得明显成效。

【队伍建设】 2014年，县政协常委会充实副科级干部1名，机关干部队伍配置进一步优化。加强制度机制建设，修订完善工作制度，不断推进政协履行职能制度化、规范化、程序化建设，提升服务保障水平。本年，县政协机关被县委县政府评为“2014年度机关作风建设先进单位”。

【民主协商】 2014年，县政协常委会围绕县委政府工作中心，聚焦县城工业园区建设、“教育创强”、工业企业发展壮大、县城重点工程建设和发展特色文化旅游等重点项目、重要规划开展专题视察调研协商议政。全年召开协商议政活动5场（次），书面协商3次。坚持抓大事、议全局，积极建言献策。全年召开全委会议1次，常委会议4次，主席会议7次，提出各类意见建议20多条，促进全县经济社会科学发展、和谐发展、加快发展。

【调研视察】 2014年，县政协围绕振兴发展主线，聚焦“工业新城，长乐之乡”建设，围绕县委政府工作中心，分别组织委员开展县城工业园委员企业、“教育创强”、县城重点建设项目、文化旅游等视察调研活动，并召开专题调研会议。积极参加市政协组织的全县工业企业发展情况视察调研活动，形成开展系列调研视察报告5篇，提出意见建议16条，专送有关领导和部门，得到县委、县政府肯定和政府职能部门采纳。同时，积极配合做好上级政协领导到五华调研视察活动6场（次）。

【提案督办】 2014年的县政协九届四次会议，收到委员提案33件，经审查立案29件。县委书记张映平、县长范宜军分别领衔督办《关于加快琴江公路建设的建议》和《关于提升改造文化街至员瑾堤段道路的建议》提案，县政协主席会议牵头督办《优先解决水寨大道长安加油站附近路段交通瓶颈，助推县城扩容提质》等提案。全部提案办复完毕，提案人对办理结果均表示满意，同时，提高委员撰写精品提案积极性，推动相关部门工作，加快推进县城建设。

【民主监督】 2014年，县政协常委会坚持从服务大局、推进工作、团结民主的愿望出发，对政府部门依法行政、工作作风、专项工作等开展多种形式民主监督，在民主气氛下彰显政协监督力度。紧贴县委工作部署，进行专题评议监督，做到在参与中支持，在支持中服务，助推县委、县政府工作部署贯彻落实；组织委员参与行风监督，推荐政协委员9批56人次参加有关监督评议和检查活动。

【联情联谊】 2014年，县政协常委会加强与各方面联系和互动，促进政协大团结大联合工作全面开展。加强与客属商会、客属社团、大型企业和集团联系，密切与企业界委员沟通，部分委员企业实现总部回迁。积极参加港澳和珠三角等发达地区五华商会举办联谊活动，广泛凝聚推动家乡振兴发展思想共识。加强与工商联等群团组织团结合作，注重引导发挥宗教界人士和信教群众积极作用，注重加强与兄弟县政协联系交往，认真学习兄弟县政协先进经验。开展“下基层·访委员”活动。

【文史工作】 2014年，县政协常委会修编《五华石业》丛书，打造独具特色的文化品牌，发挥文史资料“存史、资政、团结、育人”作用。协助省、市政协做好“广东改革开放一千个率先”“三亲”（亲历、亲见、亲闻）史料征集工作，初步被省政协建议采用的项目1个。配合市政协开展摄影创作活动，进一步彰显客家文化魅力。

（古胜奎）

县政协2014年度领导名录

主　席：张建华

副主席：李胜文　胡高云　周国富

甘飞鸿　李清昌　胡荣华

秘书长：颜定文

县政协机关各科室2014年度负责人名录

办公室副主任：古胜奎　李国辉

联络科科长：温怀浩

联系科副科长：胡小萍

文史室主任：郑　斌

中共五华县纪律检查委员会

【一室（组、镇）一品牌】 2014年，县纪委、监察局继续在各镇纪委、机关各室、各派驻纪检监察组开展打造“一室（组、镇）一品牌”工作。各室工作品牌是：党风政风监督室打造“惠农资金落实‘零投诉’”“局级党政‘一把手’向县纪委全会述责述廉述德”工作品牌；信访室打造“网上信访”工作品牌；第一、第二、第三纪检监察室打造“优质案件”工作品牌；案件管理室打造“科学监督管理”工作品牌；案件审理室打造“镇案县审”工作品牌；调研宣教室打造“党风廉政教育示范点”工作品牌；执法和效能监督室打造“阳光公路”“高效便民服务”工作品牌；办公室（含干部室）打造“三提高三树立”工作品牌；第一派驻组打造“廉洁执法”工作品牌；第二派驻组打造“公开透明、阳光服务”工作品牌；第三派驻组打造“廉洁水利工程”工作品牌；第四派驻组打造“廉洁计生”工作品牌；第五派驻组打造“农村党员教育”工作品牌；第六派驻组打造“执纪监督工作”工作品牌；第七派驻组打造“群众信赖的纪检监察干部”工作品牌；第八派驻组打造“规范‘三公’经费”工作品牌。同时，全县16个镇纪委结合各自实际打造工作品牌。

【深化改革】 2014年，县纪委、监察局印发《关于县直有关单位落实2014年党风廉政建设和反腐败工作部署任务分工的通知》，将党风廉政建设和反腐败工作50项主要任务，分解落实到45个牵头单位，明确各单位主要领导党风廉政建设主体责任。开展各镇、各单位主要负责人向纪委全会述责述廉述德活动，有5名县（镇）局级党政“一把手”在县纪委十二届五次全会“三述”（述职、述责和述廉）并接受县纪委委员评议，其他镇和单位主要负责人书面“三述”接受评议。县纪委、监察局参与议事协调机构由108个精简到11个，精简率89.8%，着力解决职能泛化问题。进一步整合内设机构，优化内部职能，撤并机关室2个，增设纪检监察室2个，办案人员占90%。推动查办腐败案件体制机制改革，成立查办腐败案件体制机制改革试点工作领导小组，制定试点工作方案，严格执行线索处置和查办案件在向同级党委报告的同时必须向上级纪委报告制度。全年，县纪委向市纪委报告线索处置情况8条、案件查办情况8宗。

【监督检查】 2014年，县纪委、监察局围绕“两新两特两重点”、惠民生、促和谐、强队伍各项工作，加强对中央和省、市、县重大决策部署落实情况监督检查，确保政令畅通。成立调研组到相关镇和县直单位开展强农惠民政策落实及资金监管专题调研，全面了解惠民资金管理使用情况，查找管理中存在问题，为县委制定《整治落实惠民政策缩水走样专项行动方案》提供翔实依据。构建“分岗查险、分险防控、分权制衡、分级预警、分层追责”预警防控模式，推进廉政风险防控工作。围绕县委、县政府年度重点工作，组成巡查组，对重点单位、重点项目、重点工作开展全方位巡查督查，重点对征地拆迁、工程招投标、资金拨付、质量监督、验收结算、督查落实等各个环节，实行全程监督31次，帮助有关单位整改落实、建章立制26项，建议完善农村集体“三资”管理、房地产开发规范管理制度10项。

【案件查处】 2014年，全县纪检监察组织受理群众来信来访举报433件（次），其中属纪检监察业务受理范围387件（次），占信访总量89.4%；立案调查党员干部违纪违法案件112宗112人，对比上年增长30%，其中，立案查处农村基层党员干部违纪违法案件54宗54人，占立案总数48.2%，对比上年37宗37人增加45.9 %；各镇纪委自办案件均2宗以上，镇纪委办案率100%，实现连续14年镇镇有自办案件。给予党纪处分100人，政纪处分22人，党纪政纪双重处分10人，司法机关处理13人，涉及副科级以上党员干部26人；收缴违纪金额29.78万元，挽回经济损失184.98万元。以查办腐败案件为抓手，注重抓早抓小，全县纪检监察组织实施信访监督函询8人次、约谈2人次，对轻微违规尚不构成违纪的5名党员干部予以诫勉谈话或批评教育，对受到党纪政纪处分的68名党员干部进行回访教育，对受到错告和误告的198名党员干部予以澄清保护，有效保护广大党员干部干事创业积极性。

【教育预防】 2014年，县纪委、监察局印发《五华县创建廉洁城乡活动工作方案》，从建设廉洁政府、社会、队伍、镇村等方面，统筹推进廉洁城乡建设。以开展“严明组织纪律、锻造优良作风”为主题纪律教育学习月活动为载体，编选印发反面教材5篇，组织党员干部到县检察院警示教育基地开展警示教育42批3400多人次，教育警醒全县党员干部。县纪委主要领导亲自到各镇各单位上廉政辅导课12场次，受教育党员干部2000人次。注重拓展廉洁文化阵地，筹资16万元，在县城蒲丽顶森林公园清风园、清风广场环山路旁新增放置廉洁景观石16个，把廉政教育与旅游休闲活动有机结合，成为党员干部“八小时”以外提高廉政文化意识旅游休闲胜地。完善县法院、转水镇和水寨镇良美村等10个县、镇、村三级党风廉政教育示范点基础设施。深入推进廉洁文化“六进”活动，与团县委、教育局广泛开展“廉洁青春”专题教育，协调相关部门编排廉政教育戏下乡演出42场（次），开展崇廉尚洁、党纪法规教育。全县有176项（次）以反腐倡廉为题材工作得到市级以上主流报刊媒体刊登报道，营造良好舆论氛围。

【机关作风、效能监察】 2014年，县纪委、监察局认真落实中央“八项规定”，加强对党员干部工作日和八小时以外管理，坚持执行领导干部重大事项报告、外出报告、领导干部婚丧嫁娶登记备案等制度。对21名领导干部的婚丧喜庆情况进行备案、35名科级及以下国家工作人员履行出国（境）报备手续，未发现违纪现象。坚持暗访、曝光、查处、追责“四管齐下”，先后组织对60个单位开展机关作风明察暗访，对暗访发现机关作风不实、纪律松散的1个单位的主要领导予以诫勉谈话和责令整改，2个存在作风问题的单位作为典型案例上报市纪委；对市、县暗访发现的8起作风庸懒散问题涉及13名党员干部，给予6人党纪或政纪处分、7人或问责或解聘或书面检讨，并向全县通报。加强政风行风建设，组织县有关单位上“行风热线”12期，协调有关部门为群众解决问题和办好事实事45件。组织由县人大代表、政协委员、工青妇、特邀监察员等各界代表组成政风行风评议团，对教育、公安等10个部门进行政风行风评议，评议满意率92%以上。对县直39个窗口服务单位的356项行政审批事项、59项非行政审批事项和91项社会事务服务事项实施在线监察。全年，受理行政效能投诉22件，办结率100%，群众满意率100%。

【队伍建设】 2014年，县纪委、监察局坚持每月举办一期纪检监察系统“学习论坛”活动，每期安排室（组、镇）负责人汇报各项工作推进落实情况和努力方向，接受评议。制订《五华县纪检监察工作绩效考核办法》及其实施细则，机关各室、各派驻组、各镇纪委创建品牌34项，“一室（组、镇）一品牌”创建工作得到市纪委充分肯定和总结推广。开展镇纪委规范化建设，选定华城镇为全县开展规范化建设试点镇，拨给规范化建设专项经费，以点带面，为各镇配备办公办案设备，配强配齐专职纪检干部，全县16个镇均完成镇纪委规范化建设工作，各镇纪委实现软件、硬件两个“六有”目标，监督执纪能力水平进一步提升。先后组织委局干部到上级纪委机关学习培训13人次，组织31名镇纪委书记和副书记参加省纪委举办培训学习。2014年度，纪检监察案件检查工作、纪检监察宣传教育工作均在全市名列前茅。

（陈旭良）

县纪委2014年度领导名录

书　记：杨斌宗
副书记：陈奋娣　钟湘衡
常　委：庞文华　叶汝强　温远华

县监察局2014年度负责人名录

局　长：钟湘衡
副局长：叶友放　魏宇华　李军松

县纪委监察局2014年度各室（组）负责人名录

办公室主任：陈旭良
第一纪检监察室主任：廖水清（6月任）
第二纪检监察室主任：温　曦（6月任）
第三纪检监察室负责人：孔　君
干部室负责人：陈汉庭
案件审理室主任：李剑忠
信访室负责人：何昭辉
案件管理室负责人：蔡伟强
执法和效能监督室主任：邓清华（12月任）
党风政风监督室主任：钟政辉（6月任）
调研宣教室主任：古纪廉（任至1月）
张进友（1月任）
第一派驻纪检监察组组长：刘应靠
第二派驻纪检监察组组长：陈宏安（任至6月）
张群标（6月任）
第三派驻纪检监察组组长：古专标
第四派驻纪检监察组组长：彭干军
第五派驻纪检监察组组长：邹展强
第六派驻纪检监察组组长：张阳春
第七派驻纪检监察组组长：李林兴
第八派驻纪检监察组组长：邹志军

人　民　团　体

县总工会

【维护职工合法权益】 2014年，全县各级工会积极维护职工合法权益，坚持主动维权、依法维权、科学维权，切实加强维权机制建设，维护职工合法权益。一是厂务公开民主管理工作加强，维护职工知情权、参与权和监督权。印发《2014年五华县厂务公开民主管理工作要点》至各基层工会。加大非公有制企业推行厂务公开民主管理工作力度，全县国有、集体企业100%建立职代会和厂务公开制度，已建立工会组织的非公有制企业厂务公开率80%，有效推动基层民主工作，落实职工的知情权、参与权与监督权。二是继续广泛开展“安康杯”竞赛活动。开展“中国梦·劳动美——我的安全家园”征文活动，推荐岐岭镇第一小学张军标征文送省总工会评选。发放安全知识教材300本和职工竞赛专用试卷500份。组织16家企业参加全国“安康杯”竞赛活动，全县有45家企业、234个班组、12357人参加“安康杯”竞赛活动，提高广大职工群众安全生产技术知识，增强职工自我防护能力，维护职工安全健康权益。三是认真做好工会信访工作，维护职工合法权益。县总工会指定保障等部门热情接待来信来访，细心解答疑问，切实为职工排忧解难，做到事事有记载、件件有回复，及时有效参与化解矛盾，维护职工队伍和社会稳定。全年受理职工来信来访4宗，解决4宗。四是做好工会律师团担任企业工会法律顾问工作。配合省总工会制定《关于聘请工会律师团律师担任企事业工会法律顾问的工作制度》的落实，挑选2家律师事务所3名律师组成律师团担任9家上规模企业法律顾问，帮助企业工会规范动作，充分发挥工会律师团作用。五是开展调查研究，为上级工会的决策提供科学依据。分别对企业女职工队伍状况、女职工组织建设和《工会女职工委员会工作条例》贯彻落实情况进行调研，并将调研结果写成书面材料报市总工会，为上级工会工作提供科学决策依据。六是积极参与县政府及有关部门组织安全生产检查、安全事故调查、安全生产宣传服务咨询活动和整治非法用工打击违法犯罪专项行动，维护职工合法权益。七是依法推动企业普遍开展工资协商和劳资调解，维护职工经济利益。组织全县有100人以上企业的工会主席、镇工委会专职主任、副主任、园区工委会负责人28人，统一参加市总举办工资集体协商指导员培训。全年全县续签100人以上工资集体合同15家，新签集体合同1家，续签行业性集体合同1家，覆盖企业20家；新签区域性工资集体合同2份，覆盖企业53家，续签区域性工资集体合同9份，覆盖企业336家。

【开展送温暖活动】 2014年，全县各级工会切实发挥工会自身优势，以民生为重，加强对困难职工人文关怀，让职工群众共享发展成果。元旦、春节期间，全县各级工会坚持深入基层，深入职工群众中开展调查研究，认真做好困难企业、困难职工调查摸底工作，为开展送温暖活动提供依据。县总工会及时把调查掌握困难企业和困难职工情况向县委、县政府汇报，得到县委、县政府领导重视，由县委、县政府牵头协调有关部门筹集送温暖资金80万元。县委有关领导分别带领县直有关部门负责人，到县城监中队、县食品公司等单位和特困职工家中进行慰问。全县各级工会积极组织开展送温暖活动，对特困职工进行一次普遍走访慰问。元旦、春节期间，全县筹集资金168万元开展送温暖活动。其中：县政府协调资金80万元，各县直单位和基层单位自筹资金88万元，为442个单位和3014名困难职工、103名困难劳模、322名困难农民工送去党政和工会关怀。平时积极开展多种形式帮扶，做好春节送温暖资金发放工作及相关资料收集、整理，为领导开展送温暖活动提供可行性依据。全年省、市、县领导参加慰问活动4场，发放慰问金162.5万元，慰问物品150件价值10万元；慰问企业442家职工3014人。帮扶救助困难劳模41人；办理女职工安康互助保险330份，办理赔付2人资金3万元；做好职工医疗互助保障计划和职工住院医疗综合互助保障活动的宣传发动，并做好参保单位参保工作，对发生赔付参保对象给予及时有效帮助。参加职工医院互助保障计划单位2个，新参保单位2个，其中文广新局职工12人，每人参保5份，冶金矿产8人，每人参保1份；续保单位2个，包括续保69人，新保130人。参加住院医疗综合互助保障单位9个职工993人。参加住院津贴单位2个职工42人；住院医疗续保单位1个职工138人。县总工会为7个单位12人办理18笔住院医疗综合互助保障赔付资金5.47万元。主动为符合条件的398名在档困难职工办理住院二次医保，为210名符合条件的职工办理半自费二次医保工作。积极做好各种形式的帮扶活动，9月，广东省总工会2014年金秋助学活动在五华举行，省、市总工会，县委等相关领导和捐助企业代表、助学对象230人出席，发放助学金32万元，受惠学生210人。同时，推荐8名品学兼优的困难职工子女参加市总工会举办助学活动仪式，发放帮扶款52万元受助人员360人，其中生活救助10万元受助人员90人；医疗救助2.4万元，受助人员14人；助学救助32万元受助人员210人，其他救助7万元受助人员51人。做好夏日送清凉活动工作。与广东康奇力药业股份有限公司联合开展夏日送清凉慰问活动，发放清凉食品价值3万多元，慰问一线职工2000人。做好夏季高温天气职工劳动保护工作，有效预防和控制中暑及各类安全事故的发生，保障职工在生产过程中的身体健康和生命安全。按照上级扶贫开发“规划到户，责任到人”有关文件精神积极主动与挂钩村进行联系，筹集资金2万元帮助挂钩村发展有关项目。

【劳动竞赛】 2014年，全县各级工会紧紧围绕发展第一要务，团结动员广大职工广泛开展“当好主力军、建功‘十二五’、和谐奔小康”竞赛活动，推进职工群众性经济技术创新工程深入发展。全县各行各业广大职工发挥聪明才智和积极性、创造性，积极参加以提高企业经济效益、优化五华投资环境、扩大招商引资等为主要内容的竞赛活动。通过开展劳动竞赛，一大批技术尖子和标兵脱颖而出，在广大职工中掀起学习新技术、掌握新技能热潮，有效发挥工人阶级在经济社会建设中主力军作用。经各级工会推荐，全县有1人荣获广东省五一劳动奖章，有5个单位获得梅州市五一劳动奖状，有8人获得梅州市五一劳动奖章。同时，积极弘扬劳模精神，“五一”期间，县委、县政府组织各级劳模代表到市委礼堂参加梅州市庆“五一”国际劳动节表彰会，组织部分劳模到丰顺参观学习，组织全国、省劳模参加体检和疗养活动。在县电视台宣传报道有关劳模先进事迹，使之成为激励广大职工投身改革和经济建设的强大动力和加强社会主义物质文明和精神文明建设有效手段。

【固本强基工程】 2014年，县总工会加强各级工会组织建设，增强工会凝聚力，发挥工会作用。一是按照“组织起来，切实维权”工作方针和“两个普遍”（即依法推动企业普遍建立工会组织，普遍开展工资集体协商）目标要求，开展“广普查、深组建、全覆盖”活动。按市总工会三年组建工作规划，专题召开全县工会推进“两个普遍”工作会议，全力推动各类企业普遍建立工会组织，提高工会组建率和入会率。全县25人以上企业建会40家，新增会员1236人；25人以下企业建会16家，覆盖企业208家，会员1891人，规范化建设企业7家，培育基层工会示范点4家，库内企业5家，会员368人，完成市总下达工作任务。二是积极办理社团法人资格登记证。继续做好地方税务机关代收工会经费工作。至11月末，全县有126家机关企事业单位办理社团法人资格证。三是“双亮”（即工会组织亮牌子，工会主席亮身份）工作进一步完善。及时下发《关于进一步做好20114年度“工会组织亮牌子工会主席亮身份”工作的通知》。全县100人以上企业数40家，有13家企业开展“双亮”活动，其中7家作为示范点单位。四是各级工会女职工不断发展，女职工维权机制不断加强。下发女职工劳动保护特别规定书籍100本，选送3个作品参加“巧手女工绘梦南粤”活动；联合省工人医院为3家企业400名女农民工及特困女职工免费进行“两癌”筛查。五是工会财务工作不断加强。依法加大工会经费收缴力度，顺利完成工会经费收解任务。六是经审工会规范化建设稳步推进，切实加强工会经费和财产管理审查监督。七是积极支持广大职工参与各种有益文体活动。投入资金2万元发动干部职工开展羽毛球、乒乓球运动和其他健身活动等方面。八是扎实推进创卫工作。落实有力措施对包干责任区大扫除和保洁区创卫工作进行强力推进，发放创卫宣传资料400份，确保各项创卫工作任务的顺利完成。　　（李慧珠）

县总工会2014年度负责人名录

主　席：徐建雄

副主席：张文平　黄仅鹏　李旺盛

纪检组长：江裕珍

共青团五华县委员会

【基层团组织建设】 2014年，共青团五华县委员会深入推进党建带团建工程，大力推行各种形式的团组织制度；扎实开展党的群众路线教育实践活动；以创建“五四”红旗团委和“五四”红旗团（总）支部为内容的团基层组织建设“三级联创”活动扎实开展，积极组织团员青年参加省市团干部学习培训，团干部和团员队伍整体素质不断提高。进一步完善团员管理机制，加强团员发展和“推优”工作。全面完成全县乡镇团的组织格局创新工作，乡镇团组织班子得到充实。依托乡镇团委工作信息统计系统，建立县、乡两级团组织数据库，各级团干部接入平台比例100%。加强学校团队考察，提升“全团带队”的履职职能，推进少先队科学建设，增强学校共青团和少先队活力。

【青少年活动】 2014年，共青团五华县委员会发挥引导青年、组织青年、服务青年积极作用，先后开展“同享爱心压岁钱、共筑幸福中国梦”广东省红领巾爱心压岁钱捐赠活动、“学雷锋，献爱心”活动、《弟子规》诵读比赛活动、熟记社会主义核心价值观基本内容活动、“红领巾相约中国梦”纪念少先队建队65周年系列活动和纪念“五四”运动95周年“弘扬五四精神谱写青春华章”主题教育实践活动、“新团员入团宣誓老团员重温入团誓词”活动、“六一”文艺会演、“廉洁青春和谐五华”学生书画作品竞赛活动，联合移动公司、信用联社、体育局举办“移动信合杯”“五四”篮球邀请赛、“绿色青春环保少年”青少年环保宣传活动等等，为全县青少年朋友们提供丰富的活动平台。

【志愿服务事业】 2014年，共青团五华县委员会坚持以五华县志愿者联合会为载体，不断完善机制，加强全县志愿事业组织管理，全县志愿者各项志愿献爱心服务丰富开展，影响持续扩大。五华县中学生志愿乡村活动、五华县“医药下乡”志愿服务活动双双入围“益苗计划”——广东志愿服务组织成长扶持行动暨志愿服务项目大赛，被列入培育成长项目，正如火如荼地开展。组织志愿者服务创卫、市七运会、中乙联赛五华主场赛事等重点工作。组织社会爱心人士定期到县儿童福利院等场所开展关爱重点青少年群体志愿服务活动。联合社会爱心企业举办慈善义拍，筹得善款12多万元帮扶困难家庭。组织开展五华县“我心目中的卫生县城”创卫亲子活动、“一元捐赠、一份爱心”活动、“暖冬行动—关爱农村五保老人”等活动。

“心手相牵，共享阳光”志愿助残活动

【贫困学生资助】 2014年，共青团五华县委员会组织开展“希望工程卓定华助学基金”“梅州市扶助特困学生上大学”等活动。全年有184名即将入学的五华贫困大学生获得希望工程卓定华助学基金各5000元资助，有86名五华籍特困大学生获得梅州扶助贫困大学生上大学助学金每人4000元至5000元的资助。争取到社会爱心企业支持20多万元，资助20多名特困优秀大学生圆求学梦。

【希望家园建设】 2014年，共青团五华县委员会引导各级团委兴建省、市、县级“希望家园”43家，全县39家“七彩小屋”全部成功挂牌，并运转良好。依托“希望家园”“七彩小屋”等，组织志愿者不定期通过座谈会、玩游戏、读书会等形式，让留守儿童得到关爱。

【新媒体运用】 2014年，共青团五华县委员会通过下发文件、召开会议、组织培训等一系列有效措施扩大共青团工作影响，安排专人管理团县委网站、五华共青团QQ群、五华县志愿者联合会网站、五华县志愿者活动信息管理系统、“幸福五华——共青在线”官方微博、“五华青年”微信公众平台等新媒体，打造掌上共青团。让青少年积极参与到五华共青团工作大讨论中来，吸引和凝聚更多青少年的关注和加入，有效促进工作顺利开展。（钟惠娴）

团县委2014年度负责人名录

书　记：黎辉文

副书记：戴天平

陈丽思（任至11月）

杨　文（12月任）

县妇女联合会

【夯实妇联大宣传职能】 2014年，县妇联利用节日契机，广泛开展宣传。“三八”节期间，联合县卫生局、创卫办、妇幼保健院在县府广场举行庆“三八”健康咨询暨创建“广东省卫生县城”宣传活动。在第21个“世界地贫日”，联合县卫生局、县妇幼保健院在县府广场联合举办主题“关爱地贫，携手同行”世界地贫日宣传活动。母亲节前夕，组织县直单位各系统、各行各业21位优秀母亲代表召开“感恩母亲、关爱母亲”优秀母亲座谈会。与移动通信公司合作开展五华县妇女干部形象礼仪讲座，引导女干部职工外修其身，内修其德。在第27个国际禁毒日，携手县公安局走进水寨中学、实验学校、城镇中学等3所学校，开展禁毒宣传活动。在国际反家暴日期间，邀请县司法局律师深入到岐岭镇孔目村“妇女之家”开展反家庭暴力法律知识讲座。组织开展“面对面防艾”宣传教育活动，履行防艾委成员单位职责，进一步提高妇女群众，特别是外来女工和农村留守妇女的防艾意识。

【推进妇女维权上新台阶】 2014年，县妇联以“法律温暖·家庭幸福”为主题，联合县政法委、县司法局到转水镇开展五华县2014年“三八”维权周法律咨询活动。配合县司法局“六五”普法镇村行活动，到郭田、梅林、安流等镇开展法律宣传活动。认真做好信访接待工作，为贫困妇女儿童争取必要法律帮助。全年受理来信来访案件52宗，办结率100%。

【扶贫助困】 2014年，县妇联继续开展援助孤儿生活项目活动，争取省、市妇联支持全县贫困散居孤儿70人共7万元。争取“叶剑英助学基金”两期帮助全县140名家庭经济困难学生完成九年义务教育；在全县范围内为有需要的贫困妇女发放“母亲邮包”210个价值2.1万元。争取上级4万元援助4户单亲特困母亲家庭兴建安居房。争取腾讯公益慈善基金会“益行运动场项目”资助周江镇冰坎小学、长布镇长生小学价值4.5万元运动器材，完善校园设施设备；捐助“筑梦乐园”乡村幼儿班4.5万元室内运动设备，使留守幼儿娱乐环境更加健康、安全。在河东镇桂岭村成立全县首个“共创成长路”社工服务站。组织女企业家、巾帼志愿者等20多人组成慰问团到县儿童福利院慰问孤残儿童，并发动女企业家捐款2.3万元，用于改善福利院设施设备和残障儿童费用。开展嘉丽慈爱“助学暖心”公益行活动，为河东镇桂岭村、联岭村40名困境儿童送上价值1.6万元的助学费和书包文具等学习用品。看望慰问困境女孩黄国红，送上生活用品及助学金。联系迈高乳业为全县贫困儿童捐赠价值2.88万元的澳洲原装进口奶粉。“六一”期间，深入到华城镇中心幼儿园、县特殊教育学校开展慰问活动；并筹集3万元到转水、河东、棉洋等镇慰问65名困境儿童。依托“6·30”扶贫济困日开展“关爱妇儿十元捐”活动，号召全县妇女姐妹倡导“一份捐赠、一份爱心”理念，募得捐款1.32万元。中国电信股份有限公司五华分公司、五华汽车运输有限公司获得广东省“爱心父母大联盟”银奖。

【推进城乡妇女协调发展】 2014年，县妇联依托“集思公益幸福广东”获得《巾帼展翅——农村妇女干部培训计划》项目资助，分期深入到乡镇对村级妇女干部进行妇女权益维护、农业技能等知识培训。加大对妇女小额贷款宣传力度，注重部门之间通力合作，以服务妇女为目标，以点带面，畅通贷款渠道，充分发挥妇女小额贷款在帮助城乡妇女创业就业、增收致富中重要作用。全年发放妇女创业贴息贷款94万元，受益妇女26人。争取中央资金补助20万元，帮助五华县红根然专业合作社拓宽发展。针对职业妇女特点，以“创先争优”为主题，深入推进“巾帼文明岗”创建工作，引导广大妇女在爱岗敬业、争创一流业绩中实现自我价值。五华县汽车运输有限公司中心客运站获省级“巾帼文明岗”荣誉称号。

【和谐家庭创建】 2014年，县妇联做好广东现代十大慈母、贤妻、孝女等评选活动，梅林镇琴口村党支部书记、村主任詹祝英被评选为“广东百名慈母”，安流镇胡彩云家庭被评为“广东百户最美家庭”，华阳镇第一小学六年级一班邹任沪获得“广东省自强好儿童”荣誉称号。广泛开展“最美家庭”寻找活动，推选出张育萍、甘新妹、叶丽霞等6户“最美家庭”，其事迹在五华县《长乐民情》中以《弘扬家庭美德传承文明家风》专题形式分期播出。把平安家庭创建作为妇联参与和谐社会建设重要切入点，做好“平安家庭”创建工作，推动以德治家、文明立家、平安保家、勤俭持家、和谐兴家，以妇女文明进步，带动家庭文明和谐，促进社会文明发展。认真抓好《家庭》《孩子》《中国妇女报》等妇女报纸杂志征订发行。履行计划生育综合治理单位职责，宣传科学、文明、进步的婚育观念，提升人口计生公共服务水平。

【切实做好代表推选工作】 2014年，县妇联严把思想政治素质关，经与有关方面充分协商，推选张玉珍、李云凤、廖素媚、张春梅、张春红等5人为广东省妇女第十二次代表大会代表；经五华县妇联第十二届七次执委会议选举产生五华县出席梅州市妇女第六次代表大会正式代表42名及梅州市妇联第六届执委候选人5名。

【积极参与“创卫”工作】 2014年，县妇联积极协助水寨镇大布村卫星村民小组做好“创卫”宣传、除“四害”、改厕等工作，有效改善村容村貌和村民生活环境。落实好县城周末卫生日制度，切实做好规划区域内卫生清洁工作。主动与各部门沟通，广泛发动广大干部及妇女群众积极参与“创卫”，多次组织女干部职工清扫卫生。联合县文联举办“齐心创卫，造福大家”征文比赛，活动均得到广大妇女姐妹踊跃参与。

【扎实开展党的群众路线教育实践活动】 2014年，县妇联紧紧围绕保持党的先进性和纯洁性，以“为民务实清廉”为主要内容，以“照镜子、正衣冠、洗洗澡、治治病”为总要求，以全体党员干部为重点，扎实开展群众路线学习教育实践活动。广泛听取意见建议，深入查摆突出问题，认真开展批评和自我批评，坚持边学边查边改，针对人民群众反映强烈的突出问题，深化和创新活动载体，在转作风、办实事、树形象、促发展等方面建立健全服务体系和规章制度，教育实践活动进展顺利，取得实实在在成效。全体党员干部思想认识有较大提高，党性得到锤炼，政治立场不断坚定，机关作风建设得到加强，工作成效显著提升，内外关系日趋和谐，与妇女群众的联系进一步密切，做好新形势下妇女群众工作能力和水平进一步提高，整体形象得到进一步提升。（陈兰婷）

县妇联2014年度负责人名录

主　席：张玉珍

副主席：刘梅英（3月任）

县工商联合会

【发挥参谋助手作用】 2014年，县工商联加强学习，努力做好参谋助手作用。组织执委以上领导学习十八届三中全会报告，市委六届四次，县委十二届四次全会精神，组织学习中共中央国务院《关于加强和改进新形势下工商联工作的意见》，开展非公有制经济人士理想信念教育实践活动，并把学习教育实践活动同贯彻落实党的十八大精神、十八届三中全会精神结合起来，紧紧围绕全县经济社会发展大局，把促进全县经济社会发展与引导非公有制经济健康成长紧密结合起来，找准结合点，牵线搭桥，加强服务，做好非公有制经济代表人士的服务和引导，充分利用其担任人大代表、政协委员政治优势，积极参加政府、人大、政协的各种会议，及时反映会员诉求，反映企业在发展过程中的困难和问题，建言献策，共谋发展。全年担任人大代表、政协委员的非公有制经济人士向人大、政协提出议案、提案5份，向党政部门提出建议1份，使工商联工作在推动新一轮改革发展中发挥应有作用。

【开展以“四信”（即对中国特色社会主义的信念、对党和政府的信任、对企业发展的信心、对社会的信誉）为主题的理想信念教育实践活动】 2014年，县工商联精心组织，开展非公有制经济人士理想信念教育实践活动。调整学习活动领导小组，制订《五华县非公有制经济人士理想信念教育实践活动的实施意见》，按照上级要求，扎扎实实推进教育实践的各项工作活动。5月30日，召开全县非公有制经济人士理想信念教育动员会，把抓好教育实践活动同贯彻落实党的十八大精神、十八届三中全会精神有机结合起来。通过学习活动，使民营企业家准确理解和把握党的执政方向，做到与时俱进、抢抓机遇，推动企业做强做大。

【协助做好招商引资】　2014年，县工商联树立"只有服务好企业发展，帮助企业做强做大，壮大工业经济总量，才能促进五华经济社会发展"服务理念，坚持打好"服务牌"。县工商联主席周国富积极落实县领导挂钩联系重点企业责任制，协助县政府组织企业代表参加商务考察、贸易洽谈、展销会等各种经贸活动，签订各种投资项目、合作协议7个，合计金额29亿元。全程跟踪解决企业在落户、建设、生产过程中遇到的困难和问题，加强投产企业、在建企业的跟进服务，落实进园企业"一站式"服务。积极组织各类银企对接活动130多人次，推动协助银行等金融机构增加对民营中小企业融资贷款10亿元。

【促进企业持续健康发展】　一是做大做强本身企业。县工商联主席周国富的企业是2003年开办工业园区时进驻园区的企业，主要生产DVD、IP网络接收器、数字电视机顶盒等视听产品的外壳，是京东方等四家大型上市公司稳定的配套供应商。2014年投资8000万元，新上2条生产线，有14台闭式冲压机，主要生产75寸以下的液晶电视机盖板。二是主动服务企业。部分企业面临挑战陷入困境之时，结合县政府"走进民营企业、提振发展信心"活动，组织"走企业、解难题、送温暖"活动，通过走访企业，解决难题，鼓舞士气，千方百计坚定企业战胜困难的信心和决心。商会（协会）组织解决中小微企业转型升级，破解中小微企业融资难问题，为中小微企业搭建融资平台，帮助会员企业融资10亿元。主动配合做好调研，先后到安宝盛房地产开发公司、梅州市长兴建筑工程公司、梅州市创达建筑有限公司、大昌燃气有限公司等会员企业调研，了解企业发展情况，撰写《加强非公有制经济人士理想信念教育，促进"两个健康"》调研文章。5月，配合上级做好全国第十一次私营企业抽样调查，对8家企业发放《2014年第十一次全国私营企业调查表》《中国非公有制经济健康状况调查问卷（企业家答卷）》《中国非公有制经济健康状况调查问卷（财务经理卷）》等问卷调查21份。10月，协助上级与安全生产关系密切的8家非公有制企业开展省安全生产条例立法后评估调研。

【开展法律宣传活动】　2014年10月，县工商联联合县司法局在广东五华经济开发区举办"企业守法诚信建设"法律宣传周活动启动仪式，县工商联、县司法局和有关单位负责人及30多家企业管理人员出席启动仪式并开展为期一周法律宣传活动，在广大非公有制企业中形成深入宣传法律法规，营造学法、懂法、尊法、用法的良好法治环境，增强非公有制经济人士"守法诚信"意识，宣传周活动得广大非公有制企业认可，取得一定成效。县工商联聘请法律顾问（县司法局律师），建立法律顾问制度，为企业提供投资立项、知识产权等方面的法律意见建议，及时参与涉企纠纷化解，维护商会及其会员企业的合法权益。

【光彩事业】 2014年，县工商联积极引导全县非公有制经济人士自觉践行社会主义核心价值体系，自觉履行社会责任，积极参与光彩事业，支持县重点项目建设。全县多方筹资参与重建桥梁47座，其中横陂镇外出乡贤筹集资金900万元、龙村镇外出乡贤筹集资金460万元等。还通过搭建活动平台，引导会员企业、外地商会开展扶贫济困、捐资助学、善待员工等活动，积极投身光彩事业，勇于承担社会责任，展示非公有制经济人士良好社会形象。通过积极争取，希望工程卓定华助学基金奖励180名准大学新生每人5000元，另有4名获奖的在读贫困大学生每人4000元；高信制衣有限公司董事长黄峰昌捐赠600件、价值25万元广东名牌服装“意邦奴”给华源、凤凰两个村的贫困群众等。发动工商界企业家为蒲丽顶森林公园登山道铺筑硬底化道路积极捐款。

【召开执委会议】 2014年5月30日，县工商联在五华酒店召开十四届五次执委会议，县委副书记邓伯锦，县政协副主席、统战部部长甘飞鸿，县政协副主席、工商联主席周国富出席会议。会议认真听取和审议第一副主席钟作宏代表五华县工商业联合会第十四届常务委员会所作的《工作报告》，会议认为工商联第十四届执委会在主席周国富带领下，团结和带领工商联干部和全体会员，认真学习贯彻党的十八大、十八届三中全会精神和习近平总书记系列重要讲话精神，紧紧围绕县委、县政府“工业新城，长乐之乡”总目标和“两新两特两重点、惠民生，促和谐，强队伍”的工作思路，坚定不移地执行党对发展非公有制经济的一系列方针政策，促进非公有制经济的健康发展，大力引导民营企业履行社会责任，做出应有贡献。各项工作取得新进展、新成效；会议强调加强对会员引导帮助和培训服务工作；充分发挥工商联桥梁、纽带和助手作用，促进全县民营经济健康发展。　（黄文象）

县工商联2014年度负责人名录

主　席： 周国富

第一副主席： 钟作宏

副主席： 廖清果　陈水莲　张瑞兴
曾水方　邹　宏　李培安
周辉权　曾　钧　高　凇
刘旭勇　陈桂雄　张发巨
古庚端　李仁安　张志宗
李耀民　黄　海　周妙文
邓华添　温庆坤　戴伟权
李景友

法治

政法委及综治工作

【简况】　2014年，县委政法委与县综治办、县610办公室、县维稳办实行四块牌子一套人马合署办公。县委政法委内设办公室、研究室、执法督查室。县610办内设综合业务股、调研指导股。县委维稳办内设维护稳定工作股。县综治办未内设机构。有在职职工19人，其中公务员17人、工勤人员2人；离退休人员9人。中共五华县政法系统工作委员会负责公安局党委、检察院党总支、法院党总支、政法委机关党支部、司法局党支部党建工作。年末，县政法系统党工委辖党委1个、党总支2个、党支部40个、党员815人。

【维护社会稳定】　2014年，县维稳办强化各项维稳工作机制，指导和帮助各镇及县直相关单位完善处置群体性事件和大规模暴力犯罪应急处置机制，深入推进重大事项社会稳定风险评估工作，对梅州抽水蓄能电站等重大建设项目进行风险评估。扎实开展“社会矛盾化解年”活动，由县委政法委、县维稳办牵头抓总，县农业局、人社局、环保局、卫计局、信访局等部门分别主抓专项领域矛盾化解。全县排查重大矛盾纠纷和不稳定因素55宗（含省、市督办12宗），化解销案54宗，化解率98%。

【防邪反邪】　2014年，县委610办加大防邪反邪宣传力度，联合县司法局、教育局、妇联、团县委等部门深入农户、深入学校，扎实开展“防邪知识进家庭”活动。深入开展“法轮功制作传播反宣币”专项整治活动，收缴反宣币342张1844元。严厉打击邪教活动，深入开展“全能神”专项整治百日会战，狠抓现行邪教案（事）件查处侦办，坚持发现一宗，查处一宗；积极做好对“法轮功”“全能神”等邪教组织人员回防帮教和有关接茬工作。

【社会治安综合治理暨平安建设】　2014年，县综治办严格落实综治领导责任制，坚持综治委成员单位议事制度和“五部委”联席会议制度，定期分析研究社会治安综合治理形势，部署各阶段综治工作重点。建立健全综治工作与平安建设责任查究制度，细化综治与平安建设考评体系，严格执行综治“一票否决”制度。对综治考评不达标的县粮食局等3家单位予以“黄牌警告”，对梅林镇、县发改局等4家单位予以“限期整改”。完善综治委成员述职建档制度，增强领导干部“为官一任，保一方平安”的政治责任感。指导创建安流、华城、龙村、周江、双华、长布6个镇社会治理服务（便民）中心先行点，整合基层政法、综治、维稳、信访及涉及民生和社会公共管理服务等部门的力量和资源，为基层群众办事实行“一站式”服务。积极构建立体化社会治安防控体系，着力推进“平安细胞”工程，着重抓好校园、家庭、医院、文化市场等平安系列创建工作，以小平安推动大平安。狠抓社会治安重点地区整治，督促指导2013年度涉赌问题较突出的双华镇冰塘村、发生重特大交通事故的潭下镇认真抓好整改工作。开展“六大专项”（即涉黄赌、涉食品药品和制假售假、涉车、涉枪、涉毒、涉电信诈骗及银行卡犯罪）等行动，严厉打击刑事犯罪和查处各类治安案件，全县刑事案件破案绝对数对比上年增加61宗，上升4.6%；“八类严重暴力犯罪”案件对比上年减少47宗，下降26%。大力推进法律服务进村居，实现16个镇446个村居法律顾问全覆盖。加快推进公共法律服务平台建设，率先在全市建成法律服务大厅、社区矫正安置帮教管理中心。县镇两级综治信访维稳中心积极发挥维稳排头兵作用，县级中心全年受理案件126件，办结122件，办结率96%；镇级中心全年调解各类矛盾纠纷3785宗，调解履行率100%。

2014年8月，县综治办指导建设的华城镇便民服务中心投入使用（钟国敏摄）

【执法督查】 2014年，县委政法委认真贯彻落实中央和省市政法委关于《全面启动涉法涉诉信访工作改革试点的意见》，全年接待涉法涉诉群众来信来访45批人次，转办、督办信访件11件，办理上级转办、督办案件5件，核查、研判案件5宗，逐步把涉法涉诉信访问题纳入法治轨道。加强执法督查工作力度，扎实推进“两法衔接”工作，建立“两法衔接”信息共享平台，有28个单位入网运作。全力支持政法各部门依法行使职权，改变法院单打独斗执行模式，形成执行联动机制，牵头组织有关部门对执行难度大的案件进行强制执行，有效维护法律权威和尊严。扎实推进司法救助工作，全年开展司法救助3宗，发放救助金6万元，促进社会和谐稳定。

【政法队伍建设】 2014年，县委政法委深入贯彻落实中央“八项规定”和市、县实施办法，深化党的群众路线教育实践活动，坚决纠正“四风”，全力开展“选择性执法”专项整治，持续有效推进作风建设。大力弘扬政法干警核心价值观，加强教育培训和人才培养工作，提升政法干警的整体素质和执法水平。大力加强政法委机关自身建设，强化机关党建工作，深入推进机关党风廉政建设，认真落实党风廉政建设责任，机关干部队伍履职尽责能力不断增强。

【政法信息网建设】 2014年，政法信息网（二期）工程三、四级网络建设及视频会议室全面建成并投入使用，网络覆盖全县16个镇，县政法委、法院、检察院、公安局、司法局及其下属基层单位，实现网上信息共享、公文传输等业务。（廖素媚）

县委政法委2014年度负责人名录

书　记： 叶天泉

副书记： 赖　勤　毛嘉鹏　黄明仰　甘桂源　李佰青　曾焕章　李胜忠（任至2月）　彭思鹏　黄永响（任至3月）

政法委委员： 黄永响（4月任）　张善波（任至9月）　廖素媚

系统党工委专职副书记： 廖素媚

县综治办2014年度负责人名录

主　任： 甘桂源

副主任： 陈汉强　曾少廉

县610办2014年度负责人名录

主　任： 曾焕章

副主任： 朱幼雄　古贵方（任至7月）

县维稳办2014年度负责人名录

主　任： 李佰青

副主任： 邹林茂　黄国雄

法治政府建设

【行政规范性文件的草拟、审查、修改】 2014年，县政府法制局在县重点项目建设、城市规划、工业园区建设、公路建设、土地储备管理、计生管理、教育管理、招商引资、环境保护、安全管理、河道管理等方面草拟、审查、修改县政府及其部门的合同等103件（其中上报市政府备案的规范性文件5件）。重点把好出台规范性文件的政策法律、程序及技术关，努力提高文件的质量，确保规范性文件的合法、适当、可行；严格按照规范性文件备案工作的要求，对本县符合《梅州市规范性文件制定程序规定》的规范性文件，能及时报送梅州市人民政府备案，做到上报材料齐全、规范。

【党的群众路线教育实践活动】 2014年，县法制局在开展党的群众路线教育实践活动中，认真制订活动方案，精心组织，周密安排，按照中央及省、市、县委实践办部署要求，扎实做好规定动作，创新自选动作。一是坚持把学习教育作为首要任务贯彻活动始终，认真制订学习计划，采用集中学习和自学相结合的方式，坚持每周集中学习一次以上。全年组织学习会、讨论会33场次，党员领导干部平均撰写心得体会文章5篇以上、读书笔记20多篇。二是征求意见，广开言路。通过走访群众、个别访谈、召开座谈会、发放征求意见表、设立意见箱等形式，征求基层党员干部和群众的意见建议。全年召开各类型座谈会7场次，个别访谈98人次。收集意见8条，认真梳理汇总归纳5条，其中局领导班子3条、班子成员个人2条。三是聚焦“四风”，查摆剖析。紧紧围绕反对“四风”，对照“三严三实”要求，采取群众提、自己找、上级点、互相提、集体议等方式，坚持开展“六查”，并多次召开专题会议进行“会诊”，分析“四风”问题，认真剖析产生问题根源。四是开展批评，红脸出汗。以“为民务实清廉”为主题，召开一次专题民主生活会。全局党员认真开展批评与自我批评，实事求是地提出批评意见4条。五是整改落实，立行立改。把边学边查边改、立行立改贯穿教育实践活动始终，建立“马上就改”项目1个，“边学边查边改”项目3个。同时把活功与推动当前工作有机结合起来，深入推进依法行政工作，切实做好行政复议、行政诉讼工作，特别是针对农村山林土地纠纷问题，因时间跨度大，案情复杂，为查清案件事实，经常组织到基层认真调查了解，依法处理好每一个案件，消除工作人员懒散、被动作为的意识，真正做到及时掌握了解群众所想、所需。

【行政复议、行政应诉】 2014年，县政府受理不服镇级政府、县级部委办局作出的具体行政行为而申请行政复议案件30宗（其中山林、土地纠纷案件占90%）；立案29宗，不予受理1宗。审结29宗（其中维持26宗，自行纠正1宗，撤销2宗）。县法制局受县政府和有关部门委托，参加一审、二审法院行政应诉案件33宗，经审结33宗，维持10宗，驳回22宗，撤销1宗，审结维持率97%。

【行政经济法律服务】 2014年，县政府法制局紧紧围绕县委、县政府“两新两特两重点”工作，服从和服务“工业新城、长乐之乡”建设总目标，当好政府在法律事务方面参谋及助手，积极主动参与到全县重点工程项目相关工作，特别是工业园区建设、梅州抽水蓄能电站项目建设、招商引资、高速公路建设、旅游开发等文书的审查及指导签订合同等工作。参与华侨实验中学BT项目、华侨房地产公司改制、农村信用合作社改制、上坝堤改造、奥园项目推进等文书起草、修改、审查工作，把好法律关，为推进项目顺利开展起到法律保障作用。配合相关职能部门，为招商引资工作排忧解难，努力提供法律方面服务，对全县培育发展支柱型产业、增加新经济增长点起到积极作用。局领导与有关部门负责人一起，经常到县经济开发区深入企业，调查了解，排忧解难。

【行政执法监督检查】 2014年度，根据县政府出台的《五华县法治政府建设指标体系（试行）》（华府办〔2013〕71号）、《五华县依法行政考评暂行办法》（华府办〔2013〕70号）、《2014年五华县依法行政考评实施方案》，按照实施方案要求，在县依法行政考评领导小组的领导下，对各镇人民政府、县直属各部门本年度依法行政工作进行考核。

【协调、指导、调处纠纷案件】 2014年，县法制局继探讨完善行政复议与行政诉讼、信访工作衔接机制，加强部门协调配合，积极化解行政争议和维护社会稳定。根据全县群众集体信访、上访案件较多的实际，努力探讨行政复议与行政诉讼、信访工作衔接机制，加强部门协调配合，有效化解行政争议和维护社会稳定。全年接待群众来访80多人次，来信3件，对提出的有关问题，用政策、法律耐心做好解释工作，赢得当事群众对政府理解和支持，为构建全县社会和谐发挥应有作用。按照政府法制与信访衔接机制要求，积极参与处理信访案件突出问题，在调查了解案件事实基础上，注重把握好政策、法律关，努力为领导决策提供优质法律服务。全年协助县信访局做好复杂疑难纠纷案件等问题，经法制部门参与研究后，8宗复杂疑难的信访案件均能按法律途径得到解决。

【申领、换发“广东省人民政府行政执法证”和人大议案、建议及政协提案的督办、协办】 2014年，县法制局探索乡镇体制改革后行政执法工作问题。镇级机构改革后，原隶属于县林业局的林业站、水务局的水管所、农业局的农业站、畜牧局的畜牧站均隶属于镇政府，而执法职权在县级职能局，不在镇政府。为理顺好执法体制问题，该局积极向上级主管部门反映，努力探索新途径，努力找到解决问题方法。严格把关，依法办理行政执法证。按照相关法律法规规定，行政执法工作人员必须持证执法。在审核上报办理行政执法证材料时，逐个审查，严格把关，逐级上报，依法办理行政执法证，未出现无权执法的工作人员持有行政执法证现象。对县人大、政协的议案、建议和提案的办理和答复能做到件件有着落、事事有回音。

【法制队伍建设和落实科学发展观考核评价工作】 2014年7月，通过遴选，从转水镇政府调入一位同志到五华县人民政府法制局工作。县政府法制局在本年积极落实科学发展观考核评价工作，两项考核指标在全市法制综合考核中，均位居前列。　（李　文）

县法制局2014年度负责人名录

局　长：陈兆祥

副局长：吴明辉（任至1月）

公安工作

【维护政治社会稳定】 2014年，县公安局坚持加强维稳机制建设，扎实做好信访重点人稳控化解、各类矛盾纠纷平息调处和反恐处突等各项工作，确保全县社会大局更加平稳。一是围绕中心高效服务现实斗争。不断完善情报信息网络建设，继续建立健全舆情会商研判和重大舆情快速反应机制，密切关注网上敌情、社情、政情动态，及时发现、引导、封堵和查处各类有害信息，牢牢掌握网上网下斗争主动权，确保全国、全省“两会”和新中国成立65周年庆祝、党的十八届四中全会、北京APEC会议等重大活动和敏感节点期间社会稳定。二是深入推进社会矛盾化解。全县公安机关各单位围绕重点项目建设工程、征地拆迁、劳资纠纷等热点问题和重点行业以及涉军、涉教等重点群体，继续深入开展矛盾纠纷大排查、大调处工作，及时化解、消除影响稳定各类因素，成功处理各类苗头性事件1962起，平息群体性矛盾纠纷396宗。三是解决一批疑难信访问题。信访部门协调全局各部门坚持以解决疑难信访问题为突破口，进一步强化“重视初信初访，攻克疑难缠访，稳控重复信访”三大措施，成功办结重点信访案（事）件51起。四是反恐处突应急能力明显提升。以云南昆明“3·1”暴力事件为借鉴，围绕“三个注重”工作要求，健全和完善反恐处突应急预案，强化实战演练和处置效能，提升全县公安机关反恐处突应急能力。如在多次处理各镇沙场进驻引发群体性事件、中乙足球赛事安保等工作中，都得到充分体现。

【严打斗争】 2014年，县公安局围绕年初制定全县命案破案率90%以上、至少判决3个恶势力犯罪团伙，有广泛社会影响案件全部侦破的工作目标，全县公安机关始终保持严打高压态势，扎实开展以“六大专项”打击整治行动为重点的一系列打击查禁工作，有力打击各类违法犯罪活动，有效优化全县社会治安环境，实现“三个保持”工作目标：“六大专项”打击整治行动和“客都民意警务”工作考核始终保持排名在全市前列；刑事案件破案绝对数保持继续上升，对比上年多破156宗，上升30.4%；“八类严重暴力犯罪”案件保持下降，立案133宗，对比上年少发47宗，下降26%。一是狠抓重大、要案侦破攻坚工作。围绕年初制定工作目标，刑侦部门坚持以命案侦破为龙头，着力打击各类严重犯罪活动。成功侦破5月30日发生在龙村镇幼儿温某煜被毒死等7宗命案和11月11日凌晨发生在县经济开发区某公司被盗财物约150万元特大入室盗窃案件，全面实现年初制定刑事打击工作目标。二是全力推进“六大专项”打击整治行动等专项行动。刑侦、治安、经侦、禁毒等主责牵头单位协调各警种、各部门紧紧围绕工作目标，狠抓组织领导、宣传造势、奖励激活和高效打击，全面推进“六大专项”等一系列打击整治行动取得显著实效，实现每月考核始终靠前、年度考核第一目标，有效维护五华良好社会治安和经济发展环境。全县立各类刑事案件1559宗破993宗，抓获作案成员1169人，提请逮捕372人，起诉470人，抓获在逃人员202人，打掉各类犯罪团伙64个；破获电信诈骗和其他经济案件117宗，挽回经济损失336万多元；完成毒品案件198宗，查处吸毒人员571人，强制戒毒151人，缴获各类毒品1056.15千克；查处各类治安案件6389宗（查处黄赌案件497宗），刑事拘留537人，行政拘留1170人；收缴各类非法枪支712支，各类子弹4270多发，缴获管制刀具2521把。2014年，县公安局六大专项工作和客都民意警务工作在全市考核中均取得第一名。

【治安防控】 2014年，全县公安机关围绕平安创建工作目标，坚持狠抓基层基础各项

2014年4月18日，全市公安机关推进民意警务——群防群治治安工作现场会在五华县召开

工作，大力探索和拓展群防群治工作措施，全面推动社会面防控体系建设进程。一是深入推进平安视频监控系统建设。新增建设平安监控视频146处；着力完善指挥中心、巡警、派出所、治安卡口等各个节点治安防控运作机制，提升科学化防控工作水平。全年视频监控中心建立视频监控台账820起，为办案单位提供查阅视频、图像资料1130次，协破刑事案件112宗，抓获犯罪嫌疑人42名。二是大力推进群防群治工作水平。全县公安机关紧扣“客都民意警务”工作主题，紧密联系本地民情、社情，着力以打造“两个平台”（手机信息平台、社区警务平台）、建好“一个队伍”（群防群治队伍）为具体措施，全面扩展警务途径，以河东镇增塘村、水寨镇大沙村、横陂镇新联村护村队建设模式为典型带动，大力推动全县基层群防群治队伍建设水平。建成各类规格护村队416个。各单位发扬奋勇争先、保持排头进取精神，取得“客都民意警务”每月考核保持前列、年度考核第一的优异成绩。

【安全管理】 2014年，县公安局交警、消防、治安、森林公安分局和各派出所紧紧围绕“重特大安全事故下降”工作目标，以健全完善安全管理工作机制为核心，狠抓安全管理责任落实，有效遏制各类火灾事故和群死群伤重、特大案（事）件发生。交警部门以扎实开展夏季交通安全专项整治、机（电）动三轮车集中整治、整治酒（醉）后驾驶违法行为和“八打八治”打非治违专项行动等系列专项行动为重点，全面加强道路交通秩序的管控和对各类违法行为的打击整治，创造全县良好道路交通秩序环境，全年排查和整治交通事故多发路段26处，查扣各类违法车辆2425辆，查处酒（醉）驾36人，查扣机（电）动三轮车764辆折价收购571辆，查办道路交通事故4661起，其中重大道路交通事故25起，死亡27人，对比上年同期四项指标数基本持平，重大交通事故死亡率下降10%，未发生较大以上的道路交通事故。消防部门全面落实《五华县“十二五”消防工作规划》，大力加强公共消防基础设施建设水平，继续加强消防安全“网格化”管理各项工作，为全县经济社会建设创造良好消防安全环境，实现队伍管理和社会面火灾形势“双稳定”工作目标。全年公安消防部门检查企业场厂、公共场所等单位294家次，发现火灾隐患97处，限期整改97处，发出火灾隐患整改通知书38份。治安部门和各派出所深入开展“缉枪治爆”“护校安园”等专项整治行动，加强对易发案场所、行业管理，及时组织整治，严格规范行业、场所管理，着力控制和

2014上2月8日，县委书记张映平到县公安局走访慰问春节安保工作的公安民警、武警和消防官兵

减少违法犯罪空间，确保全县社会公共环境安全和谐。全年检查、排查各类场所、单位、行业9065间处（次），排查整改隐患196项，发出整改通知书196份；查处违规旅馆36间、废品店19间。

【执法服务】 2014年，县公安局坚持“以人为本、执法为民、服务为先”理念，大力推进执法服务工作。一是继续提升执法水平。法制大队紧密结合执法资格考试、执法质量考评、信访案件考核“三考活动”，加强执法培训，落实执法责任，规范执法行为，严格抓好执法质量考核评议各项工作，不断健全完善执法监督和社会评价机制，提升执法质量和执法公信力；全年举办各类学习培训6次，审核各类刑事案件1559宗、行政案件4125起，指导基层单位办理疑难复杂案件45宗。二是积极提升服务质量。全县公安机关窗口服务部门全面深入贯彻中央关于“改进工作作风、密切联系群众”八项规定，严格贯彻执行《公安机关窗口单位服务规定》，精简办事程序，提升窗口服务工作效率和质量。全年，交警部门办理摩托车驾驶证908本，补换驾驶证11500本，机动车注册入户4101辆，完成机动车检验12560多辆；治安户政部门和各派出所窗口申办居民身份证79746张，采集居民身份证指纹52152枚，制发临时居民身份证15785张，审核审批户口迁移5493人，审批出生入户13795人，审批主项变更2319人，办理其他各类许可证795份；出入境大队受理各类出入境申请材料（含网办）69536人次，清理单程积压材料25人，查处违规办证的事件3起。“110”报警台全年接报有效警情10505起，其中刑事、治安警情2385起。

（朱腾）

县公安局2014年度负责人名录

局　长：赖　勤

政　委：张善波（任至9月）

党委副书记：吴展基　曾幸辉

副局长：吴展基　汤岸辉　张治标　张维健　古新华　张长安　曾患鑫　刘柏青　张志雄

党委委员：陈幼文　曾国辉　陈克彪　冯云开　张炳忠

检察工作

【依法打击各类刑事犯罪】 2014年，县检察机关充分发挥批捕、起诉职能，健全提前介入侦查、引导取证等机制，突出打击抢劫、杀人、故意伤害等严重暴力犯罪以及盗窃等影响人民群众安全感的多发性犯罪，全年批准逮捕218件351人，提起公诉347件454人。落实宽严相济刑事政策，对不构成犯罪以及主观恶性较轻、社会危害不大的初犯、偶犯、未成年人犯等，依法决定不批捕55件118人、不起诉8件9人。

【深入化解社会矛盾纠纷】 2014年，县检察机关注重运用法治思维和法治方式化解矛盾纠纷，深化刑事和解、检调对接等工作，主动做好隐患排查、风险防范和矛盾化解工作，办理刑事和解案件4件、民事息诉案件3件、刑事被害人救助案件2件。深入开展检察官“五进”活动，有力推动全社会形成学法、知法、守法、用法的氛围。完善执法办案风险评估预警和检察长接访、下访巡访等制度，依法妥善解决群众的合法合理诉求。控申部门全年受理群众来信来访144件，检察长接访24次，接待群众10批35人次，有效化解社会矛盾，为经济社会发展创造良好社会环境。

【积极服务和保障民生】 2014年，县检察机关主动护航农村“两委”换届选举。制订出台工作方案，采取工作座谈、到镇村宣传等形式，确保全县446个村（居）委换届选举顺利进行。着力服务保障生态文明建设，联合行政执法组开展打击非法采砂专项行动，铁腕整治非法采砂行为；派员参加加强农村用地建房督查。扎实开展扶贫开发“双到”、整顿软弱涣散基层党组织等工作。自筹10多万元投入挂钩帮扶村，为帮扶村解决各项实际困难，为250名村民购买农村小额人寿保险。自筹4万元为软弱涣散基层党组织挂钩帮扶村解决“教育创强”工程缺口资金。筹资6万元积极参加创建“广东省卫生县城”等工作。

【查办职务犯罪案件】 2014年，县检察机关坚持惩防并举，推进反腐倡廉建设。始终保持惩治腐败高压态势，坚决查办发生在领导机关和领导干部中的腐败案件，坚决查办发生在重点领域、关键环节和群众身边的贪污贿赂犯罪。全年立案侦查贪污贿赂案件13件13人，通过办案为国家和集体挽回经济损失180多万元。扎实开展反渎职侵权工作。坚决查办危害生态环境和执法不严、司法不公、重大责任事故背后的渎职侵权犯罪，切实维护国家和人民的合法权益。全年立案6件6人。注重与行政执法机关建立健全协调配合、犯罪预防等工作机制，形成惩防渎职侵权犯罪工作合力。

【职务犯罪预防】 2014年，县检察机关把预防职务犯罪放在更加突出的位置，结合办案开展个案预防、类案预防和行业预防。在高标准基本农田建设过程中实行专项预防，推动责任单位廉政防控措施的落实。扎实开展“检察官进警营”活动，筑牢拒腐防变思想防线。全年向有关单位提出书面检察建议16份，开展行贿档案查询806次，到有关单位开展预防宣传和警示教育39场次，受教育6000多人。以预防职务犯罪警示教育基地为平台，组织新任村“两委”干部、县部分单位干部参观，把预防基地打造成为开展廉洁自律教育的课堂、服务反腐倡廉工作大局品牌。

【刑事诉讼监督】 2014年，县检察机关坚持全面客观审查证据，确保依法准确打击犯罪。一方面，坚守公平正义底线，对侦查机关应当立案而不立案的，监督立案3件4人。如6月，犯罪嫌疑人曾某龙涉嫌强制猥亵妇女，但未立案，派驻检察室发现后向有关部门移送立案监督线索并成功立案。另一方面，加大追捕追诉漏犯漏罪力度，全年追加逮捕3人、追加漏犯8件13人，改变定性5起。在依法惩治犯罪同时，更加注重保障人权，认真开展犯罪嫌疑人羁押必要性审查，向公安机关提出羁押必要性审查12件12人，依法启动非法证据排除程序，向公安机关发出《纠正违法通知书》10份。大力推进“两法衔接”工作，深入开展“破坏环境资源和危害食品药品安全犯罪专项立案监督活动”，监督行政执法机关移送涉嫌犯罪案件10件。6月，市检查组到该院检查“两法衔接”工作，充分肯定其做法和成效。

【刑罚执行和监管活动监督】 2014年，县检察机关加强监管场所安全防范检查，消除安全隐患4起，妥善处理重大安全事故1件。深化社区矫正法律监督，考察监外执行罪犯641名，监督有关部门对3名脱管漏管的罪犯落实监管措施。扎实开展减刑、假释、暂予监外执行专项检察活动，发出检察建议1份，对1名保外就医的监外执行罪犯进行建档。加强对羁押期限的监督，预防超期羁押案件5件。

【民事行政检察】 2014年，县检察机关严格执行修改后民事诉讼法，综合运用抗诉、再审检察建议、违法行为调查等监督手段，强化对诉讼结果、诉讼程序和执行活动监督，受理对生效判决、裁定、调解书的监督案件47件，提出再审检察建议1份。通过检察监督依法保护国家、集体和社会公共利益，开展督促起诉1件，促使基层组织清收土地租金3.50万元。提出行政违法检察建议1件，纠正法院违法超期审理1件。

【检察队伍建设】 一是始终抓好思想政治建设。以“五个一”活动为载体，认真组织、深入学习党的十八大，十八届三中、四中全会和习近平总书记一系列重要讲话精神，坚定道路自信、理论自信和制度自信。加强机关党建工作，坚持“三会一课”制度，不断健全党组织生活，增强党员组织观念，督促党员发挥先锋模范作用，努力提升党建工作水平。深化社会主义法治理念,积极开展“增强党性、严守纪律、廉洁从政”专题教育活动，组织开展主题征文、演讲比赛等活动，筑牢检察事业正确的发展理念和执法理念。二是深入开展党的群众路线教育实践活动。牢牢把握“照镜子、正衣冠、洗洗澡、治治病”的总要求，注重突出检察特色，积极查摆和整改“四风”和执法作风方面的问题。坚持把学习教育贯穿始终，通过上党课、理论研讨、专题辅导、互动交流等形式，组织党组中心组集中学习36次、全院干警集中学习12次，撰写心得体会500多篇；坚持开门搞活动，采取“走出去”与“请进来”、“面对面”与“背靠背”等方式广泛收集意见建议，与各阶层干部群众座谈交流48次，发出征求意见函60余份，征求意见建议56条；坚持领导带头，广泛开展谈心谈话，认真开好专题民主生活会，以整风精神开展批评与自我批评；坚持立行立改，推动建立长效机制，以“钉钉子”精神，扎实整改落实、建章立制，制定整改措施18项，修订完善《机关食堂管理规定》《车辆管理办法》等19项制度。三是大力加强人才队伍建设。加大教育培训力度，选送干警参加各级有关业务培训30人次。建立“结对帮扶”机制，实施“以老带新”，提高年轻干警能力水平。开展岗位练兵，采取岗位“学、练、赛”形式，开展业务竞赛、辩论比赛、演讲比赛等活动，着力培养业务尖子、办案能手。四是狠抓纪律作风建设。严格执行中央“八项规定”，坚持抓常、抓细、抓实，深化“四风”和司法突出问题整治，立足重教育、重防范，强调纪律，塑造形象。扎实开展纪律教育学习月活动，不断增强干警党性观念和纪律观念，干警严格按照要求，不到娱乐场所、不参与不健康活动。落实公务接待标准，严格公务接待管理。完善车辆管理制度，规范公务用车。完善内部制约机制，修订完善工作人员守则和每季度述廉登记制度，坚决杜绝接受案件当事人吃请送礼现象，严格执行“一案三卡”制度和《执法档案制度》，加强对干警八小时外的监督管理，构筑院、家庭、社会“三位一体”的防范网络。

【打造检察工作亮点】 一是高标准推进检察室工作。2014年4月，检察室建设全面铺开，4月30日，派驻华城检察室挂牌成立；5月5日，派驻安流、龙村、长布三个检察室挂牌成立。全县设立4个检察室，形成对全县所有乡镇全辐射的格局；党组严格选人用人，检察室主任均从政治素质较高，有一定法律水平、沟通能力的检察官中挑选产生。坚持办公制度化。制定《五华县人民检察院派驻检察室工作规则》，规定每个检察室干警每天驻室办公、每周至少3晚住在乡镇。安排4名党组成员每人分管一个检察室，每月至少一次听取检察室工作汇报、每月至少一次驻室办公。检察室干警出席镇综治联席会议，每天坚持记工作日志，有力保障检察室工作规范管理、有序开展。检察室全年开展法制宣传70次，上法制课15次，发放宣传资料6000余份；接待群众来访87人次，参与群众矛盾纠纷调解20次。如棉洋镇村民宋某因高速公路建设征地问题上访多年，有关部门按政策帮他解决问题，但宋某仍多次缠访、越级上访。他到检察室上访后，干警耐心细致做其思想工作，经过多次沟通，宋某同意政府处理结果，再未上访。二是创新完善检察工作机制。联合县法院出台《办理简易程序公诉案件联动处理机制》，节约司法资源、提高诉讼效率；联合县法院、公安、司法出台《未成年人犯罪记录封存实施办法》，对未成年人犯罪案件实行附条件不起诉和回访帮教，推行未成年人犯罪记录封存制度，形成四部门协作配合保密机制。反渎部门与县林业局联合出台《关于加强查办与预防危害生态环境涉林职务犯罪协作的工作机制》，加强相互配合和组织协调，形成打击违法犯罪活动强大合力。三是推动民行工作创新发展。与县综治办联合下发文件，聘任16名民行检察联络员，并召开座谈会，共同研究解决民事行政申诉案件渠道不畅、案源不足等问题。扎实开展行政违法检察监督试点工作，及时向县委、人大汇报，取得县委、人大支持，并与县政法委联合制订《关于开展行政违法检察监督的工作方案》。9月，该院针对县城城市垃圾管理中存在的问题，及时向有关部门提出书面检察建议一份，得到有关部门高度重视立即整改。四是全力营造检察文化氛围。成立11个兴趣小组，发挥各小组骨干带头人作用，组织开展各类形式活泼、健康有益文化活动。加强文化阵地建设，购置扬琴、电子琴、吉他、摄像机、照相机等一大批器材；加强与宣传文化部门和教学机构合作，聘请专业老师为干警授课；购置各类图书3000多册，多方沟通协调解决足球和羽毛球训练场地，搭建活动平台。全年先后获得全市检察机关书画摄影作品比赛二、三等奖；全县"移动信合杯""五四"篮球邀请赛第二名等。五是不断深化检务公开。健全检务告知、检察文书上网等制度，大力推进执法依据、执法流程、执法结果向社会公开；完成涉密信息系统分级保护项目建设，开通检察门户网站、检察微博、微信，深化阳光检务，以公开促公正赢公信。开展举报宣传周、检察开放日、邀请人大代表观摩出庭公诉等活动，虚心听取人大代表意见，增强检察工作透明度。认真落实人大代表意见建议，对收到的意见建议进行认真分类梳理，制订出台《五华县人民检察院落实人大代表意见、建议方案》，提出具体措施，进一步改进检察工作。

（张让兰）

县检察院2014年度负责人名录

检察长：黄明仰

副检察长：曾添香　彭　宙　李培军

法院工作

2014年5月21日，县人大常委会视察组视察审判执行工作

【刑事审判】 2014年，县法院坚持罪刑法定和罪刑相适应原则，准确把握宽严相济刑事政策，推进量刑规范化改革，严惩各种暴力犯罪，依法惩治腐败，依法打击“黄赌毒”等多发性犯罪。全年受理各类刑事案件366件469人，审结364件467人，结案率99.5%。其中，判处五年以上有期徒刑33人，审结未成年人犯罪案件27件33人，未成年罪犯非监禁刑适用率45.45%，依法对未成年人犯罪记录进行封存；审结刑事附带民事案件26件，给付金额96万多元。

【民商审判】 2014年，县法院坚持“调解优先、调判结合”原则，充分发挥能动司法作用，通过调解撤诉等方式，妥善处理各种民商事纠纷。全年受理各类民商事案件1598件，审结1571件，结案率98.3 %；其中判决515件、调解491件、撤诉530件，案件调解撤诉率65.31%，民事一审服判息诉率93.34%，均居全市法院前列。

【行政审判】 2014年，县法院坚持依法审查和妥善解决纠纷原则，既依法保护行政管理相对人的合法权益，又支持行政机关依法行政。全年受理行政案件19件，审结17件，结案率89.47%。积极推进行政案件协调和解，行政案件和解率11.76%。积极推进依法治县工作，依法审查并裁定准予执行征收社会抚养费非诉执行案件195件。

【执行工作】 2014年，县法院加强执行规范化管理，加大主动执行力度，积极启动执行联动机制和实行失信被执行人“黑名单”制度，努力解决“执行难”问题。全年受理各类执行案件525件，执行到位金额7838万多元。采取罚款、查封、冻结和限制出境等措施186人次，司法拘留10人，对涉嫌拒不执行人民法院判决罪的2名当事人移送公安机关办理。将57名失信被执行人列入黑名单，对44名失信被执行人在五华电视台进行曝光。

【立案信访】 2014年，县法院立案窗口推进服务承诺制、限时办结制等，开通诉讼绿色通道，以热情文明的服务传递司法温暖。

信访窗口实行部门中层以上领导轮流值班接访，营造依法信访、共创和谐的良好氛围。设置远程视频接访室，实现全国四级法院远程视频接访互联互通，使原计划进京上访的当事人与最高人民法院法官实现“面对面”接访。全年为21件案件当事人缓减免交诉讼费4.93万元，处理各类来信55件，接待群众来访69人次，信访投诉率首次实现达标。

（甘焕东　江育娇）

县人民法院2014年度负责人名录

院　长：毛嘉鹏

副院长：张国渊　曾伟平　孔建明

党组成员：张展中　陈浪权　吴济民　张志权　古厦安

司法行政工作

【普法宣传教育】　2014年，县司法局订阅《法制日报》，汇编普法资料、宣传册，发到县五套领导班子手中；在蒲丽顶森林公园、县城工业园、琴江亲水公园建设融休闲、健身、学习于一体的“法治文化园”3个；在《五华政报》开设法治文化宣传专栏、在五华广播电视台开播《每日解答》法治文化宣传栏目、在县委党校创建党员干部法治文化教育基地、在三坑军训基地创建中小学生法治文化教育基地、在县职业技术学校创建企业职工法治文化教育基地；以省道水华线、水安线为依托，建成两条法治文化宣传长廊；在华新街建设125米长的法治文化长廊；创建3支普法宣传队（文艺宣传队、律师团队、电影放映队），到全县各镇、村居开展巡回演出、法制咨询讲座、放映电影、发放资料等；组织人员编写两本普法读本—《五华县普法资料汇编》与《法律、安全知识宣传册》。同时利用“3·8”妇女维权周、“3·15”消费者权益保护日、“6·26”国际禁毒日、“12·4”全国宪法日现场咨询活动等形式，组织协调配合有关部门，广泛开展各种主题法制宣传活动，重点宣传《妇女权益保障法》《产品质量法》《消费者权益保护法》等相关法律知识，营造良好法治环境，发放各种普法资料达40000多份（册）。2014年5月，五华县被评为全国

开展普法镇村行活动

“六五”普法中期先进县；12月，县司法局被评为“广东省法治文化建设示范点”。

【人民调解工作】 2014年，县司法局发挥县局人民调解指挥中心潜能，对全县人民调解工作进行指导，对基层遇到的疑难案件进行集中研判，寻找适用法律法规和调处方式方法，对难于调解或特别重大疑难案件，直接参与调处，力争把问题解决；完善社会矛盾源头预防、排查、化解机制规范化、常态化建设，提升基层干部解决问题能力，增强基层组织化解社会矛盾功能，形成“党委领导、政府主导、主动治理、齐抓共管”社会矛盾化解工作长效机制；完善行业性、专业性人民调解委员会、充分发挥专业性行业性人民调解委员会的职能作用，积极与法院、交警、卫生、国土、林业和工业园区管委会等部门进行沟通、协调，在各部门分别成立人民调解委员会，制订工作制度和监督管理制度，为化解各行业矛盾纠纷提供专业知识和技能便利。全年调处矛盾纠纷3785宗，调解成功3778宗，调解履行率100%，调解成功率99.7%；预防群体性械斗事件19宗涉及514人，预防群体性上访89件887人，防止民转刑70件178人，发挥维护社会稳定“第一道防线”作用。

【社区矫正、安置帮教工作】 2014年5月，县司法局设立社区矫正安置帮教管理中心，该中心的成立在全市属首创，办公面积300平方米，集报到登记、教育、网络管控、培训等于一体。依托各镇敬老院、县烈士纪念园、县看守所、县法制文化公园、县职业技术学校建立公益性劳动基地、警戒基地、文化教育基地和技能培训基地，为社区矫正工作提供重要的监管、教育、服务平台。录制统一的教育光盘，由16个镇的司法所长根据讲解内容的侧重点不同轮流授课，并编制成教材，其中涵括法律法规、心理矫正、德育教育、理想信念等丰富多样的内容。新接收社区矫正人员391名，2009年至2014年年末，接收1721名，其中解矫934人，仍在矫787人；全年接收刑释解教人员238名，安置238名，其中重点帮教对象30人。

【律师、公证、法援工作】 2014年，县司法局围绕县委、县政府中心工作，积极动员和组织律师、公证、法律工作者等团体，为重点项目建设提供及时、周到、全方位法律服务；大力加强平台建设，推进镇、村（居）公共法律服务中心（工作站）建设，把水寨、河东、华城、横陂、安流和龙村等6个中心镇作为重点示范镇来抓，在罗浮村、大沙村、大布村、增塘村、下一村、平西村和南中村等18个中心村建立公共法律服务工作站，服务中心和服务工作站挂牌运行。本年，五华县作为省指定的“一村居一法律顾问”试点县。该局主动作为，科学谋划，在水寨、华城、安流等3个镇开展试点工作，后逐步在全县范围铺开“一村居一法律顾问”工作。至2014年年末，全县实现16个镇446个村居全覆盖，村村都有法律顾问、人人享受法律服务。自3月始，县司法局投入资金20多万元，深入到各圩镇、村居及全县中小学，开展集法制文艺演出、法律咨询、法制讲座、普法电影放映、研判案件于一体的普法镇村行活动，为全县130多万人民群众送上法治文化大餐。全年律师队伍担任常年法律顾问县直机关单位15家，镇政府16家，代理民事诉讼案件87件，行政诉讼案件5件，法律援助案件127件，非诉讼案件代理219件，代写法律文书125件，提供法律咨询30000多人次，挽回经济损失1600多万元；公证处办结各类公证1041件，涉港澳台公证186件，接待来访2000多人次，核实公证书复函14件，收取公证费31万元，为困难群众减免公证费用6万多元，实现公证业务"零"投诉、"零"复查、"零"赔偿。

【司法队伍建设】 一是狠抓群众路线教育实践活动。结合司法行政工作实际，围绕保持党的先进性和纯洁性，以"为民、务实、清廉"为主要内容，转作风、提素质、树形象，认真抓好各个环节实践活动，通过发放征求意见表、召开座谈会、深入到基层（司法所、扶贫双到村、软弱涣散基层党组织村）查找存在"四风"问题，真正做到边学边查边改。还深入开展廉政警示教育，提高党员干部职工的廉洁意识，从思想根源上预防腐败。二是提升队伍业务能力和服务水平。组织干部职工到佛山禅城区司法局、新会司法局、揭阳监狱等地进行学习交流；6月，局长黄永响到浙江警官学院参加全国社区矫正培训班，并组织司法行政干部职工进行集体学习，提升队伍业务能力和服务水平。三是加强监督检查。畅通网络、电话等举报投诉渠道，接受广大群众监督和举报，对顶风违纪行为，坚决从严问责、严肃查处，全年该系统无违纪违法现象。3月，华城镇司法所所长戴胜东被评为"第四届广东省人民满意的公务员"；县司法局局长黄永响被评为梅州市"六五"普法中期先进个人；县司法局被评为"梅州市文明单位"。

（廖亚带）

县司法局2014年度负责人名录

局　长：黄永响

副局长：谢炳泉　吕淑萍

周洪杰（12月任）

经济

综 合 管 理

计划管理

【计划编制】 2014年，县发展和改革局根据省、市、县指示精神，结合职能抓好当年度计划编制。认真做好县“十三五”规划编制，起草《五华县“十三五”规划编制工作方案》，完成“十三五”规划的前期研究工作，委托嘉应学院专家组对五华县“十三五”规划的整体编制。在认真分析上年度经济和社会发展计划执行情况及今后发展趋势的基础上，组织调查研究，编制《五华县2014年国民经济和社会发展计划执行情况与2015年计划草案》，报请县委、县政府审定，经县十四届人民代表大会第五次会议审议通过并组织实施。认真配合省、市、县做好《关于进一步加快粤东西北地区发展的决定》《赣闽粤原中央苏区振兴发展规划》及丰华兴梅产业聚集带工作。

【固定资产投资管理】 2014年，县发展和改革局把握国家基本建设投资方向，做好项目筛选上报工作。围绕国家重点投资领域及方向，主要围绕保障性安居工程、农村民生工程、基础设施、社会事业、生态环保、自主创新和产业结构调整等方面收集、储备项目，全年收集、储备项目25项，总投资61亿元。加强和规范重大项目管理，加强宏观指导、项目督促和协调服务工作，确保重大建设项目资金落实、政策落实、责任落实。全年列入省、市重点项目29个，总投资213亿元。全年计划投资28亿元，至年末，完成投资32.2亿元，完成年度投资计划的114%。对重点项目工作，每月进行综合汇总全县项目建设进展情况及月报工作，并形成工作情况汇报；针对存在问题，进行监督、指导，积极协助项目单位解决在项目实施中遇到的问题，使每一个重点项目建设进展顺利。按照国家产业政策和关于做好固定资产管理工作的要求，落实国家宏观调控政策。以推动全县经济社会发展，提高经济总量为目标，做好投资项目的审核、申报、争取、招投标管理等工作。

【争取项目资金】 2014年，根据国家政策导向，趁势推进，畅通渠道，认真抓好项目蓄备，争取交通、教育、卫生、农财、能源等项目的落实。全年筛选出储备项目25项，总投资61亿元。列入省、市重点项目29个，总投资213亿元，年度计划投资28亿元，至年末，完成投资32.2亿元，完成年度投资计划的114%。

【规范和简化办事程序】 2014年，县发改局规范和简化办事程序，提高办事效能。提高准确把握项目申报的针对性、有效性，增强“依法行政、服务经济”意识，创造性开展本职工作，全年依法办理审批、核准项目188个，备案项目38个。所有结办项目实现无投诉、无违法违规现象。完成公车体制改

革的前期调研工作。 （古道文 李文浩）

县发展和改革局2014年度负责人名录

局 长：钟冠寰

副局长：廖建平 李 明 李裕强

计划系统专职副书记：张建勋

工商行政管理

【登记注册管理】 2014年，五华县工商局深入推进以“先照后证”为主要内容的商事登记改革，实行注册资本认缴登记制，取消设立公司最低资本限额，改企业年检为年报制度。至年末，全县市场主体有27586户，对比上年增长20%。其中新登记各类企业461户，从业人员9397人、注册资金15.5亿元，累计各类企业有2463户，从业人员42997人，注册资金累计74.09亿元，分别对比上年增长93%、228%、266%。新登记个体工商户3362户，从业人员4531人，资金数额1.52亿元,累计个体工商户总户数24336户，从业人员29842人，资金累计5.79亿元，分别对比上年增长12%、22%、86%。新登记农民专业合作社104户，成员总数1858个，投资总额21792万元，农民专业合作社累计有622户，成员总数8859个，投资总额8.4亿元，分别对比上年增长6%、52%、3%。

【查处各类违法违章经济案件】 2014年，五华县工商系统查处各类违法违章案件671宗，结案671宗，涉案货值200多万元，罚没入库175万元。查获的主要物资有爆竹230箱，货值3.55万元；不合格肥料1吨，货值4.19万元；柴油6吨，货值5.25万元；汽车配件460件，货值1.72万元；五金交电、电动工具等800件，货值1.04万元。

【开展查处取缔无照经营和强化企业安全生产】 2014年，五华县工商系统查处取缔无照经营案件345宗，罚款75.62万元。特别加大高危行业领域监管执法力度，查处烟花爆竹经营户20户，罚款3万元；取缔非法加油站5个，罚款1万元；查处无照从事娱乐场所经营20户，罚款3万元；查处无照从事非煤矿山经营30户，罚款9万元。“查无”和安全监管工作取得较大成效。

2014年11月，市纪委书记胡钛到县工商局检查党风廉政建设工作

【食品市场专项整治行动】 2014年4月10日,县工商局与县食品药品监督管理局举行食品流通环节监管职能交接仪式,双方签署《职能交接转移书》。至此，县工商局承担的食品流通领域监管职能正式移交给县食药局。此前，县工商局针对农村食品市场、乳制品市场、流通环节违法添加食用物质和滥用食品添加剂、问题大米、重点食品品种和

2014年3月15日，县工商局举办消费宣传活动，局长傅培强带队现场接受消费者的咨询和投诉

重点区域重点场所食品经营以及季节性、节日性食品市场等开展专项整治行动，1—5月，查处食品安全案件132宗，涉案货值13.88万元，罚款33.64万元。

【维护消费者权益】 2014年，县工商部门深入开展“3·15”国际消费者权益日纪念活动，悬挂“新消法新权益新责任”横幅36条、张贴标语134张，遍及县城和各乡镇主要街道。利用五华红盾网加强消法宣传，选择消费者关心的热点、难点问题制作成电视新闻节目在五华电视台播放。五华县消委会、“12315”投诉举报中心办公室接受消费者投诉案件16宗，解决16宗，解决率100%，处理和答复“12345”转办案件78宗，为消费者挽回经济损失17.3万元。

（卢乃彪　陈冬连）

县工商局2014年度负责人名录

局　长： 傅培强

副局长： 魏洪群　江辉林

李志中（1月任）

国土资源管理

【建设用地报批】 2014年，县国土资源局整理上报农地转用及征地报批11个批次（包含单独选址兴华高速公路项目1个，面积566.1公顷），面积710公顷，用地项目涉及兴华高速公路、香雪制药、人民公园项目、工业园和政府储备土地等重点工程建设项目用地。全年收取土地出让金3.30亿元，其中：出让储备土地收取土地出让金2.68亿元，土地补办出让收入2382.3万元，“三旧”改造项目收入3819.5万元。县征地和土地储备中心收储土地40宗，面积69.7公顷。

【用地预审和规划修改】 2014年，县国土资源局完成交通、教育等部门用地预审和选址意见项目31宗。长乐大桥项目、35千伏岐岭输变电工程、110千伏狮潭（周江）输变电工程、河东镇礤新村村村通自来水工程项目、梅州市梅江区低丘缓坡荒滩土地综合开发试点项目、五华县清闲农业公司油茶生产基地开发项目等占用多划基本农田方案和涉及“土规”修改取得省国土资源厅批复并备案通过。梅州抽水蓄能电站占用多划基本农田方案于6月20日经省厅批复并备案通过。

【“三旧”改造】 2014年，全县新增“三旧”改造项目2个和正在实施改造的项目3个。新增2个“三旧”改造项目属长安实业发展有限公司和富胜五金旧厂房改造项目，面积5.5公顷，用途为商业住宅。正在实施改造的3个项目、面积15.5公顷，总投资达6.5亿元，全年累计投入资金0.81亿元。

【耕地保护】 2014年年末，全县耕地面积4.23万公顷，其中基本农田面积3.67万公顷，耕地保护责任目标得到较好落实，市对县耕地保护责任目标履行情况考核连续多年排在全市的前列。

【矿产资源监管】 2014年，县国土资源局坚持打击非法采矿行为“一要坚决，二要坚持”和“镇级政府为行动实施主体，县政府有关部门督促指导”原则，充分发挥各级政府、各职能部门作用，采取措施,落实责任，积极开展“安全生产月”“安全生产大检查”“八打八治”“黏土砖厂整治规范”等专项行动，对非法采矿行为始终保持巡查、监控、打击高压态势，进行从严从重打击和铁腕整治，非法开采矿产资源的行为得到遏制，持证矿山得到进一步规范。全年投入资金50多万元，开展对“三区二线”和岐岭麻竹坑废弃石场的复绿，复绿总面积达5.50万平方米。

【地质灾害防治】 2014年，县国土资源局充分利用电视、广播、网站、报纸等新闻媒体或开展地质灾害应急演练和“地质灾害防治知识宣传培训进万家”“地质灾害防治知识宣传培训进校园”宣传活动等形式，进一步完善《五华县地质灾害防治知识宣传手册》、“两卡”的发放和预警平台数据库的数据更新工作，最大限度减少地质灾害给人民群众生命财产造成损失。加大地质灾害的治理力度，向上级争取的质灾害治理资金1000多万元，用于龙村登畲中学、棉洋平安老虎岩、长布镇梅塘村、华西中学、龙村黄洞小学、华城高塘和潭下南华村的地质灾害点的治理工作。

【高标准基本农田建设】 2014年实施的2013年度的河东、双华、郭田三个镇31个村，1400公顷的高标准基本农田建设各项任务顺利完成，走在全市的前列。

【信访维稳】 2014年，县国土资源局妥善处理涉土涉矿信访案件276宗（其中：来信195宗、电话举报43宗、接待来访38批90人）和土地纠纷案件12宗，有效维护经济社会稳定。

【扶贫双到】 2014年，县国土资源局围绕省委、省政府新一轮扶贫开发“规划到户、责任到人”工作部署，累计筹措80万元资金用于周江镇利河村村委大楼装修、老人活动中心、交通水利设施、村道、学校篮球场和扶持贫困户等民生项目，村风村貌得到明显改观。

【国土资源基础业务】 2014年，县国土资源局积极做好全县土地利用总体规划中期调整准备工作，对全县城乡建设用地规模进行调查摸底，清理出648.3公顷可供调整规模。组织专门力量，对县城工业园的用地情况进行全面摸底调查，为此后用地报批提供可靠依据。严格执行“五个不登记”规定，颁发国有土地使用证935本，其中：初始登记518宗，变更登记417宗；办理押登记23宗；颁发集体土地使用证964本。根据省厅《关于分期分批部署广东省土地登记信息监管系统的通知》要求，安装省级土地登记监管网络系统，并做好土地登记人员培训，对接省土地登记信息监管，按时实现国家、省、市、县的互联互通监管查询。地图数据库建设完成项目立项与招投标工作，作业单位已顺利进行数据生产和应用示范系统、政策机制建设等前期工作，准备召开项目设计专家评审会，并邀请省、市局专家组对项目进行评审。加强干部选拔任用工作，通过竞争上岗，公平公开公正地选拔任用4名基层国土资源所所长和3名局机关及下属事业单位正股长；严格规范干部职工日常行为，对请长假、外出人员进行全面清理，全年有7名干部职工提出辞职申请，并办理辞职手续。改变进人机制，首次向社会公开录用公务员，通过全省公务员考试，录用4名公务员，其中研究生2名，本科生2名；创新干部职工培训方式，改变过去集体学习、集中培训和统一开卷考试的方式，采取各股室负责人编写业务知识培训教材发布在国土资源网站、组织干部职工自学和集中进行闭卷考试方式，干部职工的综合素质得到提升。

（黄胜才）

县国土资源局2014年度负责人名录

局　长：曾清华（1月任）

党组副书记：朱裕华

副局长：邓庆扬　温浪文　钟伟华

执法监察大队大队长、党组成员：叶朝阳

纪检组长、党组成员：张育鑫

县征地和土地储备中心主任、党组成员：张建国

物价管理

【市场物价动态】 2014年，全县居民消费品价格指数控制目标3%以内，实际上涨2.1%；物价变动总特点：物价整体波动平缓。一是主要影响物价走向的农产品价格平稳。一方面，影响物价比较明显的猪肉价格同比呈负增长，年内未显趋势性上升；鲜菜、鲜果、鲜蛋等鲜活农产品价格主要以季节性波动为主，全年物价波动平缓；另一方面，粮食价格总体运行平稳，没有明显波动。二是成品油价格调整19次，其中上调4次，下调15次（11次属于连跌），年内汽油每吨下调2120元，柴油每吨下调2295元，下调均超过30%，降幅为2009年以来之最。三是建材价格持续下跌。钢材每吨市场销售价格从年初的3950元，下降到年底的2900元，钢材价格降到1996年以来新低；500号水泥市场销售价格降到390—400元/吨，成为2011年以来的低位。四是房地产价格稳中略升。商品房价格平稳，铺面房价格升幅较大。五是家电、纺织品、日用百货价格稳中有升。

【物价调控与管理】 2014年，全县围绕物价调控目标和“保稳定、惠民生、促和谐”工作方针,物价调控工作充分发挥价格杠杆作用，采取切实有效措施，保持价格总水平基本稳定。一是加强市场价格监测预警。切实做好粮、油、肉、禽、蛋、液化石油气、成品油等31种重要商品市场价格监测，开展民生商品价格调控、监测、预报、预警。二是加强民生商品价格监管。切实加强成品油、液化石油气、河砂、药品价格和医疗服务价格监管，落实液化石油气价格提价备案制，

切实抓好药品价格“三控”管理政策；维护正常价格秩序，减轻群众负担。三是切实抓好“三项建设”，发挥“稳价惠民”作用。着力抓好价格调节基金的征管和使用，保障“三项建设”资金来源。严格按《价格调节基金征使用项目管理办法》，做好价格调节基金征收、使用和管理；全年征收价格调节基金250万元。按照省委、省政府关于大力推进蔬菜大棚、冷藏设施、平价商店建设决策部署，扎实推进三项建设。全年争取上级三项建设资金300多万元，建成蔬菜大棚生产基地2个、田头冷藏设施1个、应急储备冷藏设施1个、平价商店配送中心1个。有效实现蔬菜生产、冷藏储存和平价商店“产销一体化”对接运营，降低农副产品流通费用，稳定主要农副产品价格。加大“平价商店”监管力度，发挥“平价惠民”作用。全年开展对平价商店督查4次，考核2次，召开创建优秀平价商店经验交流会1次，规范平价商店，提升平价稳价惠民作用。

【收费管理】 一是继续做好“清费、治乱、减负”工作。认真贯彻落实省财政厅、省发展和改革委《关于免征中央、省设立的涉企行政事业性收费省级收入的通知》和省发展和改革委《关于转发国家发展和改革委办公厅关于广东省取消和下放部分定价项目的批复的通知》文件规定，切实做好减负工作，全年按规定取消和免征行政事业性收费项目23项，减轻企业和群众负担600万元。二是规范教育收费管理。按省市《关于暂停部分教育收费项目的通知》精神，切实做好停止收费项目督查，减轻学生家长负担；规范幼儿教育收费，根据《广东省幼儿教育收费管理规定》，结合全县实际情况，制定并下发《五华县幼儿教育收费管理规定》，规范全县幼儿教育收费；开展教育收费督查，在春季、秋季开学收费期间，会同县教育、县纠风部门开展教育收费巡查。三是加强收费年审和“收费许可证”管理。会同财政、审计部门开展行政事业性收费综合年审，及时发现和纠正行政事业性收费和财务管理中存在问题，规范收费行为和财务管理。加强“收费许可证”核发、换发和年审管理，确保持证收费、亮证收费，提高收费透明度。

【物价监督检查】 一是抓好专项检查。重点开展涉企收费、民爆器材价格、教育收费等专项检查；配合上级开展住建收费、环保收费、汽车安全性能检测收费专项检查，有效维护市场价格秩序和规范收费行为。全年查处价格违法案件3宗，没收违法所得79.13万元，罚款5万元，罚没上缴财政84.13万元；清退还企业和消费者5.38万元。二是加强市场巡查。切实加强春节、元旦、国庆、“五一”、中秋、清明等节日期间市场物价巡查，加强应节商品和主要食品价格、汽车客运票价和旅游景点门票价格检查，维护好节日期间市场物价秩序，确保节日物价稳定。三是开展河砂价格整治。根据省政府批示精神和县委、县政府工作部署，自7月始，开展河砂专项整治，重点整治河砂经营标价不规范、定价不合理、操纵和垄断河砂价格行为；对全县31个河砂经营场点进行告诫，预防串通操纵河砂价格。有效规范河砂价格行为，降低河砂销售价格。至12月，每立方米河砂销售价格从整治前的55–75元降到50–65元，下降10%–15%。四是积极稳妥受理和处理价格举报投诉。对群众的举报投诉热情接待、热情服务，做到事事有回音、件件有落实。坚持节假日“12358”价格举报投诉电话值班制度，确保价格举报投诉全天候畅通。全年受理价格举报投诉32宗，办理各级转办价格举报投诉15宗，受理价格咨询31宗，畅通民生价格诉求，维护社会稳定。

【价格认证服务】 2014年，县物价部门客观公正开展价格鉴定工作，为公、检、法、司、行政执法机关和政府资产处置提供准确价格依据。全年价格鉴定案件1136宗，价格鉴定金额1.87亿元，其中涉案价格鉴定475宗、政府资产处置575宗、金融部门抵押贷款86宗。

【成立价格协会】 2014年5月，成立“五华县价格协会”筹备工作组，着力协会筹建、报批审定；7月16日，“五华县价格协会”批准成立；7月22日，召开首届价格协会会员代表大会，大会通过《五华县价格协会章程》《五华县价格协会财务管理制度》，选举产生首届价格协会理事、秘书长、副会长、会长。价格协会成立得到省、市价格主管部门充分肯定，对促进全县价格工作起到积极作用。（朱国标）

县物价局2014年度负责人名录

局　长：朱建芳

副局长：温钦想　赖爱云　汤汉高

审　计

【概况】 2014年，五华县审计局有干部、职工18人，内设有人秘股、财政金融审计股、行政事业审计股、经济责任审计股、经贸审计股、固定资产投资审计股，下设事业单位绩效审计所。全年完成审计项目44个，完成年度审计计划任务的209%，查出主要问题金额5879万元,其中：违规金额219万元（处理上缴财政189万元），管理不规范金额5659万元。被《广东审计》、市审计局网站、《五华政报》《五华宣传》和县财税系统党工委网站采用信息简报16篇。

【预算执行审计】 2014年，县审计局对2013年度县本级预算执行和其他财政收支情况、县地方税务局2013年度税收征管情况和2013年度契税征管情况、县教育局2013年度教育经费收支情况等进行审计。经审计发现主要问题有：县财政局有3个财政专户资金的利息收入115.41万元，未按规定缴入国库，纳入预算管理；县地方税务局在税收征管工作中存在部分企业和个人漏缴税款30.77万元。并对县财政局、县地方税务局、县教育局其他存在问题提出相关审计建议。

【经济责任审计】 2014年，县审计局对25个单位党政领导干部及事业单位主要负责人26人进行经济责任审计（其中：离任审计22人，任中审计4人），查出主要问题金额206万元，其中处理上缴财政42万元。提交审计报告和审计结果报告50篇，提出审计建议40条，被采纳40条。

【民生资金审计】 2014年，县审计局审计署定项目1个：五华县2013年各类城镇保障性安居工程（包括廉租住房、公共租赁住房、经济适用住房）的投资、建设、分配、运营等情况和五华县中小学校舍安全工程。审计省定项目2个：五华县2012—2013年度体育彩票公益金管理使用情况、五华县2012年度、2013年度福利彩票公益金管理使用情况。还组织人员对五华县2011年1月—2014年4月防空地下室易地建设费征收管理使用情况、五华县2012年度龙村镇高标准基本农田建设项目资金、五华县2012年度华城镇高标准基本农田建设项目资金、五华县2012年度转水镇高标准基本农田建设项目资金、五华县农业综合开发益塘水库中型灌区节水配套改造工程竣工决算、2013年广东省梅州市五华县1.2万头猪苗繁殖基地扩建项目资金、五华县2011—2012年度县级基本农田保护示范区建设项目资金、2012年东方红水库生态农业示范区建设项目省级补助资金、五华县2013年度社会保险七项基金收支管理情况等进行审计，对民生资金管理及使用中存在的问题提出相关审计建议。

【县属国有企业审计】 2014年，县审计局对县种子公司转制、县自来水总公司资产、负债、损益情况进行审计。将审计结果如实出具审计报告，为县委、县政府解决企业转制及其他问题提供决策依据。

【审计调查】 2014年，县审计局按照县政府主要领导要求，分成4个审计组，对全县16个镇2012—2013年度的计划生育社会抚养费征收使用情况进行专项审计调查。对调查中发现的管理不规范等问题向县政府作专题审计调查报告，并提出相关审计建议。

【党的群众路线教育实践活动】 2014年，县审计局按照上级的统一部署，围绕“照镜子、正衣冠、洗洗澡、治治病”总要求，通过“学习教育、听取意见；查摆问题、开展批评；整改落实、建章立制”三个阶段教育实践活动，查摆出“四风”方面存在的突出问题15条，对存在问题实质、根源和危害进行深刻剖析，并提出努力方向和改进措施,并建立长效机制，重新完善制订内部管理制度12项。（曾桂芳　张番卡）

县审计局2014年度负责人名录

局　长： 田爱平

副局长： 邹尚文　陈朝霞
曾海强　魏松才

总审计师： 江琼新

质量技术监督

【机构设置】 2014年，五华县质量技术监督局设办公室、法规股、质量股、计量股、标准化股、特种设备安全监察股六个行政股室，直属行政执法单位五华县质量技术监督稽查队、事业单位五华县质量技术监督检测所。4月，县质监局与县食品药品监督管理局签订食品职能划转协议，将食品生产加工环节的质量安全监督管理和食品、化妆品的强制检验职责划入县食品药品监督管理局。

【质量监督】 2014年，县质量技术监督部门围绕质量强县工作，宣传贯彻《质量发展纲要》和省市实施意见，制订《五华县质监局贯彻实施质量发展纲要2014年行动计划任务分解表》，推进重点工作目标措施落实；加强名牌产品培育和帮扶，组织广东环兴电力器材有限公司等企业参加省名牌产品评价指南专题讲座培训。实施宏观质量状况分析，对全县产品质量状况进行分析并上报县政府和上级质监部门，为政府宏观经济决策提供依据。强化工业产品生产许可证管理工作，加强对4家获证企业巡查监管，完善企业质量档案。开展质量安全风险排查整治工作，在“六一”期间，集中对目录内玩具产品进行全面监管和排查，发现问题及时整改。切实做好工业类产品监督抽查后处理工作，全年市级监督抽查14批次，合格14批次，合格率100%。开展全县工业企业普查建档工作，全县有工业企业83家，其中成品企业51家、半成品23家、在建企业9家。着力加强质量安全宣传工作，深入企业、机关、社区、乡村和学校普及质量工作方针、政策、法律法规，宣讲教授辨假识假知识，落实企业质量主体责任，提升全社会质量安全意识。

【食品安全监管】 2014年，县质量技术监督部门履行食品安全监管职责，做好食品安全日常监管工作，加强对全县白酒生产企业监管，对全县获证白酒生产企业和小作坊进行专项监督检查。出动检查人员72人次，检查白酒获证企业7家，小作坊11家，建立档案18份，抽取样品13批次。

【标准化工作】 2014年，县质量技术监督部门树立服务企业理念，推动企业采用国际标准和国外先进标准，完成广东辉胜达电器股份有限公司等4家企业采标工作；协助3家企业申请2014年梅州市实施技术标准战略专项资金。积极开展“标准化良好行为企业”创建工作，协助广东康奇力实业有限公司完成“标准化良好行为企业”AAAA复审工作。做好标签标识审查及标准备案登记服务工作，完成梅州市诺华实业有限公司1个企业标准备案，帮助6家企业进行标准登记，免费为3家企业产品提供标签审查服务。做好组织机构代码、商品条码的日常服务和数字证书的宣传工作，协助3家企业新办商品条码、3家企业申请恢复原码的申请，为18家企业办理商品条码续展工作；全年代码新办792套，变更423套，年检1925套，换证496套，废置61套，扫描代码数据2010份，全库电子建档率100%。本年，代码办证服务窗口和工作人员多次被县行政服务中心评为双月“文明窗口”和“服务之星”。

【计量监督管理】 2014年，县质量技术监督部门推动企业建立和完善计量体系，组织对食品生产企业、酒楼宾馆、超市、集贸市场、加油站、机动车安检机构、液化石油气气库及气瓶经销门店等进行计量监督检查，规范企业计量管理行为。开展“诚信计量公约”活动，引导企业实现诚信计量自我承诺并向社会公示，推进诚信计量工作。在集贸市场、超市、医院张贴宣传画250份，接受咨询150多人次，制作宣传栏1个。为企业开展能源计量技术服务，帮助企业提高计量管理水平，促进节能减排，发展绿色经济。做好计量保证体系确认工作，协助广东康奇力药业有限公司等2家企业二级计量保证体系和广东鑫华铁塔制造有限公司等8家企业的三级计量保证体系的材料申报确认验收。检测所发挥公益作用，为县企、事业单位及个体工商户检定、校验1957台（件）计量器具，对16个乡镇集贸市场、卫生院、计生服务站的2169台（件）衡器和医疗卫生计量器具进行免费检定，确保民生计量器具准确度。

【特种设备安全监察】 2014年，县质量技术监督部门加强日常巡查工作，落实安全主体责任，全年出动285人次，检验设备425台（套），发现各类安全隐患26处。加大对人员密集场所、重点监控设备等特种设备事故易发场所检查力度，在节庆期间，重点检查宾馆、超市、游乐设施、气库和天然气管道等单位使用的特种设备进行安全隐患排查，确保节日特种设备运行安全。积极开展特种设备“八打八治”打非治违专项整治行动，发现事故隐患12处，消除隐患12处。积极推进电梯安全监管改革工作，明确电梯使用权者“首负责任”，全县电梯确权率99%，投保率100%。结合动态监管信息，利用短信平台实行设备到期检验前一个月催检，督促使用单位按时报检。积极开展气瓶“两站”专项整治，对全县4家液化石油气库和1家气瓶检验站进行专项整治，报废气瓶6401只。查处电梯维护保养单位3家，罚款4.2万元。

【打假工作】 2014年，县质量技术监督部门围绕保障食品、特种设备和重要消费品为重点，积极开展打击各种制假售假的违法行为。全年出动执法人员602人次，检查生产企业192家，立案11宗，结案11宗，处罚金额6.83万元。县打假办充分利用打击制假售假专项行动办公室平台做好组织协调工作，组织烟草、工商、交通、公安、食品药品监督等职能部门，积极开展各项打假专项行动。全年出动执法人员1.6万多人次，检查生产经销单位1.8万多家次，查处违法案件317宗，涉案货值61.27万元，查获假冒伪劣商品一批,向公安机关移送涉刑案件9宗，抓获犯罪嫌疑人12人，判决12人。

【机关队伍建设】 2014年，县质监局紧紧围绕省、市、县有关加强机关建设部署和要求，努力强化机关建设，以开展政风行风评议活动为契机，结合纪律教育学习月活动，加强干部职工廉洁自律教育，提升工作能力和办事效率。以党的群众路线教育实践活动为动能，认真贯彻中央“转职能、转方式、转作风”要求，落实“八项规定”，坚决反对“四风”。切实加强班子和队伍建设，提升干部职工思想境界，切实转变工作作风。

（钟洪波）

县质量技术监督局2014年度负责人名录

局　长： 古　文

副局长： 刘万群　古盛森

统计管理

【专业统计和调查任务】 2014年，县统计部门着力抓好“企业一套表”联网直报县域统计工作。扎实做好工业、农业、能源、科技、贸易、劳动工资、房地产、建筑业等各项常规统计专业2013年年报和2014年月季度定报数据联网直报采集统计以及投资、服务业、劳动力、人口抽样调查等专业报表和调查数据的收集、审核、录入、汇总和上报工作。多次深入直报企业进行面对面交流等方式，逐步消除实行“企业一套表”联网直报统计改革对全县统计工作带来负面影响。积极开展各项统计调查任务，开展一系列专项调查和常规化调查。如劳动力调查、工业品价格调查、限额以下商业调查、规模以下工业调查、城乡居民住户调查、生猪（调出）大县、畜禽抽样调查等，顺利完成各项调查任务。

【重点统计工作】 一是强化GDP核算。认真完成全县2014年季度GDP核算工作。围绕县委、县政府中心工作，以GDP核算为龙头，根据市统计局对县（市）区GDP季、年报核算工作要求，做好与县财政局、县地税局、辖区银行、通信、邮政等相关基础数据采集部门沟通衔接，及时掌握指标情况，及时发现基础数据中存在的差距和问题，着力提升上报数据质量，力求有效夯实各专业、各部门核算基础数据，确保GDP核算更加真实准确反映全县经济总量。二是做好企业联网直报工作。开展国家联网企业直报工作。对全县70余家规模以上企业纳入国家重点企业联网直报，及时协调解决联网直报工作中问题，坚持计算机审核和人工审核相结合等措施，顺利完成重点企业联网直报工作，确保数据真实有效。

【统计服务】 2014年，县统计部门加强经济运行情况监测和分析。不断完善指标数据汇总分析制度，每月7日前汇总各部门、各专业经济指标预计数据，预报至县委、县政府主要领导。每月15日前，确保及时完成各项主要经济指标数据确认，并对月度经济运行情况进行全面分析，为县委、县政府提供翔实经济资料。同时按时收集、整理、编印和发布《2013年国民经济和社会发展的统计公报》和《五华县统计年鉴》（2013），每月及时编印《五华统计月报》50多份并在全县公布，为全县各级党政领导及社会各界提供翔实统计资料。

【统计法制化建设】 一是积极开展统计执法检查工作。对全县各镇规模以上工业企业、限额以上贸易企业贯彻落实统计法律法规和统计制度、依法加强统计基础建设的情况及企业相关统计数据质量情况进行统计监督检查，检查总体情况良好。二是深化统计法律法规宣传。认真学习《广东省统计系统开展统计职业道德教育活动实施方案》，积极开展《中华人民共和国统计法》宣传活动，采取多种形式、多种渠道，将统计法制教育融入企业一套表等核心统计业务的任务布置、人员培训、数据审核全过程。

【统计信息化建设】 一是强化统计单位名录库管理。根据工商、税务、民政、编办等部门提供的1000余家法人单位资料，逐一进行基本情况登记。利用各专业抽样调查取得的数据加强基本单位名录库日常维护，特别是单位地址、电话的变更，填表人联系电话的补充，注销单位的剔出，主营业务的核实和行业代码的更正，提高名录库的使用效率。二是加强新增企业组织申报工作。充分利用月度新增企业入库申报工作节点，组织各镇深挖潜力，做好各专业新增单位入库申报工作。全年通过审批新增企业5家，其中工业3家、批发零售业2家。三是强化统计信息化服务功能。在五华政务网统计局子站开设“公告”“统计数据”“统计分析”等子栏目为全县各级提供统计信息服务。强化月度、季度、年度统计数据指标、普查和政务公开信息发布。全年统计局子站发布信息20多条；“统计数据”栏目发布信息10条。

【基层统计队伍建设】 一是做好各镇、各部门统计队伍培训指导。定期召开专业培训会，组织各镇相关专业统计人员，以会代训，学习省市统计局关于专业统计的各项知识和技能，提高基层统计人员素质。加强沟通，及时掌握各镇经济运行中存在的问题，帮助相关部门和各镇进行有针对性的分析，解决热点难点问题。二是继续加强对从业人员培训工作。加强对基层统计从业人员的培训工作，提高统计人员的素质，全县有17名统计员报名参加统计从业资格证考试的培训；有50多名统计员报名参加继续教育学习。重点加强对新增企业统计人员业务培训，着力提高统计业务人员专业水平，力求做到应统尽统。每季度抓好局机关工作人员统计专业技术知识和统计法律法规培训。

（古伟良）

县统计局2014年度负责人名录

局　长：何红球

副局长：刘东祝　魏广彝　邓小坚

人口调查队队长：庄旭源

食品药品监督管理

【“四品一械”安全监管】 2014年，五华县食品药品监管局扎实开展“四品一械”（食品、药品、保健食品、化妆品及医疗器械）领域安全监管工作，先后开展医疗器械“五整治”（整治虚假注册申报行为、违规生产行为、非法经营行为、夸大宣传行为、使用无证产品行为）、保健食品打“四非”（非法生产、非法经营、非法添加、非法宣传）等专项整治，强化节假日应节食品以及学校食堂及周边餐饮、食品经营单位食品安全监管，全年出动执法人员3125人次，检查规范食品药品生产经营单位4109间次，发出《责令整改通知书》315份，查扣问题食品、药品等物品149批次，案值4.89万元，立案144宗，罚没款52.7万元，对比上年增长34.8%。

【“四品一械”行政许可及管理】 2014年，五华县食品药品监管局核发“食品流通许可证”276家，变更“食品流通许可证”48家，注销“食品流通许可证”2家；核发“药品经营许可证”12家，换发“药品经营许可证”29家，变更“药品经营许可证”9家，85家通过GSP认证；核发“医疗器械经营许可证”8家，二类医疗器械备案13家；核发“保健食品经营企业卫生许可证”34家，换发“保健食品经营企业卫生许可证”10家，变更“保健食品经营企业卫生许可证”5家；新发“餐饮服务许可证”167家，延续、变更187间；受理培训药学从业人员继续教育856人次，举办药师、驻店药师培训2场，参加人员546人次。

【食品安全综合协调】 2014年4月，五华县食品药品监管局接管食品安全综合协调工作。县食品药品监管局积极履行职责，有效防范各种食品安全事件的发生。一是召开全县食品安全工作会议。4月30日，五华县食品安全工作会议在县党政综合大楼召开。县政府副县长邓秋香出席会议并代表县政府与县直单位、镇府代表签订《五华县食品安全工作责任书》。二是组织各成员部门深入开展“三打两整治”（打击非法销售加工病死猪肉及其制品、打击制售假酒、保健品打“四非”以及开展婴幼儿配方乳粉质量安全和农产品质量安全两项专项整治行动）、“四打击四规范”（严厉打击无证无照行为，规范食品生产经营者的主体资格；严厉打击销售、使用无合法来源食品和原料违法行为，规范食品生产经营者的采购活动；严厉打击生产经营侵权仿冒和“五无”食品违法行为，规范食品包装标签标识管理；严厉打击生产经营“两超一非”等伪劣食品行为，规范食品生产经营过程）等食品安全专项整治，各成员单位出动执法人员1623人次，发放宣传材料5900份，媒体宣传6篇次，开展培训4场次，参训人员423人次，抽样330批次，合格率99.7%；检查企业800多家，严厉打击违法违规经营企业35家，帮助企业规范经营315家。三是妥善处理辖区内各类疑似食物中毒事件。全年调查处理疑似食物中毒事件9宗。例：3月26日，龙村镇洞口村温某宴请亲戚共进午餐，餐后温某两个儿子先后出现头晕、口唇面部发绀等症状，其中一个经抢救无效死亡。针对家属上访情况，县食品药品监督管理局积极跟进，多次召开协调会，积极与省、市、县专家沟通联系，邀请中山大学法医鉴定中心专家组到县进行死因鉴定，事件处置得到家属理解与肯定。

【创卫工作】 2014年，五华县食品药品监督管理局发挥职能，积极谋划推进创卫工作。印制创卫宣传册3500本、创卫倡议书2000份并发放到监管对象、卫生保洁区及包干村民小组群众手中。设置LED显示屏及创卫专栏各1个，发送手机宣传短信860条，悬挂宣传标语63条，发布创卫工作动态信息16篇。联合工商、住建（城管）对县政府广场无证经营的小餐饮经营户、宵夜档、娱乐场所、舞场、违章占道小商品的摊贩等进行整治，对64名业主进行劝说、教育，派发《五华县人民政府通告》、创卫宣传单，做好信息登记，依法取缔县府广场一切违法违规经营户。联合教育、卫生部门进行学校食品安全专项检查。检查学校129间次，有效规范学校公共食堂“餐饮服务许可证”变更、食堂采购索证索票、建立台账记录、留样环节不规范、规范使用预进间、未按规定穿戴工作服帽、口罩等行为问题。落实示范路段创卫工作，对责任路段中医院至限高四米，投入资金20多万元，组织各责任单位及相关部门与各经营户签订《创卫须知》，做好门前“三包”、车辆停放工作，拆除该路段所有违规广告牌、招牌、违规水龙头，清理下水道；协助食品公司对老南华市场靠公路店面墙壁进行整改，同时对车站正对面门店进行统一门面装饰，地面重新铺设地砖、划定摩托停放点，重新改造损坏的花池，示范路经营户得到进一步规范。做好包干村民小组创卫工作。投入资金8万多元，组织召开村民代表座谈会3场，制作宣传栏8块、宣传单3000份、环保袋2000个；组织村民对杂草杂物进行全面清除，对部分老粪坑进行填平处理；帮助村民小组建立垃圾清运、保洁管理长效机制，对村民小组200多米污水沟进行清理、疏通、封盖。

【日常抽验监测】 2014年，县食品药品监督管理局上报药品不良反应报表261例，其中新的严重77例，占报告比例29.5%；上报医疗器械不良事件24例；药品评价性抽验38批次全部合格；合格率100%；药品监督性抽验75批次，24批次不合格，靶向命中率32%；中药饮片抽验6批次，2批次不合格；医疗器械5批次抽验全部合格，合格率100%。

【H7N9禽流感疫情防控】 2014年，五华县食品药品监管局切实落实禽类食品安全监管工作要求，精心部署检查行动。一是高度重视禽类食品安全监管工作。严格按照县政府关于感染H7N9禽流感疫情联防联控工作部署，明确工作任务，采取有效措施，切实加强餐饮服务食品安全监管力度。二是加大监督检查力度，要求相关企业严格执行“1110”（一日一清洁消毒、一周一大扫除、一月一休市、活禽零存栏）制度，同时严查索证索票记录，对辖区内餐饮服务单位购进的禽类食品是否索证索票、进货查验，严禁采购经营检验检疫、检验检疫不合格的禽类制品，严禁使用病死、毒死或者来源不明的禽类产品，坚决杜绝无检验合格证明食品上餐桌。三是规范食品加工制作流程，要求禽类制品必须烧熟煮透、生熟分开。四是加大宣传力度。通过企信通等平台发送禽流感疫情防控知识短信计800多条，提醒企业认真落实禽类安全管理，做好禽类食品安全工作。

【**机构改革**】 2014年4月10日，县食品药品监管局根据《广东省人民政府关于改革完善市县食品药品监督管理体制的指导意见》（粤府〔2013〕85号）精神，全面接管由质监、工商、卫生、经信等部门移交的关于食品生产、流通的监管职能，并承担五华县食品安全委员会办公室具体工作，在原有内设机构基础上增设政策法规股、计划财务股、综合协调股、食品生产流通监管股、药品生产流通监管股等股室。还在全县各镇（除水寨镇外）设立派出机构（水寨镇的食品药品监督管理由稽查分局负责），均为正股级，各派出机构设所长1名、副所长1名。

（邓少荣）

县食品药品监督管理局2014年度负责人名录

局　长：李相明

副局长：曾崇光　张载良　赖俊香

党组成员：曾祥发

建设·环保

城市规划建设

【**县城规划**】 2014年，县住建局按照“重点向南，优化河东，适度向西、向北融调”发展格局，高起点组织并完成县城第三次总体规划修编工作，5月，《县城总体规划（2012—2030）》市政府批准开始实施，有力指导县城建设事业科学有序发展。启动县城中心城区36.6平方公里控制性详细规划，并做出初步方案充实完善。扎实做好县城重点地段、重要板块修建性详细规划，完成县城亲水公园、狮山公园、上坝堤建设等重点项目专项规划设计工作。以市委、市政府规划建设“丰华兴梅产业集聚带”为契机，积极配合产业园区规划建设工作，河东生态工业区启动调查摸底等前期工作。全年累计完成测量面积156.63公顷，规划面积78.92公顷，市政道路设计7.35公里。

【**县城建设**】 2014年，县住建局充分发挥县城项目建设单位主人翁精神，认真落实项目责任制，突出领导带头，落实任务分工，为项目顺利实施提供强有力组织保障。局领导和干部职工经常放弃节假日休息时间，与施工队伍坚守奋战在工地一线，抓进度、保质量、管安全，积极协调征拆、管线、施工、监理、设计等单位（部门），及时解决施工中碰到困难和问题，确保各个建设项目顺利推进。还专门抽调专业技术人员成立重点项目监督组，实行“一周一汇报、半月一督查、一月一分析”监督制度，切实把好重点项目进度关、材料关和签证关，全力保障县委、县政府确定的民生工程和重点项目落到实处，县城重点项目建设顺利快速推进。园新路、建设南路升级改造工程10月中旬建成交付使用；琴江亲水公园二期、水中堤、上坝堤、富强路、狮山公园、县城垃圾无害化填埋场、华园临时市场等7个建设项目均于本年末全部竣工交付使用；长乐大桥、碧桂园二期、县城农贸批发市场有条不紊推进，有效打通县城关键节点，提升县城公共服务水平，增强县城聚集力和辐射带动力，为县城扩容提质注入强大动力。至年末，县城建成区面积14.6平方公里。

【规划管理】 2014年，县住建局不断加大《城乡规划法》《建筑法》《广东省城乡规划条例》等法律法规宣传力度，有效提高全民规划意识和依法建设意识。专门制订印发《五华县城乡规划委员会议事规则实施细节》，坚持“先规划，后建设”原则，严把规划审查、审批关。加大执法巡查督查力度，深入开展房地产开发中擅自变更规划的专项治理工作。强化重点地段规划管控，切实加大对未批先建和不按规划乱搭乱建等违法违章建设查处力度。全年发出通知书350多份，强制停工155户3800平方米，违法违章建设行为得到有效遏制，比上年下降50%。

工程建设管理

【概况】 2014年，全县完成规划报建项目362个，对比上年增长16%；建筑面积46.6万平方米，对比上年减少28.4%；投资5.4亿元，对比上年减少28%（其中公建项目96个，对比上年减少14.3%；建筑面积39.4万平方米，对比上年减少32.3%；投资4.8亿元，对比上年减少22.4%）。施工报建项目75个，对比上年增长19%；建筑面积35.9万平方米，对比上年增加53%；投资6.35亿元，对比上年增加92.4%。施工图审查项目68个，对比上年增加25.9%；建筑面积23.4万平方米，对比上年增加57%；工程造价4.03亿元，对比上年增长67.9%。工程档案预验收项目13个，对比上年减少53.6%。竣工验收备案项目37个，对比上年减少15.9%；建筑面积22.32万平方米，对比上年增加50.8%；造价1.96亿元，对比上年增加63.3%。

【建筑市场】 2014年，县建设工程交易中心加强工程招投标监督管理，制定《进一步加强房屋建筑和市政基础设施工程招投标管理的通知》和《加强有形建筑市场管理暂行办法》等招投标制度，完善高额工程保函制度，逐步推行评标基准抽值法，大力规范招投标市场行为，简化设计招标前置、备案审批，促进工程招投标公平、公正、公开。全年受理进场交易项目82项，中标金额约5.82亿元（其中，公开招标74项，中标金额约5.78亿元；邀请招标8项，中标金额380万元），应进场交易率、招标率和公开招标率均100%。

【建筑质量和安全】 2014年，县住建局认真贯彻执行市、县关于安全生产责任制考核工作要求和相关文件精神，牢固树立“一岗双责”和“管行业必须管安全”责任意识，扎实开展“安全生产月”“质量月”和重大节假日工程质量安全生产检查活动，经常对县内在建工程进行不打招呼安全生产大检查，组织对在建工地的深基坑、脚手架、施工临时用电等易发多发重大危险源进行深入排查，对发现存有事故隐患的要求立即停工整改，整改不达标的不予开工建设，实现全县工程建设领域安全生产“零事故”。全年，组织开展各类施工安全生产检查10多次，出动检查人员130多人次，检查项目占在建项目的90%以上。鼓励和引导建筑施工企业积极参与创优活动。全年创市“双优”工地1个，通过省、市“双优”样板工地初评各1个。其中，天悦公司承建的鸿云小学教学楼工程评为市“双优”样板工地；一建公司承建的建裕大厦工程通过市“双优”样板工地复评和省“双优”样板工地初评；天翔公司承建的东苑新城通过市“双优”样板工地初评。

【工程计价管理】 2014年，县造价管理部门加强市场调研，及时准确发布主要材料工地信息价格，认真实施工程量清单计价，工程计价更加合理。全年完成竣工项目造价审核4个，送审造价1975.74万元，核减造价226.82万元，核减率11.48%。

【勘察设计市场】 2014年，勘察设计单位努力提高设计人员业务技能和综合素质，严格执行法定基建程序，严格施工图审查把关，着重加大对建筑节能和加层建筑审查力度。创新设计理念，提高设计水平，强化各项管理，切实提高勘察设计质量水平，努力寻求新业务，确保稳步发展。全年完成建筑设计项目49个，建筑面积16.44万平方米。

村镇建设

【村镇规划编制力度加大】 2014年，县住建局按照县委、县政府关于创建“和谐美丽镇村”工作部署，结合名镇名村示范村建设要求，不断加大人力、物力投入，加强镇村技术业务指导，有力促进新农村建设长效发展。基本完成全县16个圩镇总体规划修编工作；完成河东镇赛洞村等395个村庄整治规划，占全县村庄总数96%。积极协助做好潭下等镇38家信用社和32所“教育创强”学校规划测绘工作，并逐步加强圩镇规划区范围内的建筑工程监督管理。

【村容镇貌不断改善】 2014年，县住建局按照“和谐美丽镇村”创建暨“洁净家园”大行动工作部署，积极牵头协调县直相关部门深入全县各镇村开展城乡环境综合整治，发现问题及时纠正，有效消除镇村环境“脏、乱、差”现象，提升全县城乡面貌。全年投入资金1.396亿元，创建示范点333个，建成垃圾填埋场23个、垃圾转运站14个、垃圾池1912个，清理垃圾17.85万吨、余泥渣土5.7万吨，安装路灯19054盏，建成绿化廊道309.5公里，新增绿地面积36.97万平方米，建成休闲广场11.9万平方米。按照城乡生活垃圾治理“一镇一站，一村一点”要求，组织指导各镇村完成垃圾点选址建设及验收。全县各镇村建成垃圾中转站16个、密闭式垃圾收集点412个、敞开式垃圾收集点2000多个，并全部投入使用。

建筑业

【企业资质】 至2014年年末，全县有建筑施工企业60家（含县外驻华施工企业），其中：一级10家，二级19家，三级31家。

【业务实绩】 2014年，以县一建、二建公司为龙头建筑施工企业，坚持以质兴业，进一步增强和发挥品牌优势，大力拓展对外业务，驻外业务发展态势良好，全年完成建筑安装总产值10多亿元，创税6000多万元，成为本县建筑经济一大亮点。其他施工企业均保持稳步发展态势。

市政公用事业

【燃气市场】 至2014年年末，全县有燃气企业5家，总储气能力800立方米，钢瓶检测站1个，持证经营销售点53个，其中县城36个，全县平均日销售13.5吨。

2014年，县住建局高度重视并大力支持燃气业发展，认真配合中燃公司做好县城煤气管道建设，完成县城主要地段管道铺设和部分住宅小区入户安装工作。同时，狠抓燃气安全管理，积极配合技监、消防等相关部门开展燃气安全生产大检查，确保全县燃气市场安全运行。

【县城公共服务】 一是深化公共事业管理职能。按照县要求，精心组织指导县公共事业服务中心全面完成机构组建工作，确保城监、环卫、园林等部门职能、队伍和装备等按要求及时整合到位，实现“人心不散、队伍不乱、工作不断，干劲不减”良好局面，有力提高城市管理水平。二是积极探索城市管理新路子。县城环境卫生清扫保洁面积202万平方米,纳入保洁约102万平方米。县城部分地段（71万平方米)的清扫保洁实行市场化管理，通过招投标方式承包给广州侨银公司。三是加大公共服务设施建设力度。完成县城生活垃圾无害化处理场升级改造工程。建成河东三角地和华园市场侧2个“三位一体”，其他7个“三位一体”进入施工建设阶段。加快农贸市场新建和改造工作，华园市场建成并投入使用，大坝、河东、前进、华裕和新华市场等6个市场正在建设和改造中。四是大力实施县城美化亮化绿化工程。深入开展市容环境综合整治大行动，进一步规范县城车辆乱停乱放、沿街门店乱摆乱卖、垃圾乱堆乱放和车辆运载撒漏等不良行为。认真组织实施“两江四堤”、亲水公园、狮山公园等地段灯光亮化工程，提升县城夜景效果。

（陈绍师　李宋文）

县住建局2014年度负责人名录

局　长：周铁伟

副局长：邓菊香　严彩忠　戴俊贤

系统党工委副书记：罗远辉

纪检组长：黄伟靖

总工程师：李　波

党组成员：邓木星　曾松林

公共事业服务

【**机构设置**】 2014年，五华县政府根据华机编〔2014〕1号《关于印发五华县公共事业服务中心主要职责内设机构和人员编制规定的通知》文件精神，对环卫、城监、园林等资源进行整合、提升服务管理水平，设立五华县公共事业服务中心，并于同年3月正式挂牌成立。该中心承担着县城规划区园林绿化、垃圾处理、环境卫生、排水、城市照明、燃气等市政公用事业的发展战略、中长期规划及城市道路、广场、桥梁、排水、路灯及其他市政设施的维护和管理等职能，属正科级事业单位。内设综合组、公用事业管理组、市政设施管理组、政策法规组等4个组（股级）。中心核定事业编制18名。设主任1名，副主任3名；正、副组长领导职数各4名。中心下设5个公益性事业单位：城镇环境卫生管理所、城市建设管理监察大队、市政园林管理所、路灯管理所、市政工程养护管理所。

【**环境卫生管理**】 2014年，五华县公共事业服务中心在持续做好清理清扫工作的基础上，确保生活垃圾日产日清，精心组织工作人员认真做好市七运会、县第二届美食节及上级领导来县调研期间的卫生保洁工作。积极推进卫生保洁走向市场化，由侨银公司中标。在主街道和示范路安装果皮箱400多套、更换果皮桶75只、新增置240升垃圾桶68只。对县城“牛皮癣”实行专业整治和专业承包，有效遏制“六乱”行为，使县城环卫管理水平显著提高，群众环境卫生意识全面增强。

【**市容市貌管理**】 2014年，五华县公共事业服务中心发挥城监大队和联合执法队的作用，抓好县城市容市貌秩序的管理工作和“六乱”行为的综合整治工作。切实加大占道停放与占道经营的整治力度、加强户外广告专项整治拆除（拆除县城灯箱广告2100多块，已基本拆除完毕，消除潜在的安全隐患）、加强占道堆放及车辆运载洒漏的整治（全年对车辆执罚65车次，罚款2.5万元）、加大“两违”建筑的管理力度等一系列整治工作，发出进店经营、拆除户外灯箱广告等整改通知书3466份，县城面貌明显改善。

【**改善县城交通环境**】 2014年，五华县公共事业服务中心通过加快重点工程建设，不断完善市政基础设施。及时做好路面、人行道修复工作，修复面积6556平方米、更换安装具有“五防”功能（防鼠、防蚊、防蟑、防臭、防堵）的集水井盖1049个、更换水沟盖板268块、新建修复排水沟1674米、新安装路沿石2442米、县城人行道划分摩托车和自行车停放线1.40万平方米。县城田家炳中学、中医院和华伟十字路口交通信号灯改造基本竣工，提升县城交通条件。

【**绿化县城环境**】 2014年，五华县公共事业服务中心加强对县城公共绿化日常维护管理，及时做好绿化苗木的补植更换。全年补植乔木691株、灌木4740株、莳花29600盆、铺植地皮植物4910平方米，有效提高绿化管理效能和服务水平，为市民打造优美绿化环境。

【**县城路灯亮化**】 2014年，五华县公共事业服务中心在县城完成线路改造和安装

LED灯的道路有员瑾堤、澄湖堤、下坝堤、水潭东路、亲水公园一期、工业大道、河东大新街、水梅路、建设南路、园新路等。已完成更换LED灯的道路有水寨大道、水华路、华侨街、前进街、东方街、文化街、水潭西路等。正在进行路灯改造的有上坝堤、水中堤、亲水公园二期、上坝环城路等。通过改造线路和LED灯，提高亮化覆盖率和实现节能减排。

【市场管理】 2014年，县政府新规划建设的华园市场竣工，占地面积960平方米，建筑面积1066平方米，进入试运营阶段。县公共事业服务中心抓紧对前进市场改造施工和做好华裕、新华和大坝市场的改造方案，并协助做好河东市场的立项招投标工作，争取尽快投入使用。并通过不断完善市场建设和明确市场承包人员或管理人员的职责，使市场周边环境得到明显好转，市场管理不断规范化。

【“三位一体”工程建设】 2014年，河东镇三角地“三位一体”环卫设施和限高4米公厕改造建设主体工程已完成，已进入装修阶段。另，河东邮政局围墙侧、县交警大队扣车场侧、县田家炳中学校门围墙侧、县城工业园辉胜达厂对面、长乐戏院侧和县人民医院急诊楼对面等6个“三位一体”环卫设施，已进入施工阶段。人民公园正门侧、三宝云母厂对面、华新中学、工商局背后等4个“三位一体”环卫设施，由于土地权属问题或周边群众阻挠未能解决好，造成暂时无法开工。县重点工程配套建设的4个“三位一体”环卫设施（狮山公园、水潭东农贸市场、上坝堤、下坝湿地公园），按县重点工程同步完成。垃圾无害化处理场于12月22日竣工验收，进入试运行阶段。

【燃气管理】 2014年，五华县公共事业服务中心严格按照《城镇燃气管理条例》等相关法律法规，加强区域内燃气储罐站和销售点的全面排查，消除安全隐患，做到小毛病不过夜，小问题不过日。同时严格要求企业做好安全生产日常管理情况（包括应急体系、预案、制度、隐患排查、应急队伍、重大危险源管理等内容）工作，对设施、生产设备进行定期检查，确保安全生产。全年检查储罐站5个和销售点18个，安全隐患10个，发出《限期整改通知书》5份，整改安全隐患10个。严抓“八打八治”打非治违专项行动。积极打击非法燃气和群众反映强烈的无证燃气供应点，整治燃气管道安全保护范围内存在违规施工、占压管道等重大安全隐患；积极与安监、技监、消防、交通和当地政府部门进行联合执法，突击检查，共同遏制重特大事故的发生，确保燃气行业安全生产稳定发展。全年发出《整改通知书》7份，取缔2户，没收钢瓶88个。

【创卫网格责任化管理】 2014年，五华县公共事业服务中心积极配合县住建局做好网格责任区工作，抽调工作人员成立专项工作小组，深入到责任地段沿街门店和周边小区住户，逐一上门发放宣传单，发放各种宣传单50000多份、悬挂30多条横幅标语等其他宣传资料，动员市民群众做好门前“三包”和“垃圾”不出店、不出小区工作，有效提高市民群众环境卫生意识，形成人人讲卫生、讲文明浓厚氛围。按照县城市容环境网格化管理工作方案相关要求，认真组织实施，层层落实市容环境的主体责任，深入开展县城内乱搭乱建、乱拉乱挂、乱摆乱卖、占道经营、乱堆乱放等违章行为的专项整治。

（陈治文　陈秋辉）

县公共事业服务中心2014年度负责人名录

副主任：曾松林（6月任，主持全面工作）
曾永辉（12月任）
丁金浪（12月任）

房地产业

【概况】 至2014年年末，全县有房地产开发企业45家，其中三级5家、四级21家、暂定19家。

2014年，县住建局按照“尊重历史，完善过去，规范现在”原则，切实加强对房地产企业的指导督促检查，认真争取县委、县政府重视并印发《房地产市场管理暂行办法》及《补充通知》，进一步健全房地产企业准入和清出制度，严肃查处个别无资质开发和变相开发等行为，促进全县房地产开发市场健康发展。同时，大力抓好示范小区开发建设，相继建成碧桂园、御景豪庭、鸿云花园、东方花园，成为县城住宅小区新亮点，不断改善县城居住环境。

（陈绍师　李宋文）

【住房保障建设】 2014年，县房管部门根据市下达本县120套（户）住房保障目标任务，在县经济开发区咸水坜安置区抓好100套公共租赁住房建设；落实资金1.92万元完成20户住房租赁补贴发放，占目标任务100%。

【直管公房管理】 2014年，县房管部门充分发挥“管、收、修”三大职能作用，实行统一管理，统一签订租赁合同，实行成本租金、优惠租金、市场租金标准进行分类管理，做到一户一档，规范收费。全年房租收入230万元。

【房地产权登记发证和建档管理】 2014年，县房管部门按照《房地产权属登记技术规程》，进一步完善与市局对接房地产业务管理信息综合平台，实现商品房网签系统查询、房地产市场统计与分析系统、个人住房信息系统查询等功能，提高产权产籍管理水平。全年办理房地产初始登记发证2393份，面积43.88万平方米；办理房地产抵押登记发证1566份，面积52.7万平方米；办理转移登记1132份，面积15.47万平方米，办理商品房预告登记2114份，面积27万平方米；移交档案2308宗，整理档案3317卷，办理查询出具证明份数7500宗。

【房地产市场监督管理】 2014年，县房管部门抓好房地产市场调控各项政策措施贯彻落实。提请县政府出台《关于进一步规范房地产转让行为的通知》（华府办〔2014〕67号），规范全县房地产转让行为，有效杜绝违规行为发生。全年发放商品房预售许可证16份，预售面积45.6万平方米，预售套数1808套；办理房地产交易1132宗、交易面积15.4万平方米，其中一手房交易851宗、面积11.2万平方米，存量房交易281宗、面积4.2万平方米；完成交易评估327宗，泰正公司完成抵押评估1832宗。同时全力抓好人民公园、水中堤、亲水公园二期等县重点工作建筑物拆迁调查摸底。

【房屋安全管理】 2014年，县房管部门全方位履行房屋安全监管职能。在房屋安全鉴定方面，严格按照房屋安全鉴定标准受理程序和标准，全年出具鉴定报告57宗，面积3.4万平方米；在白蚁防治方面做到文明施工、规范操作，全年完成新建房屋白蚁预防71宗，面积92.7万平方米；在住宅专项维修资金管理方面，积极加强与银信部门沟通协调，出台房管局关于实施《梅州市住宅专项维修资金管理实施细则》通知（华房字〔2014〕12号），制订《五华县住宅专项维修资金工作流程及使用表格》，各项工作稳步推进；在物业管理工作方面，全年发放物业企业资质2份。（温善法）

县房管局2014底负责人名录

局　长：李少基（2月任）

副局长：张乃清　李海昌（12月任）

环境保护

【建设项目环境管理】 2014年，县环保部门按照《环境影响评价法》和《广东省建设项目环境保护管理条例》有关规定，认真履行环保第一审批权职责，坚持发展经济和保护环境并重，严格把关，防止重污染企业进入五华。对已经审批项目，加强建设期监管，坚持执行“三同时”制度落实，把住环保设施竣工验收关，有效控制新污染源产生。全年审批建设项目环境影响评价项目148个，其中环境影响报告书3个、环境影响报告表65个、环境影响登记表80个，总投资134025万元，环保投资20900万元。建设项目竣工验收42家。

【主要污染物总量减排】 2014年，县环保部门根据五华县与市政府签订《“十二五”主要污染物总量减排责任书》，与相关职能部门建立总量减排工作机制，确保减排措施落实到位。淘汰落后产能水泥企业3家（五华县浙新水泥厂、五华县眉山水泥厂、五华县环兴建材水泥有限公司），淘汰产能28万吨，削减二氧化硫350.52吨、氮氧化物70.99吨。

【加强环境执法和信访调处】 2014年，县环保部门组织开展环保专项行动，打击环境违法行为，维护群众环境权益。全年出动执法人员1205人次，检查企业307次，发出《行政执法责令改正通知书》39份，责令限期整改企业18家，立案查处5家违法企业，处罚金额9.2万元。现场检查污染防治设施150次，设施120台套，运转率100%，达标率98%；现场检查建设项目50次，建设项目竣工验收50家，环保“三同时”执行率100%。受理环境污染投诉案件389宗，查处理污染纠纷389宗，调处率100%。

【扎实推进污染防治】 2014年，县环保部门联合畜牧、农业等部门对全县52家规模化禽畜养殖业加强监管，加大工程治理减排，全年对10家规模化养殖畜禽养殖场废水进行治理。对全县持有放射源单位、产生固体废物、危险废物的单位加强监督检查，确保环境安全。严格按照《广东省排污许可证使用管理条例》规定，严把排污许可证的发放和年审关。全年新发放排污许可证28份。增设机动车环保标志发放点1个，发放机动车环保标志14624份。

【环境监测】 2014年，县环境监测站环境监测能力和环境信息能力建设大幅度提升，达到三级站标准化建设要求。环境空气自动监测站运行正常，对县城空气质量实行24小时在线监测，城区环境空气质量保持优良。认证监测项目有80项。全年获得各类有效监测数据6315个，为全县环境决策和污染治理提供准确、可靠依据。（刘湘源　李京凤）

县环保局2014年度负责人名录

局　长：张伟强

副局长：李锡泉　黄远华　张惠明

党组成员：邱小琼　吴想辉（9月任）

工　业

工业经济概述

【概况】 2014年，县经信局抢抓国家促进原中央苏区县振兴发展和省促进粤东西北地区振兴发展两大政策机遇，紧紧围绕打造“工业新城，长乐之乡”的目标，按照“两新两特两重点”“1+10”文件部署和新型工业化要求，结合“三大抓手”，全力打造“丰华兴梅”产业集聚带，及时掌握主要行业和重点企业运行情况及存在问题，较好完成经信各项工作任务。全年规模以上工业实现总产值50.38亿元，对比上年增长33.40%；实现增加值11.36亿元，对比上年增长27.90%。华阳包装、庆瑞实业、合成纸业、辉骏科技、康和药业、茂达工艺、恒辉工贸等7家企业符合规上企业标准，上报省、市统计部门。全县21家规模以上工业企业中，呈正增长的企业有16家，增长20%以上的有10家。

【发展主导产业】 2014年，县经信局围绕县新型工业化总体目标，抢抓省进一步加快粤东西北地区振兴发展和广州市番禺区对口帮扶机遇，以招商引资为抓手，以工业园区为载体，以项目建设为核心，以构建产业集群，发展壮大制酒、制药、汽车配件、五金机电、工艺品加工、新能源及可再生资源等产业集群为重点，大力发展战略性新兴产业，积极提升传统产业，坚决淘汰落后产能，推进产业转型升级，促进主导产业聚集发展。广东五华经济开发区引进企业70多家，其中投产企业40多家，初步形成以制酒制药、汽车配件、五金机电、工艺品加工、新能源及可再生资源加工利用为主的特色产业群。全力推进广州番禺（五华）产业转移工业园申请享受省产业转移政策园区申报，第二阶段的申报材料完成申报，待省政府研究确定。按照县要求做好扶持奖励规模以上工业企业增资扩产项目的报工作，采取公平、公开、公正原则，集中扶持奖励10家增资扩产、税收新增及新上规模以上的企业270万元。同时，全力支持企业申报中央、省、市、县扶持项目和资金，推动企业在技术改造、技术创新、清洁生产、循环经济、节能减排、战略性新兴产业等关键领域实现突破，鼓励和扶持骨干企业增资扩产。全年协助企业申报各类财政资金扶持项目26个，获得项目资金1249万元。

【企业帮扶活动】 2014年，县经信局牢固树立“服务企业就是服务五华经济社会发展”理念，加快职能转变，优化各项业务管理流程，提高行政效能和服务效率。深化挂钩帮扶。落实各股室挂钩联系重点企业责任制，坚持每月走访企业一次以上，全程服务企业在生产过程中碰到的困难和问题，加强投产企业、在建企业跟进服务。大力实施工业振兴发展三年行动计划，按照“培育一批、做强一批、上市一批”思路，扶持现有企业增资扩产、转型升级和上市。切实加快辉胜达电器、康奇力药业、创盛工贸、富胜五金等骨干企业扩能增效步伐。通过深化政策帮扶，加快全县传统产业转型升级，提高企业的技术改造和自主创新能力，提升新型工业化的发展水平。

【对外贸易】 2014年，县经信局围绕市政府下达给本县的外经贸目标任务，采取强有力措施，加快外经贸发展。一是加强政策扶持。出台五华县促进外经贸工作奖励办法，鼓励企业每进出口1美元奖励0.01—0.03元人民币不等，促进外贸企业做强做大。二是加强宣传，分解指标。完善外经贸产业政策，扎实做好外经贸政策宣讲和业务工作，及时将有关外经贸政策和业务工作传达给企业，分解进出口任务给各企业并帮助企业及时了解政策，提高从业人员业务素质。三是采取措施，加强引导。督促加工贸易企业加大投入，引进先进生产工艺和技术，提高工作效率，降低生产成本，提高竞争力；利用加工贸易电子围网工程建设，方便外经贸、海关和加工贸易企业三方联网，加快实现生产方式转型和技术转型，督促指导加工贸易企业实现由纯贴牌生产向委托设计和自主品牌混合生产方式转变，产品出口所占比重达65%以上。

【循环经济】 2014年，县经信局强化节能监管，动员五华县环兴建材有限公司、五华县水泥厂2家企业实施关停，通过省、市专家组验收合格，全面完成县“十二五”期间淘汰落后产能的任务。7月3日，顺利通过市节能目标责任评价考核组的现场考核，考核等级为合格。积极做好梅州市公路局五华公路水泥厂、五华县棉洋镇桥江联资铸造厂、五华县华城东山造纸厂等3家符合条件的企业申报2014年中央财政关闭小企业补助资金。加强节能宣传，紧紧围绕“携手低碳共建碧水蓝天”主题，指导全县公共机构开展节能宣传周活动，要求县直各单位制定相关的节能宣传周计划，把宣传月的每项工作落实到单位，落实到人。

【生猪屠宰】 2014年，县经信局加强生猪定点屠宰场监督检查，确保出厂肉品合格安全。多次发出文件通知要求各镇生猪办和定点屠宰场加强生猪屠宰进点管理，加大打击私宰生猪窝点的力度。有序推进新建水寨肉联厂工作，积极沟通协调相关部门，完成工程进场前各项筹备工作，制订详细实施方案，分阶段、分责任、跟进工程进度和施工质量。认真做好生猪管理职能移交的相关准备工作。10月15日，生猪屠宰管理职能工作正式移交县畜牧局接管。

【企业安全生产工作】 2014年，县经信局扎实抓好企业安全生产工作。与相关企业签订责任书，完善责任人，落实安全生产责任，建立安全生产检查台账，制订应急预案，推动安全生产各项工作落实，确保全年没有重特大事故发生。抓好每月安全隐患的排查治理上报工作，组织企业开展应急演练工作，组织联合执法加强监管，确保企业生产安全。在重大节日前后和全国安全生产月活动期间，加强成品油市场安全监管，积极参与联合执法，出动90多人次，检查油站82个（次），对各加油站（点）的油品质量和安全生产进行专题检查，加大成品油市场整治力度，严厉打击扰乱成品油市场行为和无证照经营行为，确保成品油市场的供应和稳定。积极履行民爆经营安全监管职能，每月开展一次以上民爆器材储存经营安全检查行动，做到有登记有汇报。集中开展“清剿火患”战役暨“利剑”行动和民爆行动安全生产专项整治工作和安全标准化管理活动，对兆安民爆五华分公司等发出书面限期整改通知，消除安全隐患。

【“扶贫”双到工作】 2014年，县经信局帮扶安流镇上布村，以“减少贫困、缩小差距、增加收入、构建和谐”为目标，认真做好整村推进任务。在帮扶工作中以局主要领导负总责，分管领导具体抓，扶贫领导小组办公室负责日常工作，相关股室密切配合工作制度，认真谋划积极做好“扶贫”双到工作。先后多次深入到帮扶村了解情况，与镇村干部共同研究并制定切实可行的工作计划，确保帮扶工作任务顺利完成。筹资10多万元对村老年人活动中心进行修缮；筹资2万多元为全村82户贫困户406人全部购买医疗保险；筹集社会帮扶资金25万元，对上布村的农田水利设施和基础设施进行修复。同时，对贫困户在学子女进行奖学助学。与挂点扶贫村就省下拨的50万元专项扶贫资金进行探讨研究，制定详细规划安排，保证资金真正用到刀刃上。

制酒业

2014年，全县酒类生产企业有广东长乐烧酒业股份有限公司、梅州市客联酒业有限公司、五华县客属酒业有限公司、五华县元生堂酒业有限公司、五华县溢群酒业有限公司、梅州市海宴酒业有限公司、广东康奇力药业股份有限公司、梅州市神农酒业有限公司、五华县华东酒厂、堆金积谷酒业有限公司等10家企业。长乐烧酒业推出全新高端产品“南国一品·御品”，以及中低端“52度小南国”和“45度小南国”，全面完善“南国一品”品版系列。公司及产品获得的主要荣誉有：3月，被评定为第二批“广东老字号”企业；5月，在2014中华老字号博览会暨旅游嘉年华会上获得“最佳广东老字号奖”；2013年度广东酒业优秀生产企业，公司总经理曾钧获得2013年度广东酒业优秀企业家；2013年度广东酒类市场畅销品牌（“长乐牌”长乐烧酒）；72%vol高度尊贵、南国一品·尊品、长乐老窖酒·九年窖藏获得2013年度广东酒类市场受消费者欢迎产品六项荣誉。公司冠名赞助“长乐烧·2014ATP中国国际网球挑战赛（广州开发区站）”和“梅州市‘长乐烧’杯第七届运动会”两项大型体育盛会，带动长乐烧品牌形象在整个广东地区的提升。公司在世界杯期间还以特约赞助身份，在《南方日报》世界杯特刊推出世界杯分组赛程表。2014年度长乐烧酒业完成产值1.12亿元，纳税902万元。

制药业

2014年，广东康奇力药业股份有限公司拥有各品种剂型生产及中草药材前处理提取等11条生产线，年初，全剂型一次性通过新版GMP认证。获得国家工商总局颁发的“2012—2013年度国家守合同重信用企业”。2014年，该公司投资8000万元新建客家凉茶饮料生产线，厂房建设完成，机械设备安装完成80%。投资500万元购进6条小袋进中袋自动包装线，提高生产效率。全年公司完成产值5.21亿元，对比上年增长67.90%，上缴税收373万元。还引进香雪制药等一批优质项目。

五金电器制造业

2014年，五金电器制造业主要有辉胜达电器、富胜实业、环兴电力、冠华传导、源瑞电子、仁隆电子、华联电机、联创变压器、中奥实业、辉骏科技、天力通讯、永艺餐具、鸿益实业、杰成通讯等企业，其中规模以上工业企业有辉胜达电器、富胜实业、环兴电力、冠华传导、杰成通讯、源瑞电子、天力通讯、仁隆电子、辉骏科技、鸿益实业、中奥实业等11家。

2014年，辉胜达电器实现产值10.34亿元，对比上年增长35.80%，上缴税金865万元，成为五华县工业史上第一家产值上10亿元以上企业。环兴电力实现产值3.33亿元，对比上年增长21.60%，上缴税金52万元。冠华传导实现产值2.82亿元，对比上年增长309%，上缴税金799万元。富胜实业实现产值1.95亿元，对比上年增长19.20%，上缴税金326万元。仁隆电子实现产值4175万元，对比上年增长77.30%，上缴税金640万元。源瑞电子实现产值2852万元，对比上年增长8.20%，上缴税金26万元。

汽车配件业

2014年，汽车配件行业主要有广东井得电机有限公司、梅州华扬汽车配件有限公司、雄彬汽车电机有限公司等企业。广东井得电机有限公司实现产值1.58亿元，对比上年增长10.30%，上缴税金481万元。梅州华扬汽车配件有限公司实现产值1.01亿元，对比上年增长24.60%，上缴税金135万元。

工艺品制造业

2014年，工艺品制造业主要有洋京塑胶制品、凸版艺彩、学兴工艺、宏浩盟、华福工艺等企业，其中华福工艺于本年起停产。凸版艺彩隶属于全球500强之一的凸版印刷，主要生产玩具类儿童启蒙书籍、立体书籍、特色相簿、精装记事簿等纸类制品，全年实现产值1.43亿元，对比上年增长60.80%；上缴税金774万元，对比上年增长21倍。

再生资源业

2014年，全县大力发展可再生资源回收利用产业，加快建设创盛工贸二期，扩宽创盛工贸等资源综合利用和废品再生利用产业链。公司通过清洁生产审核，荣获五华县中小企业协会副会长单位，公司实现产值6.77亿元，对比上年增长33.4%，纳税547万元。

对外经济贸易

2014年，全县外经贸工作完成情况良好，合同利用、外贸进出口均超额完成市政府下达给县的目标任务。县经信局主要采取如下措施：一是突出重点，加大政策奖励扶持。树立“崇商重企”理念，履行招商引资职责，改善服务态度，提高服务质量，为企业提供优质高效服务，尽心尽力为企业排忧解难。县制定《五华县2014年度促进外经贸转型升级奖励办法》，县财政每年安排专项资金奖励支持企业发展，调动外贸进出口企业的积极性。二是加大力度，积极做好企业的服务工作。做好项目的跟踪和企业后续化服务工作，对每一个项目进行全程跟踪服务，协助解决外商投资企业在出资、验资过程中遇到的困难和问题，力促企业增资扩产，扩大外贸出口总量。三是做好国内外展销会和政策宣传推动工作。积极向上争取更多的广交会等国内大型展会的摊位，认真做好国内展会的组织参展工作，组织永艺餐具制造有限公司参加广交会。做好市场开拓资金政策宣传工作，加大工作推进力度，使企业享受到国家政策，扩大资金支持面。四是推进企业联合年检工作。外商投资企业联合年检工作加强与工商、外管、税务等部门的协调联动，充分利用各种渠道，大力宣传外商投资企业参加联合年检的重要性，发动企业主动及时参加年检，集中精力，加强审查和核对工作，推广网上申报，提高参检企业的业务水平和年检工作质量。及时准确掌握全县外资企业的企业情况，通过网上联合年检的企业40家，完成任务数的100%。全县合同利用外资5186万美元，对比上年减少7.3%，完成年计划的101.69%；实际利用外资1248.70万美元，对比上年减少45.69%，完成年计划的67.49 %；外贸进出口16606.86万美元，比上年增长33.48%，完成年计划的103.79%。

县经信局2013年度负责人名录

局　长：李剑文
副局长：曾晓东　胡伟雄（1月任）
缪伯腾
纪检组长：温颂英（1月任）
党委专职副书记：古永元（3月任）

中小企业

【主要经济指标运行平稳增长】 2014年，全县广大中小微企业克服国内外经济形势下行压力加大因素影响，继续保持良好发展势头。至年末，全县中小微企业有2218家，个体工商户25436户，农民专业合作组织776个。实现企业总产值68.9亿元，对比上年增长18.9%；上缴国家税收5.32亿元，对比上年增长22%；工业产值59.8亿元，对比上年增长23.3%，其中规模以上工业产值46亿元，对比上年增长25%；工业增加值9.8亿元，对比上年增长20%。企业发展态势良好，数量稳中有升，经济运行平稳，质量逐步提高，活力明显增强，各项主要经济指标对比上年保持两位数增长，成为五华绿色经济崛起生力军和主力军。

【突显服务职能，引领企业发展】 2014年，县中小企业局面对企业碰到国际经济危机，国内实体经济下行压力加大背景下，持续深入开展“暖企”服务活动。积极贯彻落实好国家和省、市、县扶持中小微企业发展政策措施，引导企业切实用足用活相关扶持政策，力促企业通过自主创新、转型升级、股份制改造、更新管理机制来摆脱面临各种困难和问题。一是成功举办政银担企融资对接暨扶持中小微企业政策宣讲活动。县中小企业局与五华县信用合作联社，签订整体授信贷款50亿元支持中小微企业发展的战略合作框架协议，有14家企业与各金融机构签订2.63亿元融资协议。二是做好与金融机构沟通协调工作及企业资金需求情况调查，搭建政银担企融资对接平台。采取灵活多样措施，积极开展银企对接活动，着力缓解中小微企业资金链断裂困惑，帮助企业解决融资难题。引导企业创造条件、改善环境和主动衔接，筛选发展前景好的优势项目企业向金融机构推荐并获得贷款支持的中小微企业有121家，发放贷款金额19.94亿元，有效缓解中小微企业贷款难题，促进银行信贷业务的快速发展和经营效益的稳步提高。三是扎实开展暖企活动。认真贯彻落实工业和信息化部《关于开展2014年扶助小微企业专项行动的通知》（工信部企业〔2014〕105号）、省中小企业局《关于扶助小微企业重点活动工作方案》（粤中小企〔2013〕6号）精神，成功举办广东省中小企业服务联盟（广东省小微企业服务机构联合会）走进五华——中小微企业现代化管理暨市场开拓培训活动等，全面提升中小微企业现代化管理水平和市场开拓能力。四是中小企业综合服务能力建设得到增强。完成中小企业综合“窗口”服务平台和“电子商务平台”项目建设升级改造，服务中心被国家认定为中小企业综合“窗口”服务平台、省认定为“中小企业综合服务示范平台”。为广大企业“技术创新、信息发布、政策咨询、宣传推介、产品展示、网上交易”等提供便捷优质服务，切实帮助企业解决在发展中存在的困难和问题，推动全县中小微企业不断增强自主创新能力，优化产品结构，加快转型升级步伐，促进企业又好又快发展发挥积极促进作用。重视现代营销理念和发展电子商务的宣传推广，引导企业转变观念，拓展销售渠道，创建中小企业电子商务交易平台——五华怡购网，搭台把客家名优特产和五金机电、汽车配件等产品搬上网。至年末，申请上线企业25家，上架产品250多个规格品种，发布产品信息500多条，市场拓展促销活动6场（次），微博、微信转发10万条（次）、客户阅读数20多万次，店铺点击流量10多万次；形成在线交易1000多批/件（次），实现线上交易额30多万元，消费者通过平台与企业线下沟通协调形成交易20多笔、350多万元。店铺有效评价800多条、信誉等级超“二钻”，店铺动态评分4.9分，描述、服务、物流三项评价指标，与同行相比平均值高于71.25%。5—6月、9—10月，还被淘宝网评选为“金牌”卖家。五是会同行业协会联合编印中央和省、市、县《扶持中小微企业发展政策措施》选篇300本，并充分运用优惠政策措施，协助全县中小微企业争取更多项目、更大资金扶持。1—11月，组织申报项目28个，争取国家和省、市专项资金扶持650多万元。六是充分发挥中小企业服务中心综合服务功能主体作用，加强与省、市服务中心及其他县（市、区）服务平台的合作和五华县五金制品行业协会、五华县中小企业协会、县内省级创新产业化示范基地等服务机构的联系、沟通协调，整合现有中小企业社会化服务体系这一资源，提升服务能力和服务水平，不断拓展服务领域，发挥其应有功能作用。七是建立信息库。与8家公共服务机构和社会化专业服务单位、社团组织签订合作共建“中小企业服务体系”战略框架协议，与61多家社会化服务机构（企事业单位）建立紧密合作机制，构建包括分行业、分区域，以及企业名称、工商注册号、法人代表、联系人、联系电话、主营及兼营业务、注册资本、企业住址等为主要内容的2095家中小微企业和98名专业技术人员基本信息库、技术支持系统、市场开拓服务系统。八是搭建产品“外销”平台。把帮助企业参加国内展会、博览会作为支持企业拓展营销的重要途径，为企业产品更加便捷地进入国内市场竞争创造有利条件。积极引导和组织企业及产品参加中博会、广交会等多种形式的展销博览活动，拓展销售市场空间，延伸“客家制造”品牌辐射力。

【发挥桥梁纽带作用，引导企业开展科技创新】 2014年，县中小企业局以科技创新为先导，引导企业加大资金投入，不断开展科技创新，助力企业节能增效，增强转型升级能力，推动发展。如协助广东辉胜达电器股份有限公司开展技术创新，自主研发“全自动拉网机”。全自动拉网机投入使用后，在镀锌板拉网过程中既可提高生产效率50%以上，又做到无废料和粉尘的产生，实现循环利用，达到环保、节能增效的目的。引导广东富胜五金实业有限公司，抓住中国TCL、创维、康佳等大型企业集团大举进军非洲国家抢占电视机市场机遇，计划投入3000万元资金，兴建标准化厂房三栋、引进“电视机后盖”全自动一次性冲压成型先进设备。项目建成投产后，可使电视机后盖产量实现翻两番，年新增产值5000多万元，新增税利600万元。引导五华县宏发机电设备有限公司，投资300多万元，实施“年新增汽车发电机、起动机零部（配）件5万件/套技改”项目，年新增产值500万元以上，新增税利100多万元，新增就业20人。通过牵线搭桥，引导企业与有关大专院校、科研单位等开展交流合作，实现产学研相结合，在原建成企业研发中心（技术中心）等“一标准二中心三基地”证书与牌匾基础上，协助长乐烧成功申报省“米香型白酒和果酒系列产品创新产业化基地”认定；辉胜达电器、创盛工贸分别被认定为“广东省重点创新帮扶高成长性中小企业（民营企业）”。

【突出抓好政治理论学习，实现机关作风转变】 一是扎实开展党的群众路线教育实践活动及纪律教育学习月活动。采取集中学习与自学相结合、交流座谈、专题学习会等形式，先后组织30次集体集中学习、24场专题座谈会、发出100多份问卷调查及征求意见函、8次前往联系点开展联系活动，达到听取意见“全方位”。通过“坐下谈、上门听、面对面”征求到意见37条，查摆剖析查找出14个“四风”突出问题，班子成员之间、班子成员与分管部门负责人、部门负责人之间和个别干部约谈等谈心交心活动22场次。梳理制订出本单位3项专项整治任务的实施方案和完善修订17项制度计划目标内容。圆满完成党的群众路线教育实践活动三个阶段的学习目标，达到预期效果，有效地促进机关作风转变。二是完善制度化管理。按照“为企业服务”宗旨制定各项规章制度，规范各项业务流程，确保服务平台符合自身发展要求和市场发展规律的框架下良性运行。先后制定服务承诺制度、平台运作模式和服务流程、人力资源管理制度、项目实施管理制度、专项资金管理制度、办事制度、信息宣传工作制度、考勤制度、信息发布管理办法、档案管理制度、企业走访制度等一系列制度措施，保证平台科学运作。三是强化岗位职责。完善干部职工岗位责任制，将履行岗位职责情况作为年度考核奖惩的主要依据。推行一人多岗、一专多能，分工不分家，进一步强化全局上下责任意识，改进工作作风，形成工作合力，提升服务质量。

【全面完成县委、县政府部署工作】 2014年，县中小企业局增强安全意识，助力安全生产。认真履行县安委会成员单位的工作职责，广泛开展安全生产教育，引导企业认真贯彻落实《安全生产法》，树立安全生产、科学运营的理念，落实安全生产管理措施和安全生产责任制，引导企业建立健全安全生产制度，签订责任书，层层落实安全生产责任。加强对重点区域、重点岗位、重点工种的全面检查、排查，确保监管企业安全生产“零事故”；落实抓好“创卫”及扶贫挂钩工作。按照县委、县政府工作要求，重视落实抓好局机关的创卫工作任务，认真研究制订创卫工作措施及实施细则方案，成立以局主要负责人为组长的创卫工作领导小组及其办公室，认真落实开展创卫卫生责任区域常态化管理工作。投入近2万元创卫资金，协助水寨镇上坝村整治环境卫生和东方街乱拉乱搭、广告牌、脏乱差等现象，制作创卫工作宣传广告牌4块，印发创卫宣传资料100多份等。切实抓好扶贫挂钩双到工作开展；牵头组织有关部门，按要求完成县政府交办拟出台《五华县扶持实体经济发展的若干政策措施》（征求意见稿）、《五华县关于加快发展电子商务的实施方案》（征求意见稿）的起草工作，以及《关于我县电子商务发展规划纳入县“十三五”规划重大事项》的建议书。四是做好党建、学习教育、计划生育、社会治安综合治理等中心工作。

（张矢群）

县中小企业局（乡镇企业局）2014年度负责人名录

局　长： 刘现松（任至6月）
邹国东（6月任）

副局长： 刘汉南　李伟东　钟定云

对 外 经 济

广东五华经济开发区

【简况】 2014年，五华县委、县政府紧紧抓住中央促进原中央苏区县、省委省政府实施产业转移和促进粤东西北振兴发展机遇，围绕市委、市政府规划建设“丰华兴梅产业集聚带”，大力发展实体经济的工作思路，集中力量抓好工业园区建设，促进园区扩能增效。重点规划建设两个园区，即广东五华经济开发区和河东工业区。

广东五华经济开发区位于五华县城西端，是由国家发改委等四部委核准的省级经济开发区，主要与广州市番禺区合作共建广州番禺（五华）产业转移工业园。该开发区总体规划用地面积20平方公里，首期规划用地面积12.2平方公里，2014年已开发建设4.33平方公里。园区有企业77家，其中44家实现投产，企业用工7500人，园区初步形成以五金机电、汽车配件、制酒、制药、再生资源利用为主的五大特色产业。

河东工业区位于五华县城东侧的河东镇，最初名称为油田工业区，2014年3月，改为河东工业区，并在本年的广州梅对口帮扶党政“一把手”第二次联席会议上确定将其纳入广州（梅州）合作共建产业园统一规划、建设和管理。园区总体规划用地面积25平方公里，首期规划面积3.5平方公里，本年末，完成25平方公里的总体概念性规划。园区围绕“一心五组团”进行园区功能布局，产业布局以五金、机电、新材料、家居建材和农副产品加工为主导，着力打造成为广东省产业转移示范区及推动五华产城联动发展的产业园区。

【园区经济】 2014年，广东五华经济开发区新引进落户航威斯、鸿盛实业、新民兴、碧菲亚、明珠星、裕兴工程等6家企业，计划投资总额6.05亿元，固定资产投资额4.4亿元。拟落户企业广州香雪制药、五华谷城投资实业正在推进落户前各项准备工作。园区企业实现产值45亿元、工业增加值9.9亿元、创税1.3亿元，分别对比上年增长63%、14%和18%。仁隆电子、隆华塑胶、洋京塑胶、富翊达等企业进行增资扩产，新增合成纸业、辉骏科技集团、康和药业、华阳包装、恒辉工贸、庆瑞实业等6家上规模企业，园区规模以上企业累计有18家。产业集聚发展进一步强化，初步形成以元生堂、海宴酒为骨干的制酒业，以康奇力、康和药业为代表的制药业，以华扬汽配、华联机电为骨干的汽车配件业，以辉胜达、富胜实业为龙头的五金机电业，以创盛工贸为主的新能源及可再生资源为主的五大特色产业群。

【园区建设】 2014年，广东五华经济开发区扩大园区载体建设，突出解决土地指标及报批问题，争取用地指标45.7公顷。全力推进征地拆迁平整，以征地拆迁和安置区的突破带动园区的建设。园区新增征地183.7公顷、新增平整土地76.7公顷。全年投入资金1.7亿元，夯实、完善园区供水、供电、道路、绿化、亮化、净化、交通等配套基础设施，发展园区硬实力。道路建设方面，完成工业四路（一横路至二横路段）、三坑路（工业大道至四横路400米）道路硬底化，打通罗湖板块高速出口至环城大道连接线等路段，并加快工业五路、工业六路、工业一路至环城大道延伸线、四横路至环城大道连接线、三坑路至环城大道延伸线等道路建设，园区初步形成内联各企业，外接省道、县道和高速公路的“七纵五横”道路网络。供电供水方面，解决三坑板块航威斯等在建企业和安置区安置户临时用水、用电问题。绿化亮化美化方面，完成工业大道、工业四路三坑路、工业二横路等道路的绿化、亮化工程，完成工业大道两旁削坡除险和植被美化工程。污水处理方面，会同县住建局、水务局积极推进园区污水处理厂的规划建设工作。交通方面，开通多班次园区到安流、华城两镇员工客运专线。

【园区管理】　2014年，广东五华经济开发区以实现园区效益管理为目标，一是加强工业项目用地管理。出台《五华县工业项目用地暂行规定》（华府办〔2014〕35号），全面管理规范园区已供工业用地，对供而未用，用而未尽，低效利用土地逐宗核查、分析原因、制定处置方案，处置工业大道以东8宗闲置土地，合计面积7.2公顷，并全部纳入五华县土地储备中心收储，提高园区土地利用率。二是开展园区联合执法行动。与城监、公安、国土等多部门联合开展抢占、抢建专项整治行动，依法拆除违法抢建房屋3栋、面积1200平方米。三是加强园区企业安全生产管理。成立园区安全生产管理办公室，专人专责做好安全生产管理工作。全年园区实现零安全生产事故。四是突出园区环境卫生管理。积极开展创建“广东省卫生县城”活动，落实各项“创卫”工作措施，投入“创卫”资金近50万元，购买洒水车和环卫工具，聘请园区保洁人员、深入开展园区环境卫生整治和创卫挂点村“创卫”工作，帮助“创卫”挂点村修筑村公厕，疏通各种淤渠和排水沟，实现园区主干道路全方位保洁。五是做好园区应急管理。制定园区应急预案，建立园区企信通管理平台，对园区停水、停电事件，非突发性的一律提前通知企业，突发性的及时做好跟踪解决工作，尽量减少企业损失。

【园区谋划】　2014年，广东五华经济开发区完成广州番禺（五华）产业转移工业园（广东五华经济开发区申报省级产业转移园名称）（二期）控制性详细规划和河东工业区总体概念性规划，确定广州番禺（五华）产业转移工业园（二期）规划用地6.79平方公里，其中规划城市建设用地617.7公顷；河东工业区总规划用地25平方公里，其中规划城市建设用地1555.22公顷。并在广州番禺（五华）产业转移工业园规划19.3公顷节能科技园，积极探索由番禺区政府主导、番禺交投公司负责实施的“企业办园、政府支持、市场化运作”发展模式运营；在华城朱坑岗工业园规划80公顷用地由冠华传导自主招商建设百亿电缆产业园。此外，引进广州香雪制药股份有限公司、广东世汇再生资源股份有限公司开发建设医药产业园和塑料再生产业园。

【企业服务】 2014年，广东五华经济开发区全力打造园区优质服务品牌，竭力为企业提供“一站式”“保姆式”服务，并形成制度，树立园区优质服务品牌。完善广东元生堂酒业有限公司、五华辉达五金制品有限公司、五华县立信织造有限公司、五华县长安实业有限公司用地手续，协助企业办理国有土地使用证；完成6家新入园企业供地，并对20家在建企业实行干部挂钩联系促建工作措施。深入开展暖企服务活动，对园区44家企业进行拉网式走访，现场帮助企业解决难题，纠正企业违规用电、占用消防通道等消防隐患问题，解决隆华塑胶、冠华传导、华阳包装消防验收等问题，解决部分厂区道路硬底化、绿化、亮化、用电不稳定等问题，确保企业的正常生产；落实天悦实业、永艺餐具、华扬汽车配件、同福堂药业等企业的用地手续；调整永艺餐具、隆华塑胶、华川电机等企业的规划；并加大企业用工宣传，初步协调解决辉胜达、华新泰、合成纸业、华阳包装、兴莱鞋业、通达电器、爱时达、仁隆电子、立信织造、权致服装等10家企业反映存在招用工困难的问题。

（邹日光　张育光　陈冬海）

完成亮化、绿化的园区主干道路工业大道　（张炳锋摄）

广东五华经济开发区管理委员会2014年度负责人名录

主　任：邹国东（任至6月）
　　　　赖伟胜（6月任）
副主任：胡志明　钟　军　李柳明
党工委专职副书记：陈裕杰

招商引资和经济合作

【招商引资成效】 2014年，全县引进项目23个，计划投资总额104.2亿元，计划固定资产投资额71.7亿元。其中，工业项目13个，计划投资总额45.1亿元；农业项目6个，计划投资总额5.6亿元；房地产项目1个，投资总额40亿元；旅游项目1个，投资总额12亿元；商贸项目2个，计划投资总额2.5亿元。计划投资总额10亿元以上项目的有2个：广州市奥园集团有限公司计划投资40亿元建设房地产项目，梅州市宝创投资有限公司计划投资12亿元建设厦阜古寨旅游项目。2014年，五华县在全市招商引资项目绩效管理专项督查中被评为“优秀”等次。

【招商引资服务】 2014年，县进一步加大对2013年新签招商引资项目的跟踪服务力度，全面落实县五套班子成员挂钩联系重点企业制度，突出重点项目跟踪服务工作。通过提高服务企业水平，确保专人专责抓项目、促建设，积极协助企业解决发展中困难和问题，并推动企业建设进度，促成企业尽快建成投产。广州金源时装有限公司、广州市合成纸业有

2014年9月26日，广东省委常委、广州市委书记任学锋到县调研园区建设和招商工作

限公司、梅州市温商投资发展有限公司顺利投产；广州番禺明珠星钟表有限公司、广州市碧菲亚木制品有限公司、深圳航威斯电子工业科技有限公司、鸿益兴实业有限公司等项目正在建设中。

【招商引资载体建设】 打造招商引资新载体。一是合作共建产业园。全面深入开展番禺五华对口帮扶工作，按照"优势互补、利益共享、集约开发"等原则，由广州番禺（五华）产业转移工业园规划300公顷土地作为"番禺五华共建产业园"项目建设用地，首期规划为166.7公顷，通过探索产业园区共建共享机制，把广州市、番禺区的产业、资金等优势与五华县的人力资源、土地等优势有机结合，积极探索珠三角与山区县（市）共建园区的新模式，打造招商引资新平台。二是规划引领促进产城联动。把工业园区融入县城建设总体规划与主体功能区发展规划，推进园区各功能片区及公共配套设施的完善，促进工业区与县城融合发展。三是贯彻落实梅州市委、市政府提出打造"丰华兴梅产业集聚带"工作要求，在县城东边加快规划建设河东生态工业区，打造新发展平台。河东生态工业区规划总面积25平方公里，其中首期规划面积3.5平方公里。（杨依杰）

县招商和经济合作局2014年度负责人名录

局　长：陈群添

副局长：魏　青　曾奋凌

交　　通

公路建设

【省养公路建设】 2014年，县公路局结合全县经济社会发展需求，充分利用好省、市对山区公路建设倾斜政策，抢抓机遇，全力打好交通大会战，进一步优化联通高速公路国、省道公路网络，加快普通干线公路发展，努力构建“畅、安、舒、美”交通环境，提高公路服务水平，为“长乐之乡，工业新城”提供强有力支撑。全年投资1.39亿多元，改造公路、桥梁维修和小修保养。完成省道120线河东圩镇至礤新段12.78公里改造工程任务；10月，动工建设省道228线G25长深高速华城出入口至河东塘背段，按照一级公路建设，线路长25.08公里，总投资4.16亿元。（杨木良　陈进群）

【高速公路建设】 2014年，县交通运输局积极配合、协调高速公路建设部门做好相关工作。汕湛高速（五华段）全长39.84公里，途经棉洋、梅林、华阳三个镇16个村。至本年末，路基工程完成95%，累计完成投资24.67亿元，占总投资46.8%。平兴高速（五华段）全长4.8公里，途经转水镇青西村、三源村。至年末，平兴高速公路（T10标：含五华转水镇青溪村、兴宁福新街道办和新陂镇）累计完成工程投资2.05亿元，完成路桥、路基工程总量95%。江西瑞金至汕尾高速公路兴宁至五华段（含畲华支线）五华境内长76.49公里，途经转水、水寨、河东、横陂、安流、梅林等6个镇50个行政村，至本年末，完成沿线用地种埋边桩及红线内的地上附着物调查登记、防“三抢”等工作及协调做好项目沿线土地筹备开发相关工作。大丰华（大埔—丰顺—五华）高速公路完成工可评审，进入工可修编阶段。（李孟飞　张　威）

【县养公路建设】 2014年，县交通运输局按照“建设大交通、促进大发展”工作思路，把公路建设放在首要位置，加大投入，

2014年8月23日，市委书记黄强在五华县委书记张映平、县长范宜军等陪同下到环城大道建设施工现场调研　（李孟飞 摄）

扎实工作，全面加强交通基础设施建设。全年投入公路建设资金2.31亿多元，扎实推进环城大道9.8公里、热矿泥益生湖旅游专线公路15.2公里、枫林至平安寺6.03公里、县道003线金坑至龙村段18.4公里公路工程；全面完成县道960线华阳至龙村段23公里、县道033线棉洋至双华段第一期改造工程1.7公里、县道035线蝙蝠石至中兴8.04公里公路改造任务。

【水毁桥梁重建】 受2013年“尤特”“天兔”等台风影响，全县有47座桥梁受损，其中大桥21座、中小桥26座，涉及龙村、横陂等7个乡镇。2014年，县交通运输局按照“先干线后支线，先重点后一般，先急后缓”原则，制定《五华县农村公路和桥梁灾后重建实施方案》，按“一桥一策”形式明确每座桥梁重建计划、建设责任单位等;积极争取上级政策和资金支持，动员在外乡贤和社会能人捐资建桥，拓宽资金筹措渠道。严把工程设计、招标、施工、监理、监督及验收等关口，做到工作到位、责任到人。全县投入资金8000多万元用于水毁桥梁修复重建。至2014年末，49座水毁桥梁完工34座，其他15座桥梁建设有序推进。

（李孟飞 张 威）

公路养护

【省养公路养护】 2014年，县公路局坚持严抓细管，健全制度，落实责任，强化管理机制。实行“五定一落实”责任制（定人员、定路段、定任务、定投资、定标准，落实班长负责制），每月组织路况核查，发现问题及时整改，巩固“双创”和文明示范路成果并促进提高。全年完成人工、机械清扫路面13.5亿万平方米、清理垃圾2.8万立方米、割路肩草185万平方米、清理水沟6.9万米、修补路面4.53万平方米，刷白、修剪路树16万株，直勤率97%，出勤率108%，优等路率86%。突出抓好公路预防性、及时性、全面性养护工作，坚持雨前查隐患，雨中查排水，雨后查障碍的“三查”制度，保障公路完好，提高公路抗灾能力，延长公路使用寿命，减少水毁损失，确保公路安全畅通。

【省养公路绿化】 2014年，县公路局按照“低成本推进自然化、多元化”原则，选取耐干旱，耐寒冷，观赏性好，经济实惠，后期养护成本低树种，推动绿化工作良性循环发展。全年投入资金600多万元，先后在205国道和4条省道种植香樟、黄槐、夹竹桃、紫荆花等乔木2.08万株，灌木5.16万株，植草5.4万平方米。保持原有3个道班苗圃场基础上，在锡坑道班空地新建苗圃场1个，面积3000多平方米。培植香樟8000多株，夹竹桃、杜鹃花等3万多株，为公路绿化打下良好基础。 （杨木良 陈进群）

【县养公路养护管理】 2014年，县交通运输局坚持“建设是发展、养护也是发展”工作理念，遵循“安、畅、洁、绿”养护方针，强化养护管理，提升养护管理质量。把X032河梅线平南圩至斋公井段和Y133龙黄线19.66公里的绿色廊道建设作为重点工作来抓。全年投入资金270多万元，砌筑水沟、护墙1820立方米、种植秋枫、鸡冠刺桐等乔木4800多株，双荚槐、大红花等灌木2.8万多株，草皮、蟛蜞菊4.5万平方米。深入开展“农村公路管理养护年”活动，将河东镇列入养护管理示范镇建设计划，选择Y111水布线、Y246桂合线等8条线路作为建设重点，专门派出技术人员驻点管理，加强日常巡查，及时清理路障、查处破坏公路绿化等违法行为，投入资金76.5万元，培育（平整）路肩50公里，种植荫香、秋枫700多株，双荚槐、夹竹桃6500多株，蟛蜞菊4.2万平方米。

（李孟飞　张　威）

公路路政

【省养公路路政管理】 2014年，县公路局坚持依法治路，依法行政，维护路产路权。一是在日常路政管理工作中，坚持每天巡路，发现问题，及时处理。全年路政人员上路巡查276天2604人次，巡查里程4.8万公里，清理路障杂物1442立方米，整治污染公路车辆73辆次，拆除违章广告标牌（条幅）404条，拆除违章建筑2处300平方米，砍伐枯老死树28条，告知综合执法局处理75宗，发出违法行为告知书80份，自行制止违法案件5宗，审理路政许可1宗，依法收取占用费及损坏路产赔（补）费53.4万元。二是根据省厅、局关于加强普通干线公路路域环境整治统一部署，由五华县普通干线公路路域环境整治领导小组负责牵头，组织相关单位集中整治路域环境，突出解决国、省道干线公路两旁脏、乱、差和违章建（构）筑以及在公路用地范围内种植农作物等现象，全面提升县普通干线公路通行能力、路况水平、交通安全系数和综合服务能力。

（杨木良　陈进群）

【县养公路路政管理】 2014年，县交通运输局积极利用电视广播、宣传车、印发宣传单、路政宣传牌等手段，加大《中华人民共和国公路法》《广东省道路运输管理条例》等法律法规宣传工作，使公路法律法规深入民心，提高人民群众护路爱路意识。同时，切实加强执法检查力度，全年上路巡查1800多人次，清理路障580多处8500多平方米，纠正、处罚各类路政违章280多宗。有效保护路产路权，使公路实现畅、洁、美。

（李孟飞　张　威）

交通运输

【运力与运量】 2014年，全县有营运客车212辆，客位7648座；营运货车961辆，核载4184吨。全年公路运输完成旅客运输量532万人，旅客周转量45867万人公里，完成货物运输量450万吨，货物周转量50209万吨公里。

【综合行政执法】 2014年，县交通运输局加大对运输市场监控和管理力度，全年查处超限车辆188辆，卸货4334.46吨，违反道路运输管理规定行为140宗，罚款176.9万元，有效维护全县道路运输市场秩序。

【交通行业安全管理】 2014年，县交通运输局坚持把交通行业安全生产工作放在突出位置，按照“安全第一、预防为主、综合治理”方针，以贯彻实施《中华人民共和国安全生产法》为主线，以建立安全生产长效管理机制为目标，以防范重特大事故为重点，加强交通行业安全管理。深入开展“安全生产年”活动，认真落实安全生产责任制，层层签订行业安全生产责任书，修订完善各级管理制度和应急预案。严格把好道路旅客运输安全、危货运输安全、营运车辆的安全例检等准入关，利用GPS等现代化车辆监控设备，对客运车辆进行动态管理。组织执法人员在全县范围内开展安全生产大检查，强化安全生产基础管理，着力构建安全生产长效机制，保证交通行业安全有序、健康发展。

（李孟飞　张　威）

【**公路安全生产**】 2014年，县公路局重视安全生产工作，设立安全生产领导小组。机关各部门和各道班都落实责任人，签订安全生产合同书35份、岗位责任书35份。坚持召开季度安全例会，6月，组织有关人员进行应急演练。全年组织安全生产检查42次，参加检查人数180人次。投入资金3500元，购置干粉灭火器30只，下发到每个道班和养护中心。坚持隐患排查整治，全年排查30处，整治30处。落实"一岗双责"制，坚持做到规范化、制度化、标准化管理，加强在建工程和各道班上路作业安全生产检查和管理，确保安全生产，文明施工。

（杨木良　陈进群）

【**国有汽车运输**】 2014年，五华汽车运输有限公司发出班车100797班次，运送旅客676165人次，旅客周转量32402万人公里，总行程里程2140万公里，实现营收5559.63万元，利润233.68万元，国有资产实现增值保值。

本年，该公司继续大力实施重点客运班线回收自营，全年完成9台承包车辆回收工作任务；进一步规范自营车管理，深挖内部潜力，精心经营，经济效益初显成效。全年筹集资金260万元，投入11台公交车运行由五华县政府和县交通运输局规划首批开通的3条公交线路。该公司被广东省工商行政管理局评为"连续十六年广东省'守合同重信用企业'"，被梅州市粤运汽车运输有限公司评为"2014年春运先进单位"；该公司工会被广东省妇联授予"广东省爱心父母大联盟银奖"荣誉；五华汽车站被广东省妇女联合会授予"巾帼文明岗"称号。

（李运华）

县交通运输局2014年度负责人名录

局　长：邹志轩

副局长：刘南文　廖宏伟　陈军华　曾　宏

纪检书记：钟云辉

党组成员：叶定思　邓朝阳　曾志中　李雪辉

县公路局2014年度负责人名录

局　长：何伟雄

副局长：吴汉聪　游展航　钟　锋　曾泗庆

纪检组长：谢永佑

党组成员：杨木良　李超权

五华汽车运输有限公司2014年度负责人名录

董事长、总经理：钟鸣荣

工会主席：钟鸣荣

副总经理、董事：张东海　刘旭根

邮政·通信

邮 政

【简况】 2014年，五华邮政紧紧依靠和团结广大员工，认真贯彻落实省公司和市分公司邮政工作会议精神，面对社会经济缓中趋稳、下行压力较大等严峻形势，克服互联网金融、利率市场化和邮务类业务市场消费低迷等诸多不利因素影响，围绕市分公司全面实施“4486”工程的工作思路，锐意进取、攻坚克难、抢抓机遇，各项工作均取得优异成绩。全县邮政实现收入1.07亿元，比上年增长25.98%。

【邮政基础能力】 2014年，五华邮政继续加大对营业网点、网络、信息技术及安防设施建设投入，对潭下、双华、平南等支局进行网点营业厅标准化整治改造，改善服务环境，提高服务质量，促进企业发展。

【邮务类业务】 2014年，五华邮政报刊发行业务，重点发展党报党刊、竞争性报刊、农村报刊、校园与畅销报刊，积极拓展自费订阅市场，全年完成报刊收订流转额388.5万元，发行业务收入146万元。函件集邮业务，加强客户开发与维护，大力发展邮政DM广告，着力推进校园封片卡业务，推进邮政贺卡、集邮文化荟营销常态化。全年完成函集收入189万元。

【金融类业务】 2014年，五华邮政面对互联网金融、利率市场化等竞争日益激烈金融市场，积极推进金融业务转型发展。一是加大网点营业厅标准化整治改造力度，加大自助设备终端的投放力度。二是以服务客户为中心，加快理财业务发展，加快客户结构、业务结构、增长方式转型，实现邮政金融业务的持续快速健康发展。全年储蓄余额净增5.4亿元，新增代理保险保费6336万元，信贷业务放款17592万元。

【速递物流业务】 2014年，五华邮政突出发展国内标快业务，以政务类客户作为重点服务对象，重点拓展电子商务类客户，做强做大电商业务。严格落实执行各项运行质量考核指标，狠抓服务质量，增强行业核心竞争力，提升邮政EMS品牌形象。速递物流业务收入153万元，邮政EMS成为本县速递物流业的一支主要力量。

【案件防控】 2014年，五华邮政开展加强内部管控、遏制违规经营和违法犯罪专项活动,认真抓好审计检查、内控管理工作,严格执行“七不准”和“五十条严禁”等规章制度,从流程控制、系统完善、制度修订、职责明晰等多个方面入手，防范化解风险,审慎合规经营，严防业务风险。

（谢辉新）

县邮政局2014年度负责人名录

局　长：李伟鑫

副局长：李中军　张道雄

中国邮政储蓄银行股份有限公司五华县支行2014年度负责人名录

行　长：黄　彬

广东省邮政速递物流有限公司五华县分公司2014年度负责人名录

经　理：邱裕洪

电信通信

【概况】　2014年，中国电信股份有限公司五华分公司聚焦光网宽带和移动通信3G/4G业务发展，深化光纤宽带网络和3G/4G移动网络建设，全力推进地方信息化建设。天翼品牌得到广泛传播，3G/4G移动互联网手机用户、FFTH高速率光纤宽带用户快速增长，移动通讯逐步向智能化、宽带网络逐步向光纤高速率化发展。3G业务、智能3G业务快速发展，业务对比上年增长36.6%，智能3G对比上年增长43.8%，宽带对比上年增长0.99%。3G/4G移动网络覆盖进一步完善。移动基站数量达到187个，室内分布站20个，具备4G功能有15个，实现全县行政村3G功能信号100%覆盖，中国电信成为本地3G/4G信号覆盖最广的运营商，为广大用户提供高速率、低辐射、高品质的数据通信服务。

【光纤宽带网络建设】　2014年，中国电信股份有限公司五华分公司实现五华城区139个商业街、小区等FTTH光纤宽带接入，12M、20M、50M、100M价低质优高速光纤宽带逐步走进普通家庭，6551户宽带用户实现FTTH光纤网络改造，占全部宽带用户20%，全县电信宽带平均接入速度由上年的6.94Mbps提升至7.2Mbps。

【信息化建设】　2014年，中国电信股份有限公司五华分公司建设行政服务中心、网上办事大厅，方便全县人民集中、快速办理民生业务；建立护林员管理平台，随时掌握护林员到岗履职情况，通过平台实时监控森林防火信息，有效打击毁坏森林资源行为，森林火灾得到遏制，生态环境明显改善；扩容建设社会治安视频监控系统，全年新增126路高清监控视频和142路标清改高清及2个卡口建设，为交通信息化发展打下坚实基础，为广大人民群众的公共安全设置一道无形防线；建设和完善区域卫生信息平台、“120”急救系统，提高全民医疗服务效率和质量。

【企业管理】　2014年，中国电信股份有限

惠阳区政府到五华交流学习护林员外勤管理系统项目现场，五华电信参加并对项目作介绍

公司五华分公司深化企业内部预算管理、绩效管理、学习管理、目标计划管理、运营管理机制和信息化服务审核委员会机制，提升内部运营管理效率；优化人力资源配置，人员进一步向基层一线倾斜，不断充实装维和营销人员队伍，并积极开展内部人员培训，不断提升人员素质和专业服务水平；深入开展“安全创优”工作，扎实推进“双到扶贫”工作，领导干部一对一帮扶成效明显，获政府好评和肯定。（张玉宝）

中国电信股份有限公司五华分公司2014年度负责人名录

总经理：李志宏

副总经理：古育辉　陈伟伟

移动通信

【简况】 2014年，中国移动通信集团广东有限公司五华分公司（五华移动）围绕县委、县政府“两新两特两重点”，建设“工业新城、长乐之乡”发展战略，全面落实网络优势再造、流量经营突破、全业务运营、企业管理变革四项重点工程，落实转型升级，再创新优势，五华移动实现用户数、业务收入稳步增长。2014年，五华移动获得“广东省守合同重信用企业”（连续十三年）荣誉称号；五华移动团支部获得全国“五四红旗团支部”荣誉称号；华兴路营业厅被授予“广东省巾帼文明岗”荣誉称号。

【政企信息化】 2014年，五华移动加大数据专线建设，各机关企事业单位基本均已实现光纤覆盖，通过市场竞争机制为各企事业单位提供多种选择，为部分单位重要传输专线提供安全可靠的备份线路，提升重要系统平台的安全性能。移动政务OA等信息化业务稳步发展，推动当地各级政府部门、企事业单位办公自动化建设。

【4G业务】 2014年，五华移动建成4G基站239个，全面覆盖县城及所有乡镇。推动4G资费体系落地实施，原全球通上网套餐、商旅套餐客户可以直接享受“4G升舱计划”，套餐月费不变，流量增加2倍以上。通过调整终端补贴政策、增加资源投入、加强产品管理等举措，推动4G终端产业链加快完善，终端品类不断丰富，价格更加亲民。

【光纤宽带发展】 2014年，五华移动加快光纤宽带发展步伐，为市民提供物美价廉高速光纤宽带接入。实现县城和15个行政镇主要居民区的光纤宽带接入，8万户用户实现光纤覆盖。通过“装宽带送话费”等措施大幅降低宽带资费，有2万户客户使用上廉价、高速的移动光纤宽带。

【客户服务】 2014年，五华移动开展“和您在一起畅享新服务”主题服务活动，推出涵盖网络、资费、业务等方面服务举措，深入贯彻落实客户实名登记要求，大力整治垃圾短信，为广大用户提供专业、优质、便捷、安全服务。

【企业管理及社会责任】 2014年，五华移动不断夯实队伍建设。通过加强一线服务支撑、推进知识型团队建设、深化员工关怀，提升企业凝聚力。不断推进党廉工作，加强廉洁风险防范。深入落实扶贫双到、创卫工作，开展挂钩扶贫村生活生产、基础设施建设帮扶工作，取得明显成效。

（钟秀容）

中国移动通信集团广东有限公司2014年度负责人名录

总经理：黄艳萍（任至9月）
黄伟华（9月任）
副总经理：王永青（任至2月）
傅庆强（2月任，任至9月）
李波勇（9月任）
总经理助理：李波勇（任至9月）
黄　鼎（9月任，任至12月）
张　彬（12月任）

联通通信

【网络建设】 2014年，五华联通继续以建设智慧城市和重点领域信息化应用为重点，加大基础网络投资。完善县城、乡镇3G网络覆盖和光纤宽带接入，3G、4G和固定宽带网络实现大提速；县市协同，完成五华县城乡司法网建设，使司法网延伸到全县各个乡镇，为县司法系统信息化建设提供良好网络平台。在乡镇建设U900网络，实现乡镇3G网络全覆盖，自12月始，在县城范围内建设4G移动网络，并逐步向乡镇延伸。

【信息化发展】 2014年，五华联通为全县不同行业提供优质、高效的信息化解决方案，努力实现由“基础电信网络运营商”向“现代化的综合信息服务提供商”转变，为政府、企事业单位提供信息化建设解决方案，提高政府、企事业单位的信息化水平。加强基础设施建设、构建云应用平台、打造合作体系、推广重点应用四大措施，建成“旅游信息化云平台”“政府信息化云平台”“智慧水利”三套基础云平台，推动云计算、物联网技术在惠民工程、公共服务示范应用，推动“互联网+”产业发展。

【业务发展】 2014年，五华联通移动信息化惠及城乡居民，流量经营上台阶。聚焦移动业务流量产品，侧重推广，重点解决用户对移动数据业务以流量计费概念理解，在产品上解决客户“不敢用、不够用、不会用”问题，通过“视频免费体验、季度流量活动、推进四全体系”三方面下功夫，引导用户“放心用”。全年流量产品销售对比上年增长50%，户均流量同比增幅100%，市场反应良好，客户满意度效果显著。

宽带业务推出社会合作化，社会效益、公司业务发展双赢突现。推出宽带业务社会化合作模式，分别在安流、横陂、转水、华城等农村建立社会化合作平台，搭建“运营商+设备厂商+本地装维营代理商”价值链，促进城乡宽带业务快速发展，打破乡镇宽带业务一家垄断局面，促使乡镇宽带市场引入竞争机制，乡镇居民使用宽带业务有多样选择。全县乡镇家庭宽带业务使用费有大幅降低，运营商装移机速度、服务质量均得到大幅提升。

【客户服务】 2014年，五华联通公司根据移动互联网时代客户消费新特点，在持续推进电子化服务同时，结合传统手机营业厅、网上营业厅、短信营业厅、自助终端等新型服务，大力推进在线客服体验，建立营业厅客户体验区，用户可以随时随地、自由自便选择服务平台，免费便捷获取服务，自助服务手机客户端“联通沃服务”，在VIP客户服务便捷性、尊享性、定制性及实用性等方面都进入全新高度，话费、流量、积分、优惠查询，机场贵宾厅服务、VIP俱乐部、手机营业厅、紧急开机、开通国际漫游，实现一键办理。针对城乡家庭宽带普及率提高，狠抓宽带服务质量不放松。通过优化内部业务流程、创新支撑手段、强化维护队伍管理，持续提升宽带服务质量，建立“宽带装机24小时”“宽带修障6小时”“宽带修障超时补偿”服务承诺机制，全面提升宽带装维服务效率，竭尽全力提高客户满意度。

【企业品牌】 2014年，五华联通按照集团公司“移动宽带领先与一体化创新”战略部署，紧紧围绕“人本、创新、卓越”核心价值观，积极构建面向移动互联网差异化竞争力，积极推动向效益规模型、质量规模型发展模式深度转型，开创由业务经营向客户经营转变新局面。联通移动互联网、固网宽带全面提速升级。3G网络城乡全面覆盖，移动数据通信速率高达42Mbps，宽带推出光纤接入到户，平均带宽6M以上；固网、互联网通信进入轻松高速时代。创新客户经营理念，更多关注客户感知。推出VIP客户、集团客户专属服务经理，全面提升客户感知关注度，增强客户与企业黏性，企业诚信理念深入人心。党、工、团组织发动党员干部、团员职工积极参与和谐社会建设，为贫困村民、孤儿院、敬老院等弱势群体奉献爱心，积极开展献血活动等，向社会展示联通人高尚风格和社会责任感。开展电信行业纠风行动，集中治理群众反映较为集中的电信资费和服务等问题，确保经营和服务活动规范有序；严格贯彻落实国家对电话用户实名登记要求，执行电话用户真实身份信息登记，保障用户合法权益，联通企业品牌形象得到政府的肯定和社会的认可。（钟碧云）

中国联通网络通信有限公司五华县分公司2014年度负责人名录

总经理： 汪成龙

副总经理： 胡善庆

农　业

农业农村工作

【简况】 2014年，县农业部门认真贯彻落实中央、省、市农业农村工作会议精神，积极推进“两新两特两重点”，转变发展方式，抓住工作重点，突破工作难点，提升服务水平，引导群众科学耕山致富，大力推进特色休闲高效农业发展，促进农业提质增效、农民持续增收、农村稳定发展。全县农村经济总收入108.3亿元，对比上年增长10.6%；农业总产值48.8亿元，对比上年增长4.1%；农村年人均纯收入9387元，比上年增长11.4%。

【粮食生产】 2014年，全县粮食综合生产能力稳步提高。落实种粮农资综合直补、种粮直补、中央良种补贴等惠民资金6860.22万元，完成水稻政策性种植保险投保4.42万公顷，占总面积的90.76%；推广播种杂交水稻4.15万公顷，水稻良种覆盖率96%；全县推广水稻高产高效栽培技术1万公顷，病虫害综合防治技术4.43万公顷次；测土配方施肥4.43万公顷；开展国家级粮食高产创建活动，早晚两造分别在华城、横陂建立两个万亩高产创建示范片，辐射带动全县粮食生产发展。全年粮食播种面积5.51万公顷，总产量30.8万吨，对比上年增长3.05%，其中水稻播种面积4.72万公顷，总产量28.48万吨，对比上年增长3.71%，全面完成市下达的粮食工作考核任务。

【特色农业】 2014年，全县特色农业基地开发不断扩展。围绕巩固提升老基地，开发建设新基地发展思路，引导群众耕山致富；继续落实县五套班子成员、县农业局长和各镇党政一把手挂办耕山致富示范点责任制，不断加强60个耕山致富示范点建设，增强示范点辐射带动能力。落实发放2013年度耕山致富扶持奖励资金294.9万多元。新种水果840公顷、茶叶162.7公顷、南药87.3公顷，新开发6.7公顷以上基地63个；发展特色水产养殖基地16个。水果总产量7.5万吨，比上年增长7.99%；茶叶960吨，比上年增长17%。

【农业基础】 2014年，农业生产条件得到持续改善。一是扎实抓好农田水利建设。加快续建、在建、新建农业综合开发和高标准基本农田建设项目实施，改造中低产田1986.7公顷，建设高标准农田2333.3公顷。二是大力推广农业适用机械。县政府行政服务中心设立服务窗口，受理农户购机申请1041份，使用补贴资金570.9万元，补贴机具1577台（套），提高农业机械化水平，全县拥有农机总动力24.3万千瓦，机耕率92%，机收率74.6%，机插率8.31%，综合机械化水平61.67%。三是抓好农村能源建设。新建农村户用沼气池338个，五华县荣兴养殖场1000立方米的大型沼气工程开工建设；全面完成土壤重金属污染普查，完成411个村479个点取样调查，为县土壤重金属污染防治提供科学依据。四是渔业生产得到加强。加大机械化养殖和健康示范养殖技术示范推广应用，水产机械化无公害养殖试验技术获县科技进步一等奖；建立东方红水库、善坑水库、水坑水库等机械化养殖示范点，强盛生态农林发展公司被农业部定为健康养殖示范

2014年6月10日，在琴江河举行增殖放流 （李展彬 摄）

场；加强渔业生产监管，配备渔政执法快艇，规范琴江河、五华河船舶管理；开展“感恩琴江、保护生态”为主题增殖放流活动，放流鱼苗500万尾，保护江河生态平衡。

【农业产业化】 2014年，农业产业化发展水平不断提升。一是农业龙头企业培育发展加快。松岗嶂生态茶园、绿源生物科技公司、凤达赤灵芝研究发展有限公司等3家企业被评为省级农业龙头企业，培育发展5家市级、10家县级农业龙头企业。至年末，全县有各级农业龙头企业62家。二是农民专业合作社提质增效。新增发展农民专业合作社104家，全县合作社总数625家，其中松岗嶂有机茶叶专业合作社、长布富强农副产品专业合作社被评为国家级示范社，并建立省级示范社14家、市级示范社11家，县级示范社20家；注册成立家庭农场18个。三是全力抓茶叶加工厂建设。扶持松岗嶂、联发、云溪圣峰等茶叶企业建设加工厂3个，联发茶叶专业合作社顺利通过QS认证。

【品牌建设】 2014年，特色农业品牌效应逐渐凸现。一是积极开展“三品”认证。组织13家企业、合作社申报无公害农产品认证，其中有10家获得无公害农产品产地认证，认证面积3200亩。二是加强名牌产品创建。“松岗嶂”牌红茶、“云溪圣峰”绿茶、“七目嶂”牌大田柿花、“琴江”牌腐竹等4个产品被评为省名牌产品。至本年末，全县培育创建茶叶、大米、柿花、腐竹等省级名牌产品8个。三是加强产品宣传推介。组织县企业参加省、市展销会、博览会、茶博会等；在原县种子公司一楼、二楼设立特色农产品展示区、农业科技展示区、茗茶品鉴区等，集中展示全县耕山致富成果。通过品牌带动，提高农产品知名度，品牌效应初步呈现，松岗嶂茶叶销量及价格上涨两成左右，生产的春茶基本订货销售完毕；登云嶂的云雾茶往年每斤价格在380元左右，当年普遍在500元以上，其中生产的绿茶“金雀”销售每斤价格超3000元，且供不应求。

2014年10月5日，县委书记张映平到松岗嶂茶叶基地调研 （李展彬 摄）

【农业服务】 2014年，社会化服务水平不断提升。一是加强农业科技培训。建立科技示范户1100户、科技试验示范基地5个，举办各种培训班、现场会44场次，培训农民技术员、种植大户3300多人次，印发技术资料15000多份，印发《病虫情报》8期，《病虫警报》2期7000份。二是加强农资市场监管。出动农业执法人员288人次，检查门店302间次，检查农产品生产基地8个次，查处农资违法案件

3宗，抽检农药样品12个，饲料品种2个，农资产品标签检查250个，收缴违法经营散装种子100多斤。三是加强农产品质量检测。检测蔬菜样品2280个，合格样品2256个，检测合格率98.9%；抽查苗种4个，成鱼4条，合格率为100%。四是加强农业安全生产。坚持“一岗双责”抓好安全生产，积极开展“安全生产宣传月”和“消防宣传月”活动，深入开展“安全生产大检查”和“八打八治”专项行动，切实加强安全隐患排查和拖拉机、渔业船舶专项整治活动。全年组织检查40次，排查安全隐患18宗整改17宗（其中正在落实整改中1宗）；检查拖拉机130台次，纠正违章行为50宗，批评教育32人，发出整改通知书13份；暂扣“三无”船电球2台，整改渔船10船（次）。

【农村工作】 2014年，农村各项工作得到稳步推进。一是完成幸福村居示范片规划。编制建设规划，经省、市专家组实地考察，确定华城镇城镇村、维新村为中央苏区县幸福村居创建示范片，获得1000万元创建资金，完成细化实施方案及项目招投标工作。二是土地承包经营权确权登记试点顺利推进。建立联席会议制度，选定安流镇长江、完塘、半径3个村作为试点，试点村的各项工作正有条不紊开展。三是“一事一议”项目顺利实施。63个项目统筹资金3413多万元，其中中央及省级财政奖补资金895万元，市县配套、村集体自筹、社会捐赠、部门帮扶等资金2518多万元。至年末，完成并验收的项目21个，其余的正在实施中。申报2015年项目89个，申报中央及省级财政奖补资金1627万元。四是名镇名村建设扎实推进。组织申报以自然生态为主题的岐岭镇荣福村和华城镇黄埔村、以人文历史为主题的横陂镇夏阜村和以创建农业特色为主题的安流镇红山村等4个村为第二批广东省名村。五是加强农村信访维稳。牵头开展“社会矛盾化解年”涉农专项治理，建立联席会议制度，处理各类信访信件12宗，妥善处理19宗涉农不稳定案件。

【中心工作】 2014年，各项中心工作任务扎实推进。一是深入开展党的群众路线教育实践活动。通过深入开展活动，不断提高干部队伍综合素质，健全完善各项规章制度，推动机关管理制度化、规范化；着力解决“四风”突出问题、联系服务群众“最后一公里”问题，进一步改进机关作风，树立良好的为民务实清廉的干部队伍形象。县行政服务中心农业局办事窗口被评为“文明窗口”。二是场所顺利搬迁建设。积极主动争取县委、县政府的重视与支持，将位于县重点项目建设规划范围内的农科所、水研所、鱼苗场整体搬迁至丰华公司，为县城的扩容提质腾出建设用地。根据县政府要求，顺利完成种子公司转制，44名在职职工和15名退休人员得到妥善安置。三是积极筹建蔬菜基地。示范农场租赁原丰华公司周边土地20公顷发展无公害蔬菜生产，平整改造土地6.7公顷，搭建镀锌管大棚6.7公顷，并已种植各种蔬菜，全面解决县城扩容提质，居住人口越来越多带来“吃菜难、吃菜贵”的民生问题，辐射带动全县蔬菜生产的发展。四是扎实抓好扶贫工作。按照扶贫“双到”要求，对挂钩帮扶龙村镇龙村村专门派出驻村工作组，按照帮扶规划，整合各种项目资源和资金，加大帮扶力度。在帮扶改造村委办公楼、完成增福片村道硬底化和黄金坑水库山排引水圳建设的基础上，统筹146万元改造火山片至白梅片1.2公里村道硬底化和教育创强建设，帮扶危房改造29户，组织成立专业合作社，大力扶持三红柚和绿色蔬菜种植产业，增加村集体收入和贫困户脱贫致富。为130多户贫困户和14户低保户700多人参加农村合作医疗保险。五是积极开展“创卫”工作。围绕“广东省卫生县城”工作部署和责任分工，全面加强办公楼范围内卫生保洁，坚持开展卫生责任区农贸街清洁卫生活动，按照网格化管理要求，拆除广告牌27个。落实“创卫”包村责任，扎实推进水寨镇大岭村团结、老卡、畲肚3个村民小组“创卫”工作，完成道路硬底化改造595米，清理污水沟530米，清理污水塘2个，拆除粪坑36个，购买垃圾清运车1辆及垃圾桶一批，全面改善村容村貌。

（吴东生　宋炬林）

县农业局2014年度负责人名录

局　长：徐德兴

副局长：温妙初　唐妙坤　陈荣辉　魏华中　张育彬

纪检组长：彭彩红

系统党工委专职副书记：张奎导

党组成员：曾坤华　张天荣　温展开

畜牧业

【简况】 2014年，县畜牧兽医局认真围绕打造“工业新城，长乐之乡”总目标，扎实推进“两新两特两重点”，牢固树立群众观点，切实转变工作作风，扎实抓好动物疫病防控、畜产品质量安全、生猪屠宰监管、畜牧业生产发展、惠农政策落实、扶贫“双到”、卫生县城创建和党的群众路线教育实践活动等工作，全县没有发生高致病性禽流感等重大动物疫情和畜产品质量安全中毒事故，保障全县畜牧业健康稳定发展和社会公共卫生安全。全县生猪饲养量103.3万头，存栏45.31万头，出栏57.99万头；能繁母猪存栏4.19万头；牛饲养量8.59万头；羊饲养量2.49万只；兔饲养量44.7万只；家禽饲养量839.1万羽。肉类总产量5.74万吨，畜牧业产值13.25亿元，占全县农业总产值的28%。

【重大动物疫病防控】 2014年，县畜牧兽医局按照县政府办公室《关于做好我县2014年动物防疫工作的通知》（华府办〔2014〕22号）要求，切实加强对动物防疫工作领导，层层落实防疫责任制和责任追究制，实行局领导包片、各股（室）挂镇全力做好重大动物疫病防控工作。印发《关于切实做好2014年春季动物防疫工作的通知》（华牧字〔2014〕5号）和《关于切实做好2014年秋季动物防疫工作的函》（华牧函〔2014〕8号）等文件发至各镇，加强对各镇做好动物防疫工作的协调和业务技术指导。全年组织发放猪瘟疫苗5万瓶，新城疫疫苗200盒，口蹄疫6800瓶，蓝耳冻干苗4.64万瓶，禽流感疫苗9960瓶，牛羊二价疫苗1100瓶，鸡瘟IV系100盒，耳标33.4万枚以及其他防疫物资一批。

【疫情监测】 2014年，县畜牧兽医局积极开展疫情监测预警，密切掌握疫病动态。全县开展禽流感、鸡新城疫疫情监测4160份，猪瘟、口蹄疫、蓝耳病监测695份，羊O型口蹄疫监测279份，奶牛、奶羊和种猪布氏杆菌病监测1349头份，奶牛结核病监测54头份，检测结果均合格。抓好H7N9禽流感以及小反刍兽疫防控工作。出动125人次对全县羊只进行排查监测，发放、注射羊小反刍兽疫疫苗3000头份。

【完善应急预案】 2014年，县畜牧兽医局组织修订完善《五华县突发重大动物疫情应急预案》（华府办〔2014〕5号）。认真制定并落实年度应急演练计划，做好应急物资储备、更新，切实提高应急水平。

【惠农政策落实】 2014年，县畜牧兽医局加强生猪标准化规模场建设项目监督管理工作，申请中央资金180万元用于恒星畜牧等6个养殖场标准化建设改造。在做好2013年度生猪良种补贴项目实施工作基础上，认真制定并实施2014年度生猪良种补贴项目。全年人工授精母猪6万胎次，补贴农户120万元。

【畜产品质量安全】 2014年，县畜牧兽医局加强生猪产地、屠宰检疫工作规范化管理监督和“瘦肉精”等违禁药物排查抽检工作，积极开展假兽药查处活动、兽药经营监督执法行动、放心农资宣传、生鲜奶专项整治和食品安全宣传周等专项行动。全年组织实施畜禽产地检疫501.9万头（只），屠宰检疫43.1万头（只），检出病畜禽476头（只）；“瘦肉精”养殖环节抽样检测1.62万头份、屠宰环节抽检1.56万头份，检测结果均为阴性；出动1350人次，监督检查生猪屠宰场192个次、兽药饲料门店257家次、规模养殖场860个次，发放宣传资料1.3万份，查处1宗鲜羊奶中毒事件，收缴过期兽药1062盒、发霉饲料38包。做好病死畜禽无害化处理工作，全年无害化处理病死畜禽4.8万头（只）。

【畜牧业生产发展】 2014年，县畜牧兽医局积极推广黄牛冷精配种技术和生猪人工授精技术，大力发展饲养三元杂瘦肉型猪，推广饲养黑白花乳牛与本地黄牛杂交牛，以及发展五华三黄鸡、野杂猪等特色畜牧产业，提高养殖效益。黑白花乳牛杂交改良本地黄牛的技术研究与推广项目、野猪与优良种猪杂交生产性能研究和示范推广项目分别获本年县科技进步二、三等奖；五华三黄鸡品种特性及资源保护研究与应用项目获本年市科技进步三等奖。加大培训力度，进一步提高农民养殖技术和动物疾病防治能力。全年举办培训班10期，培训农村青年1150人次、动物防疫专业人员185人次。落实减排措施，推广生态养殖，全面完成市核定的污染减排任务。

【完成生猪屠宰管理职能接管】 2014年，县畜牧兽医局根据《五华县机构编制委员会会议纪要》（华机编〔2014〕2号）和华机编〔2014〕32号文件精神，10月15日，全县生猪屠宰监管职责划入县畜牧兽医局。根据《关于同意县畜牧兽医局增设屠宰行业管理股的批复》（华机编〔2014〕56号），县畜牧兽医局增设“屠宰行业管理股”，设正、副股长各1名。按照“照镜子、正衣冠、洗洗澡、治治病”总要求，聚焦“四风”突出问题，县畜牧兽医局联系畜牧兽医工作实际，坚持领导带头，扎实完成党的群众路线教育实践活动任务。全局32名党员干部全部参加教育实践活动，参与覆盖面100%；领导班子查摆“四风”问题17条，班子成员查摆“四风”问题40条，其他党员干部查摆

"四风"问题56条，并针对突出问题制定整改措施43条、专项整治方案3个，修订完善制度8个。至12月，全部完成整改任务，得到上级肯定、干部认可和群众好评，好评率100%。

【卫生县城创建】 2014年，县畜牧兽医局结合实际，扎实推进"创卫"工作。一是主要领导主持制定详细的实施方案以及每季每月创卫工作计划，定期主持召开创卫工作会议，研究创卫工作完成进展情况，督促落实创卫工作。二是利用企信通、设置宣传栏等形式，加大创卫知识、健康教育宣传的力度。全年发送创卫、健康教育宣传短信900多条，制作宣传栏1个，新竖宣传牌4块。三是严格落实周末卫生日制度，做好卫生责任区域和办公大楼卫生工作。四是根据《五华县动物和动物产品检疫工作制度》，每周组织监督执法人员对各屠宰点进行一次检疫督查，并做好巡查记录。五是支持水寨镇莲洞村旭日、红日村民小组创卫工作。自筹4.5万元，协助筹集资金100多万元，完成村道硬底化建设750米，建成红日休闲公园1个，清理危房26间，填埋老旧简易厕所26间，完成清理臭水塘4个，臭水沟5条700米，聘请保洁员2名做好该2个村民小组的日常保洁工作。六是做好网格化管理责任地段限高4米至南山小学路口创卫工作。投入5000多元，拆除危险广告牌16个；出动12人次，发放创卫宣传资料55份。

【扶贫"双到"】 2014年，县畜牧兽医局严格按照省、市、县有关扶贫"双到"工作部署和要求，全力抓好长布镇长生村扶贫工作。协助筹集资金268.8万元，用于长生村贫困户产业帮扶、技能培训、西山水陂改造、长生小学足球场建设、周江河长生段治理、美丽镇村创建等项目。全年有98户贫困户实现脱贫，占贫困户数90.7%；村集体经济收入5万元以上。

【基层畜牧兽医机构改革】 2014年，县畜牧兽医局按照《五华县简政强镇镇级事业站所机构改革实施方案》（华委办〔2013〕25号）和县长范宜军在《关于乡镇畜牧兽医站"三权"下放工作若干问题的请示》批示精神和要求，全县16个基层畜牧兽医站的人员、财产于3月底全部移交至各镇政府管理。另原31名基层畜牧站退休人员工资补差经费仍由该局按原渠道解决。

（宋玉胜）

县畜牧兽医局2014年度负责人名录

局　长：魏军辉

副局长：郭崇明

总畜牧兽医师：曾献涛（任至4月）

扶贫开发

【规划到户责任到人】 2014年，县扶贫部门切实做好新一轮扶贫开发"规划到户责任到人"工作，全县有103个重点帮扶村、1.27万户贫困户、6.3万贫困人口；落实各级帮扶单位101个，其中省（中）直帮扶单位20个，广州市帮扶单位38个，梅州市直帮扶单位18个，县直帮扶单位25个，驻村工作组103个，驻村工作人员133人。全年各级帮扶单位累计投入资金5.3亿元，其中到村资金4.53亿元、到户资金0.77亿元。落实村集体项目2209个，其中集体经营项目305个、民生保障项目779个、基础设施项目1125个；落实户项目94814个，其中发展生产经营项目24399个、落实民生保障项目70415个；103个帮扶村集体经济收入均达5万元以上，平均8.34万元，有劳动能力贫困户人均纯收入7370元，对比上年增长64.1%。资助在校贫困学生3660人次；农技和非农技培训49264人次，实现转移就业6220人；为31364户11.7万人购买新农合，为9196名符合条件的贫困老人购买新农保，符合低保条件的贫困户实现应保尽保；基础设施日趋完善，村容村貌得到改善。

【农村低收入住房困难户住房改造】 2014年，县扶贫部门投入资金6450万元，全面完成4300户农村低收入住房困难户住房改造工作，其中重点贫困村2259户，改造面积13万平方米。

【老区建设】 2014年，县扶贫开发局积极申报中央彩票公益金支持革命老区小型公益建设项目，成功争取项目资金1000万元支持梅林镇梅林村、郭田镇郭田村和双华镇苏区、公平村水渠和道路建设。

【“大禹杯”项目】 2014年，县扶贫开发局组织工作人员到各镇实地考察调研，认真编制项目申报材料，联合县财政局上报市、省评审，经过层层审批，成功争取“大禹杯”专项资金，支持华城镇高华村的农田水利设施建设。 （陈 刚）

县扶贫开发局2014年度负责人名录

局 长：张景铮

副局长：李国根 吉瑞旖 黄培邦

林 业

【简况】 2014年，县林业局围绕“两新两特两重点”、惠民生、促和谐、强队伍的工作思路和全年林业各项目标任务，面对造林、抚育任务重和森林资源管护压力大的困难，精心组织，合理安排，采取有力措施，圆满完成上级安排各项工作任务。全省林业工作现场会再次在五华县召开，森林资源保护和发展目标责任制考核获得全省第四名的成绩。全年按照碳汇造林目标任务，完成工程造林7806.7公顷；实施《五华县以奖代补造林管理办法》，发动社会造林2333.3公顷；通过开展“回赠母校一棵树，回报家乡一片林”、印发认捐认种认养倡议书和全民义务植树等系列活动，发动乡贤认捐认种认养折款2223万多元，营造碳汇林800公顷，义务植树200多万株；完成省扶贫济困林种植任务25公顷。完成生态景观林带改造提升任务32公里，面积50.1公顷；完成18公里生态景观林带的规划设计和造林备耕任务；完成高速公路、国、省道沿线可视范围第一重山等重点地段的火烧迹地更新造林232.6公顷；完成县城工业大道绿化美化任务3.5公里。完成蒲丽顶森林公园景观林营造60.7公顷，林分改造任务21.3公顷；发动全县12大系统党工委在蒲丽顶森林公园3条环山登山道4.5公里道路两旁捐款种下大树900株，大红花、勒杜鹃4500株；制订《五华县森林公园规划建设实施方案》，规划从2014–2017年，建设湿地公园1个、县级森林公园6个、镇级森林公园12个，改造升级省级蒲丽顶森林公园。建成乡村绿化美化工程示范村18个，其中省级示范点6个、市级示范点3个、县级示范点9个；开展“家家户户多种树”活动，送苗下乡100多万株。森林抚育和造林、抚育质量监理、督查。完成1.78万公顷造林抚育任务，创新监理、督查模式，成立质量监理、督查组，直接对造林、抚育质量负责，确保造林、抚育成效。完成2.07万公顷省级生态公益林扩面和当年生态公益林效益补偿资金3110.21万元的发放工作。指导全县14个苗圃场培育2015年碳汇造林、绿化用苗1500多万株；2015年碳汇造林任务于8月完成规划设计，9月完成公开招投标，10月中旬开始进场备耕。

2014年10月13日，副省长邓海光率队到五华调研林业工作

【依法治林】 一是严格把关控制森林采伐量。始终坚持《森林法》规定用材林消耗量低于生长量的采伐原则，严格按照林木采伐程序进行采伐，有效减少乱砍滥伐现象。二是提高认识。大力宣传林地保护有关法律法规和政策，在全县范围内开展清理非法征占用林地的专项行动，有力打击非法占用林地行为。三是继续做好林权证登记发放工作。扎实推进深化林改各项工作，重点推进潭下镇、郭田镇两个示范村建设。四是求真务实，建立“固定检查与流动巡查相结合”木材运输管理新机制。全年检查木材运输车辆1539次，查验木材6.86万立方米，没收变价款10.77万元，罚款4180元，查处野生动物案件1宗，罚款10万元。五是大力开展“利剑行动”。出动林业执法人员356人次，森林公安民警728人次，查处案件65宗，破案64宗，处理63人次；清查市场8个，检查店铺酒楼38家，清查野外场所18个，收缴网捕工具300米；没收木材115.62立方米，没收“三有”保护野生动物1178只，没收木材半成品30吨，收回恢复林地面积5.14万平方米。

【森林防火】 2014年，县林业部门加大宣传力度，营造浓厚森林防火氛围。发放张贴宣传画册20万份；协助县直部委办局在各自防火责任区设置固定性标语110块。在特别防火期，县电视台每晚在重要时段播放森林防火公益广告；县移动、电信、联通公司网络平台向手机用户发送森林防火短信；县电影公司和县采茶演艺公司采用“森林防火电影村村行”和“送戏下乡”的形式演出防火专题片480场（次）。提高护林员工资和油料补助，调动护林员护林巡查积极性；筹资120万元，建立基层护林员外勤管理系统，加强对护林员监督管理和对重点地段、重点区域的到岗到位落实检查。对精神病人、痴呆人员、从事猎捕人员进行造册登记，明确专人监护责任；对重点地段设立固定或临时瞭望台安排专人掌握林火信息。由县纪委牵头成立4个督查组，对各镇野外火源管理工作进行专项督查，并将督查情况向县委、县政府汇报。抓好县镇专业、半专业扑火队伍建设和完善，同时加强基层护林员的培训演练。突出抓好应急体制机制的完善和规范，专门制定《关于进一步健全森林火灾处置工作的实施意见》；做好应急准备，成立由50人组成的县森林消防大队，由150人组成的县半专业扑火队，由480人组成的16支镇半专业扑火队；并建立镇与镇、村与村联防联扑机制，确保发生山火能及时扑灭。按照“四不放过”（火因不查清不放过、有关责任人不处理不放过、整改措施不落实不放过、整改效果不明显不放过）原则抓好森林火灾案件查处，对工作人员失职、渎职的将按有关规定追究责任。全年县、镇查处违规用火案件10宗，行政处罚金额4.2万元。

【林业产业化】 2014年县林业部门大力发展油茶产业。积极贯彻落实市政府《关于大力发展油茶产业的意见》，认真落实韩江上游油茶产业带国家项目，引进有实力的公司在横陂、潭下、梅林等地种植油茶2万多亩，解决附近农村富余劳动力就业、增收问题。大力发展珍贵林木和林下产业。鼓励社会力量投资种植檀香、沉香、降香黄檀等珍贵林木，林下种植铁皮石斛、巴戟、牛大力、砂仁等经济作物，带动民众耕山致富。引进10多家公司分别在全县租赁山地2000多公顷，发展珍贵林木和林下产业1300多公顷。大力实施科技兴林。倡导“不砍树能致富”的耕山理念，实施科技兴林，打造“青山常在，财富涌流”生态产业。省林科院在益塘水库规划建设333.3公顷优良乡土阔叶树种示范基地和种质资源培育基地；教授级高工亲自到五华指导科技种植，种植香樟189个品系、黎蒴181个品系共66.7公顷。通过推广营造优良乡土阔叶林，改纯松林为阔叶林或针阔混交林，提高森林自身抵御病虫害和山火的能力。

【山林纠纷调解】 2014年，县林业部门对来信来访及民生热线反映的问题，做到来信必复、来访必答，答复来访120多人次，来信20多件；受理各类山林纠纷案件15宗，接待上访群众191人次。

【机关事务工作】 2014年，县林业部门积极协助省林业厅在五华县召开“全省造林备耕和森林抚育现场推进会”，赢得上级领导的充分肯定和人民群众广泛好评。认真做好机关内务管理，营造干净整洁办公环境。健全规范各项规章制度，做到用制度来管人、管事。严格做好文秘管理工作，确保资料、文件撰写、收发准确严密。认真做好干部档案审核、权责清单

2014年9月3日，全省造林备耕和森林抚育现场推进会在五华召开

整理和财务等工作，切实为干部群众服务，确保机关各项工作正常运转。

（刘向东　李展雄）

县林业局2014年度负责人名录

局　长：龙谨平

副局长：严兰芳（任至1月）

张新辉　张锦清

李志环（任至4月）

林锦森　张育中

森林公安分局局长：李志环

纪检组长：李建斌

党组成员：万仕林

水　务

【简况】 2014年，全县完成水利投资4.2亿元，对比上年增加28.5%，主要重点工程项目有：县城水中堤、上坝堤升级改造工程和澄湖堤应急护岸工程和县城污水处理厂二期工程，省级水利建设示范县、18宗农村水电增效扩容、益塘水库农业水价综合改革示范、琴江双华段治理以及琴江河横陂段治理等工程。

【防汛工作】 2014年，全县降雨量比常年同期偏少两成，全县防汛形势基本稳定，未出现大的灾情和人员伤亡事故。基层三防能力建设不断加强，实现所有乡镇视频通话和预警信息实时接收，落实乡镇汛期24小时值班人员，组织多场镇村防汛责任人培训、防汛应急演练、群众转移避险演练和冲锋舟驾驶技能培训，筹资添置抢险冲锋舟10部、橡皮艇8艘以及救生衣、木桩、钢管桩、编织袋等抢险物资一大批，并在华城、安流、梅林等防汛重点镇建立防汛物资储备仓库。基本完成2013年“8·17”洪灾241宗水毁工程的修复工作。

【省级水利建设示范县工程】 2014年，全县121宗省级水利示范县项目进入收尾阶段，除2宗内涝区整治、1宗中小河流治理、6宗中小型灌区以及5宗机电排灌改造工程未完工外，其余107宗工程基本完工，完成工程投资6.54亿元，完成计划总投资的83%。

【县城重点水利工程】 2014年，县水务部门投入9200万元，高标准高质量完成水中堤、上坝堤升级改造工程和澄湖堤应急护岸工程，县城防洪能力不断提升，交通网络进一步优化。总投资5500万元的县城污水处理厂二期工程建成投入试运行，总长4.8公里的污水配套管网全面完工。

【山区中小河流治理】 2014年，县水务部门积极向省水利厅争取，全县有32条、总长为415公里的河流（河段）纳入山区中小河流治理范围，其中琴江河横陂镇下游段治理工程和小都河治理工程作为省山区中小河流治理工程的试点段率先动工建设，清障、清违工作基本完成。

【农村饮水安全工程】 2014年，县水务部门通过开展整改、督查，全县农村饮水安全得到有效改善，全县农村饮水安全工程完工率99%，验收率90%。至此，全县农村饮水安全工程全面完工，有效解决全县35万多农村群众饮水不安全问题。

【农村水利工程建设】 2014年，全县有

15宗小型病险水库除险加固工程，主体工程完工14宗，10宗小型灌区改造项目基本完工，其中完工验收有9宗、正在扫尾1宗。22宗中小型灌区改造项目顺利推进，其中益塘水库灌区改造工程完成投资7500多万元，占项目总投资90%，东方红和岩前水库灌区改造工程开工建设，19宗小型灌区完工14宗，5宗加快推进。

【水库移民后期扶持项目】 2014年，县水务部门投入水库移民后期扶持资金1109万元，基本完成846户3455人大中型及小型水库移民的扶持项目，移民群众生产生活条件不断改善。

【水土保持】 2014年，全县水土保持总投资9284万元，完成治理水土流失面积36平方公里，办理水土保持方案审批3宗，征收水保补偿费29万元，调解水保纠纷案8宗，制止水保违法行为10宗。通过综合治理，有效控制水土流失，改善生态环境，对促进全县水土保持生态环境建设起到积极作用。

【农电工程建设】 2014年，全县40宗列入水利示范县项目的农村中型及重点小型机电排灌工程有37宗基本完工，完工验收19宗；概算总投资4559.3万元的18宗农村水电增效扩容改造工程，总体进度超过40%，完成工程概算投资50%；投入6350万元完成2013年“8·17”洪灾9宗电排站、15宗电站和3宗水闸工抢险修复工作。

【供排水工作】 2014年，县水务部门争取县政府支持，县供排水管理中心于9月正式成立，县城供排水实现一体化管理。全年县自来水总公司售水量1160万立方米，对比上年增加15%，县污水处理厂完成污水处理量810万吨，圆满完成年度减排任务。

【依法治水】 2014年，县水务部门顺利完成27个可采区河道采砂开采权公开出让。全面加强河道采砂执法监管，全年组织多部门联合执法26次，出动执法人员1300多人次，依法取缔非法采砂点45个，扣除非法采砂工具78台（套）。深入开展打击县城私采地下水行动，查封非法取水设施55套，县城供水量每月增加8万立方米。河道“三清”（即清於、清障、清水）工作有序推进，实施方案已经县政府批准。水土保持监督管理工作扎实推进，顺利通过全国第二批水土保持监督管理能力建设县验收。加大违规小水电站治理力度，强制叫停6座违规小水电站建设，确保电站防洪和运行安全。

【水利行业管理】 2014年，县水务部门以落实“三条红线”控制措施为目标，加快水资源监管信息平台建设，大力加强益塘、桂田等大中型水库的水源水质管理，严格取水许可审批，最严格的水资源管理制度得到有效落实。深入开展“水利管理年”活动，健全完善各项工程建设管理制度，突出抓好工程质量、建设程序、资金使用等关键环节的监管。工程前期设计质量不断提高，设计理念不断创新。工程质量监督、监理工作有序开展。水利储备项目有新突破，总投资8.26亿元全县31宗中小河流专项整治列入省级水利实施计划，拟在五年内分段实施；梅江五华段治理工程前期工作进展顺利，初步设计已报省水利厅；投资2900万元的蕉州河治理工程正在开展工程招投标准备工作。

【水务队伍建设】 2014年，县水务部门认真组织学习贯彻党的十八大和十八届四中全会精神，深入学习习近平总书记系列重要讲话精神，在思想上政治上行动上同党中央保持高度一致。扎实开展党的群众路线教育实践活动，围绕“为民务实清廉”活动主题，聚焦“四风”突出问题，深入排查问题和落实整改措施，建立健全各项工作制度和管理制度，调整清理办公用房、清查“吃空饷”、规范公务用车等专项治理扎实有效，同时将教育实践活动与具体工作相结合，想方设法，着力解决联系群众最后一公里问题和群众关心热点问题。有效落实党风廉政建设主体责任和监督责任，不断加强局机关和局属单位廉政建设，强化水利工程建设管理、河道采砂、水库移民等领域的廉政风险防控。 （陈 勇 刘超）

县水务局2014年度负责人名录

局 长： 张少凡

副局长： 张德祥 李国青 黄敬阳 温友君 蔡 文

总工程师： 何定标

供 电

【简况】 五华供电局于2007年8月由广东电网公司正式接管，成为广东电网公司的全资子公司。2014年，县供电局供电辖区覆盖面积为3238.9平方公里，供电户数28.1万户。设有办公室、人力资源部等9个职能部门及输变电管理所、物流服务中心等3个二级机构，下设16个供电所、29个供电营业网点，担负着全县16个镇区的供用电管理工作。全年完成购电量6.51亿千瓦时，比上年增加18.44%；完成售电量6.00亿千瓦时，比上年增加18.69%；完成供电成本2.44亿元，比上年增加7.38%；实现净收入3.44亿元，比上年增加19.29%；当年电费回收率为100%。供电可靠率99.96%，比上年提高0.06%；用户平均停电时间为3.3小时，比上年减少4.7小时。

【安全生产管理】 2014年，县供电局加强现场督察工作，全年开展安全督查1253次，未发现不合格“两票”；对大型施工作业及风险较高的作业进行全过程管控，定期检查安全工器具健康状况和召开安全生产分析会，从最基本的环节上保障一线员工的安全。狠抓风险辨识和风险过程管控，设备紧急、重大缺陷及时消缺率100%；认真开展安全生产大检查，完成190多处安全隐患整改，安全生产风险得到有效预防和控制。全年未发生生产、基建方面的人身、电网、设备和车辆交通事故，未发生恶性误操作事故，实现全年三个百日安全周期，连续安全生产1096天。

【电网建设与改造】 2014年，县供电局全面开展“十三五”电网规划，主动对接政府编制完成丰华兴梅产业集聚带电网建设推进方案，稳步推进园区电力设施基础建设，促成河东生态园区建设和香雪制药五华生物医药产业园项目落户。110千伏安流至龙村Ⅱ回线路工程获评为“广东省电力优质工程”；狮潭变电站和枫林变电站已进入土地预审、项目环境评价、线路路径批复等前期工作阶段。按照县委、县政府部署，完成汕湛高速公路、环城大道、亲水公园2期、华阳华南桥、工业园、下坝河堤、长乐大桥改造建设及全县多处中小学学校“创强”涉及的线路迁移改造。转水镇10千伏青西线王洞配变台区改造工程被评为2014年梅州供电局“安全、优质、文明”样板工程。投资4058万元对“应改未改”台区进行全面升级改造，农村低电压和重过载问题得到进一步改善。全年完成中低压配电网基建预安排项目13个，总投资908.28万元，架设10千伏线路9.78千米，新增配变9台，容量1410千瓦；低压配电网台区12个、低压线95.57千米、无功补偿390千米。完成岐岭镇3个自然村小水电自供自管接管工作，实现抄表到户。

【企业经营管理】 2014年，县供电局经营管控更加精细。完善预算管理模式和流程，巩固和完善经营协调会议机制，加强经营目标精益化管理，完成新建配网工程财务决算工作，实际完成投资7076万元，及时转增资产6547万元。严格控制四项成本费用，对比上年减少17.88万元。增强保险赔付管理，收回“尤特”和“天兔”台风灾害保险赔款709.10万元。完成企业所得税汇算清缴和农村电网维护费免征增值税、电网新建项目享受“三免三减半”减免税申报备案工作，为企业减免税372.21万元。经营管控能力进一步提高。充分利用线损四分平台，将线损率在大于12%台区作为2014年的降损工作重点，有针对性寻找和解决线损管理过程中存在的问题，大于12%台区从年初的50台降至0台，台区累计线损率为5.67%，比上年下降0.06个百分点。加强警企联合整治用电秩序，在全县范围内开展地毯式用电大检查，查获窃电及违章用电32宗，补收电费及违约金18.68万元；查处高价低接、私自增容等违约用电行为7宗，补收违约电费4.49万元。

【优质服务】 2014年，县供电局坚持以“客户满意”为出发点、落脚点，为省、市、县重点规划、招商引资项目工程开辟业扩绿色通道，专门设立大客户经理全程跟进，采取边申报边实施办法，快速、高效满足客户用电需求，客户满意度达到71分，对比上年提升7分。按照梅州局统一部署，完成新桥、大田等9个营业厅升级改造工作，满足现代化营业厅功能需求。扎实开展节能服务工作，主动向客户提供节能咨询、节能诊断等增值服务措施；多渠道宣传“微节电、大改变”理念，在辉胜达电器股份有限公司、五华国际大酒店两家民营企业开展节能行动。组织开展新建住宅项目供配电设施建设维护管理工作，全县有7个新增房地产项目符合规定，其中御景花园和明华花园二期签订《供配电设施建设合同》，并缴纳第一次建设费。　（张广燕　刘炽辉）

广东电网梅州五华供电局2014年度负责人名录

局　长：曾建文

党委书记：谢伟才（4月任）

副局长：曾向平　邓园铭（任至4月）

李焕标　田　康（4月任）

李　根（6月任，挂职）

气　象

【气候概况】 2014年，五华县气候特点：气温比历年平均偏高，降水量偏少，日照偏多。

气温　年平均气温21.8℃，比历年平均气温偏高0.4℃。年极端最高气温37.7℃，出现日期为7月31日；年极端最低气温0.5℃，出现日期为1月23日；2月和12月气温偏低，

2月气温偏低1.0℃，12月气温偏低1.2℃；4月、6月、9月和11月气温偏高，其中4月、9月和11月气温偏高1.0℃以上；其余月份气温正常。

降水 年降水量1378.6毫米，较历年平均偏少10%，其中汛期（4—9月）降水量1094.0毫米，占全年降水量的59%，其他月份占全年降水量的41%。降水分布不均匀，3月、5月和6月降水量明显偏多，分别比历年平均偏多20%以上。其余月份降水偏少，1月出现微量降水；10月降水量偏少，比历年同期少96%。

日照 年日照时数1918.7小时，比历年平均偏多3%。5月、11—12月日照时数明显偏少，分别比历年平均偏少2—4成左右；1月、4月和7—10月日照时数分别比历年平均偏多1成以上。

台风 全年影响广东的台风有4个，其中6月15日在汕尾登陆的台风“海贝斯”是本年度最早登陆广东的。

【防灾减灾】 2014年，五华县突发事件预警信息发布中心（简称“预警中心”）平台建设工程圆满完成。预警中心于2013年年底获批成立，为正股级事业单位，预警信息发布平台按照《广东省市县级突发事件预警信息发布中心建设指导性意见》中二模进行建设，本着合理利用、整合资源、简单实用原则，在五华县气象综合探测基地调整出300平方米的业务用房用于发布中心的建设。平台建设以“报得早、审得快、发得出、传得畅、收得到、用得好”为标准，按照“五区六岗”功能要求进行设计，实现自然灾害类突发事件预警信息和其他信息的快捷发布。2014年，县气象局继续加大力度抓好防灾减灾安全监管工作，严格执行相关法律、法规，规范开展防雷减灾工作。加强与县安监局、住建局、经信局、公安局等单位的沟通与合作，对全县雷电灾害防御重点区域（大型建设工程、重点工程、爆炸和火灾危险环境场所）进行雷电防护安全监督检查和事故隐患排查，把雷电事故隐患消除在萌芽状态。通过开展防雷安全大检查，提高各单位防雷安全意识，特别是增强易燃易爆、人群集聚场所等重点单位防雷安全意识，对保证防雷安全起到积极的促进作用，营造良好社会防雷安全氛围，取得良好社会防雷安全效果。

【气象服务】 2014年，五华气象局认真履行职责，毫不松懈加强气象灾害监测预警，及时准确发布天气预报、气象灾害预警预报等，加强部门联动，做好气象灾害预报服务工作，圆满完成春运、春播期及汛期的气象服务工作。全年制作《重大气象信息快（专）报》34期，为县委、县政府科学决策提供依据。继续加强与县国土资源局合作，全面开展地质灾害预警信息发布工作。全年发布地质灾害预警信号短信33次，短信受众163779人次。与农业局联合制订《五华县开展面向新型农业经营主体直通式气象服务工作实施方案》，建立信息共享制度、拓宽气象与农业合作领域、开展联合会商、开展农业气象灾害联合调查评估等服务内容，为家庭农场、专业大户、农民合作社、产业化龙头企业等四大类新型经营主体提供直通式服务。贯彻落实《广东省突发气象灾害预警信号发布规定》《关于建立教育系统应对台风暴雨停课安排工作机制的通知》等文件精神，与县教育局共同制定应对台风暴雨停课工作的相关机制，加强台风、暴雨等恶劣天气下停课工作的联动水平。全年发布预警信号85次，其中台风白色预警信号1次；高温黄色预警信号9次、橙色预警信号1次；暴雨黄色预警信号7次、橙色预警信号6次、红色预警信号1次；寒冷黄色预警信号7次、橙色预警信号6次；森林火险黄色预警信号7次、橙色预警信号3次、红色预警信号1次；雷雨大风蓝色预警信号31次；大雾黄色预警信号3次；灰霾黄色预警信号1次。

（张志榕　黄　媚）

县气象局2014年度负责人名录

局　长：赖富成

副局长：钟美英

烤烟办

【简况】 2014年，全县落实12个镇（水寨、郭田、梅林、龙村镇等4个镇未安排种植）86个村种烟，与366户烟农签订烤烟生产种植收购合同，合同种植面积988公顷，全县收购烟叶191.2万千克，平均烟叶收购价格1256元/50千克，烟农种烟收入4806.9万元，烟叶创税1057.53万多元，烤烟生产促进县、镇的财政收入，增加村级集体经济和农民收入。其中种植面积较大，收购烟叶数量在15万千克以上的镇有：安流、河东、岐岭、棉洋、横陂、潭下等镇；交售烟叶5万千克以上的村有：联岭、华源、林石、枫林、荷梅、红光、三江、源潭等8个村。

【科技兴烟】 2014年，烤烟种植实施100%漂浮育苗、机械化起垄覆垄、一次性施肥、地膜覆盖栽培、化学抑芽、成熟采摘、三段式科学烘烤等技术措施。县烤烟办重点抓如下两项技术措施推广应用：一是继续把优化烟叶结构作为中心任务来抓，突出卷烟品牌原料需求，按照“下2上2”工作要求，在正常留叶数基础上，认真抓好顶叶和脚叶不适用鲜烟的剔除及销毁工作。二是针对全县烟区土壤严重偏酸及结构不良问题，由烟叶综合服务合作社统一采购有机肥、生石灰按标准足量、及时、准确供应给农户，并指导农户进行施用，调节土壤结构及酸碱度。生石灰施用效果明显，全县普通花叶病、黑茎病病害面积大大减少，烟叶产、质量水平得到提高。

县烤烟办主任曾国清与县烟草专卖局局长温妙善等检查烤烟基地　（张俊杰　摄）

【烟基建设】 2014年，烟基建设项目36项，烟草行业投入资金合计390.41万元，其中：建设沟渠13条，总长8.85公里；建设机耕路1条；新建2.7米×8米密集烤房19座；购置育苗播种机3台（套）。

【烟叶收购】　2014年，全县设烟叶收购站（点）9个，从6月25日开始开磅收购，至8月24日收购结束，收购干烟叶191.2万千克，平均单价12.56元/500克，对比上年增加8%。其中上等烟106.2万千克，占收购比例55.52 %；中等烟79.5万千克，占收购比例41.56 %；下低等烟5.6万千克，占收购比例2.91 %。收购过程中，各收购站（点）依时开磅收购烟叶，遵照国家烟叶收购规程，严格按烟叶种植合同收购烟叶，100%执行烟叶预检制度；坚持烟叶国家标准，实行挂样对样微机收购，做到"公平、公正、公开"收购，烟叶收购秩序良好，依法依规、按时按质按量完成收购任务。（张俊杰）

县烤烟办2014年度负责人名录

主　任：曾国清

副主任：张俊杰

邓炼中

（1月任）

蓄能办

【进场公路建设】　2014年7月，全长7.86公里的进场路面硬底化工程已全线完工。完成一标、二标、进场公路结算，三标结算正在进行。

【移民安置规划大纲】　2014年8月，水电水利规划设计总院会同广东省水库移民工作局在广州市主持召开移民安置规划报告审查会，会议基本同意《广东梅州抽水蓄能电站移民安置规划报告》。根据12月5日广东省人民政府法制办公室《对审批〈梅州抽水蓄能电站建设征地移民安置规划大纲（审定本）〉问题的意见》（粤府法函〔2014〕1318号）要求，五华县政府补充完善移民安置规划大纲移民意愿调查相关说明材料，并于12月29日上报广东省政府。

【移民安置规划报告】　2014年12月12—13日，水电水利规划设计总院会同广东省水库移民工作局在广州市主持召开移民安置规划报告审查会，会议基本同意《广东梅州抽水蓄能电站移民安置规划报告》。

【移民安置点建设】　至2014年3月，横陂三坑移民安置点和龙村断掌凹安置点完成征地54.5公顷（横陂镇仍有2公顷山地未征用），拨付征地款2000万元。县蓄能办主动配合中南院完成移民安置点的电力、广播电视、通信和供水等4个规划设计方案，并予以确认意见；对移民安置房进行初步规划设计，按移民政策人均占地面积18平方米、建筑面积

2014年11月6日，市委黄强书记到龙村镇黄狮村现场调研梅蓄电站相关工作

20平方米，分为大、中、小户型，待征求调峰调频公司、中南院和移民代表意见后，将确定建筑类型和面积。

【筹建期工程征地】 2014年12月28日，五华与调峰调频公司签订《广东梅州抽水蓄能电站筹建期工程征地补偿协议》，随后组织县、镇、村工作组30人，进村入户开展筹建期88.3公顷的征地工作，其中涉及过渡安置9户49人。完成水田、旱地征地4.7公顷，正在勾图丈量80公顷林地，形成临时过渡安置方案，筹建期征地工作进展有序进行中。

（周 勇）

县蓄能办2014年度负责人名录

主 任：古伟炎

副主任：古子春 钟 威

国 内 贸 易

供销合作社

【简况】 2014年，县供销合作社下辖福华供销百货、华保再生资源、农资有限公司、烟花爆竹专营公司及基层供销社19个，中心基层社2个，有干部职工1032人。按照省、市社工作会议精神和县委、县政府的中心工作，坚持发展为第一要务，以全国总社建社60周年为契机，锐意改革增活力，创新经营谋发展，围绕“服务三农”的思路，积极开展组建农民专业合作社的建设工作，打造“四大网络”在促进农业增效、农民增收、农村繁荣，保持经济平稳较快发展工作中取得一定成效。各项经济指标完成呈平稳增长态势，全年完成商品总购进5.09亿元，比上年增长14%，其中农副产品购进4860万元，比上年增长30%；完成商品销售6.22亿元，比上年增长21%，其中农业生产资料销售2.38亿元，比上年增长31%；完成利润实绩45万元，比上年增长42.2%。

【推进组织建设，组建农民专业合作社】 2014年，县供销社有序开展组建基层中心供销社，将梅林社并入安流中心社。将日杂公司重组成立五华县华保再生资源有限公司，土产公司重组为福华百货供销有限公司，进一步整合资源，增强基层发展后劲。因地制宜，结合实际、组建农民专业合作社，新组建农民专业合作社6家。积极开展农民专业合作社的申报和项目资金等各项工作，申报2013年度广东省供销社系统示范专业合作社6家。

【支持配合梅州市供销社电子商务平台建设】 2014年，县供销社按照市社关于做好电子商务平台网站要求，积极支持配合做好市社建设电子商务平台建设。切实解决供销系统企业农民专业合作社农产品难卖的实际问题，提升产品品牌影响力和知名度，由市社选定一批国家级、省级示范农民专业合作社在市社网站电子商务平台展示。完成组建电子商务平台2批次47家。

【“重源牌”人粪有机肥推介、销售】 2014年，县供销社按照上级社要求和下达任务数，积极动员县农资公司和各基层社支持配合，大力拓宽销售渠道，推进“重源牌”人粪有机肥销售工作，服务耕山致富，助农业增效，助农民增收。全年完成人粪有机肥销售77吨。

【党的群众路线教育实践活动】 2014年，县供销社总支部高度重视党的群众路线教育实践活动，广泛动员，备足学习资料，注重在调研中听取意见，解决问题。坚持联系点制度，敞开大门听取意见，先后3次向县社全体党员及下属公司党支部及党员群众征求意见建议，发放各种表格100份，访问党员群众10多次，收集意见建议21条，其中：领导班子11条，领导成员10条，为教育实践活动的深入开展充实内容，为县社领导班子及领导班子成员查找“四风”突出问题提供帮助，使“四风”积弊得到有效整治，党员干部作风明显转变。根据收集到意见和建议、谈话谈心过程中互相指出问题，开展整改落实，建章立制工作，努力使党的群众路线教育实践活动成为群众满意的工程，实现县供销社党总支部党风、政风明显好转。全社党员思想认识和宗旨意识明显强化，党员干部的工作作风有明显的好转，精神风貌明显提升，党群、干群关系明显改善，工作能力进一步提升。

【扎实推进“创卫”】 2014年，县供销社班子和干部职工坚持每周末到西河街责任区打扫卫生，深入水寨镇上坝村第十六村民小组和网格化管理责任街华建街，现场办公解决有关问题。在办公经费相当困难之下，累计投入资金2.38万元推进“创卫”工作，其中1.6万元用于支持上坝村第十六村民小组的创卫经费。华建街卫生得到较大改善。

（丁文茂）

县供销社2014年度负责人名录

主　任：李载斌

副主任：温寿聪　魏洪伟（1月任）

粮食储备管理

【粮食安全生产】 2014年，县粮食局贯彻“安全第一，预防为主、综合治理”的方针，认真落实安全生产和消防安全责任制，签订《安全生产责任书》和《消防安全责任状》，经常检查督促，发现问题，及时处理。落实粮库消防重点单位的网上户籍化管理及上报日常防火检查情况，抓好安全生产和消防安全教育，严格遵守安全生产规章制度，遵照各项操作规程，加强粮食熏蒸药剂管理，落实粮食熏蒸、消防和用电安全防护措施，明确消防安全责任区，责任到人，确保粮食安全生产。

【粮食储备管理】 2014年，县粮食局严格执行《广东省省级储备粮管理办法》《广东省省级储备粮仓储管理暂行规定》《广东省省级储备粮代储管理实施细则（暂行）》《梅州市地方储备粮管理办法》《五华县粮油仓储企业规范化管理规章制度汇编》和《储粮安全“一岗双责”》等规章制度，以制度管理员工，提高粮油仓储企业规范化管理水平。依靠科技进步，积极应用“双低”储

2014年2月25日，县粮食局召开党的群众路线教育实践活动动员大会 （李志华 摄）

粮、“熏蒸压线槽密闭线”、机械通风、电子测温、环流熏蒸等技术，提高粮食品质，减轻保管员劳动强度，节约保管费用，提高仓储效益。对本年粮食仓储的仓房号、账、卡、簿进行更换，各级储备粮油做到专仓储存、专人保管、专账记载，账、卡、牌、簿和上报报表使用登记规范，库存账务规范，达到“一符三专四落实”的管理要求。精心组织春秋两季粮油安全普查，通过省、市粮食局多次检查鉴定:全县库存储备粮油的账务管理规范、准确，达到账账相符，账实相符，实现连续34年“一符四无”粮仓县目标，确保各级储备粮油“储得进、管得好、调得动、用得上”。

【粮食轮换】 2014年，县粮食局按照县级储备粮油轮换文件规定要求，做到有计划、有步骤、有措施，手续完备，规范管理。1月，县级储备粮经县人民政府华府函〔2014〕10号文批准，轮换早籼三级稻谷2430吨；6—7月，轮出稻谷2430吨；至9月1日，按时按质按量顺利完成入库新粮稻谷2430吨。6月，完成轮换县级储备食用植物油60吨任务。

【粮仓建设】 2014年，县粮食局通过全县粮库整合，只保留横陂粮库，有仓库3座，容量19766吨，保证各级储备粮油数量。投入5万元用于横陂粮库仓库的天桥不锈钢防护栏、熏蒸压线槽的建设和购置一批仓库器具等，有效改善储粮条件，提升储备库功能，为科学安全储存粮油打下良好基础。

【军粮供应】 2014年，五华县军粮供应站因水寨中学河堤改造需拆迁，军粮供应站迁移到县粮食局办公楼一层作为办公场所。5月，开始正常营业，有效改善军粮供应办公条件。县军供工作担负着驻华武警中队、消防大队、部队官兵粮油豆面供应。县粮食局认真贯彻执行国务院、中央军委和省、市、县军粮供应政策和规定，严格按照军粮供应管理工作要求，军供粮油质量达到安全标准，财务制度健全，保障供给，按时保质保量完成军粮供应任务。同时积极开展双拥共建活动，军粮供应工作受到驻华部队一致好评，做到让部队满意、政府放心。

【粮食窗口管理】 2014年，县粮食局按照县行政服务中心窗口有关工作要求，抓好县行政服务中心粮食局窗口规范管理，窗口人员热情接受申请人办理“粮食收购许可证”咨询，讲明申请人的条件及申请人能通过粮食局窗口网上申请，并提交《广东省粮食收购资格申请（备案）表》和有关申请材料，通过受理、承办、审核、批准，最后通知办结，达到网上办理。

【粮食资产管理】 2014年，县粮食局全面掌握国有资产现状，认真做好清理核查和管理使用工作，加强对闲置资产租赁管理，确保国有资产安全。（李志华）

县粮食局2014年度负责人名录

局　长：曾志勇

副局长：陈春光　朱　江　李献良

纪检组长：饶建华

烟草专营

【简况】 2014年，五华县烟草专卖局（分公司）围绕省局“12253”和市局打造“四个梅州烟草”工作要求，以开展党的群众路线教育实践活动为契机，扎实抓好各项工作落实，促进企业持续稳定健康发展。全年实现销售收入总额8.29亿元、毛利2.09亿元、税利2.06亿元，对比上年分别增长5.38%、17.40%、23.75%。

【烟叶生产】 2014年，五华县烟草专卖局（分公司）以建设现代烟草农业建设为目标，以维护烟农利益为突出重点，以稳定烟叶规模为首要任务，认真做好烤烟生产宣传发动、田间管理、专业化服务、优化结构、烟基建设等工作，深入开展现代烟草农业建设，提升全县烟叶工作水平。一是做好烟叶种植收购合同签订，与366户烟农签订种植收购合同，合同种植面积988.1公顷。二是按照合同供应标准做好烟用物资产前销售供应。三是抓好合作社建设，统一专业化作业流程和服务标准。四是抓好烟叶生产田间管理，扎实推进优化烟叶结构工作。五是抓好烟基建设，全县完成新建密集式烤房19座、购置农机具3台；水利、机耕路项目基本完工。六是抓好烟叶收购，全县收购干烟叶191万千克。

【卷烟营销】 2014年，五华县烟草专卖局（分公司）坚持规范管理，以零售终端建设为重点，做好卷烟营销各项工作。一是促进卷烟销售平稳增长。全年销售卷烟16.58亿支，完成年度计划100.47%；实现卷烟销售收入7.31亿元，对比上年增长5.65%；实现销售毛利1.81亿元，对比上年增长6.15%。二是积极推进现代卷烟零售终端建设。全县终端建设完成342户，顺利完成年度目标。三是把握市场需求动向，切实提高品牌培育水平。先后重点抓好七匹狼、贵烟、黄鹤楼、娇子、金圣、双喜、黄山等品牌培育，促进品牌在全县销量提升。四是抓好配送流程和日常安全管理，确保卷烟配送工作规范、安全运行。五是提高客户经理拜访客户意识和能力。

【专卖管理】 2014年，五华县烟草专卖局（分公司）加大卷烟打假、打私、打非和卷烟市场清理整顿力度，切实加强队伍建设，不断完善各项制度，努力提高工作水平，为全县“两烟”生产经营保驾护航。一是加大烟草专卖法律法规宣传教育力度。全年出动宣传车辆141辆次，人员1330人次，张贴宣传标语142条，悬挂宣传横幅24条，更新宣传牌16幅，广播电视宣传5天，举办现场咨询会1次。二是加强证件管理，严把市场主体关。全年新办烟草专卖零售许可证187户，延续260户，变更20户、补办11户，歇业注销134户。三是主动联合公安等职能部门定期或不定期对闲置仓库等场地进行排查，严厉打击卷烟制售假活动。四是加大“两烟”生产经营各环节监管力度，大力排查内部违法违规线索，扎实推进内部专卖管理监督工作。五是扎实开展“天价烟”、非法卷烟整治等专项行动，杜绝“天价烟”问题反弹和非法卷烟流通。六是始终保持严厉打击涉烟违法犯罪活动高压态势。全县查获各类涉烟案件114宗，罚没款4.26万元。

（江钦飞）

县烟草专卖局（分公司）2014年度负责人名录

局　长（经理）：温妙善（任至10月）

副局长：江锦扬　温思胜（10月任）

副经理：温思胜　何茂科（1月任）

李远东（11月任）

盐　业

【盐政法规宣传】 2014年，五华县盐务局（公司）狠抓盐政法规和食盐加碘防治碘缺乏宣传。5月15日，由县府办组织县卫生局、盐务局等10个相关部门在县城工商银行门口举行以“科学补碘，保护智力正常发育”为主题的“五华县第二十一届碘缺乏病日宣传”现场咨询活动。派发碘盐常识宣传小单张2000份、宣传海报50张、盐罐120个、环保袋200个，现场咨询人数1400人次。

【食盐市场整治】 2014年，五华县盐务局（公司）坚持抓市场监管一刻不放松原则，大力整顿和规范食盐市场秩序，认真做好食盐市场调查，切实进行巡查访销，制订整治工作方案，明确任务要求，争取市、县各有关部门支持，部署开展市场整治行动。全年查获涉盐案件5宗，结案5宗，查获非碘盐2270公斤。

（林欢东）

县盐务局（盐业公司）2014年度负责人名录

局　长（经理）：曾伟南

副局长（副经理）：林欢东

旅 游 业

【简况】 2014年，县旅游部门深入贯彻实施市委、市政府“一园两特带动一精”和县委、县政府打造“新型工业之城、宜居长乐之乡”的发展战略，紧紧抓住省委促进粤东西北地区振兴发展大好机遇，坚持改革创新，强化全局意识，增强法制观念，大胆作为，主动作为，依托独特文化生态旅游资源，打造以“长乐古城、生态五华、养生胜地、田园山水、乡野休闲”为主题旅游品牌。密集开展全县旅游资源大调查，全力推进文化生态旅游重点项目开发建设，加强旅游安全监管和日常管理工作，强化旅游宣传推介和招商引资，推动智慧旅游建设。积极举办“五华县第二届荔枝节”和“五华县旅游美食文化周”等系列活动。全年实现旅游接待量370多万人次，旅游总收入25.5亿元，分别对比上年增长63%和69%，实现全年旅游安全和服务质量无事故无投诉。

【旅游专题调研】 2014年，市、县旅游部门围绕旅游重点工作积极开展调研活动。5月29日，市人大落实市委“五个一”工程督办组来县开展游客服务中心规划建设情况调研；6月6日，市旅游局长朱瑛带队调研五华热矿泥温泉山庄升级改造和游客服务中心规划建设情况；7月10日，县旅游局组织干部职工和部分旅游企业负责人，参加梅州市旅游产业发展辅导报告会，参观学习梅县区桥溪古韵（古村落）开发模式；7月15日，县旅游局组织相关人员调研颐星湖健康生态养生基地规划建设和广东省文物保护单位世界球王李惠堂故居；8月20日，县旅游局组织调研双华镇冰塘村生态资源和军营村县级文物保护单位——风围水口碑；9月10—11日，县旅游局组织调研龙村镇邹潜斋故居（清代大慈善家）、梅州四大才子之一的温训纪念馆、狗肚里生态农庄等项目；9月23日，县政府主要领导率相关部门负责人调研横陂美丽乡村建设情况；10月15日，县政府领导主持召开热矿泥温泉山庄升级改造工作会议，加快推进热矿泥温泉山庄升级改造；10月30日，县旅游局组织调研华城古镇、狮雄山旅游专线公路等；12月8日，县政协组织市、县政协委员调研双龙山生态休闲旅游区开发建设。县旅游局在各镇配合下，对全县100多处文化旅游资源进行分类摸底调查，创建五华县生态文化旅游资源项目信息库。全县有建筑与设施类35处，遗址遗迹类31处，生物景观类22处，水域风光类12处，地文景观类5处，其他类10处。

【旅游重点项目开发建设】 2014年，县旅游部门围绕县委、县政府关于加快推进文化旅游重点项目建设要求，全力推进旅游重点项目开发建设。7月6日，五华县重点旅游项目——双龙山生态休闲旅游区动工开发，由梅州市宝创投资有限公司计划投资12亿元独资开发。该休闲旅游区位于横陂镇南部，连贯夏阜、近江、老楼、罗陂、湖塘五个村，规划用地面积18.5平方公里（山地）。景区围绕打造“球王故居、千年古寨、双龙山水、石匠之乡”发展思路，项目包含三大类、六大功能区、35个旅游景点，计划分三期10年建成。至2014年年末，已投入资金1亿多元，完成罗陂河小流域整治（上级财政投入8000万元），主景区部分防火林带、观景林带以及部分景区道路硬底化工程基本完成，千亩油菜花基地建成。热矿泥温泉山庄升级改造工作加紧进行，由梅河高速五华华城出口至热矿泥旅游专线公路路基建设基本完成，景区道路1.6公里规划放线和景区升级改造规划正在进行。跟踪做好五州阳光温泉度假村、颐星湖健康产业园、“长乐古城”和狮雄山秦汉遗址等重点项目的跟踪推进，指导项目单位做好立项申报和争取用地指标，积极主动做好征地协商工作，推进项目工作加快发展。积极做好天堂山旅游项目，狮雄山秦汉遗址、七目嶂生态旅游区、梅州四大才子之一温训纪念馆、清代大慈善家邹潜斋故居等项目招商引资工作。加强对全县美丽乡村生态休闲旅游项目的专业指导，规范专业规划设计，加强经营管理督促检查，提高经营管理水平和服务质量。申报五华国际大酒店、华城镇湖田农家饭店、开心庄园等旅游接待单位获得本年度梅州市旅游产业发展扶持资金支持。五华国际大酒店荣获2014年度十佳旅游旅店称号。

【旅游行业管理】 2014年，县旅游局狠抓日常管理和安全督管工作，全力提升接待能力和服务质量。按“一岗双责”要求，抓严抓实旅游安全工作和质监工作，与旅游企业签订安全生产责任书，定期组织安全检查、巡查和落实节假日全天候值班制度，组织企业开展“安全生产日”活动和安全知识培训、竞赛活动，全面提高旅游从业人员的安全意识和防范能力。重点抓好旅游质量监督，及时查处旅游投诉，全年未发生旅游安全质量投诉案件。积极开展旅游技能培训，全年选送80多人次参加省、市组织的各类培训活动。积极做好旅游调查统计工作，按时保质完成年内“国内旅游调查问卷”的抽样任务，组织导游员资格的报考和导游证IC卡年审。

【旅游宣传推介】 2014年，县旅游局按照“政府主导、企业运行”模式，积极开展一系列市、县联动旅游产品宣传营销推介活动。组织开展“5·19”中国旅游日宣传咨询活动；6月20日，益塘水库旅游区举办五华县“第二届荔枝节”活动；8月29—31日，组织县内热矿泥温泉山庄和益塘水库旅游区参加广东国际旅游博览会展销活动；组织和带领旅游企业市场营销人员到重要客源地开展宣传推介20多场次；参加全市统一到潮汕揭、河源、惠州、广深珠、夏漳泉、福建、江西、江苏、浙江、陕西、海南、上海等地“引客入梅”开拓客源地宣传推介活动50多场次；协助旅游企业加大网络营销力度，建立和推广“智慧旅游”引客形态，创新旅游营销模式。积极筹措宣传推介经费10多万元与《梅州日报》、梅州网开展战略宣传合作，分期推介五华特色文化、生态旅游资源。

【五华县旅游美食文化周活动】 2014年10月1—7日，县旅游局在五华国际大酒店广场举办“五华县旅游美食文化周”活动，近

100家国内外美食企业和特色产品为市民节日增添休闲尝鲜好去处。同时，推出“我带大家游五华”活动，吸引600多名市民参加“华城古镇”“夏阜古寨”为主的文化生态休闲一日游，较好推动“一日游”旅游业务加快发展。（温巧麟）

县旅游局2014年度负责人名录

局　长：张茂华（任至1月）
陈群添（2月任，任至5月）
张国标（6月任）

副局长：刘展明　魏　芳

财 政·税 收

财　政

【简况】 2014年，县财政部门围绕“两新两特两重点”发展思路和打造“工业新城、长乐之乡”的目标任务，坚持“勤勉工作、公平待人、公正办事、廉洁理财”工作理念，牢牢把握财政工作重点，全力以赴抓收入，积极主动促发展，千方百计惠民生，强化监管促改革，圆满完成全年财政各项工作任务。全县地方公共财政预算收入完成4.31亿元，比上年增长27.85%，全县公共财政总收入实现44.92亿元，比上年增长27.78%；公共财政预算支出完成40.67亿元，比上年增长22.55%。全县公共财政预算支出加上解支出、增设预算周转金和地方政府债券还本支出，支出41.12 亿元。收支相抵，年终净结余135万元。

【全力以赴抓收入】 一是切实加强收入征管工作。主动加强与国、地税协调配合，积极介入税收征收工作，加大会商密度，挖掘增收潜力，共同解决收入征管中困难和问题，全力抓好财税收入。全年县级税收收入完成3.24亿元，比上年增长27.55%。上划中央“两税”完成1.64亿元，比上年增长3.73 %；上划省“四税”完成1.39亿元，比上年增长41.19 %。在抓好税收收入同时，完善非税收入征管措施，加大非税收入征收、检查力度，规范票据管理程序。全年非税收入完成1.08亿元，比上年增长29.1 %，增收2427万元。二是融资工作取得突出进展。拓宽融资思路，创新融资模式，破解融资难题，全力推进融资工作，全年实现融资7.14亿元（含BT融资2.30亿元）。三是土地收储效益大幅增长。树立经营城市理念，盘活闲置土地，促进土地集约利用，全力保障土地收储保障经费，全年筹集2.13亿元用于保障土地储备，全年收储土地40宗，面积69.7公顷。向市场供应经营性土地20宗42.5公顷，实现土地出让收入2.68亿元。四是争取上级支持收入显著增加。根据省财政厅项目申报改革变化方向，以省振兴粤东西北地区、原中央苏区县为突破点，深入研究政策切入点，从特殊政策方面努力争取上级支持。全年争取县级基本财力保障奖补资金1.58亿元，比上年增加9153万元，增长

137.5%。深入研究上级激励型财政政策，增强工作针对性，配合各部门认真填报各类考核数据，综合增长率位居全省前列，争取省激励型财政机制奖补资金1.61亿元，比上年增加6081万元，增长109%。同时通过各种渠道加强和省厅的沟通联系，争取一次性财力补助5500万元。

【围绕经济促发展】 一是全力推进园区建设。采取财政扶持启动，土地运作推动，向上争取促动方式，多渠道筹集资金17.71亿元，完善园区道路、绿化、供水、供电等基础设施建设。全年完成征地183.7公顷，新增平整园区土地面积90公顷，建设园区道路1.3公里，完善绿化、亮化道路3.8公里，引进落户企业6户，投资总额6.05亿元。园区全年实现产值36.60亿元，创税1.01亿元，比上年增长35.4%。二是全力扶持企业发展。充分发挥财政资金对经济发展引导、促进作用，全年筹集2350万元，加大对工业企业财政扶持力度。其中，拨付335万元用于支持中小微企业发展，促进中小企业技术创新、产业升级和开拓市场；拨付270万元用于扶持传统优势产业和战略新兴产业项目;筹集5500万元，用于重点企业发展临时周转借款，解决融资难题，加快推进工业经济结构调整，推动企业做强做大。同时积极为企业搭建桥梁，大力向上争取涉及技术改造贴息贷款、节能改造、技术创新等专项资金，全年上报项目30个，争取项目资金1.06亿元。三是全力保障重点项目建设。坚持把县城扩容提质作为推动县域经济发展重要抓手，全年筹集3.33亿元，加强城市基础设施建设，着力改变面貌、完善功能，提高县城聚集产业、吸纳人口、统筹城乡的综合承载能力。其中：拨付1.07亿元完成员瑾堤、澄湖堤升级改造和市政配套设施；拨付9290万元打通水中堤、上坝堤道路，加固和美化亮化两岸河堤；拨付3041万元用于亲水公园二期征地拆迁等费用；拨付6974万元用于城市基础设施建设系列工程建设；拨付440万元新建成水寨肉联厂；拨付825万元保障长乐大桥、蓄能电站等前期工程建设。四是全力支持重点工作开展。围绕县重点工作，多方筹集资金8448万元，保障各项工作落实推进。其中：拨付996万元用于“洁净家园、美丽镇村”及创卫工作经费；拨付安置补偿资金879万元，妥善解决种子公司转制问题；拨付921万元完成鱼苗场、科研所整体搬迁；拨付260万元用于整治县城机（电）动三轮车；拨付839万元用于信访维稳专项支出；拨付4553万元确保市七运会等其他方面工作支出需求。

【千方百计惠民生】 2014年，县财政部门坚持公共财政向民生倾斜，全年投入民生领域资金31亿元，占公共财政预算支出76.3%。一是惠及城乡，“三农”工作成效明显。农业基础设施更加完善。围绕农业综合开发项目，投入资金1800万元，改造中低产田1013.3公顷；拨付5760万元，全面完成高标准基本农田3200公顷建设任务；切实利用好一事一议奖补资金1248万元，在全县59个村实施8个项目，建设灌溉水圳、路灯亮化等一批农村公益事业，受益群众超18万人。碳汇造林面积不断扩大。高标准、保质量推进碳汇造林工作，投入资金6800万元，完成碳汇造林8920公顷，新建提升景观林带50公里，建设水源涵养林2000公顷。水利示范县建设项目加快实施。投入资金1.6亿元，修建堤围2.6公里、灌溉水渠121公里，增加灌溉面积6306.7公顷，全面推进18宗农村水电增效扩容工程。惠农政策有效落实。通过“一卡通”直发模式，发放生态公益林补偿资金3184万元，补偿面积11.53万公顷；发放危房改造补助资金4300万元，补偿农户4300户；发放水库移民补助495万元，补助农户1.3万人。全年发放各类补助资金1.2亿元。二是关注民生，保障力度不断加大。困难群体补助标准得到进一步提高。对底线民生倾尽全力保障落实，确保困难群体基本生活。全年拨付1.35亿元，将城乡低保从每月116元、245元分别提高至148元、334元；拨付2201万元，将残疾人生活津贴和重度残疾人护理补贴标准分别提高至每年600元和1200元；拨付500万元，将集中供养孤儿和分散供养孤儿生活补助分别提高至1150元和700元。理顺农村敬老院管理体制。拨付2580万元，将五保对象人均供养标准提高至每年5897元；拨付50万元，完成农村敬老院工作人员的清理和续聘，保障敬老院良性运行。底线民生资金实现社会化发放。将优抚、百岁老人补助、医疗救助等民生资金全部纳入社会化发放，确保民生资金及时足额发放，全年实行社会化发放民生资金2.5亿元。就业再就业政策得到落实。规范就业培训操作流程，加强经费拨付审核。全年拨付450万元，培训劳动力12154人、转移就业27693人。三是突出创强，教育发展更加均衡。以创强为契机，建立财政投入为主、带动社会多元投入教育经费保障机制，推动城乡教育均衡发展。全面完成教育创强经费保障任务。全年筹集1.28亿元用于横陂、周江等5镇教育创强，确保教育创强通过省督导验收。进一步提高山区教师待遇。拨付7854万元，按山区教师人均每月不低于700元标准，足额配套资金，落实山区教师岗位津贴。启动华侨实验中学建设。通过BT融资模式，高标准建设现代化学校,拨付前期建设资金220万元。四是稳步改革，医疗卫生更具活力。加大公共卫生投入。拨付2200万元，加强疾病控制应急体系和基层公共卫生服务，保障城乡居民健康。不断提高医疗保障水平。拨付3.36亿元，全县城乡居民参保1208783人，基本实现全民医保。加快推动医改工作。拨付1671万元，用于补助医疗卫生机构，推进医改进程，激活基层活力。认真做好农村已离岗接生员、赤脚医生生活补助发放。全年核定农村已离岗接生员624人，赤脚医生594人，发放生活补贴1100万元。完善医疗救助体系。全年拨付1276万元，实施医疗救助4860人次，切实保障困难群众基本医疗需求。五是重视计生，保障稳定低生育水平。按照人口计生综治职责要求，积极筹措资金，保障经费投入，全面落实人口计生综合治理工作机制。加大人口计生事业经费投入。全年投入人口计生事业经费6602万元，对比上年增长7.23%，使人均计生事业经费61.6元，有效推动人口计生工作健康发展。及时拨付人口计生配套资金。对专项资金实行转账管理，确保财政资金安全规范使用，全年拨付人口计生配套资金120万元。落实计生奖励资金。拨付奖励资金210万元，奖励农村计生家庭1456人；拨付46万元落实781位农村纯二女结扎夫妻“节育奖”。

【强化管理促改革】 一是财政管理工作不断强化。加强专项资金检查。针对专项资金、一般性转移支付等，组织人员深入各单位，加强对财政资金使用等方面检查，纠正违规行为，规范财政资金使用。进行“小金库”专项治理，会同审计等部门对全县机关事业单位贯彻执行中央“八项规定”“小金库”专项治理工作进行重点检查，严肃财经纪律。提高资金使用绩效。规范对财政支出项目管理，增强绩效评价观念，全年对使用省级专项资金的10个项目进行绩效自评，自评资金1023万元。介入重点项目建设管理。全程参与重点项目建设资金管理，加强审核评审，不断扩大投资审核覆盖面，严格做好工程预决算审核。全年审核工程项目478个，送审造价9.73亿元，其中：预算项目67个，送审造价6.52亿元；结算项目411个，送审造价3.21亿元，核减1900万元，核减率5.90%。建立完善国有资产信息管理系统。对全县173个行政事业单位资产以“一物一卡”形式，从使用、调拨、处置、登记和年检等各个环节进行信息化管理，摸清全县国有资产家底，涉及资产总额27.94亿元。二是财政改革深入推进。积极推进财政体制改革。认真按照上级部署要求，结合实际，扎实推进财政各项改革。加强预算编制改革，细化预算科目，将预算细化到“项”级。制定《县直党政机关和事业单位会议费管理办法》《县直党政机关和事业单位差旅费管理办法》《调整县直党政机关和事业单位工作人员误餐补助等开支标准》等相关制度性文件，压缩“三公”经费等一般性支出。全年“三公”经费压减805.89万元，减幅18.4%。加大财政资金统筹整合使用力度。加强财政资金使用管理，盘活存量沉淀资金，统筹整合使用，全年统筹整合使用资金6300万元，有效发挥财政资金效益。进一步扩大国库直接支付范围。将全县所有预算单位全部纳入国库集中支付，不断加大国库集中支付力度，全年国库集中支付资金11.86亿元，对比上年增长142 %。根据全县经济发展和财力状况，继续加大政府采购范围和规模，有效节约财政资金。全年财政预算1.5亿元，实际采购额1.43亿元，节约652万元，节约率4.36%。

【破除“四风”改作风】 2014年，县财政部门紧紧抓住党的群众路线教育实践活动契机，紧扣“为民务实清廉”主题，把改进工作作风、密切联系群众、真心服务群众作为查找问题、立行立改的重点，聚焦“四风”问题，敞开大门搞活动，取得扎实成效。在教育实践活动中，局党组整改“四风”问题8个，整改关系群众切身利益问题3个，联系服务群众“最后一公里”问题3个；班子成员整改“四风”问题35个。制定完善《行政效能问责制度》等一系列管理制度，用制度管人、管事、管财，把作风建设制度化、长效化，推动财政各项工作的落实，全面提升财政干部队伍形象。 （谢运洪 钟 华）

县财政局2014年度负责人名录

局 长：张 裕

副局长：朱建芳（任至1月）

古振常（任至2月）

曾小强 曾胜良（10月任）

李红兰（10月任）

系统党工委副书记：谢广春

国 税

【税收收入】 2014年，县国税局针对全县税源结构单一，税源底子薄弱，税收增长点少，税收收入基数不断加大，完成税收收入任务压力大的严峻形势，召开多场以抓收入为主题党组会和局务（扩大）会议，分析形势，共商大计。局领导多次深入企业调研，挖掘税源增长点。全局干部职工凝心聚智，迎难而上，注重税收分析和预测工作，注重对重点税源企业监控管理工作，注重发挥稽查职能作用。通过有效的抓收入措施，确保税收收入任务圆满完成，全年组织税收入库2.92亿元，对比上年增收3078万元，增长11.78%。占市局任务2.87亿元的101.84 %，占县政府任务2.87亿元的101.85%，为建设“工业新城，长乐之乡”，实现五华绿色经济崛起做出积极贡献。

【税收征管】 2014年，县国税局把依法治税作为税收工作的灵魂和生命线，积极推进依法治税工作，税收征管质效有新提升。一是抓好绩效管理工作。积极采取有力措施，使绩效管理工作得到有效推进，2014年度被市局评为“达标”等次。二是抓好法治税务工作示范基地建设。市确定县国税局作为法治税务工作示范基地，进行重点培育，以点带面，进一步推进法治税务工作，加快法治五华税务建设。三是抓好风险评估案头审计工作。四是抓好纳税评估工作。对个别出口退（免）税企业、税负偏低行业和连续亏损企业、白酒制造行业及汽车修理修配行业的2013年纳税情况进行评估，全年补征增值税54.44万元，企业所得税3.24万元，调增442.24万元，弥补亏损147.52万元，加收滞纳金1.78万元。五是抓好出口企业管理。全年审核出口退税97笔，免抵退税额4671万元，其中免抵税额1365万元、退税额3306万元。对3家企业进行核查，其中1家为新认定出口资格企业，1家为出口增长异常企业，另1家为税负偏低企业。六是抓好增值税一般纳税人管理。对51户达标的小规模纳税人和新办企业及时认定为一般纳税人，其中：达标27户，新认定24户。并对新认定企业申请的发票最高限额进行严格把关审批。七是抓好税收优惠政策贯彻落实。全年增值税优惠3229万元，其中小微企业增值税优惠762万元，资源综合利用方面优惠38万元，简并征收率优惠470万元等。

【优质服务】 一是抓好税宣活动。借助高清视频传媒进行税法宣传。开展“便民办税春风行动”，深入企业，发放税收宣传资料，并与纳税人开展座谈，现场释难解疑，提供业务辅导。举办税收宣讲会，向纳税人宣传税收最新政策、群众最关心的税收政策以及税收优惠政策，使税法深入人心。在县局“创卫”挂钩点发放税宣及“创卫”资料，将税宣活动与“创卫”活动有机结合。增强公民依法诚信纳税意识和税务干部依法征税观念，提升纳税人满意度和税法遵从度，努力营造依法诚信纳税的舆论氛围。二是积极落实《全国县级税务机关纳税服务规范》（简称《规范》）。全局以《规范》为指导原则，严格按照《规范》要求为纳税人办理业务，规范涉税业务的办理和服务标准。加强纳税服务管理，规范业务流程。完善办税服务厅建设，大力发挥“申报纳税、综合服务、发票发售”三大窗口作用，推广“一窗式”“一站式”服务模式。优化办税流程，精简涉税资料，推行“免填单”“无纸化”办税服务。设立24小时办税服务区、新增两台自助办税终端机，提高纳税服务办事效率。2014年，县国税局被梅州市委、市政府授予“梅州市文明窗口”荣誉称号。县局纳税服务股被省妇联授予省“巾帼文明岗”。

【信息管税】 一是大力拓展网上办税，提高网上办税系统应用率和准确率，切实方便纳税人网上办税。至本年末，一般纳税人网上申报率96.39%，小规模纳税人（查账征收）网上申报率89.96%，一般纳税人网上认证率10.00%，纳税人自行认证发票率60.56%，在全市国税系统各单位处于中上位置。二是突出信息管控执法，科技监督发挥作用。依托税收执法风险防御系统（RED系统），对税收执法实行全程痕迹化动态管理，实现日常税收业务操作和风险防控同步，实现提升整体执法水平、防范执法风险效果，提高全局党员干部作风纪律执行力，全面提升工作效能，树立国税形象，为确保队伍平安稳定提供强有力纪律保障。三是积极做好金税三期上线准备工作。切实按照省、市局统一部署，制订翔实金税三期工程优化试点运行工作方案，建立相关制度，强化训练考核，集中时间、集中人力抓好双轨试运行和全量运行的测试和上报工作，在金税三期第一、二轮实际业务压力测试工作中,确保“三个到位”（用例到位、人员到位、行动到位），为金三单轨运行打下良好基础。

【队伍建设】 2014年，县国税局通过多种形式的学习和活动，不断提高队伍的整体素质。一是全力以赴抓好党的群众路线教育实践活动。严格按照上级部署，认真组织实施、扎实开展活动，取得明显成效，干部职工思想经历一次洗礼，党性修养得到提高。干部职工转变作风的自觉性和廉洁自律意识增强。在省局和市县组织明察暗访中，没有出现违纪违规问题。群众满意度显著提升，县局被中共五华县委、五华县人民政府授予“2014年度县直机关作风建设先进单位”。制度建设不断完善，先后出台《五华县国家税务局经费支出审批管理办法》等10项制度，并且对仍在实行的19项制度进行修改完善。专项整治扎实、解决问题到位。着力深化“三清三察三审”、推进“三治”，集中攻坚为政不为、为税不廉、公款吃喝、纵酒行为、慵懒散拖、培训中心等“六项治理”。全年“三公”经费支出有明显下降；公务接待经费对比上年下降47%。推动税收各项工作发展，税收收入稳定增加，纳税服务工作不断改善，队伍和谐稳定，没有发生违法违纪的人和事，风清气正的氛围正在形成。有4个单位被团省委、省国税局认定为“青年文明号”，张丽芳被评为全市国税系统“最美税务人”，被评为“广东省国税系统先进工作者”。二是广益致力打造五华国税文化。围绕省局“忠诚、法治、创新、和谐”精神和市局“方正圆融、固本拓新”精神，精心打造“石”文化展厅于本年底前正式竣工启用，全面展示五华国税人忠实履职，发扬“硬打硬，实打实”优良传统，坚守着“为人以正、为事以敬、为国以忠”优良品质，打造“硬而善、厚而实、礼而廉”核心价值观，凝聚独具五华国税特色的“石”文化。三是强化政风行风建设，切实改进干部作风。继续认真落实中央八项规定。领导干部带头落实《国家税务总局党组贯彻中央政治局八项规定的实施办法》。各职能部门认真贯彻落实《党政机关厉行节约反对浪费条例》《党政机关国内公务接待管理规定》。坚决贯彻落实总局“三个三”工作要求。制定具体实施办法、具体落实措施，大兴为民之风，服务税户、服务基层、服务大局；大兴务实之风，任务求实、干事踏实、说话朴实；大兴清廉之风，执法禁贪、服务禁懒、管理禁散。让为民、务实、清廉良好作风在五华国税系统深深扎根。全局改进基层调研方式方法，切实减轻基层和广大纳税人负担。四是大力开展春训活动。广泛开展以学习中共中央十八届三中全会精神、习近平总书记一系列重要讲话精神、党风廉政与反腐败斗争、思想作风建设等方面为主要内容的教育培训工作，组织金税三期、纳税评估业务和会计业务等税收业务培训，全年组织26期培训，参加培训学习人次1660人次。五是形式多样开展文体活动。组织各类文体兴趣活动小组，积极主动协助市局组织的寻找、评比全市国税系统“最美税务人”活动、“围龙筑梦”演讲比赛、篮球比赛以及国税文化主题征文、摄影比赛，加强文化建设，丰富干部职工精神文化生活。

（魏伟强）

县国税局2014年度负责人名录

局　长：黄泗清

副局长：江荣中　蓝永红　杨新坤　叶小明

纪检组长：陈汉球

2014年度五华县国税纳税前50名企业名录

序号	企业名称	法人代表	纳税额（万元）	备注
1	广东烟草梅州市有限公司五华县分公司	温妙善	4696	
2	五华县农村信用合作联社	谢永伟	2146	
3	广东电网梅州五华供电局	余心昌	1244	
4	广东辉胜达电器股份有限公司	周辉中	1066	
5	广东长乐烧酒业股份有限公司	卓定华	565	
6	凸版艺彩印刷（梅州）有限公司	冯基伦	874	
7	中国移动通信集团广东有限公司五华分公司	黄伟华	645	
8	仁隆电子（梅州）有限公司	林雪华	606	
9	广东创盛工贸有限公司	陈丁淳	545	
10	广东冠华传导科技有限公司	曾环坤	500	
11	广东井得电机有限公司	黄明智	413	
12	广东长乐酒业有限公司	卓定华	270	
13	广东康奇力药业股份有限公司	戴源发	249	
14	龙川兴莱鞋业有限公司五华分公司	陈育秋	248	
15	中国石化销售有限公司广东梅州五华石油分公司	彭海文	247	
16	广东富胜实业有限公司	李云凤	243	
17	广东健和包装实业有限公司	杜丽璇	178	
18	五华县永艺餐具制造有限公司	施文艺	168	
19	五华中奥实业有限公司	李金仓	164	
20	五华爱时达钟表有限公司	刘松明	159	
21	五华县恒辉工贸塑料有限公司	陈建三	153	
22	梅州市粤运汽车运输有限公司五华客运分公司	钟鸣荣	140	
23	五华合江水电站	谢接新	138	
24	中国电信股份有限公司五华分公司	李志宏	135	
25	五华龙永盛建筑材料有限公司	龙桂莲	133	
26	五华上坝水电站	周　初	123	

续上表

序号	企业名称	法人代表	纳税额（万元）	备注
27	五华县天力通信设备有限公司	李百田	119	
28	广东省五华县益塘水库管理处	刘德方	111	
29	梅州鞋美工业有限公司	林敏芳	108	
30	广东省五华县梅恒实业发展有限公司	古庚端	105	
31	梅州华扬汽车配件有限公司	于孝达	104	
32	五华裕鑫隆五金制品有限公司	李仁桂	102	
33	五华县百事达五金制品有限公司	蓝秀凤	96	
34	广东新晋炜房地产开发有限公司	戴明坚	91	
35	广东兴安医药有限公司	胡清花	84	
36	五华县华福工艺有限公司	张娟娟	77	
37	五华县学兴工艺有限公司	古耿胜	72	
38	五华县自来水总公司	廖永发	71	
39	梅州市鸿云房地产开发有限公司	李福权	67	
40	五华县富康能五金制品有限公司	胡文金	67	
41	梅州市飞吉商贸有限公司	邓新锋	64	
42	梅州市兆安民爆专卖有限公司五华分公司	廖机群	60	
43	五华县桂田水库管理所	邹国业	59	
44	梅州市泰安电机有限公司	李飞香	58	
45	五华县广播电视台	李林权	55	
46	梅州市裕福工艺有限公司	陈其翩	55	
47	广东海航乐万家连锁超市有限公司五华店	谢达胜	52	
48	广东省五华县星球焊接材料有限公司	江立新	48	
49	广东省五华县益丰五金电器有限公司	蔡信琼	47	
50	五华县莱口电站	周旭枢	45	

注：此表由县国税局提供。

地 税

【税费收入】 2014年，县地税局组织税费收入8.7亿元，对比上年增收1.79亿元，增长25.97%。组织税收收入4.96亿元，对比上年增收1.32亿元，增长36.38%，其中：中央级收入9495万元，对比上年增收3127万元，增长49.1%；省级固定收入2075万元，对比上年增收653万元，增长45.91%；省级收入1.25亿元，对比上年增收3393万元，增长37.42%；市县级收入2.55亿元，对比上年增收6044万元，增长31.04%。社会保险费等收入3.74亿元，对比上年增收4719万元，其中：社会保险费收入3.42亿元，对比上年增收3775万元；其他税费收入3270万元，对比上年增收944万元。

【税收征管】 2014年，县地税局坚持精细化管理，征管质效稳步提升。一是大力夯实征管基础。抓好重点企业、重点项目税收管理，抓严薄弱环节管理，抓细税种管理。其中以建安、房地产业为主的重点税源企业入库税款3.37亿元，占全年税收的七成。二是充分利用涉税信息。全年收到第三方涉税信息70925条，筛选有效信息428条，转化为税款1.40亿元，占全年收入的28%。三是有序推进金税三期上线。精心组织，认真准备金税三期上线工作，数据清理、业务培训、运行测试等有条不紊地进行。四是拓展信息化技术平台应用。7个分局配备使用自助办税终端机，城区分局安装使用24小时自助办税机，纳税人办税渠道更灵活。在全县范围免费推广电子办税服务厅智能办税终端，456户纳税户开通使用电子办税厅。完善房地产税收一体化管理系统，从8月1日起运行调整后最新计税基准价格。五是有效推进纳税评估。重点开展房地产、建筑安装行业，2013年增值税纳税额10万元以上纳税户和企业所得税等专项评估，评估259户纳税人，经评估补缴税款2500万元。

【纳税服务】 2014年，县地税局不断完善纳税服务软硬件，持续优化纳税服务。一是大力开展便民办税春风行动。围绕“最大限度便利纳税人、最大限度规范税务人”宗旨，制订《便民办税春风行动实施方案》，全面打通服务纳税人“最后一公里”。二是不断优化纳税服务软硬件。完成全县7个办税服务厅规范化建设，为纳税人提供更舒适办税环境；修订完善《“窗口服务之星”评选暂行办法》等纳税服务制度，加强制度落实检查；以城区分局办税服务厅获得省、市“巾帼文明岗”为示范引领，深化窗口创建活动，提升服务质量。三是税收优惠政策落到实处。认真开展小微企业和个体工商户税收优惠政策的宣传解读和纳税辅导，确保有条件享受优惠的纳税人100%受惠。

【队伍建设】 2014年，县地税局注重巩固作风建设，全面加强队伍建设。一是坚持为民务实清廉主题，党的群众路线教育实践活动成效明显。从2月始，全县地税系统内8个党组织，163名党员参加党的群众路线教育实践活动，认真学习习近平总书记系列重要讲话精神、广开言路听取收集意见建议、对照“三严三实”要求和焦裕禄精神查摆“四风”问题、召开专题民主生活会和组织生活会开展批评和自我批评、立行立改建章立制，着力解决一批纳税人和群众反映迫切的问题。二是开展以“改作风、立诚信、保形象”为主题作风建设活动，认真对照检查“八项规定”和上级要求落实情况，开展民主评议政风行风“回头查”和明察暗访活动，文风、会风、调研风气得到实质转变，厉行节约深入人心。三是大力推行绩效管理科学管理队伍。10月31日，绩效管理系统顺利上线运行，通过明确岗位职责和绩效任务，强化目标管理和过程控制，将部门和岗位人员的工作纳入绩效管理，强化执行力和防范执法风险，向队伍管理科学化目标迈进坚实的一步。（刘浪辉）

县地税局2014年度负责人名录

局　长：黎海丰

副局长：魏云苑

曾东斌　魏强方

纪检组长：罗　颂

总经济师：李聚香

2014年度五华县地方纳税前50名企业名录

序号	企业名称	法人代表	纳税额（万元）	备注
1	五华县碧桂园房地产开发有限公司	杨文杰	4286	
2	广东五华二建工程有限公司	曾庆平	2561	
3	广东五华一建工程有限公司	曾炽宏	2175	
4	广东烟草梅州市有限公司五华县分公司	温思胜	2660	
5	五华县农村信用合作联社	谢永伟	1441	
6	广东国沅建设工程有限公司	罗国芳	874	
7	梅州市鸿云房地产开发有限公司	李云辉	570	
8	五华县金泰房地产有限公司	陈周彝	559	
9	五华县长安实业发展有限公司	李胜文	548	
10	五华县安宝盛房地产开发有限公司	李仁安	503	
11	五华县华源电力发展有限公司	魏湘云	429	
12	中国农业银行股份有限公司五华县支行	黄　寅	404	
13	广东电网梅州五华供电局	曾建文	314	
14	广东长乐烧酒业股份有限公司	卓定华	311	
15	中国工商银行股份有限公司五华支行	何基炎	303	
16	广东冠华传导科技有限公司	曾环坤	294	
17	五华永新安建筑工程劳务工程公司	李胜东	260	
18	广东海宴酒业有限公司梅州分公司	古载兴	246	
19	广东新晋炜房地产开发有限公司	魏晋平	230	
20	五华县华城建筑工程公司	魏少强	224	
21	中国电信股份有限公司五华分公司	李志宏	220	
22	中国移动通信集团广东有限公司五华分公司	黄伟华	185	
23	中国建设银行股份有限公司五华支行	陈志君	185	
24	梅州胜华房地产开发有限公司	周辉权	169	
25	五华县长乐建筑工程公司	钟定华	168	
26	广东五华二建工程有限公司房地产分公司	杨尚华	154	

续上表

序号	企业名称	法人代表	纳税额（万元）	备注
27	中国邮政储蓄银行股份有限公司五华县支行	黄　彬	151	
28	广东五华一建工程有限公司房地产分公司	陈木盛	148	
29	五华县龙兴房地产开发有限公司	陈　根	146	
30	广东利通建设集团有限公司	彭利业	143	
31	五华县万利达实业有限公司	李添泉	131	
32	广东辉胜达电器股份有限公司	周辉权	130	
33	五华县新金叶发展公司	李运强	124	
34	广东康奇力药业股份有限公司	戴源发	124	
35	凸版艺彩印刷（梅州）有限公司	冯基伦	120	
36	五华长顺劳务分包工程有限公司	翁世强	108	
37	中国人民财产保险股份有限公司五华支公司	陈　腾	106	
38	中国人寿保险股份有限公司五华县支公司	曾庆宏	103	
39	梅州市航威斯电子有限公司	李文清	95	
40	中国太平洋财产保险股份有限公司梅州中心支公司五华营销服务部	李华辉	92	
41	五华县裕兴工程机械制造有限公司	李思炜	91	
42	安信证券股份有限公司梅州五华证券营业部	李华文	90	
43	五华县汇兴房地产服务有限公司	魏辉新	88	
44	广东富胜实业有限公司	周国富	83	
45	中国银行股份有限公司梅州五华支行	罗拥军	82	
46	梅州市东方屹实业发展有限公司	曾文彬	82	
47	梅州禧鸿源国际大酒店有限责任公司	周志杰	80	
48	梅州新西湖实业有限公司	张彩美	79	
49	五华长基建设工程劳务分包有限公司	黄展锋	79	
50	泰康人寿保险股份有限公司梅州中心支公司五华营销服务部	蔡文忠	78	

注：此表由县地税局提供。

金融·保险·证券

中国人民银行五华县支行

【打造“升级版综合金融服务站”】 2014年，人行五华县支行综合利用金融、邮政、电信优势资源，在全辖411个乡村金融服务站挂牌设立基础上，以“一村一特色”“一村一品牌”为标准，将助农取款点升级为全功能（金融——综合金融服务站——农户）综合金融服务站，积极创新金融服务三农新方法，以实际行动为农民办实事、办真事、办好事。

【金融服务示范村建设】 2014年，人行五华县支行积极探索改善农村支付环境和提高农民金融知识新路子，在成立乡村金融服务站、银行卡助农取款服务点以及反假货币联络工作站等基础上，结合改进作风建设、开展党的群众路线教育实践活动的实际，积极创新金融服务“三农”的新方法。以梅县“大黄村”模式为标准，选取村干部有责任心、地域辐射性强、产业优势明显的行政村，推进农村金融服务示范村建设。建成各具特色的金融服务示范村2个，促成金融与特色经济发展的融合，打造信用先行，金融助力，实业兴旺，家园和美的综合金融服务示范。

【搭建银企互利金桥】 2014年，人行五华县支行充分利用职能优势，不断与政府、银行、企业三方沟通，与县金融办、县中小企业局联合主办“政银担企融资对接暨扶持中小微企业政策宣讲”活动，打通银行、企业信息不对称壁垒，促成农村信用社与县中小企业局签订总授信50亿元的支持中小微企业发展战略合作框架协议。

【信贷投放】 2014年，人行五华县支行通过召开金融工作会议、行长联席会议、信贷形势分析会及其他形式座谈会，把推动货币信贷总量合理适度增长与促进地方经济平稳较快发展相结合，把优化金融机构信贷资源配置与促进地方经济转型升级相结合，把有效运用货币政策工具与引导金融机构加强民生金融支持相结合，进一步完善机制、创新手段，着力支持实体经济发展。至年末，辖区各项存款余额188.65亿元，比年初增加31.48亿元，增长20.03%；各项贷款余额58.13亿元，比年初增加9.90亿元，增长20.53%。新增贷款重点支持县重点项目建设、农村集体经济发展和全县中小微企业发展，企业、农户及农村经济发展的资金需求得到有效缓解。

【维护金融稳定】 2014年，人行五华县支行进一步加强金融稳定工作协调机制建设，完善“两横一纵”工作网络。强化与监管机构和县金融办工作协调，进一步完善例会交流和信息共享机制。建立覆盖银行、保险、证券机构的金融稳定工作信息员制度，密切与各金融机构及金融市场主体的日常联系，使金融风险监测关口前移、触角前伸。在各金融机构及每个基层网点设立金融稳定信息员，加强对金融外部风险监控，重点做好对投资公司、担保公司、非法集资等高危机构和高风险领域的动态监测和预判。全年走访调研保险公司15家，形成以五华县为例的保险调研报告1份。完成各种调查30多次，真实反映经济运行中存在的问题，为上级行决策提供案例支持。

【防范金融风险】 一是加强现场检查力度。全年开展各类业务现场检查15场（次）、发出执法检查意见书35份。及时纠正各金融机构在业务发展过程中存在的不规范行为，化解了苗头性、趋势性风险隐患。二是加强行政许可项目核准，做到依法行政。三是加强非现场监管和非现场评估，指导金融机构采取有效措施切实防范金融风险，确保辖区金融稳定。四是贯彻落实重大事项报告制度和各项应急预案，所有重大事项，一把手均亲自过问，带头跟进，提出可行解决方案，并及时向上级行报告，切实将系统性、苗头性的风险消除在萌芽状态。

【金融知识宣传】 一是开展为期3个月的以“加快社会信用体系建设，促进征信市场健康发展”为主题的征信宣传活动。通过现场宣传、挂宣传标语、横幅、海报、咨询台、电视台和群发短信等多渠道方式向辖区130多万名群众宣传征信知识。二是开展为期1个月的“反假宣传进农村”活动。发放各种宣传折页和宣传画册3000多份。三是在闹市、社区、乡间、园区开展反洗钱宣传月活动。四是以梅州人行梅州市中心支行编写的《我的第一本金融书》为读本，组织志愿者在全县完小开展金融知识进校园活动。惠及300多所小学，4万多名学生。

【加强廉洁基层央行建设】 一是组织签订好责任书，确保责任制落实到位。支行一把手与分管行领导、分管领导与部门负责人及支行与职工通过层层落实方式，签订《党风廉政建设责任书》《预防职务犯罪责任书》和《八小时之外行为规范保证书》，教育干部职工洁身自好，廉洁自律，远离职务犯罪，努力保持党员干部思想、作风和队伍纯洁性。二是做到四个“加强”积极完成风险监督管理系统推广运用工作，按时保质完成全年监督检查工作任务。三是积极开展纪律教育月活动，夯实干部职工廉洁从政的思想基础，增强组织纪律观念。四是开展建设廉洁基层央行活动，使干部职工廉荣贪耻和遵纪守法意识有提高，支行廉洁从政氛围得到改善。（徐高煌）

人行五华县支行2014年度负责人名录

行　长：李伟东

副行长：曾国兴　张远飚

中国农业发展银行五华支行

【简况】 2014年，中国农业发展银行五华县支行紧紧围绕年初省、市分支行行长会议工作部署和主要工作目标，积极履行农业政策性银行支农职能，大力支持地方经济发展。同时,扎实抓好基础管理，防范风险谋发展，着力提高队伍整体素质，实现经营安全目标和业务发展目标。至年末，各项贷款余额1.51亿元，对比上年增加1.15亿元；存款余额4392万元，对比上年增加1304万元；中间业务收入28.34万元；清收不良贷款582.5万元，实现不良贷款清零目标。

【支持地方储备粮轮换、水利和新农村建设】 2014年，中国农业发展银行五华县支行准确把握信贷政策，巩固发展政策性储备业务。继续做好储备粮的轮换和管理，确保扎实履行职责，累计发放地方储备粮贷款719万元，轮换稻谷2430吨。积极拓展水利和新农村建设贷款。坚持以新农村建设和水利建设为营销重点，积极与县政府、财政、水利、国土等部门沟通，大力支持地方经济发展。累计发放中长期贷款1.20亿元，其中：水利项目贷款3020万元、新农村建设项目贷款9000万元。

【营业办公用房维修改造】 2014年，中国农业发展银行五华县支行着重做好营业办公用房维修改造工作。改造工程获省分行批准同意，并经上级行聘请的中介公司进行审核，已竣工验收，改善办公环境。

【安全保卫】 2014年，中国农业发展银行五华县支行组织学习有关制度和业务操作规程，组织干部职工开展以反洗钱法规为主要内容业务知识培训学习，设立反洗钱宣传专柜，悬挂宣传横额、散发反洗钱宣传资料等。同时，认真做好反洗钱工作，完善反洗钱的有关内控制度，积极开展各种应急演练工作。坚持以人为本、预防为主、综合治理、标本兼治保卫工作方针，不断完善群防群治安全保卫体系,认真做好社会治安综合治理、安全生产等各项工作检查。举行防抢劫、消防安全培训演练一次。全年实现安全经营无事故。2014年，被县公安局评为内保工作“先进单位”。 （邹尚明）

中国农业发展银行五华县支行2014年度负责人名录

行　长：张明华

副行长：丘瑞和

农业银行五华县支行

2014年，中国农业银行股份有限公司五华县支行牢固树立现代商业银行经营理念，深入开展党的群众路线教育实践活动，切实加强员工行为“网格式”管理，以“一个重心（控险），两项基础（存款、中收）”为主线，坚持稳中求进创新发展，着力抓好重点工程建设、中小微企业金融服务、三农服务、民生金融服务等重点工作，全力推动地方经济与自身经营同步发展。一是倾力支持重点企业。围绕县委、县政府“工业立县”战略目标，适时加大信贷投入，支持全县招商引资重点企业、重点工程、拟上市公司等项目，全年累计发放企业类贷款1.87亿元、1.3亿元贸易融资项下跨境参融通。二是创新服务中小微企业。成功签约梅州市农行首笔对公新型存款产品“对公双利丰”“假日丰”；发放市农行首笔进口押汇融资款项，实现梅州分行进口押汇业务“零”突破，有效实现综合营销和实质性的“扩户提质”，实现银企双赢局面。三是优先满足民生需求。整合人力资源大力拓展楼盘准入，积极向上级行申请信贷规模，确保优先满足百姓住房需要；同时，大力支持城乡居民消费转型升级，积极开展汽车、家装、车位分期业务，有效解决居民信贷需求，促进地方经济稳步增长。四是鼎力支持“三农”业务。结合县民生工程社保卡和梅州分行“六个走进”（即走进乡村、走进企业、走进车行、走进楼盘、走进商城、走进市场）的工作要点，全力提升“三农”金融服务水平。全年激活二代社保卡22.5万张，激活总量居梅州农行和当地金融系统之首，激活率69.75%，超全市农行平均激活率2.85%。扎实推进“金穗惠农通”工程。不断拓宽新农保、新农合等业务代理范围，着重选择位置中心、交通便利超市、医务所、村委会等，扩大服务点覆盖范围，全县安装惠农转账电话155部，将金融服务触角延伸到边远乡村，使农户们足不出村就可以便捷取款。致力改善农村金融服务环境。成功开设首间金融“便利店”，为农村经济发展提供现代高效、高层次金融服务提升网点服务水平。至年末，全行各项存款余额27.79亿元，对比上年增2.18亿元；各项贷款余额7.3亿元，对比上年增0.63亿元；实现中收1735万元，对比上年增237万元；全年纳税1700万元,其中缴纳地方税收390万元,对比上年增7.5万元，为地方经济发展做出应有贡献。

（刘彩红）

农业银行五华县支行2014年度负责人名录

行　长：黄　寅（任至10月）
徐建雄（10月任）

副行长：廖宇彬　陈茂东（任至1月）
黄　健（10月任）
卓琦超（4月任）

行长助理：卓琦超（任至3月）

工商银行五华支行

2014年，中国工商银行五华支行认真贯彻落实总、省行工作要求，加快转型升级，不断强化“四大标杆”，深化“四大理念”，充分调动全行员工积极性，努力完成经营目标，取得一定成绩。至年末，人民币各项存款9.90亿元、比年初增加2288万元，其中储蓄存款7.35亿元、比年初减少2038万元，公司存款1.30亿元、比年初增加4921万元，机构存款1.23亿元、比年初减少229万元。各项贷款（剔贴现）7.95亿元、比年初增加1.52亿元，其中公司贷款6.94亿元、比年初增加2.24亿元，个人贷款1.01亿元、比年初减少3452万元。实现中间业务收入1349万元，拨备前利润4082万元。不良贷款余额266万元，比年初增加12.35万元，其中新增不良个人贷款23万元，不良法人贷款243万元，比年初减少10.33万元。人均创利超百万元151万元，处于同行业第一，在分行系统内处于前列。公司业务各项核心指标如贷款、存款、中收、有贷户拓户等业务指标的完成率均处于分行系统内前列。

（杨中庆）

工商银行五华支行2014年度负责人名录

行　长：罗伟东（任至7月）
何基炎（7月任）

副行长：彭云标

行长助理：陈树堂

中国银行五华支行

2014年，中国银行五华支行紧紧围绕“担当社会责任，做最好的银行”战略目标，严格开拓创新，积极进取，充分调动和激励广大领导干部争创业绩积极性，努力拓展各项业务，支持地方经济发展，不断提高经营管理水平，并取得成效。全年主要经营情况：中间业务收入680.48万元，各项人民币存款余额12.9亿元，各外币汇总折合美元存款余额121万美元；人民币零售贷款余额6772万元；国际结算共结汇4418万美元；跨境人民币结算5502万美元。案件防范和安全保卫工作落实，全年未发生一宗经济案件和安全责任事故。（李锐锋）

中国银行五华支行2014年度主要负责人名录

行　长：罗拥军

副行长：江文中　叶志锋

中国建设银行股份有限公司五华支行

2014年，中国建设银行股份有限公司五华支行紧紧围绕“三个确保、三个明显”工作目标，坚持“抓基础、创和谐、筑安全、促发展”，持续提升综合服务能力和价值创造力，全力促进各项业务持续健康发展，实现经营安全目标和业务发展目标。价值创造力不断增强，全年实现账面净利润3849万元，对比上年增加1143万元,增长42.2%；实现中间业务收入489万元，对比上年增加26万元，增长5.6%。负债业务持续发展。一般性存款余额17.05亿元，比年初增长1.74亿元，其中:企业存款余额9.66亿元，个人存款余额7.39亿元。资产业务快速发展，全年信贷投放总量2.8亿元，比年初新增6900万元，实现资产业务快速发展。在市分行2014年度KPI考核中取得排名第三的好成绩。同时，创新产品和服务大力支持地方经济和中小微企业的发展；全力做好扶贫挂钩村工作和“五华县创建广东省卫生县城”工作。

（曾汉忠）

中国建设银行股份有限公司五华支行2014年度负责人名录

行　长：陈志君

副行长：黄均荣

行长助理：郑伟红（5月任）

五华县农村信用合作联社

【农商行改制工作稳步推进，各项指标全面达标】　2014年，县政府成立五华县农村信用合作联社农商行改制工作领导小组，由分管副县长任责任人，在年内围绕捐赠资产置换、涉政不良资产置换、资产确权办证等问题召开多次协调会议并形成会议纪要。完成股权结构优化改造工作。年内，分别两次启动增资扩股工作，顺利完成对内部职工和法人企业定向增资扩股。至年底，该社股本总额达到3.66亿元，其中员工持股比例达到11%，法人企业持股比例达40%。股权结构、单户比例等均符合农商行改制标准。顺利置换涉政不良贷款1.04亿元，基本完成资产确权办证手续。主要监管指标得到明显改善，达到农商行组建申报标准。

【品牌形象不断提升，各项存款大幅增长】　2014年，五华县农村信用合作联社全面实施柜员等级制度，对所有柜员组织全面等级考试，切实提高营业柜台的服务技能水平。不断强化“以客户为中心”服务意识，深入推进VIP卡发卡与VIP客户专属管理工作，加大全县存取款一体机、助农取款机等自助设备布放力度，进一步优化改造服务环境。年末，全县CRS机、ATM机有44台。加大部门协调，加强对公客户引导，大力组织对公存款，有效优化存款结构。以电视、户外广告、微信、LED、报纸等形式加强宣传，不断提升农信社的社会形象。及时应对利率政策调整，以合理的利率适应市场客户。年末，各项存款余额达61.63亿元，对比年初净增11.03亿元，增长21.79%，净增额、市场占有率均位居县域金融机构首位。

【质量为先加大投放，信贷效益不断提升】 2014年，五华县农村信用合作联社继续推进“阳光信贷”。针对市场、客户实际情况，明确投向，坚持支持“三农”，支持小微企业，服务县域经济发展。5月，与县中小企业局签订了5年50亿小微企业融资战略合作框架协议。加大创新力度,新推出“扶贫低息贷”“应收账款质押贷”“二手房按揭”“汽车按揭”等贷款产品，进一步满足市场需求。同时，实现小额贷款远程审批，提高审贷效率。坚持质量为先，加强不良贷款预警监测警示，进一步细化营销质量考核，优化信贷管理流程及制度，加强贷款风险排查等，推行信贷精细化治理。加大不良贷款压降力度。重新调整清收大队组织机构，分为6个分中心，开展专职清收；继续实施县法院联合清收方式，大力压降不良贷款。年末，各项贷款余额33.94亿元，对比年初净增5.49亿元，增长19.03%。

【立足县域助力民生，普惠金融成效初现】 2014年，五华县农村信用合作联社专门研究制定《关于深入开展普惠金融建设方案》，确保普惠金融紧紧融入经营管理，体现于服务大众，实实在在地开展。相继开展金融知识进万家、金融知识进校园进社区、网络安全宣传周等普及金融知识活动，开展金融“四下乡”、实施“三大工程”，切实提升群众金融知识水平。完善金融服务点建设，建立金融服务示范村30个，完善金融服务点158个，建设助农取款服务点224个。积极做好惠及民生各项代理业务，代理种粮植补（折换卡）、林业植补、优抚款、发行社保卡等业务，普惠金融的叠加效应开始显现，农信社和群众的鱼水关系越来越密切，普通群众关心支持农信社发展越来越多。该社“耕山贷”红山村一客户荣获（花旗）银行微型创业奖，是广东唯一获此殊荣的客户。

【强化内控管理机制，案防能力全面巩固】 2014年，五华县农村信用合作联社加强制度建设，整合全面风险管理构建机制，初步形成有鲜明特色的合规文化治理环境。加强内控监督检查，严防案件发生。7月，事后监督系统上线运行，通过科技手段，提高识别差错能力，提升工作效率，切实有效地防控事故或案件发生。继续推行违规积分、经济处理和纪律处分互补的问责惩戒机制，加大责任追究力度，形成违规积分、违规档案、经济处理和行政问责互补的问责惩戒机制。优化会计经理职能，提升柜面风险管控能力。有针对性地加强会计主管岗位现场监管作用和会计辅导岗位的业务能力提升，实现服务客户、服务市场与风险防控有机结合。做实安保工作，实现平稳运营，安全无事故。按照金融服务事件、科技信息事件、安全事件、群体事件、内部控制事件细化《应急处置预案》；加快硬件设施建设力度，提高物防水平；与梅州中保保安服务有限公司签订劳务合同，新招收28名保安人员，实现全县39个网点和事后监督中心均配置保安人员，提升安全防范水平。

【拓宽渠道狠抓收入，经营效益再创新高】2014年，五华县农村信用合作联社狠抓贷款利息收入。在狠抓新增贷款质量的同时，加强按月收息考核，努力盘活存量信贷资产。进一步拓宽中间业务收入渠道。先后推出粤信通间联POS、卡付宝、网易宝、集团企业网银、非税POS、物业管理费扣缴、水稻种植保险费代扣、移动全品牌银行划扣（随心充）业务。在全市农合机构中率先开展债券分销、债券质押式回购业务、同业存放业务、银行承兑汇票贴现和转贴现业务，实现可以向全国银行间市场成员融入、融出资金能力，提高流动性管理能力，增加资金营运渠道。加强统筹核算，严格控制费用支出，狠抓财务管理。对各类费用实行限额包干基础上，对联社机关、基层社的费用开支，特别是对大额费用的开支严格立项审查和流程审批，控制成本支出。年末，实现经营利润1.65亿元，对比上年增加3600万元，增长28.28%。

【以人为本强化建设，队伍素质不断提高】2014年，五华县农村信用合作联社坚持按照“抓党建促业务”思路，深入开展群众路线教育活动，充分发挥党员的模范作用和党组织的战斗堡垒作用。积极组织广州慧泉公司、上海起航等公司，有针对性对柜台人员、客户经理、青年员工和资深员工分层次开展培训教育。新聘员工，为农信注入新活力，加强干部职工交流换岗，不断优化人力资源。继续优化绩效考核方案，探索绩效考核IT化，不断完善激励机制。

【文化建设不断深入，和谐农信取得实效】2014年，五华县农村信用合作联社加强领导组织，充分发挥工、青、妇的桥梁纽带作用，把新时期的广东农信精神不断融入经营活动中，实践在服务“三农”中。开展金融知识辩论比赛、剑胆琴心演讲比赛、庆“三八”趣味运动会等企业文化活动，充分体现员工敬业爱社主人翁精神。组织举办亲子摄影、春光美摄影、企业瑜伽内训等活动，进一步培养队伍健康情操。认真组织开展好挂钩扶贫、创卫、创平安等公益活动，积极履行社会责任。以《新农信》、联社网站、简报及时投稿等方式宣传好人好事，弘扬先进，营造争先创优的良好氛围。

（李颂锋）

五华县农村信用合作联社2014年度单位负责人名录

理事长：谢永伟
主　任：张　信
监事长：谢小光
副主任：赖运华　李颂锋

中国人寿保险股份有限公司五华县支公司

【业务发展】 2014年，中国人寿保险股份有限公司五华县支公司全年实现自营业务保费9947万元，对比上年增长4.5%。其中长期险首年保费4520万元，对比上年增长3.9%；首年期交保费1234万元，对比上年增长4.9%，长期险首年标保585万元，对比上年增长12.2%，短期险保费613.6万元，对比上年增长0.27%，意外险保费476万元，对比上年减少3.9%；续期保费4779万元，对比上年增长5.8%。公司全年总体经营平顺、队伍稳定，处于五华保险市场的主导领先地位。

【内部管理】 2014年，中国人寿保险股份有限公司五华县支公司认真落实安全生产工作，保障企业和谐发展。一是将员工思想政治工作与各项内控管理制度落实紧密结合起来，确保全年无案件和重大责任事故发生。二是领导带头加强作风廉政建设，强化治本抓源头工作。按人民银行要求积极做好反洗钱工作，强化单证管理，严格用印审批，大力推行转账收、付费工作，努力做到在业务过程中零现金收付管控。三是优化人员配置，逐步建立起适应市场发展和竞争需求的人力架构体系。

【客户服务】 2014年，中国人寿保险股份有限公司五华县支公司秉持“服务到永久”客户服务理念，统筹提升从承保、保全、理赔等各个服务环节，实行岗位责任制，加强岗位技能培训，并积极投身志愿者服务等公益活动，扩大宣传影响力，提升客户满意度。全年处理各类案件1370宗，其中死亡给付233.9万元，医疗赔付69.9万元，年金给付66.8万元，满期给付2984.5万元，退保金976.3万元。 （廖李华）

中国人寿保险股份有限公司五华县支公司2014年度负责人名录

总经理：曾庆宏（任至11月）
姚铠漳（12月任）
副总经理：李振军

中国人民财产保险股份有限公司五华支公司

2014年，中国人民财产保险股份有限公司五华支公司内设经理室、副经理室、综合部、业务一部、业务二部、业务三部、业务四部7个，下设华城营业部、安流营业部2个，经营的险种主要有：机动车辆险类、财产险类、责任险类、意外伤害险类、短期健康险类和政策性业务共40多个险种。该公司全年紧扣发展业务为中心，提高效益为核心，合规经营为主线的工作主基调，狠抓各项工作的完善和落实，全年实现收取保费2829万元，其中车险1600万元、非车险1229万元，其中政策性业务1079万元，为受灾企业和保户支付赔款929万元，简单赔付率32.84%，上缴税款103万元。

（张健华）

中国人民财产保险股份有限公司五华支公司2014年度负责人名录

经　理：陈　腾
副经理：罗天伦（8月任）
经理助理：钟广宁
罗天伦（任至8月）

安信证券梅州五华证券营业部

2014年，安信证券梅州五华证券营业部紧跟行情变化，及时调整各项服务，为客户提供更加便捷、贴心服务，充分利用互联网现代化手段，改善非现场开户流程。全年实现非现场开户801户，占新开户的50%。多次开立专场办理融资融券业务，方便辖区投资者，提升投资者体验，维护品牌形象。以理财产品为纽带，推动中小投资者向专业化投资者转型。根据客户需求审时度势，积极研究探索、设计引进产品，立足“将合适的产品推介给合适的投资者”原则，积极推广各项理财产品，实现辖区投资者保本增值的投资目的。坚持合规底线，严格遵守证券从业规范，严格按照监管部门要求，开展营业部日常各项工作，保障各项工作顺利开展，全年无有效投诉，无信息安全、消防等事故。严格按照人民银行对反洗钱工作要求，认真履行反洗钱工作职能，对大额资金进出严格监管、分析，及时按要求报告人民银行严格身份证识别管理，按照要求告知客户办理身份证更新业务；贯彻落实五华县人民银行各项宣传要求，做好金融知识、投资者教育等宣传工作。全年托管客户资产15.79亿元，实现股基交易总量201.04亿元，在全国市场份额稳中有升，占0.1271‰，全年完成经营收入2532万元，缴纳税收118.34万元。

（李　苏）

安信证券股份有限公司梅州五华证券营业部2014年度负责人名录

总经理：李华文

科教文卫体

科 学 技 术

科技业务

【省、市专业镇申报】 2014年，县科技局大力加强专业镇建设，积极实施“一镇一策”产业转型升级改造，促进专业镇转型升级。对水寨、安流、岐岭、长布、棉洋、转水六个省级专业镇开展调查摸底，制定“一镇一策”，引导专业镇进行产业结构调整优化，促进专业镇转型升级。对全县广泛开展调查摸底，了解各镇经济、科技和产业发展等情况，帮助双华镇向市科技局申报专业镇建设项目，通过市科技局评审，成为市级板栗专业镇。

【省科技计划项目申报】 2014年，县科技局结合实际情况，积极调研，按时向上级申报项目6个。同时积极引导其他科技部门、工农企业、创新中心、科研单位，为经济发展进行攻关，推动科技创新。

【科技进步奖项目评审】 2014年，认真做好科技进步奖评审工作，申报的县林业局“降香黄檀引种及栽培技术研究与推广”和县农业科学技术研究所“荔龙保”在荔枝高产栽培上的研究与示范推广两个项目获市科技进步三等奖；县水产技术推广站“水产机械化无公害高产养殖技术示范与推广”项目获县科学技术进步一等奖；县畜牧兽医技术推广站的“黑白花奶牛杂交改良本地黄牛的技术研究与推广”和县人口与计划生育服务站的“穿刺造口术治疗前庭大腺囊肿的临床效果观察”获得县科技进步二等奖；县动物卫生监督所的“野猪与优良猪杂交生产性能研究和示范推广”，县中医院的“咳喘灵口服液联合震动排痰治疗慢性阻塞性肺疾病”“伤科七星胶囊联合活络油治疗肩周炎”和县人民医院的“侧脑室引流联合腰穿脑脊液置换治疗脑室出血患者的护理”“推进优质护理服务示范工程的研讨”项目获得县科技进步三等奖。

科普活动

【科技下乡】 2014年，县科技局采取多种形式扎实开展科普工作。一是创新科普活动方式。紧紧抓住“科技、文化、卫生三下乡”“科技进步活动月”“全国科普活动日”三大活动为契机，组织大型科普宣传活动，举办科技知识培训讲座，发放科普书籍、挂图、资料、VCD光盘，张贴宣传标语、悬挂横额，举办科普长廊，利用科技信息网站、电视台、《五华政报》等媒体开展科普宣传，号召全县人民爱科学、学科学、讲科学、用科学，弘扬科学精神，传播科学思想和文化。参加活动部门和单位有48个，参加活动专家和科普工作者460人次，活动覆盖面50%以上，直接受益群众16多万人次。二是开展科技下乡和科技咨询活动。联合各学会、协会、研究会，共同开展科普咨询活动。组织医学会开展咨询活动1期，农学会2期，法律学会1期，“三下乡”1次，接受咨询人数3000多人次。三是举办科技知识培训讲座，发放科普书籍、挂图、资料、VCD光盘，张贴宣传标语、悬挂横额，出版科普长廊，利用科技信息网站、电视台、《五华政报》等媒体开展科普宣传。提高全县人民爱科学、学科学、讲科学、用科学，弘扬科学精神，传播科学思想和文化意识，收到较好效果。

【科技参赛】 2014年，县科技局积极开展青少年科技创新大赛，联合县教育局，组织发动全县青少年参加省第30届青少年科技创新大赛，选送作品43个。

【科普惠农兴村计划】 2014年，县科技局对全县社区、农技协会、科普示范基地进行摸底，组织选送“河东镇河东社区居委会”“水寨镇府前社区居委会”“英特泰现代农业发展有限公司”、农村科普带头人，参加全国、省、市评选。有效促进全县农村科普示范基地，农技协会，农业龙头企业和现代农业产业体系建设，为新农村建设做出应有努力。其中河东镇河东社区被评为“全国科普示范社区”、水寨镇府前社区居委会被评为“广东省科普示范社区”。

【知识产权】 2014年，县科技局利用“4·26”世界知识产权日活动，采取发放资料，街头设咨询点，开设培训班，设讲座等形式多种形式，积极开展知识产权法制宣传教育，提高全社会对知识产权法律法规认知度，增强知识产权法律意识和观念，努力提高全体公民知识产权法律知识，营造浓厚知识产权法制环境和氛围。同时进行专业产品检查，对重点门店，重点产品检查，及时发现假冒产品，及时纠正。对个别申请专利人，讲清申请做法、程序、作用，专利执行过程义务、权利。全年申报国家专利例197例、授权例118例，其中发明专利申报13例、授权3例。

科技服务

【“信息直通车”示范】 2014年，县科技局采取得力措施，落实专人负责，切实加强安流镇福龙村、水寨镇中洞村、大田柿花协会、益塘林果场、棉洋黎洞村、华阳镇社径村、岐岭镇华源村等22个“信息直通车”示范点建设。采集科技致富信息90条，发布产品信息125条，辐射带动农户10万多户直接受惠群众22000人。同时，以示范点作为“信息直通车”工作阵地，积极推进柿花、荔枝、烤烟、养猪、沙田柚、三华李、甜玉米、百香果20多个专业协会信息站的建设，使192个会员专业户获得实用技术和产品供求信息，并影响带动9000户农户发展种养等生产。

【网络信息中心管理】 2014年，网络中心依照机房规章制度严格控制进出人员，确保机房硬件和存储信息安全，做好机房安全保卫工作，定期查杀病毒，优化系统，维护好服务器，保证网站正常运转；经常检测路由器、交换机、线路，确保信息畅通，保证网上办公；及时更新“五华科技信息网”，内容、图片，访问量不断增加，对比上年增加6.8%；上报、查阅、接收、下载科技信息

202条，制作编排科技资料8万多字，访问量对比上年增加20%。同时认真做好单位计算机软件正版化和网络安全保密工作。

【地震测防】 一是加强地震科普知识宣传力度，提高全社会公众震灾防御意识。利用科技网络、县府广场科普长廊宣传栏，科技进步月活动和“5·12”活动日进行广泛宣传，重点加强对全县中小学师生进行宣传教育。分发抗震防灾挂图1300多份、光盘300多只、地震知识小册子2000多份，受宣传教育人数45万多人。精心组织布置宣传周活动，利用科普宣传栏、街道宣传标语，横幅进行宣传。二是联合省地震局在水寨、安流、华城、郭田、周江、岐岭新建设地震观测点6个，加强防震抗震测防。三是坚持每月定期到观测点检查，每星期保持3-4次与观测员电话联系、情况沟通以及督促工作。努力提高预测预报能力和资料准确可靠性，为梅州市进行地震资料震情汇商提供依据。四是积极推进地震安全农居示范村、示范户示范社区建设。采取印发宣传资料，制订地震安全农居示范村验收标准和补助标准，选择培育一批新建抗震示范村和示范户，对达标者给颁发地震安全农居示范村、示范户标志牌，提高群众防震减灾意识和农村农居的抗震设防能力。五是严把设计、设防质量关。依法行政，严格管理，做好建筑工程抗震设防管理工作，严格执行《防震减灾法》有关条款，坚决贯彻《广东省工程建设场地地震安全性评价的管理规定》，以建筑抗震设计规范为标准，与建设、规划、国土、安监、水利等部门通力合作，对全县新建、改建、扩建等工程抗震设防严格把关，把抗震设防工作落到实处。对招商引资项目的工程实施优惠政策，实行“一个窗口”审批，提高办事效率，确保工程达到抗震设防要求，为建筑工程抗御六级地震能力打下基础。六是做好县行政服务中心的窗口工作。该局在窗口主要负责新建工程的抗震设防审核服务工作。按要求严格遵守各项规章制度，一心一意做好县政府的筑巢引凤招商引资工作，认真为群众办好事、实事，为政府树立良好形象。全年为外商在经济开发区、群众、学校，免费和优惠的工程项目合计69项，为外商和有关单位节约建筑工程规费320多万元。

【白蚁防治】 2014年，县科技局做好业务技术培训，普及白蚁防治知识，开展建筑、古树、树木白蚁危害情况测试普查，建立分户和综合档案，促进白蚁防治工作深入开展。

（黄永洲 谢朝霞）

县科学技术局、知识产权局2014年度负责人名录

局　长： 周志浩

副局长： 廖旭标　翁凯荣　黄燕珍

党组成员： 徐利兴

教　　育

综　述

2014年，全县有622所学校，其中：幼儿园172所（含民办园113所）、完全小学160所、教学点229个、初级中学34所、九年一贯制学校9所、完全高中10所，高级中学2所、中职学校5所、特殊教育学校1所。全县在校学生222926人，其中：高中34146人、初中49529人（含民办校537人）、小学91738人（含民办校1155人）、学前教育40449人（含民办园13295人）、中职7037人（含民办校650人）、特殊教育27人。全县教职工13757人，其中：高中2760人、初中3762人（含民办校73人）、小学5342人（含民办校71人）、学前教育1687人（含民办园1027人）、中职学校192人（含民办校31人）、特殊教育14人。

2014年，全县教育工作主要成效：

一、学校安全保障有力。2014年，始终把安全工作放在各项工作的首位。通过政府、部门、社会多方联动，落实各方责任，加大宣传力度，制定相关措施，从组织领导、制度建设、常规管理、预警机制、巡查督查、考评与奖惩等方面着力，校园安全工作成效取得根本性好转，干扰学校正常教学秩序事件为零，在校学生犯罪率为零，学生溺水死亡事故由平常年几十人，2013年减至13人，2014年减至8人，营造安全和谐教育大环境。

二、德育工作成果突出。2014年，全县各校德育工作务实，校园“三风”（校风、教风、学风）良好，在校学生违法犯罪率均控制在目标范围内。全年组织590名班主任参加县级“心理健康C证培训”；评选优秀教育工作者县级20名、市级10名；评选出优秀班主任县级50名、市级10名；评选出优秀学生干部、三好学生、优秀团员县级797名，市级532名，省级三好学生2名。县教育局获得2014年度“梅州市普法先进单位”荣誉称号。

三、教学质量稳步提升。2014年高考，全县省三A线以上入围人数4638人，其中：第一批本科158人,超额完成县委、县政府提出高考大奖管理目标；第二批本科2141人；第三批专科A线2339人。有11人次单科成绩进入全市前50名，美术、体育类考生入重点本科人数均居全市第一。中考方面，入东山中学、曾宪梓中学录取分数线以上有1085人，入水寨中学择校分数线以上有2258人，总分630分以上有2732人。全县最高分773.6分。小学教学质量也稳步提升。

四、“普九”“普高”成果得到巩固。注重“三个到位”（宣传到位、措施到位、施教到位），狠抓“防流控流”，普及九年义务教育和普及高中教育的工作成果得到进一步巩固和提高。2014—2015学年，全县小学适龄儿童入学率100%，年巩固率100%，无辍学；初中阶段适龄少年入学率100%，年巩固率99.99%，辍学率0.01%；高中阶段教育毛入学率达到92%。

五、教育创强和新三校建设成果喜人。至2014年学年末，全县实现教育强镇全覆盖，通过省教育强县和义务教育发展基本均衡县验收，实现全县公办学校“标准化学校”全覆盖。大力发展县城教育，投资2.5亿元建设县城“新三校”。实验幼儿园、鸿云实验小学相继完工投入使用，华侨实验中学进入教学楼主体建设阶段。

六、平安“两考”管理目标全面实现。按照省考试院和市考试中心工作要求，认真执行国家、省、市招生考试政策法规，精心组织考试，完善管理措施，狠抓制度落实，考风考纪良好，圆满完成2014年高考、中考和高二学生学业水平考试等各类招生考试工作任务，全面实现“平安高考、平安中考”管理目标。

七、成功举办水寨中学百年校庆。2014年11月15日，成功举办水寨中学建校100周年庆祝活动，提升水寨中学影响力。接受乡贤、校友捐款1500多万元，为水寨中学发展增加新动力。

同时，着力抓好教育系统计划生育工作，加强“单独两孩”政策解读，按时落实省卫计委生育政策。加强业务培训，提高平时省市“飞行检查”，年终“计生考核”的应检能力。做好教育宣传工作，竭力为教育改革发展鼓与呼。不断加强和完善教育系统办公自动化（OA系统）功能，提高教育信息化水平和工作效率。认真落实省政府教育民生实事建设工作，抓好教育督导工作，抓好党建工作；做好“梅州民声”相关工作，抓好语言文字工作，抓好工会、妇女工作；进一步规范普通中小学教材教辅征订发行工作。

主要存在问题和困难：

一是创建教育强县经费缺口大，影响项目进度。新三校建设涉及问题较多，有待加快推进。二是教师队伍结构性问题较为突出，农村学校与城区学校的办学条件和办学质量还有一定的差距。三是与先进的市县相比，全县教师队伍中在全省全国有影响的名校长、名教师还不多，教育教学研究风气不够浓厚，优秀的研究成果还比较少。四是县城教育跟不上县城发展，县城学校人多校小，大班额现象严重。

普通中小学教育

【德育工作】 一、重视德育队伍建设。如期召开中小学德育和安全应急工作会议，提高学校德育骨干业务水平。加强中小学班主任队伍建设，要求各校有计划召开班主任工作研讨会，提高班主任管理能力。建立激励机制，自下而上评选优秀德育工作者和优秀班主任，给予表彰和奖励，调动工作积极性。二、重视思想道德教育。组织评选“阅读之星”、读好书交流会、观看优秀影片和纪念重大节日等活动，对学生进行正面思想道德教育。充分发挥县综合实践活动教育基地职能作用，使学生真正接受教育。着力抓好学校文化走廊、黑板报等文化园地，使学生在优美校园环境中得到潜移默化教育。三、重视法制教育。各校把普法工作列入学校工作计划，认真推行聘任“法制副校长”制度，举办专题性普法讲座及法制教育讲座，让学生知法守法。向各校下发法制挂图和资料，开展坚决抵制邪教、“六合彩”“黑网吧”以及远离毒品等活动。充分发挥学校、家庭、社会“三结合”教育网络作用，采取有效办法，强化督促检查，狠抓后进生转化和农村留守学生的教育工作。

【教学工作】 一、抓特色学校创建。要求各校加强校本教研，树立典型，创特色，出实效。7月，田家炳中学成功举办“弘扬文学经典”、“读书节”汇报演出活动。11月，梓皋学校成功举办九年一贯制学校管理研讨会，与会校长共同探讨特色办学新路。二、抓县级教改开放周活动。小学组于3月在县五小、安流镇第一小学、郭田镇第一小学、岐岭镇第一小学，4月在县一小、南片龙村中心小学、中片郭田镇中心小学、北片岐岭镇中心小学，10月在县三小、南片华阳中心小学、中片横陂中心小学、北片长布中心小学举行12场教改开放周活动。中学组于10月27—29日，在中片的夏阜中学、小都中学，南片的登畲中学、中兴中学，北片的蒲江中学、兴林学校开展初中教学开放周活动。承办学校有140位教师参加公开课选拔赛，有36位参赛者为1501人次教师上全县（分南北片）公开课。三、抓毕业班教学工作指导。坚持“常规打基础，创新求发展”教学思路，加强对全县中小学毕业班指导力度。高考和中考的每个考试科目均召开2次以上学科教研会，各学科骨干教师开复习观摩课，交流复习备考经验，提出教学和备考意见，提高备考质量。认真做好小学毕业水平测试和普通班质量教学抽测工作。四、抓新课程改革与课题立项。各校转变教学理念，实施课程改革，切实提高课堂教学效果。先后有水寨中学、田家炳中学举办高中课改开放周活动，全县高一、高二学科教师全员参加；初中分别在华东中学、端本中学、华南中学等学校召开九年级学科开放周活动暨中考备考研讨会，取得良好效果。小学在县二小、梅林镇第一小学、河东镇第一小学、潭下镇第一小学举行教改周活动，组织听课教师现场评课，写评价意见，总结教改经验。规范课题管理，严把材料审查关。五、抓教学质量监控。紧扣“链条教育”理念，全力抓好幼儿园、小学、初中和高中四级教学质量，实施量化管理，加强质量监控。5月下旬，对全县小学普通班教学质量进行抽测。7月上旬，以“五统一”（统一报名、统一命题、统一考试、统一网上评卷、统一统计成绩）评价体制对全县小学六年级进行毕业水平检测。

认真抓实学校行政“四个一”工作制度（人人上好一门课，管好一条线，蹲好一个级，抓好一个教研组），抓好全县中小学教学质量监测试点工作，组织好省、市、县各级各类论文评选活动，开展好全县中小学的送教下乡活动，实施好中小学龙头学校打造工作。

【制度创新】 一、改革教育系统年度工作总结大会时间。针对学校教学以学年度为评价时间段的特点，2014年开始变更教育系统召开年度工作总结大会时间，由年末更改为8月，跟学校教育教学管理评价模式同步。二、改革新教师分配体制。按照公开、公正、公平教师分配原则，自2013年始，在新招聘教师的工作单位安排上实行“志愿+抽签”阳光分配制度，让新教师先自报志愿任教单位，遇到“额少人多”进行抽签，从源头上去除分配工作“暗箱操作”机会，使每一位新教师都心情欢快走向工作岗位。三、设立教学质量监测班。完善四级教育链条，探索课改新路，从小学、初中、高中全学段着眼，在南、中、北片全方位着力，设办教学质量监测班，把监测任务落实到校、到科、到人，以点实验探索经验，以面推广扩展成果，大树教学标杆，全面提升教学质量。四、聘请四级教育义务督学。从2014年下学期开始，正式聘请从幼儿园到高中的四级督学，坚持督政与督学并重、常规督导与专项督导相结合原则，突出标准化学校建设、规范办学行为，教育均衡发展等督导重点，加强对学校办学措施、办学质量和公用经费管理监督力度。五、树立四级教育标杆。注重树立办学标杆，从幼儿园到高中的四级学校中，挑选出有特色、有成效学校作为示范，召开全县性办学经验介绍现场会，树立教育教学标杆，以点带面，推动全县教育均衡发展。六、引进圣德幼儿园。通过该幼儿园的示范带动，引进珠三角地区幼儿教育管理先进经验，推动全县幼儿教育进入办学良性竞争阶段，有效缩小与发达地区幼儿教育差距。七、引进启发学校。加大对行为偏常学生教育管理，给全县各校如何转化教育行为偏常生提供很好经验借鉴。八、留住高中优质生源。从2012年开始，创新管理制度，多措并举，加大留住高中优质生源的力度，保证优质初中毕业生留在本县高中就读。

【文体卫活动】 一、重视体育活动。3月上旬，举行全县中小学校园足球三级联赛，田家炳中学、兴华中学、五华县第一小学分别获得高中组、初中组、小学组冠军。3月22—23日，与县体育局联合培训附城体育教师，作为2014年第七届梅州市运动会田径、篮球、乒乓球、羽毛球、游泳等项目裁判员。6月28—30日，组织兴华中学足球队代表县参加广东省“省长杯”青少年足球联赛梅州赛区比赛暨本学年度全国校园足球梅州市初中组总决赛并获第三名。9月，组织全县12所校园足球定点学校，参加梅州市“谁是球王”中国民间争霸赛梅州赛区娃娃组和青少年组比赛活动。二、重视文艺活动。1月，协助县委宣传部做好2014年春节团拜晚会演出。5月14—15日，举办“伊利杯”全县中小学“我的中国梦”演讲比赛，参加市决赛小学组的曾雅淇和中学组的刁杏婷分别获得二等奖和三等奖。6月21日，安流中学合唱队代表县参加梅州市“百歌颂中华”合唱大赛并获银奖。7月，成功承办梅州市第七届运动会开幕式文艺节目。三、重视学生饮用奶推广工作。上半年在校学生喝奶人数17124人，其中2250名贫困生享受市政府学生饮用奶专项资金资助，免费饮奶；下半年在校喝奶人数16800人，其中2200名贫困生享受市政府学生饮用奶专项资金资助，免费饮奶。

【财务管理】 2014年，县教育局分期分批对全县中小学校进行新会计制度培训，使全县中小学能够迅速掌握新会计制度相关业务，按照新会计制度进行记账。完成2013年度部门结算及2013年经费汇总统计上报工作。认真做好义务教育阶段公用经费和贫困家庭子女“两免一补”经费申报、发放工作，做好高中助学金发放工作。严格执行“收支两条线”，使全县中小学校各项收费管理体制得到较好落实。

【队伍建设】 一、调整充实学校班子队伍。全年校长异地交流6人，提拔任用正副校长20名，其他中层干部58名，平调任用12名，有效提高学校行政班子凝聚力和战斗力。二、加强教师培训力度。选派13名高中校长到东北师大学习，12名初中校长到东北师范大学高研班学习，1名职业中学校长到东北师范大学管理改革与创新高级研修班学习。认真抓好教师业务能力提高和现代技能培训。组织2566名小学教师和3784名初中教师进行全员培训，选送50多名教师参加省级培训，有6852人参加《粤东西北振兴战略》公需科目培训。水寨中学、田家炳中学等10多所学校派出骨干教师到省外名校培训学习。三、完善干部人事档案管理工作。全年清理归档材料3万份，建立新档案200多袋，接收大中专生学生档案800多份，档案按递100多份，个人材料信息录入500份。按省市县委组织部统一部署，抽调56人审核全县1万多名干部人事档案。

其他教育

【职业教育】 大力支持和发展职业教育，全县职校招生工作成效突出：职校招生1615人，完成计划数119.6%；输送到外县市就读中职学校学生8196人，完成计划数104.1%。各所职校防流控流和学校内部管理工作得到进一步督促和强化。职业教育经费充实，全年筹措职教资金159万元，完善职业学校设施设备。

【成人和社区教育】 充分发挥镇、村成人技校主阵地作用，大力发展成人和社区教育。全年全县办各类专业技术班385班次，参加学习104983人次，培训的技术骨干充分发挥示范作用，推动农村经济不断发展。

【幼儿教育】 抓实公办幼儿园和民办幼儿园管理工作，重点清理整顿民办幼儿园。组织县实验幼儿园、示范幼儿园相关领导教师到省参加学前教育教研工作研修活动。开展“倾听孩子，共同成长”为主题的全县幼教征文活动。幼儿入园率逐年提高，2014年秋季，全县3-6周岁幼儿入园率91.85%。

表彰奖励单位

2014年度，教学成绩比较显著的学校：

高中方面。“高考大奖”学校：田家炳中学、皇华中学；高考优胜奖学校：田家炳中学、皇华中学；高考最大增幅奖学校：萃文中学、琴江中学；高考前5名初中生源学校：实验学校、兴华中学、华新中学、华民中学、华东中学。

初中方面。中考综合成绩县排前5名学校：兴华中学、华东中学、华新中学、实验学校、双华中学。

小学方面。小学毕业班水平测试县排前5名学校：南山小学、县第三小学、县第一小学、县第二小学、县第五小学；小学普通班质量监测县排前5名学校：县第五小学、县第一小学、华城镇第一小学、南山小学、县第三小学。

先进学校17所：田家炳中学、水寨中学、皇华中学，河东中学、马汕中学、华新中学、兴华中学、端本中学、双华中学、华民中学、华东中学、蒲江中学，华城镇中心小学、华阳镇中心小学、长布镇中心小学，县第二小学，县实验幼儿园。

表扬学校17所：横陂中学、安流中学、五华中学，平南中学、夏阜中学、转水中学、华阳中学、郭田中学、华西中学、潭江中学、硝芳中学、梓皋学校，水寨镇中心小学、横陂镇中心小学、棉洋镇中心小学，县第一小学，县职业技术学校。

（胡旭明）

县教育局2014年度负责人名录

局　长：曾勇辉

副局长：李国柱　黄云新　曾宪猛　甘森华

党组成员：李玉琪

五华县2014年高考入围统计表

中学名称	考生数	第一批本科						第二批本科A线以上						第二批本科B线以上						第三批专科A线以上					
		理科≥560分	文科≥579分	美术≥350/236分	音乐≥350/231分	体育≥407/240分	小计	理科≥504分	文科≥534分	美术≥340/226分	音乐≥335/208分	体育≥328/200分	累计	理科≥465分	文科≥483分	美术≥330/215分	音乐≥320/203分	体育≥315/198分	累计	理科≥400分	文科≥425分	美术≥290/200分	音乐≥290/183分	体育≥290/183分	累计
水寨中学	2305	102	14	5	1	3	125	560	144	8	3	11	726	928	346	12	4	14	1304	1312	489	17	7	18	1843
五华中学	1737	9		1			10	66	18	11		4	99	138	81	21	4	4	248	290	253	66	14	7	630
安流中学	1259			3			3	4	1	11	9	1	26	14	7	22	13	3	59	56	46	73	27	6	208
横陂中学	571			1			1		1	3			4	3	3	11			17	33	14	24			71
琴江中学	613			1		1	2	3		2		2	7	6	2	7	1	3	19	22	13	18	4	5	62
城镇中学	263			2			2	2		2			4	4	2	5			11	18	14	9	1		42
龙村中学	144						0					1	1					1	1	2	2	3		2	9
萃文中学	158						0	1					1	3					3	9	8			1	18
皇华中学	252	2					2	6				1	7	8	6	1		2	17	16	25	3		2	46
棉洋中学	136						0						0						0	1	3	6		1	11
田家炳中学	2000	5	3	1	1		10	101	38	16	5	3	163	289	153	33	5	3	483	707	356	65	8	7	1143
城新中学	35						0						0						0		0		1		1
实验学校	1314	2		1			3	11	5	5		3	24	71	50	13		3	137	314	205	28	2	5	554
合计	10787	120	17	15	2	4	158	754	207	58	17	26	1062	1464	650	125	27	33	2299	2780	1428	312	64	54	4638

注：此表由县教育局提供。

五华县2014年普通高考文科总分前50名名录

名次	姓名	报名点	总分	名次	姓名	报名点	总分
1	吴　庭	五华县水寨中学	613	26	古彩娴	五华县田家炳中学	573
2	廖国冬	五华县水寨中学	612	26	戴琳琳	五华县水寨中学	573
3	温天昌	五华县水寨中学	607	26	万蜀霞	五华县水寨中学	573
4	卓志鹏	五华县水寨中学	606	29	朱映萍	五华县水寨中学	572
5	张秋华	五华县水寨中学	603	29	李晓斌	五华县水寨中学	572
6	张俊雄	五华县水寨中学	592	31	胡丽燕	五华县水寨中学	571
6	周会娟	五华县田家炳中学	592	31	李翠玲	五华县田家炳中学	571
8	陈荫祥	五华县水寨中学	589	33	刘依婷	五华县水寨中学	570
8	陈绿梅	五华县田家炳中学	589	34	李俊鹏	五华县水寨中学	569
10	曾瑜娜	五华县水寨中学	587	34	张燕君	五华县水寨中学	569
11	廖　璐	五华县水寨中学	585	34	李文兰	五华县水寨中学	569
11	叶冰鑫	五华县田家炳中学	585	34	陈淑敏	五华县水寨中学	569
13	戴莹莹	五华县水寨中学	584	34	曾丽游	五华县水寨中学	569
13	陈彩虹	五华县水寨中学	584	39	张艳婷	五华县水寨中学	568
15	杨庆锋	五华县水寨中学	583	40	李秀婷	五华县田家炳中学	567
16	谢文应	五华县水寨中学	580	41	周晖荃	五华县水寨中学	566
17	魏碧娟	五华县水寨中学	579	41	陈明珠	五华县五华中学	566
18	古文瑜	五华县水寨中学	578	43	钟　思	五华县五华中学	565
19	陈志斌	五华县实验学校	577	44	谢嘉鹏	五华县水寨中学	564
20	刘文燕	五华县水寨中学	576	45	江梦贤	五华县五华中学	563
21	曾秋丽	五华县水寨中学	575	45	李　琳	五华县水寨中学	563
21	江彩霞	五华县水寨中学	575	47	马云宁	五华县水寨中学	562
23	李情方	五华县水寨中学	574	47	曾桂裕	五华县水寨中学	562
23	陈嘉文	五华县水寨中学	574	47	彭会丹	五华县田家炳中学	562
23	廖美珊	五华县水寨中学	574	47	何晓宇	五华县水寨中学	562

注：此表由县教育局提供。

五华县2014年普通高考理科总分前50名名录

名次	姓名	报名点	总分	名次	姓名	报名点	总分
1	邓国威	五华县水寨中学	632	26	万广龙	五华县水寨中学	588
2	廖俊强	五华县水寨中学	623	28	钟海威	五华县实验学校	587
3	廖振辉	五华县水寨中学	619	29	李庆发	五华县水寨中学	585
4	邹雪媚	五华县水寨中学	611	30	李惠冬	五华县水寨中学	583
5	刘林涛	五华县水寨中学	609	30	周丹霞	五华县水寨中学	583
5	刘静静	五华县水寨中学	609	32	胡丽辉	五华县水寨中学	581
7	魏展浩	五华县水寨中学	602	32	陈世强	五华县田家炳中学	581
8	温锭良	五华县水寨中学	597	32	曾嘉文	五华县水寨中学	581
8	李瑞晖	五华县水寨中学	597	35	庄任发	五华县水寨中学	580
8	张德华	五华县水寨中学	597	35	张国康	五华县水寨中学	580
11	林嘉煌	五华县水寨中学	596	35	何玉琪	五华县水寨中学	580
11	李旭锋	五华县水寨中学	596	38	宋艺敏	五华县水寨中学	579
11	张焱凯	五华县水寨中学	596	38	江淑花	五华县水寨中学	579
14	胡艳坤	五华县水寨中学	595	38	周治华	五华县水寨中学	579
15	魏惠锋	五华县水寨中学	594	38	曾文龙	五华县水寨中学	579
16	甘彩媚	五华县五华中学	592	38	温剑波	五华县水寨中学	579
16	李福娇	五华县水寨中学	592	38	吴伟山	五华县水寨中学	579
18	黄新方	五华县五华中学	591	38	刘金泉	五华县五华中学	579
18	赖清婷	五华县水寨中学	591	45	李林发	五华县水寨中学	578
20	黄辉龙	五华县水寨中学	590	45	温广飞	五华县水寨中学	578
20	李煜均	五华县水寨中学	590	45	谢敬青	五华县水寨中学	578
20	钟文婷	五华县水寨中学	590	45	万赐华	五华县水寨中学	578
23	古惠文	五华县水寨中学	589	49	张　娜	五华县水寨中学	577
23	周波雄	五华县水寨中学	589	49	李秋锦	五华县水寨中学	577
23	周运金	五华县水寨中学	589	49	吴飞军	五华县水寨中学	577
26	薛更昌	五华县水寨中学	588				

注：此表由县教育局提供。

广播电视大学

【学校办学规模】 2014年，五华县广播电视大学有专职教职工14人，其中高级职称2人、中级1人，外聘教师40人（均具有中高级职称）。学校继续拓宽办学思路，与奥鹏、华师网络学院联合办学，并针对地方人才资源发展趋势，有针对性开设专业课程，开设行政管理类、文科类、财经类、教育类、法律类、医学类、建筑类等20多个文理专业，有中央电大开放教育、华南师范大学网络教育、中国医科大学网络教育、四川农业大学网络教育、北京航空航天大学网络教育等在校在读本、专科学生1847人。

【招生工作】 2014年，五华电大招生工作基本完成预期目标：春季招生有电大本、专科301人，华师网院39人，奥鹏远程教育本、专科79人，合计419 人；秋季招生电大本、专科304人，华师网院20人，奥鹏远程教育本、专科91人，合计415人；全年招生834 人，招生人数对比上年，略有下降。

【教学设施改善】 2014年，五华电大满足电大转型发展需求，提升办学水平，学校在原有的基础上不断完善教学设施，装备电脑室2个电脑70台，更新办公室设备，完善网络主控机房设备，加强学校网站建设，较好满足现代远程教育的需要。

【教学管理规范化、科学化、制度化】 一是坚持上课教师、班主任、学生到位签名制度。二是继续强化教学过程管理，重点抓好辅导环节、作业环节、实践环节管理，特别是加强对形成性作业检查力度，对不按时交作业均给予成绩不及格处理。三是狠抓考风考纪，聘请县纪委人员作巡视员，严肃考风考纪，基本制止违纪作弊现象，各专业成绩通过率98%。四是抓好毕业班学生毕业实践及论文指导工作，学生论文通过率99%。

【扶贫双到和创卫工作】 2014年，五华电大为挂点扶贫村华安村筹资10万元，解决学生行路难问题。送上一部价值4000元的48寸液晶电视，丰富该村党员干部文化生活。筹集资金加大对创卫工作的投入，积极做好包片包村创卫工作落实，筹资1万元整治挂点村村道；同时购买垃圾运输设备，制作宣传广告、标语等，得到学校周边群众及包片村民小组群众的好评。 （魏广山）

县电大2014年度负责人名单录

校　长：邓爱平

副校长：黄炎权　周松盛

社 会 科 学

党史研究

【征编《广东中央苏区历史》丛书（五华卷）】 五华县于2010年3月启动申报属于中央苏区范围工作，2013年7月23日获得中共中央党史研究室确认，五华19世纪30年代中央苏区的历史原貌和地位得以恢复。2014年，县委党史室根据省委党史研究室编纂出版《广东中央苏区历史》丛书有关精神，精心组织，周密安排，成立编写组。经过努力，全面完成资料收集工作，加强和深化对中央苏区的研究和宣传，弘扬苏区精神，开发红色资源，帮助落实有关政策，促进老区经济和社会快速发展。

【建立五华第一个中共党史教育基地】 长布镇福兴村是五华县抗日战争时期一块革命根据地，也是抗日战争时期梅州市唯一的一块革命根据地。抗日战争初期，中共五华县委为开辟北部山区建立根据地，陆续派遣共产党员以教书职业作掩护，隐蔽在石灰坝（现福兴村）秘密开展革命活动，培育革命种子。1941年，中共东江后方特委在石灰坝经华楼、骏兴楼等处建立秘密联络交通站，组建石灰坝青年抗日武装队伍。1946年，驻扎在河源县黄山文秀塘的中共后方特别委员会机关处境险恶。3月，特委机关包括机关报——《星火报》和电台工作人员70多人被迫转移到群众基础好、党组织健全的福兴村。至1946年6月奉命北撤。机关撤离后，留下未转移的部分武器和无线电台则交给当地党组织和革命群众家里暂时保管，直至次年安全转交给五华县党组织。为弘扬老区人民为新民主主义革命不屈不挠的斗争精神，发挥以史育人的作用，应老同志要求，以福兴村原中共后东特委书记梁威林的居住点骏兴楼为基地建立党史教育基地，县委党史室配合开展相关工作，将该村光荣的革命斗争历史分为6个部分、6个展室进行布展，并于2014年9月15日举行中共党史教育基地挂牌揭幕仪式。这是五华县第一个中共党史教育基地。

【征集整理2014年党史大事记】 2014年，县委党史室继续按照要求，通过报刊、文件、资料、新闻等渠道收集2014年五华县党史大事、要事，进行整理，形成文稿，为党史积累资料。

【开展中共五华历史（1949.10—1978.12）（二卷）征编】 2014年，编写地方党史，是各级地方党史研究部门的主要工作任务。年初，根据省、市委党史部门工作要求，聘请人员成立二卷编写组，初步确定中共五华历史二卷（1949.10—1978.12）提纲，并开展征编工作。

【完成上级交办的任务】 2014年，县委党史室除了做好本职工作外，还认真协助上级或有关部门做好交办工作。一是接待市委党校教育长一行。4月2日，梅州市委党校教育长一行5人在县委党校负责人陪同下，前来收集无产阶级革命家古大存史料。其间，全室工作人员认真细致地与他们进行有关古大存党史资料交谈、收集工作，提供资料一批、VCD光碟1张。二是应梅州市中央苏区申报办要求，征集编写县申报中央苏区范围历史大事记47条5000多字，该《大事记》详细记录五华县申报属于中央苏区范围的历程。三是为《南方日报》宣传五华老区提供有关五华土地革命战争时期的照片5帧及文字资料。四是为县申报老区县提供五华县新民主主义时期革命斗争史资料和为县文物部门提供属于中央苏区时期五华红色文物资源。五是协助由梅州市电视台、市委党史研究室联合举办的《红色苏区行》电视专题栏目在五华县拍摄、录制工作。其间，摄制组一行先后在梅林、岐岭镇党委的密切配合下，顺利完成五华县中央苏区形成时期有关景点录制工作。（谢伟贤）

县委党史室研究室2014年度负责人名录

主　任：张雄辉

副主任：谢伟贤　黄焕坤

编史修志

【年鉴编纂和地方志资料年报收集】 2014年，县地方志办公室按照上级有关要求和部署，扎实做好年鉴编纂和地方志资料年报收集工作。年初，组织人员对年鉴和地方志年报资料组稿工作进行认真的研究和部署，及早发出《关于做好2013年度地方志资料年报收集和〈五华年鉴〉（2014）组稿工作的通知》。组织人员对各单位的稿件进行认真审改、精心编写、校对核实。在年鉴编纂过程中，把精品意识贯穿到工作全过程和各个关节，做到文字精练，内容真实齐全，按时按质，突出时代特色，精选精编篇目。新编的《五华年鉴》全书有47万字，彩页有90个页面，全面系统地记述上一年度全县自然及经济社会发展概况。根据省、市《广东年鉴（2014）》《梅州年鉴（2014）》组稿工作要求，按照省、市要求和编写大纲，及时研究、制定和布置编纂工作计划，落实撰稿人员，明确任务分工；按时按质完成上级组稿任务。报送材料1.5万字，上送图片20多幅。同时，经过积极的指导和催促，绝大部分单位完成2014年度的地方志资料年报报送工作。

【旧志点注】 2014年，县地方志办公室积极挖掘旧志资源，加快旧志整理工作进程。至2014年年末，民国37年（1948）编纂的《五华县志》已校点完毕，经多次编辑校对，已付印刷厂排版，并组织有关专家进行评议；道光二十五年（1845）编纂的《长乐县志》也正在紧张校点整理中。

【地方志资源开发与利用】 一是对2013年已经省政府地方志办公室地方志资源开发利用立项的《五华县黄狮村地情资料搜集与抢救》项目，组织人员进行推动落实，争取县政府重视，安排专项经费，县成立编纂领导小组，到黄狮村召开多场次的协调动员推进会，拟定编写纲目，并按纲目要求落实人员分工撰写。至2014年年末，各项工作按方案积极推进中，已完成著述篇目90%的编纂任务，字数7万多字。二是上报2014年度地方志地情资源开发项目《擦亮五华足球文化品牌，助力特色文化旅游发展》给省地方志办公室审查立项。经省志办组织专家论证，县上报的项目给予批准立项。

【做好《广东地方志纪事》组稿】 2014年，县地方志办公室按照省地方志办公室《广东地方志纪事》条目及撰写分工要求，组织人员于5月完成五华县部分的纂写工作，总字数达6700多字，充分反映五华县自建置以来地方志事业的发展概况和成就。

（江连辉）

县志办2014年度负责人名录

主　任：古江南

副主任：江连辉

档案管理

【档案馆藏】 2014年，县档案局进馆档案853卷、73497件，进馆资料38册。有馆藏全宗107个，馆藏档案43195卷、79018件，另有资料7114册，非纸质档案1781张（合）；全引目录单份总数523本。

【档案开发利用】 2014年，县档案局开展现行文件利用和档案资料开发工作。全年接收243份现行文件。电脑著录文件级条目数343284条，案卷级条目数11831条；全年提供利用档案287卷、89件，243人/次，现行文件利用86份、48人/次，利用资料99册、68人/次。

【档案管理】 2014年，全县机关、企事业单位普遍建立综合档案室，各单位达标升级次数153个（次）。其中省特级23个（次），省一级5个（次），省二级125个（次）。县档案局馆组织业务骨干指导县残联2万多件残疾人档案、县民政局婚姻档案73465件、县粮食局基建档案、建设局文书档案等。使其能按照标准化、规范化进行整理、立卷、归档。　（巫秀梅）

县档案局（馆）2014年度负责人名录

局（馆）长：古秀文

副局（馆）长：古建和　杨伟沧

文化·艺术

简述

2014年，全县有图书馆、文化馆、博物馆、五华县采茶戏演艺有限公司、提线木偶传习所、华文电影公司各1个，镇文化站16个，各类社会文化娱乐场所95家（含网吧、歌舞娱乐场所、电子游艺室），新闻出版企业73家（含音像制品书报刊门店、印刷业等）。

广场文化

2014年，县文广新局结合每月一台戏和重大节日文艺活动，组织县文化广场文艺活动演出14场次，在县城县府广场、蒲丽顶公园广场、居民小区等公共活动场所，有健身舞、扇子舞、太极拳、健身操等20多支表演队伍，对倡导市民健康文明生活方式起到积极作用。全年送戏下乡150多场，送影下乡7350场。

民间艺术

2014年，县文广新局认真挖掘、搜集、整理五华县非物质文化遗产保护项目，成功申报罗爱青、黄永红为省级非物质文化遗产保护项目《竹马舞》《锣花舞》的省级代表性传承人；成功申报《五华酿豆腐》为梅州市非物质文化遗产保护名录。

群众文化

【群文辅导】 2014年，县文广新局圆满完成“梅州市第七届运动会”开幕式文艺会演和水寨中学百年校庆文艺演出，认真抓好“长乐大舞台”全年群众文艺表演及重大节日文艺演出辅导工作，组织文化志愿者参加梅州市第十一届“百歌颂中华”歌咏活动，组织梅州市“洞藏杯”民间歌手大赛（五华赛区）海选赛、初赛，辅导司法宣传晚会、烟草“客融天下杯”排舞健身比赛晚会、消防大队“强军魂·消防梦”文艺演出，参加梅州市第二届“南国牡丹”杯汉乐比赛。全年培训时间160余天，培训学员2000多人次。“一条龙”剧团全年送戏下乡演出83场。以古民居为载体，全力做好市政府十项民生实事之一的农村文化俱乐部建设工作。成功创建河东镇牛石村瑛华楼、长布镇樟村村新凤楼、梅林镇华光村长福楼、岐岭镇凤凰村曾国华故居和华城镇新一村戴氏祖屋为农村文化俱乐部。

【文艺创作】 2014年，县文广新局副局长彭强创作少儿歌曲《向日葵》在《儿童音乐》权威刊物中发表，并荣获“儿歌爷爷杯”全国第二届少儿歌曲创作大赛优秀奖。由彭强作曲、李树林作词的音乐作品《龙眼花开》，在参加“中国梦·客乡情”广东省首届客家新民歌作品征集活动中，荣获“最佳歌曲”。

【图书事业】 2014年，县图书馆新办图书借阅证340个、新增加图书2447册，增加报纸杂志合计为165种，图书、期刊流通5万多册次，全年接待读者9.8万人次。7月，顺利通过文化部国家县级二级图书馆验收。

专业文艺团体

【提线木偶传习所】 2014年，提线木偶传习所李新贤创演《木偶书法》节目，被省文化厅推荐为“最能代表广东特色艺术”参加央视“出彩中国人·精彩中国梦”展演，荣获“出彩”评价；李新贤个人被省文化厅推荐参加国侨办主办的“中华文化大乐园”澳大利亚悉尼营为期12天的提线木偶教学。6月，五华提线木偶应南方电视台邀请，在中山大学全媒体研究院演播厅与西班牙国家木偶剧团互动交流，并拍成纪录片《中西木偶奇遇记》，在TVS1台首播，受到社会各界的广泛关注和好评，被称是“中国最牛的木偶戏”。

文博事业

2014年，县博物馆定期更新文物展览内容，办好《五华狮雄山秦汉遗址群成果展》布展项目，办好《广东省廉政文物展》，做好全国第九个“文化遗产日”各项工作，协助做好第二届梅州市文博会五华展馆布展工作，全力做好第一次全国可移动文物普查前期工作。

社会文化市场

2014年，县文广新局遵照省、市“扫黄打非”工作要求，先后开展大规模专项集中治理活动10余次，出动执法检查人员357人次。认真落实文化市场消防安全生产管理工作。检查音像经营场所、书刊市场、印刷出版市场200家次，电子游戏场所134家次、检查网吧453次。 （李伟坤　李　浩）

县文化广电新闻出版局2014年度负责人名录

局　长： 张远平

副局长： 郑越兴　彭　强　魏俊林

文　联

【简况】 2014年，县文联带领下属各协会坚持为人民服务、为社会主义服务的方向，在各自领域辛勤耕耘，佳作频出，获奖不断，成绩喜人。5月，成立县书画艺术创作协会，至此，文联已有下属协会10个，会员近1000人。

【文艺活动】 2014年，县文联组织举办的各项文艺活动有50多场次：1月12日，县文联主办、琴韵茶馆承办迎春书画会，为市民免费赠送春联、美术作品250幅。20日和27日，楹联学会、长风书画院、华艺广告联合在县城组织两场义务挥春活动，为群众书写赠送当代春联和客天下征得的优秀春联500多副。28日，县文联、县志愿者联合会在五华国际大酒店联合承办琴江文化研究会迎新春笔会活动，为市民、乡贤免费赠送书画作品、春联300副。2月，县文联与县妇联联合主办书香“三八”——“阳光女性·幸福中国”读书征文比赛。3月2日，县书法家协会组织举办“中国梦·书法情”书法创作讲座，邀请麻爱民教授、杨帆、魏育贤、宋焕南为会员作理论和实践指导；13日，东莞市、汕尾市硬笔书法家协会到五华交流。3月，摄影家协会与县委宣传部联合举办“长乐之乡美丽家园”摄影比赛。4月10日，县文联副主席张小玲参加市文联工作会议；12日，召开五华县作家协会第二次代表大会，选举产生新一届领导班子，缪德良当选作协主席，古从新、张小玲当选副主席；12日，举行李南《情趣录Ⅱ》发行座谈会；18日，县文联、作协组织部分作家与文艺界人士到锡坑与香港书法家李南交流座谈；组织10多名文艺家参观文武祠，并到百岁作家魏东海家中慰问。20日，出版发行第99期《长乐文艺》。5月2日，县书法家协会、美术家协会、硬笔书法家协会积极开拓书法交流空间，分别在益塘风景区设立创作基地。9日，县文联组织作家、摄影家到双华虎石村进行古村落的摸底调查。14日，县文联组织评委评选出书香三八征文比赛获奖文章22篇。17日，在五华县益塘水库旅游风景区召开五华县书画艺术创作协会成立大会。24日，县委宣传部、文联与作家协会、诗社部分会员到广州参加著名作家陈国凯追悼会。29日，嘉应诗社换届在梅城怡乐宾馆二楼举行。五华诗社古从新、张让兰、张洪盛以理事代表应邀出席嘉应诗社第七届社员代表大会。6月10日，组织作家到横陂镇夏阜村采风，并到千年客家古寨遗址西门寨参观。13日，县作协主席缪德良到梅江区金山小学进行儿童文学讲座。14日，在县政协会议室举行文联与妇联联合主办的书香“三八”——“阳光女性·幸福中国”读书征文比赛颁奖仪式。15日，县老年摄影家协会4位会员作品入展“梦里客家——梅州市摄影家协会会员展”。19日，文联专职副主席张小玲采访五华县“最美孝心少年”谢祝英，并撰写其先进事迹材料。20日，县文联向市文联报送以“中国梦”为主题的文艺创作作品。23日，文联党员和宣传部全体党员到龙田村开展党员活动日活动，参观五华县第一个共产党员黄国梁故居，并重温入党誓词。27—29日，文联专职副主席张小玲带领诗社会员、楹联学会会员到平远县参加梅州市第十三届百人诗会，进行学术交流。7月，出版第100期《长乐文艺》；多次组织作家、摄影家等到双华虎石村进行申报省级古村落材料采集。8月1—6日，五华诗社副社长张洪盛、杨子元在广东岭南职业技术学院举行的《中华吟诵与国学教育师资培训中级班》，传授客家话吟诵方法。19日，丰顺县文联一行到五华交流，并到五华县文艺家创作交流基地益塘水库旅游风景区进行采风创作。20日，在县文联召开五华、丰顺两县文艺家座谈会。市七运会期间，摄影家协会全程参与拍摄市比赛实况，并举办“东方屹杯”摄影比赛。9月，摄影家协会与梅州市摄影家协会主办七目嶂风光摄影比赛。20日，“广东省摄影大篷车走基层”到五华开展活动。26日，五华诗社古从新、张洪盛、李雄坤等人参加嘉应诗社成立30周年暨重阳雅集活动会议。上送申报广东省第四批古村落材料到省民协。10月，出版第101期《长乐文艺》。1日，组织会员参加横陂镇夏阜村民俗活动“千人宴”。18日，县文联、妇联联合主办“齐心创卫，造福大家”征文比赛。18日，广东岭南诗社五华分社、五华诗社召开成立十五周年暨第四次社员代表大会；美协征集到24幅美术作品，入展“深圳市琴江文化研究会文化艺术促进基金成立暨长乐书画作品展”并入编《长乐书画作品集》。11月7日，协助组织选送温治邦版画、莲花山蜂蜜参展市文博会。11日，县委宣传部、电视台、文联到水寨镇坝美村检查创卫具体项目落实情况。15日，县文联带领文联会员一行到惠州与大亚湾琴江文化研究会进行交流。16日，县文联到惠阳五华商会参观学习。19日，潜心钻研吟诵六十年客家语系传统吟诵传人张洪盛吟诵方法在五华县电视台专题播出。25日，县文联在县委宣传部召开五华县文艺工作座谈会，有20多名文艺家参会。12月20日，县作协在外所举办曾伯初长篇小说《小小牧童闹山乡》首发仪式；21—24日，文联专职副主席张小玲到广州参加省文联业务培训；28日，县委宣传部、文联、县书画艺术创作协会在梅州市文学艺术中心举办“中国梦·长乐情”五华县书画作品展。

【出版刊物】 2014年，县文联出版《长乐文艺》4期；张让兰出版《神童阿骚古》；翁远芳出版《巧对对联故事辑录》；杨新乔出版《彩梦年华》；古从新出版《五味轩诗词选集（二）》；书画艺术创作协会出版《“长乐情”五华县书画作品展》；诗社出版第十七期《琴江诗苑》《十五周年社员作品选》；楹联学会出版《五华古今楹联选》。

2014年11月25日，县委常委张爱芳主持召开五华县文艺工作座谈会

【作品发表、展演及获奖】 1月，会员缪德良、廖宏义两人合著《人生百年客家俗》一书荣获“广东省第六届民间文艺著作奖优秀奖”。徐水宏等5位联家有春联被《南方农村报》评为“百副春联佳作”。2月：在中国客家文学院、五华县作家协会联合主办“中国梦·客家情”首届琴江杯小小说征文比赛中，张小玲的《放一只羊的羊倌》获二等奖（一等奖空缺），何伟峰的《名医求医》获三等奖，另杨新乔的《谜底》、张利香的《盘发》、杨丽平的《城里没有月光》、谢天培的《回报》获优秀奖。李雄坤一对句获上海老西门全国征联大赛优秀奖。3月，古从新创作客家五句板《无病呻吟》获2013年度广东省群众文艺创作三等奖、梅州市一等奖。摄影家协会参加邓老凉茶杯美丽丰顺全省摄影大赛、深源杯梅州丰顺埔寨火龙文化摄影大赛和银利杯茶文化摄影比赛等市、省、国家级的摄影比赛均取得可喜成绩。在省级摄影比赛中，吴耀东、张远清等11人次获得优秀奖。在市级摄影比赛中，钟林泉《元宵欢举》在《深源杯梅州丰顺

埔寨火龙文化摄影大赛》中获二等奖，另有17人次获得市级优秀奖。上半年协会组织10多次采风创作活动，分别到广州、增城、新丰、东莞、河源、梅州、平远、丰顺和本县各乡镇、企业采风创作，跟兄弟市县协会、影友加强沟通、交流，邀请省内知名摄影家、图像后期名家等到五华指导授课，提高影友创作能力和鉴赏水平。下半年，在省摄协摄影大篷车下基层活动中评选出金奖1件、银奖2件、铜奖3件、优秀奖32件。并产生5名省级会员。在“长乐杯”摄影比赛中曾小文获2等奖1幅、优秀奖1幅、入围奖1幅；魏伟获3等奖1幅。

作协会员积极创作，踊跃投稿，在县级以上报纸杂志发表作品6万多字。3—6月，楹联学会组织编辑力量第四次编校《五华古今楹联选》，全书分20卷。民协会员在县以上报刊发表民间故事、笑话故事、山歌、五句板等60多篇。

硬笔书法协会积极开展活动，大力组织书法进校园活动，普及书法教育，组织进校园书法讲座、展览活动15场次。加强对外交流、学习取经，组织写字教育研讨会，会员益塘风景区采风活动及与蕉岭县书画家、东莞市汕尾市硬协创作交流活动。与县教育局联办梓皋学校规范字书写大赛、棉洋镇师生书法大赛。

书法家协会积极组织会员参加各级书法比赛、展览活动。张伯如、张中建、宋焕南、彭强等人作品入选粤东五市书法联展、梅州珠海书法作品联展。彭强、张中建书法作品参加广东省美术书法摄影联展获铜奖。积极开展书法进校园活动，张伯如、张中建、徐方海等会员深入校园、社企、现场挥毫送书法作品、送春联、普及书法知识，取得良好社会效果；张中建、徐方海、黄法权、叶友双等20多人作品在全国、省、市书法展赛活动中获奖、入选。

美术家协会积极开展美术送教下乡活动，分别到河东镇大嵩小学、东溪小学等进行美术进课堂活动。积极组织会员到龙村镇白石嶂、华城镇学宫等地写生采风；进行四次书画笔会交流；并组织会员创作28幅美术作品，入选“长乐情”五华县美术书法作品展览。

书画艺术创作协会承办“中国梦·长乐情”五华县书画作品展，于12月28日始在梅州市文学艺术中心展出，并出版作品集。

【加入上级协会】 2014年，黄法权、古宗超被吸收为广东省书法家协会会员；张远清、张国辉、温云甘、陈小芳、刘利香、钟能振、魏少宾被吸收为广东省摄影家协会会员；张森华被吸收为广东省美术家协会会员；翁国剑被吸收为中国电力摄影家协会会员、广东中华诗词学会会员。 （曾晓霞）

县文联2014年度负责人名录

主　席：谢　意（12月任）

专职副主席：张小玲

广 播 电 视

【简况】 2014年，县广播电视台紧紧围绕县委、县政府“两新两特两重点，惠民生、促和谐、强队伍”发展战略，认真履行广播电视工作职责，以开展党的群众路线教育实践活动为契机，通过加强作风建设和转变工作作风，强化队伍管理，提升服务质量，提高业务能力，全力做好广播电视工作，并力促全县广播电视工作健康发展。全年广播电台播出新闻稿件1360条，电视台播出新闻稿件1280条，其中被上级台采用318条；在全县范围内升级改造和架设光纤电缆32公里，新发展县城有线数字电视用户1250户，全县有线数字电视用户达到4.96万户，对比上年增长4.3%。

【加强县委政府中心工作宣传】 2014年，县广播电视台全力宣传党的十八届三中、四中全会精神和省委促进粤东西北振兴发展战略部署，精心组织报道县委十二届四次全会、县十四届人大四次全会和县政协九届四次全会精神。紧紧围绕县委、县政府中心工作，在《五华新闻》中设立《学全会、抓落实、促发展》新闻专栏，广泛宣传全县各镇各单位和干部群众在贯彻落实县委政府工作思路中的具体举措和行动，侧重宣传报道全县经济社会发展、计划生育、教育事业、创卫、扶贫“双到”、创建和谐美丽镇村以及改善民生等方面的工作，努力为全县干部群众主动作为、共谋发展鼓劲加油。

【紧贴实际办好专题节目】 2014年，县广播电视台贯彻落实“走基层、转作风、改文风”要求，结合本县实际，坚持把民生类和本土化节目作为专题报道的重点,积极反映民生热点，追求“画面美、内容新、言词精”，着力做到“贴近社情、通达民意”。3月始，开设每周一期的《长乐民情》电视专栏节目，组织编辑记者深入基层、深入一线挖掘现实素材，把话筒和镜头对准普通百姓，深度报道民生新闻，栏目每期推出至少2条具有影响力主打新闻。还与县公安局、县纪委等部门联合推出《五华警视》《行风热线》等专题节目，安排在黄金时间段播出专题节目至少一期。

【精心组织创卫工作宣传】 2014年，县广播电视台认真制定创卫工作宣传计划，注重实效，不断增强宣传报道的可听性和可视性。加强与县“创卫”办沟通联系，及时掌握“创卫”工作最新动态，加大对全县创卫工作宣传报道。奉行“弘扬真善美，贬斥假丑恶”精神，在《五华新闻》设立“创卫”专栏，坚持每周一至周六报道2条正面和1条负面创卫新闻，对全县各部门创卫的工作动态、先进经验和做法进行及时宣传，对创卫不力行为和“脏乱差”现象进行适时曝光，并对曝光后未能及时整改的行为进行跟踪报道。还在《五华新闻》片头前反复播出公共卫生、食品安全、健康常识等公益广告，发挥广播电视“喉舌”功能。

【深入宣传党的群众路线教育实践活动】 2014年，县广播电视台按照“照镜子、正衣冠、洗洗澡、治治病”总要求，紧紧围绕“为民务实清廉”主题，注重自身周围事物的跟踪报道，在《五华新闻》中设立“到群众中去”专栏，总结报道和宣传全县转变工作作风和推进工作落实好人好事；着力宣传全县各单位各部门在教育实践活动中的良好做法好经验，制作并播出活动的相关宣传标语20条，宣传报道教育实践活动类新闻稿件180篇，为全县开展党的群众路线教育实践活动营造舆论氛围。

【广电网络管理】 2014年，全县广播电视网络服务以提高服务质量为目标，树立“真诚服务，用户至上”理念，不断提高服务水平。一是坚持做思想工作常态化。县广播电视台班子定期召开工作例会，认真分析研究干部职工的思想动态，分别采取鼓励弘扬典型、个别谈话鞭策方式，统一干部职工的思想认识，凝聚队伍合力，不断提升网络服务质量和群众满意度。二是建立新服务质量考核机制。坚持从严治台方针，结合工作实际，建立新工作考核制度，完善服务与管理制度，把网络服务工作明确作出细量化规定。严格要求员工遵守执行内部的上班制度、材料领用和服务承诺等制度，确保有线电视网络服务规范化、专业化、制度化。三是以教育实践活动为契机，逐步完善各室、中心原有的绩效考核办法和监督管理规定，促使网络管理方面实行的网络维修、服务包干岗位责任制、有线电视安装与服务承诺制落到实处，从而进一步规范干部职工日常行为和业务操作，确保全台有线电视服务质量得到提高。

【网络升级改造】 2014年，县广播电视台增加事业建设资金投入，加大网络升级和改造力度，改善城区和镇村广播电视视听质量，进一步推进全县广播电视数字化建设。全年新架设支干线60多公里，主要包括新建楼盘幸福里、明华花园、碧桂园一期、金泰华府、御景豪庭等附近地段的线路；积极配合县委县政府对县城提质扩容需要，先后投入80万元对大坝中学、水梅路、园新路、建设南路、华伟路口、水寨大道城南等路段的架空光缆进行入地铺设改造，完成施工长度8.3公里，有效推进有线电视光纤升级改造。

【巩固拓展广播电视业务】 2014年，县广播电视台强化经营管理，坚持节支开源，巩固拓展，不断提升网络和广告创收，全年总收入对比上年增加11%。一是针对直播卫星的开通、IPTV推广等因素对有线电视的冲击，在用户流失情况日趋严重的形势下，迎难而上，狠抓广播电视网络服务和管理，增加事业投入，不断优化广电网络质量。二是面对网络、户外、LED广告屏等众多媒体广告竞争，努力抓好广告经营管理，坚持立足县内市场，走出去开拓县外客户，并认真做好广告市场调查和服务回访工作，提高广告服务水平。

【广播电视安全播出】 2014年，县广播电视台坚持落实“预防为主，完善措施，健全制度，落实责任，确保安全”方针，周密部署，明确分工，落实责任，确保年度广播电视安全优质播出。在敏感日期期间和两会、国庆、十八大四中全会等重要时期，强化管理，从严落实“三个加强”。一是加强纪律整治力度。引导全台党员干部转变作风和观念，树立组织纪律观念，发扬吃苦耐劳精神，真正做到爱岗敬业、乐于奉献。全台人员在工作生活中养成纪律严明、工作严谨的良好习惯，确保工作人员业务操作规范。二是加强落实安全播出责任。以实现“不出现反动声音和画面，不出现黑屏，不出现节目中断，不出现重大技术事故”为基本目标，高标准、严要求做好安全播出各项工作；分别与相关部门及镇站签订安全播出责任书，进一步细化目标，分解任务，真正做到责任到岗、责任到人。三是加强技术设施防范。认真制定安全播出实施方案和应急预案，加强安全保卫和技术防范管理，周详安排相关责任人认真排查设施、设备存在安全隐患。加强值班带班制度，增加值班力量，确保值班人员24小时在岗，有效预防“法轮功”邪教组织、境外敌对势力等一些有害信息的侵入破坏。（谢春礼）

县广播电视台2014年度负责人名录

台　长：李林权

副台长：巫文清　周裕标　张让权

总编辑：胡汉英

体　育

【群众体育】 2014年，县体育部门认真执行党体育工作方针，全面贯彻落实国务院颁布的《全民健身条例》，多渠道筹措体育资金，广泛组织全县群众开展体育活动和全民健身活动。全年发动单位各体育协会和社会能人筹集资金110万元，举办各种形式群众体育活动，全力推动全民健身运动开展。主要活动有：1月，举办春节第十三届“球王杯”足球赛；2月，举办元宵节第二届“汉御坊杯”篮球友谊赛；3月，举办“乐富豪”杯羽毛球赛；4月，举办庆“五一”“五四”篮球友谊赛；5月，举办首届10支队伍参加业余足球赛、庆“五一”乒乓球邀请赛、“移动信合杯”篮球友谊赛、“富壕酒店杯”羽毛球赛；9月，举办“华源电力杯”羽毛球赛、“伟森实业杯”中国女子象棋赛；10月，完成国民体质检测工作；12月，组织“东方屹”篮球友谊赛、“大昌燃气杯”乒乓球团体赛、获得“李惠堂杯”足球赛冠军。做好社会体育指导员服务站申请；积极做好国民体质检测站选址、全民健身广场拆迁工作和健身气功录像上传；完成梅州五华足球俱乐部主场赛事组织，该俱乐部获得中乙足球南区第一、全国第四名的成绩；完成全民健身工程安流、潭下两个乡镇建设；完成两个大型足球场的改建和完善一个社区体育公园建设。组织进行校园足球三级联赛。

【体育产业】 2014年，县体育局大力培育体育市场，积极扩大体育消费，在抓好群众体育和竞技体育工作同时，按照市场经济规则要求，坚持走社会化、产业化路子，积极引入市场机制，加大市场化运作力度，大力引进体育产品制造业，加快以发行体育彩票为重点体育产业健康发展，全县体育产业得到较快发展。全县电脑型和即开型体育彩票销售额3300多万元。

【业余训练】 2014年，县业余体校在训学生有186人，其中内宿生50人，开设有男女足球班、田径班、篮球班和乒乓球班。遵循“以学习为重点，以训练为中心，以输送为目的，以育人为根本”办学理念，坚持“三集中”办学形式，加强业余体校管理，注重文化学习，重视竞技训练。联合教育部门创新成立五华县体育后备人才训练基地，依托业余体校，将田径、球类、武术、跆拳道、游泳等项目人才选拔分配到全县25所学校及16所镇中心小学，积极推进全县体育后备人才建设。2014年，获得梅州市男子足球调赛U13年龄组第三名、市七运会男子足球U13第一名、U15第四名、女足第二名的好成绩。在7月13日—8月20日举行的市七运会上，五华县体育代表团获得金牌62枚，位列金牌榜第一，团体总分1092分，位列全市第三，无发生交通、食品安全事故、超额完成赛前预定目标。

【人才输送】 2014年，五华县运动员经选拔进入国家男女足球集训队各1人、中乙足球队主力5人、省曲棍球队2人、省青年队2人、省体校8人。

（李汉平）

县体育局2014年度负责人名录

局　长：宋胜中

副局长：廖焕雄　廖新辉　曾经纬

社会生活

民 政 工 作

【年度重点工作】 一是圆满完成村、社区“两委”换届选举工作。全县村级换届选举于3月25日全面完成。二是兴建县救灾物资储备仓库。9月，该仓库动工兴建，占地面积608平方米，建筑面积1356.78平方米，至年末，建设工程基本完成。三是县级公益性生态公墓第一期工程全面完成，有墓穴10000多个。四是县革命烈士陵园建设扎实推进。

【惠民实事】 2014年，民政三件惠民实事全面完成。一是全面提高城乡低保、农村五保标准和补助水平。城乡低保标准城镇由300元/月提高至370元/月，农村由200元/月提高至250元/月；城乡低保人均补助补差水平城镇由248元/月提高至334元/月，农村由116元/月提高至148元/月。农村五保供养标准分散供养由400元/月提高至460元/月，集中供养由550元/月提高至600元/月。城乡低保户基本医疗保险政策范围内住院自付医疗费用救助比例提至70%以上。二是提高孤儿供养水平。孤儿集中供养标准由1050元/月提高至1150元/月，分散供养标准由600元/月提高至700元/月。三是积极实施民办养老机构（含公办民营）床位运营补贴办法。从12月1日起给予每人每床每月100元的运营补贴。

【社会救助】 2014年，低保、五保医疗救助实行“一站式”结算和社会化发放。全年支付医疗救助1443.70万元，救助86021人次（其中资助参加医保资金405.23万元81046人）。加大核查和公示力度，全力打造阳光低保五保。全年取消不符合低保条件2056户9734人，新增低保1780户3994人，全县有农村低保23578户71615人，城镇低保390户538人；五保户4192人，其中：集中供养393人，分散供养3799人。理顺敬老院管理体制。坚持把每季度享受城乡低保救助的名单、农村五保供养名单在县民政局网站、各镇政务公开栏、村务公开栏同时进行公示，接受群众监督。成立“一门受理、协同办理”机制、建立五华县社会救助工作联席会议及社会救助服务窗口。

【救灾工作】 2014年，县民政部门做好报灾核灾工作，积极帮助困难灾民安渡灾荒，促进社会稳定。全县受灾人口9760人，死亡1人，全倒户8户，需过渡期生活救助24户99人，直接经济损失2849万元；下拨全倒户重建补助款8万元，严重倒损户补助款33.4万元，过渡期生活救助款10.69万元，冬季生活救助款122万元，死亡抚慰金8000元；下拨冬春荒救济粮35.86万公斤，发放棉被1500张，蚊帐1600顶，衣服2000套，救助6.8万多人次。农房统保全年赔付287户83.85万元。完善县、镇、村自然灾害救助应急预案，健全灾害信息员制度。做好“防灾减灾日”宣传活动，提高公众安全意识。积极开展

"6·30"广东扶贫济困日活动，全县接收捐款80.69万元。做好"大爱救心"工作，为44例患者办理申报资助手续。

【双拥、优抚、安置】 2014年，县组织举行"9·30"公祭烈士活动。按政策提高各类优抚对象抚恤、生活补助标准。分别给烈属128人，残疾军人312人，在乡复员军人553人，带病回乡984人，参战人员及铀矿人员2663人提高抚恤和生活补助标准。帮助重点优抚对象解决"三难"（医疗难、住房难、生活难）问题，落实优抚对象医疗"一站式"服务，支付医疗补助120多万元，为107户困难优抚对象实施大病救助17万元，为37户特殊困难优抚对象解决住房难资金52万元。成立县复员退伍军人服务管理中心、镇复员退伍军人之家，全面完成复员退伍军人信息录入工作。做好涉军维稳信访工作，促进社会和谐稳定。圆满完成退役士兵接收安置工作。全县接收退役士兵407名，符合政府安排工作条件退役士兵3名（即服役满12年的转业士官），发放一次性补助金和转业士官待安排工作期间最低生活补助经费626.06万元；转业士官工作安排已完成。帮助退役士兵创造就业平台；做好退役士兵短期职业技能培训。

【基层政权和社区建设】 2014年，县民政部门全力抓好村（居）务公开栏规范化建设和民主管理示范村的创建。深入开展"双强双促"工作，全年列入"双强双促"项目5个，分别是双华镇矮畲村、龙村镇三湖村、棉洋镇中新村、棉洋镇大光村、华城镇西区居委。

【社会行政事务管理】 2014年，县民政部门加大殡改工作力度，提高遗体火化率，全年完成遗体火化5490具，为特殊困难群体260具（其中五保户85具、低保户175具）减免遗体火化运尸费32.11万元；扎实开展"五沿地"（沿路、沿线、沿水、沿江、沿城乡）专项整治工作；殡仪馆火化车间第二期工程全面完成，新上2台炼灰炉。全年办理结婚登记15808对；离婚登记1980对；依法收养登记5人；救助流浪乞讨人员773人次；充分发挥华福中心规格高、环境美、管理好优势，全年先后入院居住老人103人次。

【区划地名】 2014年，县民政部门投入资金20多万元，为全县120多条街道竖立街道路牌230多块。认真做好第三轮梅州市与揭阳市行政区域界线五华—揭西段的联合检查工作。积极准备拍摄《地名故事广东五华篇》各项工作。

【民间组织】 2014年，全县依法登记社会团体90个，民办非企业单位31个。

【福彩中心】 2014年，全县销售福彩资金1215万元，对比上年增长15%。9月30日，经民政部中彩中心批准，水潭路中福在线销售厅开业。

【老龄工作】 至2014年年末，全县有百岁老人94人，80—99岁高龄老人22447人，按时足额为百岁老人发放每人每月200元的长寿保健金，为80—99岁高龄老人发放每人每年100元的高龄津贴。

【扶贫"双到"和创卫工作】 2014年，县民政部门为扶持矮畲村发展生产、改善群众居住环境等，筹集和投入资金198万多元，用于解决该村办公用房、贫困户生产生活、饮水、医疗、村道等问题。至2014年年末，投资70多万元新建的村办公楼投入使用；投资120万元的5.5公里村道完工投入使用；下畲片饮水工程主管道铺设完成；垃圾集中收集有序开展；村容村面貌得到有效改善。认真履行周末卫生制度，每周五下午到卫生责任区搞好环境卫生，做好网格化管理，指导黄井村搞好创卫工作。

（李清兰　张志豪）

县民政局2014年度负责人名录

局　长：刘旭伦

副局长：邓志荣　周鉴贤　李奕南

纪检组长：李石翠

党组成员：宋敬通　李清兰（4月任）

百岁以上（含百岁）老人名录

经县民政局核实，至2014年12月止，全县有百岁以上（含百岁）老人有94人，其中男16人、女78人。基本情况表列如下：

序号	姓 名	镇 村	出生年月	性别	年龄
1	李亚锦	水寨镇良美村	1909-11	女	105
2	黄亚三	水寨镇榕树村	1912-02	女	102
3	刘传娣	水寨镇坝心村	1912-07	女	102
4	邓菊英	水寨镇罗湖村	1912-09	女	102
5	曾亚满	水寨镇府前居委会	1914-06	女	100
6	戴亚四	水寨镇河尾村	1914-05	女	100
7	蔡利良	水寨镇岗阳村	1914-09	男	100
8	陈亚君	河东镇平南居委会	1914-02	男	100
9	邓亚英	河东镇澄塘村	1913-11	女	101
10	陈福英	河东镇河口村	1912-03	女	102
11	李亚春	河东镇平西村	1912-05	女	102
12	万亚九	河东镇苑河村	1912-01	女	102
13	甘亚英	河东镇黎塘村	1905-06	女	109
14	古五娣	河东镇布头村	1907-05	女	107
15	廖华香	河东镇三田村	1911-12	女	103
16	李亚拾	河东镇河口村	1913-02	女	101
17	谢亚娣	河东镇太和村	1914-07	女	100
18	朱仁祥	转水镇新民村	1913-06	男	101
19	林亚银	转水镇新民村	1913-05	女	101
20	何亚英	转水镇青塘村	1914-05	女	100
21	曾月英	华城镇塔岗村	1912-05	女	102
22	钟亚兰	华城镇塔岗村	1912-08	女	102
23	李石榴	华城镇西林村	1911-09	女	103
24	李亚新	华城镇葵富村	1911-09	女	103
25	张金招	华城镇高华村	1912-08	女	102
26	李进娣	华城镇兴一村	1913-05	女	101
27	黄玉田	华城镇维新村	1914-05	男	100
28	叶思英	华城镇维西村	1914-08	女	100

续上表

序号	姓 名	镇 村	出生年月	性别	年龄
29	戴 云	华城镇新五村	1914-09	女	100
30	高思添	华城镇新一村	1914-11	男	100
31	郑茂娣	岐岭镇黄福村	1910-02	女	104
32	叶样金	岐岭镇联安村	1913-05	男	101
33	刘来娣	岐岭镇龙寨村	1913-10	女	101
34	刘兰凤	长布镇大坑村	1913-03	女	101
35	张仲廉	长布镇樟村村	1913-09	女	101
36	张亚珍	长布镇粘坑村	1913-08	女	101
37	曾亚九	周江镇龙堵村	1912-02	女	102
38	郑四妹	周江镇狮潭村	1913-01	女	101
39	曾八妹	周江镇红源村	1914-07	女	100
40	曾亚源	潭下镇金石村	1912-01	女	102
41	张泗招	潭下镇布坪村	1912-12	女	102
42	钟 森	潭下镇金石村	1910-09	男	104
43	李东英	潭下镇百安村	1914-05	女	100
44	李森茂	潭下镇布坪村	1914-04	男	100
45	陈兰桂	横陂镇近江村	1914-10	女	100
46	李杏村	横陂镇老楼村	1912-08	男	102
47	曾任娣	横陂镇华阁村	1911-01	女	103
48	廖亚英	横陂镇湖塘村	1912-02	女	102
49	魏亚运	横陂镇夏阜村	1912-02	女	102
50	魏锦娣	横陂镇西湖村	1914-02	女	100
51	张玉英	横陂镇湖塘村	1913-10	女	101
52	黄东娇	横陂镇华阁村	1911-05	女	103
53	陈亚玉	横陂镇贵人村	1914-08	女	100
54	曾亚英	横陂镇老楼村	1914-10	女	100
55	李亚凤	郭田镇双光村	1910-10	女	104
56	严亚三	郭田镇双光村	1913-12	女	101
57	张添英	郭田镇蕉州村	1914-01	女	100
58	魏亚娣	双华镇虎石村	1909-03	女	105
59	张亚二	双华镇黄径村	1905-01	女	109
60	陈春梅	安流镇樟潭村	1913-03	女	101
61	陈二妹	安流镇福江村	1911-03	女	103

续上表

序号	姓 名	镇 村	出生年月	性别	年龄
62	古复妹	安流镇葵樟村	1913-12	女	101
63	朱亚英	安流镇福岭村	1910-01	女	104
64	胡秀妹	安流镇学少村	1914-09	女	100
65	张　满	安流镇福岭村	1913-02	女	101
66	甘二妹	安流镇双福村	1909-10	女	105
67	黄七妹	安流镇学少村	1903-01	女	111
68	张三妹	安流镇低坑村	1914-04	女	100
69	李桂英	安流镇五联村	1913-09	女	101
70	钟亚三	安流镇文葵村	1913-11	女	101
71	冯松龙	安流镇上布村	1910-05	男	104
72	杨三妹	安流镇半径村	1914-05	女	100
73	李乃道	安流镇福龙村	1914-10	男	100
74	张六妹	棉洋镇唐纯村	1913-06	女	101
75	廖进篡	棉洋镇唐纯村	1912-10	男	102
76	冯毛妹	棉洋镇阳光村	1914-01	女	100
77	吴香浮	棉洋镇绿水村	1911-12	男	103
78	谢日妹	棉洋镇联西村	1914-07	女	100
79	张定基	棉洋镇黎洞村	1914-09	男	100
80	古四妹	棉洋镇棉洋村	1914-09	女	100
81	胡亚育	棉洋镇葵岭村	1914-10	男	100
82	李架华	梅林镇福新村	1912-01	男	102
83	钟桂香	梅林镇琴口村	1913-02	女	101
84	黄五妹	梅林镇新塘村	1913-04	女	101
85	周二妹	梅林镇优河村	1912-09	女	102
86	古满妹	梅林镇新城村	1912-03	女	102
87	占惠群	梅林镇宣优村	1910-07	女	104
88	李七妹	梅林镇梅林村	1914-07	女	100
89	温满妹	华阳镇小拔村	1913-12	女	101
90	古娇二	华阳镇红洞村	1914-02	女	100
91	黄五妹	华阳镇华新村	1914-09	女	100
92	庄五妹	龙村镇黄狮村	1914-06	女	100
93	庄亚连	龙村镇柏溪村	1910-03	女	104
94	陈友妹	龙村镇水口村	1914-05	女	100

人力资源和社会保障

2014年10月20日，省人社厅副厅长郑朝阳率队到县进行人力资源和社会保障工作调研

劳动就业工作

【县就业服务管理局正式挂牌】 2014年9月25日，根据五华县机构编制委员会《关于同意五华县公共就业（人才）服务中心更名的批复》（华机编〔2014〕35号），“五华县公共就业（人才）服务中心”更名为“五华县就业服务管理局”，更名后，机构级别、性质、人员编制、隶属关系不变。

【劳动力培训转移就业】 2014年，全县完成各类劳动力培训12154人次，占任务数121.5%，转移就业18552人次，占任务数103%，新增城镇就业人员5106人，占任务数104%，城镇登记失业率2.42%；纳入“两清”工程新成长劳动力中，组织有意愿培训321人，有意愿转移就业321人，均实现100%培训、100%转移就业。先后开展“就业援助月”“春风行动”“民营企业招聘周”等专项促进就业招聘会60多场次。积极为珠三角用工企业和各类求职人员搭建对接平台，发布招聘信

“春暖梅州”五华专场招聘会

息400多条，进场企业270多家，成功就业6000多人。为吸收安排992名就业困难人员的辉骏、康奇力等12家企业核拨208万多元就业专项资金；为38户企业和商户发放小额担保贷款196万元，贴息0.96万元；同时，扶持镇级公共就业服务支出19.2万元，为全县411个村级劳动保障服务站支付信息网络经费17.7万元，实现县镇村三级联网，确保就业信息畅通。

人事人才工作

【人事人才管理】 2014年，县人社部门为2427名（本科495人、专科1932人）高校毕业生办理报到手续；接收各类人员人事档案2737卷，转出各类流动人员人事档案423卷。联合组织部门印发《五华县县直单位公开选调公务员暂行办法》，规范县直单位公开选调公务员有关工作。全年录（聘）用各类人员374人，工作调动159人。军转干部按市直标准发放生活困难补助，养老金加上生活困难补助每人每月平均达到3143.18元。

【专业技术人员管理】 2014年，县人社部门根据《广东省事业单位岗位设置管理实施意见》要求，完成全县镇级七大中心事业单位岗位设置和人员聘用工作。对全县事业单位岗位有空缺的前提下，按照岗位聘用原则，完成949个专业技术人员的岗位聘用工作。

【干部培训】 2014年，县人社部门对全县2300多名公务员进行全员培训，全面推进公务员队伍思想道德建设、履职能力建设和作风建设；同时，对全县8700多名专业技术人员实施继续教育公需科目培训，全面提升专业技术人员的业务水平和整体素质。

劳动保障工作

【劳动保障监察和劳动人事争议仲裁】 2014年，县人社部门监督检查用人单位116户次，涉及职工2965人，接待各类劳动者来信来访112次，为380名劳动者追回工资、经济补偿金323万元。受理仲裁案件18件，其中立案受理6件、调解处理12件，涉及劳动者人数55人，涉及金额60多万元。对立案受理的仲裁案件和调解处理的案件均在法定审限内结案，结案率100%。

【构建和谐劳动关系】 2014年，县人社部门办理签订劳动合同手续2021人，鉴证劳动合同4042份；办理终止、解除劳动合同关系备案225件，劳动合同签订率93%，已建工会的集体合同签订率95%。评定和谐劳动关系示范区1个；评定劳动关系和谐企业5个。

（钟辉龙　温涛松）

社会保险基金管理

【社会保险扩面征缴】 2014年，县社保局围绕年初市下达的扩面征缴目标任务，主要采取四条措施：一是召开联席会议，专题研究社保执法检查和扩面征缴工作。市下达任务后，县政府及时组织县金融办、地税、财政、人社、经信、中小企业、科技、环保、经济开发区、社保等单位负责人召开联席会议，专题研究社保执法检查和扩面征缴工作，并与各责任单位签订扩面征缴目标责任书。二是明确任务，部门通力协作。县政府要求全县所有企业的参保人数要增加“两个百分之二十”以上，直至实现全员参保。要求地税部门对所有参保单位实行“五险”全征，不得允许单位选择性参保；社保部门要加大政策宣传力度，密切配合地税部门做好扩面征缴工作；财政、经信、中小企业、金融、科技、环保、经济开发区等部门要协助做好扩面征缴工作。县政府组织召开全县《社会保险法》执法检查工作动员大会，成立四个督查组，到各企业对应保未保等情况要求立即整改参保。人社局党组成员挂钩工业园区企业，上门督促企业为员工参保。三是大力清理欠费。县政府要求凡是申请财政专项补助或科研、技改项目的单位必须缴清社保欠费，否则，相关部门不予受理申请。财政部门下拨专项资金时要核实欠费情况。局班子成员主动上门清理社保费旧欠工作。全年追收旧欠386万元。四是实行奖罚制度。县政府与地税、社保部门实行征收工作经费与完成扩面征缴任务进行挂钩，有效调动地税、社保部门工作积极性。全年全县参加职工养老保险51109人，失业保险29535人，职工医保49090人，工伤保险31194人，生育保险32664人。均超额完成市下达扩面任务。社保五险收入实现3.34亿元。其中，职工养老保险收入2.23亿元，失业保险收入915万元，职工医疗保险收入9310万元，工伤保险收入549万元，生育保险收入328万元。

【业务审批和基金支付管理】 2014年，县社保局切实管好用好社会保险基金，进一步加强业务和基金支付管理。一是加强内部业务监管，要求业务经办人员加强对自己操作号管理，不得将操作号权限授予他人代为办理业务。对工龄、兵龄视账确认、退休档案审核和待遇核发等业务层层把关，对参保人信息修改必须有经办人、复核人、分管领导审批、局领导审批，方可报市局申请修改。二是建立由信息系统控制、基金财务控制、人员岗位控制内部监控体系，从源头上堵塞基金漏洞和防范管理风险。三是严格执行《社会保险基金财务管理制度》和基金审批程序，确保账账、账实、账册、账现相符；同时建立内部督查制度，确保各项基金安全运行。

【民生保障】 2014年，县社保局切实做好城乡居民基本养老保险工作。一是加强政策宣传工作。3月始，利用宣传单、宣传车、网络、电视等多种途径大力宣传城乡居民基础养老金由每人每月65元提升至95元的惠民政策。二是规范业务操作，严格按流程操作，先录入个人信息后核定再复核最后呈局领导审批，完善好参保人的档案资料后及时入库归档。三是把城乡居民基本养老保险参保缴费工作作为社保工作考核的重要内容。要求各镇人社所把年满60周岁的未享受职工养老金的老人全部纳入城乡居民基本养老保险。积极做好生存认证工作，避免骗保现象发生。至2014年年末，全县城乡居民基本养老保险参保人数有40.64万人（60周岁以上13.23万人），其中2014年新增参保9951人。停发死亡人员3532人的养老保险待遇。

【医疗、工伤、生育保险管理】 2014年，县社保局根据对职工医保基金可能出现财政兜底情况下，采取有效措施，确保医保基金的平稳运行。一是积极向县政府、市局请示争取市政府固化县困难企业退休人员的个账划入金额（108.29元/月）。获市批准固化个帐。二是加强对定点医疗机构职工住院情况监管。要求县医院等5家医院每天向该局书面报告职工医保参保患者住院情况。局成立日常稽查工作小组，对黄塘医院每周巡查一次以上，对县医院、中医院则每天巡查。三是缩短报销周期，严把报销支付关。要求各乡镇医保中心每周送单一次；同时严格审核住院报销单据，认真鉴别发票真伪，杜绝利用假票据骗保现象。四是认真做好2015年度城乡居民医保参保缴费工作。转发《梅州市人民政府办公室关于做好2015年度城乡居民医保参保缴费工作的通知》，对各镇下达城乡居民医保参保任务数，召开全县2015年度城乡居民医保缴费工作会议。同时广泛开展宣传发动工作，确保外出务工人员和特殊群体能参保。至年末，全县参保121.50万人，完成市下达任务的103.3%。五是积极开展大病保险工作。积极开展大病保险政策宣传，让符合条件参保人主动申报。至本年末,全县有2430人次获二次补偿，补偿总金额1400万元。六是切实做好生育和工伤保险待遇审核和发放工作。认真调查核实新发生的工伤、工亡事故；严格审核遗属补助，对已死亡的和年满18周岁的予以取消待遇。全年为1155人次办理生育待遇，为1053人次办理工伤待遇。

【社保信息公开和政策宣传】 2014年，县社保局根据省市关于社保信息公开要求，扎实做好信息公开和政策宣传工作。建立社保门户网站、服务窗口、电话咨询、电视台社保专栏等信息公开渠道；在工业园区和各镇人社所建立30块宣传栏；发放宣传资料80万份到各镇各村（居）委。在办事大厅设置宣传栏、宣传资料取阅处和引导咨询台，新聘请2名工作人员负责信息管理工作。有效扩大社会保险影响力，提高群众参保意识，形成全社会关心社保的良好氛围。

【二代社保卡发行和应用】 2014年，县社保局按照市局统一部署，专门召集银信部门召开联席会议，制定发卡和应用实施方案，扎实推进二代社会保障卡发行和应用工作。至本年末,全县采集二代社保卡信息112万张，已制卡98.9万张，已发卡97.8万张。同时做好社保卡在社保业务方面的应用工作。全面启动社保卡应用，在社保待遇领取、查询、金融支付等方面实现社保卡的应用工作。

【关系转移和信息修改】 2014年，县社保局增强养老保险经办力量,工作人员从4人增至7人；对工作人员加强电脑技能和业务政策培训，提升工作人员经办能力；对前来办事群众，做到口头和书面一次性告知办事内容和流程，提高工作人员服务效率。对关系转移和信息变更进行严格审核，全年为3944人办理养老保险业务，其中关系转移574人、信息变更1252人。

【养老待遇核发】 2014年，企业退休人员养老金连续第10年增10%。按政策为全县企业离退休人员调整养老待遇，至年末，有26643人领取养老金，其中本年新增退休人员2221人，人均养老金1273.29元。同时积极做好离退休人员基本养老金领取资格认证工作，4月,派出工作组到华城、安流开展生存认证工作。全年认证24179人，认证率99.8%。对仍未认证的，从7月始停发养老待遇。

【失业保险】 2014年，县社保局大力宣传新修订的《广东省失业保险条例》。认真做好失业待遇核发和失业人员待遇领取资格验证工作，全年核发2133人次的失业待遇，取消17人次失业待遇领取资格。

县人力资源和社会保障局2014年度负责人名录

局 长：李作华

副局长：李千山 胡小立 卓力平 周运芳 古光华

纪检组长：温木新

党组成员：钟辉龙 魏剑玉 曾发明

县社会保险基金管理局2014年度负责人名录

局 长：李千山

副局长：郭裕华 刘少波 廖雪梅

残疾人工作

【残疾人康复】 2014年，县残联投入残疾人康复经费180多万元，完成康复任务3189例，其中：白内障复明手术1336例；假肢装配5例；精神病防治557例；脑瘫儿童康复50例；辅助器具供应198件；日间照料100例；居家托养40例；听力康复服务任务180例；肢体康复服务任务183例；为视障人员免费配发读屏软件190套。开展一系列便民惠民活动：一是积极联系广东狮子会和广州爱尔眼科医院，为贫困白内障患者谋求康复扶贫机会，在长布、龙村、横陂等镇为当地508名贫困患者进行免费复明手术，减轻患者及其家庭经济负担150多万元；二是在康复中心挂牌成立“五华县残疾人辅助器具服务站”；三是完善智障儿童康复机构规范化建设；四是开展“十二五”康复工作自查工作。2011—2013年，全县残疾人康复工作按照广东省残疾人事业“十二五”规划纲要的目标和要求，投入康复专项资金598.06万元，使4472名残疾人得到不同程度康复服务。

【残疾人教育就业】 2014年，县残联落实残疾人助学资金3.6万元，救助学前教育残疾学生12人。做好残疾人普通高考工作，帮助指导残疾考生11人。康复中心开展特教工作，有教师9人，其中保育员3人，每年免费为100—200多名残疾人提供多功能、高质量残疾人康复教育服务，当年就读人数53人。积极开展残疾儿童少年摸底调查工作，本年，全县0—17岁残疾儿童少年1980人，6—14岁残疾儿童少年1345人，6—14岁义务教育阶段未入学残疾儿童少年122人。加大残疾人就业保障金收缴力度，全年收缴残疾人就业保障金103万多元。并多渠道、多层次、多形式促进残疾人就业，新增安排残疾人就业23人。

【残疾人扶贫解困】 2014年，县残联做好残疾人机动三轮车登记发牌工作，发放残疾人专用代步车辆牌照标识39张，方便特需残疾人群，杜绝残疾人营运安全隐患；核实全县残疾人燃油补贴对象833名，保证专项资金足额发放到残疾人个人实名账户；落实资金21.95万元，帮助4389名城乡重度残疾人参加医保；积极开展助残活动。5月16日，县政府副县长詹庆东带领县府办、共青团、残联联合举办二十四次“全国助残日”活动，慰问特殊学校、儿童福利院、残疾人康复中心以及残疾人困难户。助残活动中，发放轮椅60部、盲人专用电饭煲30台以及助行器、助视器等康复器材200多件，发放慰问品、慰问金等价值6万多元。

【残疾人津补贴发放】 2014年，县委、县政府足额配套落实2013年度、2014年度残疾人“津补贴”县级配套资金。9月，落实2013年度残疾人生活津贴政策7744人（100元/年），发放资金77.44万元；落实重度残疾人护理补贴政策7879人（600元/年），发放资金472.74万元；落实2014年度残疾人生活津贴政策8203人（600元/年），发放资金492.18万元；落实重度残疾人护理补贴政策8424人（1200元/年），发放资金1010.88万元。

【创建“全国白内障无障碍县”】 2014年3月20日，县政府召开五华县创建“全国白内障无障碍县”动员暨业务培训大会，全县掀起创建“全国白内障无障碍县”活动高潮。调查登记在册患者（含贫困）6200多人，免费筛查6200多人，白内障复明手术（含贫困）4775多例，其中2109例白内障患者全部免费施行复明手术，4775例有手术指征并有康复需求的白内障患者100%得到手术复明，做到发现一例、登记一例、筛查一例、手术一例，术后最佳矫正视力≥ 0.3的患者达98%，100%施行人工晶状体植入术，100%进行后定期复查和术后随访。11月5日，创建工作经省、市残联验收合格。

【残疾人证管理】 2014年，县政府专门成立评残鉴定工作领导小组，由分管副县长担任组长，成员由卫计、财政、民政、监察、残联、医院等相关部门组成，县政府常务会议研究、讨论、通过并印发《五华县残疾人证管理规定》，召开贯彻落实残疾人证管理规定的专题会议，进一步加强残疾人证细化管理。同时加强对残疾人证档案管理，专门抽调人员在档案局指导下，对所办2万份残疾人证进行系统规范整理和归档。

【残疾人文化体育】 2014年，县委、县政府以梅州市“长乐烧”杯第七届运动会暨第六届残疾人运动会召开为契机，承办好开幕式和全市残联工作座谈会，做好东道主。县财政拨出专款，组团参加梅州市第六届残运会，34名残疾人运动员在赛场上顽强拼搏，取得32金、22银、6铜等60个奖牌和团体总分358分的好成绩，五华县代表队荣获全市团体总分第一名、金牌榜第一名、组织奖和道德风尚奖等多个奖项。

【残疾人组织建设】 2014年，下发残疾人专职委员补贴经费59.16万元，充分调动全县461名残疾人专职委员工作积极性，同时组织镇级专职委员参加市残联业务培训，保障基层残疾人工作扎实有效开展。

（古德华）

县残联2014年度负责人名录

理事长：邱小梅

副理事长：鲍忠友　廖瑞扬

卫生和计划生育工作

【概况】 2014年，五华县原卫生局和原人口计划生育局正式合并为五华县卫生和计划生育局（简称五华县卫计局），合署办公后，地点设在水寨镇华兴北路91号。局机关总人数95人。配备党组书记、局长1人，党组成员11人，副局长8人；内设11个股室，设立6个事业机构。下属卫生计生机构42个，其中：县级医疗卫生机构10间，计生监察机构1间，计生技术服务机构1间，卫生院30间，设置病床2110张；设立562个卫生站，覆盖全县16个镇412个行政村。全县卫计系统在职人数3693人，属卫生计生技术人员2934人（其中主任医师5人、副主任医师149人、主治医师以下人员2780人）；乡村医生676人，接生员173人，保健员130人；担负着全县群众防病治病、生殖保健、医学科研、计划生育等工作任务。

【实施机构改革，稳步推进卫计整合】 2014年，县政府根据《广东省人民政府关于市县卫生和计生、新闻出版和广电部门职能转变及机构改革的指导意见》（粤府〔2013〕93号）精神，整合五华县卫生局、五华县人口和计划生育局工作职责，组建五华县卫生和计划生育局，为县人民政府工作部门。6月17日，挂牌成立县卫生和计划生育局，并根据县编委制定职能要求，设立办公室等11个内设股室，管理县考核办、健教所等10多个股室。新组建的县卫计局主要承担卫生计生方面17项职责，其中，原来的人口发展规划、食品安全管理等职责划转其他部门，增加公共场所卫生许可等4项职责，加强深化医改等4项职责。县卫计局成立后，迅速抓好队伍整合，安排办公场地，落实人员分工，推进卫生计生业务逐步融合，确保人员队伍稳定，切实做到“思想不乱、人心不散、热情不减、工作不断、创新有力”，全县卫生计生各项工作稳步有序推进。

【加强党廉建设，转变行业作风】 2014年，县卫计局领导班子始终把抓好党廉建设和行风建设，作为推动卫计工作健康发展首要举措，全面抓好落实。一是促进党风廉政建设，有效预防腐败。坚持局党组统一领导，建立完善“班子齐抓共管、纪检监察组织协调、各部门各负其责、群众支持参与”工作机制，做到党风廉政建设责任制与卫计工作同部署、同落实、同检查、同考核，确保党风廉政建设和反腐败工作有效落实。二是狠抓行风建设，提升服务能力。结合开展党的群众路线教育活动和纪律教育学习月活动，大力引导广大干部职工牢固树立全心全意为人民服务宗旨，强化服务意识、责任意识、诚信意识和质量意识，弘扬爱岗敬业、乐于奉献行业风尚，促进相互信任，建立和谐医患关系。10月，经县行风评议团评议，群众综合满意率94%，行风建设工作得到行评团充分肯定和好评。

【启动县级医院改革，医改工作深入推进】一是巩固基层医改成果。进一步完善医疗卫生机构管理、补偿、用人、分配和药品采购等体制机制；积极化解基层债务，对2009年医改工作启动前产生的910.36万元债务全部化解完毕，并顺利通过省检查验收。二是推进县级医院改革。县妇幼保健院被省列为县级公立医院改革试点单位，专门组织调查摸底，制定综合改革方案，落实医疗服务价格调整，自12月底始，率先取消药品加成。同时，增报县人民医院、县中医医院为改革试点单位，扎实推进县级公立医院改革各项工作实施。

【强化层级责任，计生工作有效落实】2014年，县卫计系统继续实行"每月检查、定期通报、季度预警、动态管理"计生动态考核机制，坚持每月对各镇工作任务完成情况进行考评和排名，考评结果列入年度综合评分主要依据，并严格兑现奖惩。县委、县政府对本年度计生工作取得显著成效的5个镇、4个村、21个县镇计生综治单位及30名干部进行表彰奖励；对工作不到位的1个镇、1个村给予"提醒注意"，3个单位被通报批评，14名责任人受到处分。

【强化宣传教育，积极营造良好氛围】2014年，县卫计系统深入开展"婚育新风进万家""青春健康""7·11"世界人口日主题宣传等活动；举办科学育儿专题讲座3场，组织1200多名家长进行育儿知识培训；建立卫生计生通讯员管理制度，明确激励措施，加大宣传报道，全县被县级以上新闻媒体采用的卫生计生新闻稿件86篇。通过各种活动，加强控烟、日常健康行为、传染病防控等知识宣传，大力开展健康教育。成功承办全省健康教育工作会议暨业务培训班，促进健康教育事业发展。

【推进重点项目，提升计生工作实效】2014年，县卫计系统将定点结扎、社会抚养费依法征收、计生非诉案件执行、孕前优生检查、开展"村村行"服务活动等工作列入年度计生工作重点项目，将工作落实情况列入每月考核评分主要依据，切实强化有效举措，加大督促指导，全面完成县委、县政府下达各项工作任务。全县落实结扎5929例，一孩上环7618例，补救措施725例，计生非诉案件立案194件，孕前优生检查8796人，开展人口计生服务"村村行"活动324场次，全面提升人口计生工作实效。

【加强应急管理，加快急救网络建设】一是制定相关预案，落实人感染H7N9禽流感、登革热、埃博拉等疫情防控工作，及时研判疫情风险，加强防病知识宣传，加大应急物资储备，全力做好疫情预警和防控措施落实。二是建设医疗急救平台，成立县"120"医疗急救指挥中心，落实人员和场地，配备网络监控设备，设立急救网点7个，12月，该中心已正式投入运行，有效确保社会救援伤病员和院前急救快速应急反应。

【加强基层建设，全力优化诊疗环境】一是加大设施建设。抓好县妇保院和安流、龙村等卫生院在建项目收尾工程，推进小都、新桥卫生院综合楼建设；县中医院外科综合楼即将动工建设，县人民医院门急诊综合大楼建设项目筹划推进中。二是购置先进诊疗设备。全县医疗单位投入2150多万元，更新和购置一批先进诊疗设备，其中安流镇中心卫生院购置16排螺旋CT；县医院购置高清腹腔镜系统、超声刀、血液透析仪等设备；县妇保院购置全自动生化分析仪等设备，有效提升诊断技术水平。三是实施医技帮扶。专门制定帮扶工作方案，要求县属医疗单位卫技人员资格晋升前，必须到基层卫生院开展为期3-6个月的技术帮扶，以县级单位人员技术优势带动基层卫生院业务发展。12月，县属医疗卫生单位首批44名卫技人员已正式到基层开展帮扶工作。

【加强队伍建设，服务能力不断增强】 一是加强业务培训。组织开展卫计技术人员资格考试、科研继教工作，选送技术人员到上级医院进修，举办“地贫防控项目”“护理质量持续改进”“人感染H7N9禽流感防治知识”等专题培训班；开展“单独两孩政策”、计生依法行政等业务培训，有效提升基层卫计队伍服务能力。全年举办各类业务培训班24期次，参加培训人数2432人次；参加职称考试卫技人员593名。二是加强医疗服务质量管理。深入开展“三好一满意”、抗菌药物临床应用专项整治、优质护理服务等一系列活动，落实“无假日”医院、预约诊疗等便民惠民措施。三是加强村级计生队伍建设。对全县聘用期满的村级计生专干进行择优选聘，并争取县政府同意增加65个名额，全县村级计生专干总数832名，确保村级计生工作的持续推进和队伍稳定。四是做好离岗接生员和赤脚医生生活补助发放工作。对全县1218名农村已离岗接生员和赤脚医生补助对象发放生活困难补助。

【坚持依法行政，执法行为逐步规范】 一是加强卫生监督执法工作。加强医疗机构执业行为监管，规范医疗机构人员执业行为，打击非法行医和医疗欺诈行为；加强传染病、学校卫生、公共场所卫生许可、生活饮水安全和重大活动的卫生监督，推进卫生监督协管工作。开展以打击无证牙科、黑诊所为重点非法行医行动，全面整顿医疗市场；采取明察暗访和群众举报有奖等方式，严厉打击“两非”行为。全年出动执法人员909人次，调查投诉举报案件22宗；检查各类医疗机构146间，立案103宗，结案68宗；取缔医疗场所131间，罚款14.32万元，没收药品器械一批。二是完善计生依法管理机制。对征收案件全面建立档案，对社会抚养费征收案件实行“一案一委托”，并以推进计生非诉案件执行为核心，对逾期不缴纳社会抚养费对象，申请法院强制征收。全县计生非诉案件立案194件、执结202件、执结金额478万元。三是积极开展信访维稳工作。建立多层级、多模式信访平台，及时调查核实信访案件和医疗事故争议，力争在最短时间内掌控事态进一步发展。全县卫计系统依法处理来信来访211件次，办结率100%；发生医疗事故争议17宗，成功调解13宗，其余4宗得到依法妥善处置。

【加强公卫建设，提升疾病防控能力】 一是加大疾病防控和慢病管理。落实扩大国家免疫规划政策，适龄儿童一类疫苗免疫接种率96%以上，巩固无脊灰状态成果，无发生乙脑、百日咳、白喉、流脑等疫情，未发生其他免疫规划相应传染病流行。二是做好突发公共卫生事件隐患排查与防范。全年调查处理食物中毒或疑似食物中毒事故7宗，处置突发公共卫生事件1宗。三是实施重性精神疾病免费医疗救助。组织精神科专家到各镇集中对贫困重性精神病患者进行门诊发药，做到优先收治、应收尽收。全县免费救治患者95人，门诊发药2104人，率先完成市下达工作任务。四是强化妇幼保健。组织实施防艾、梅毒、乙肝母婴转播阻断及增补叶酸发放工作，加强婚检、产检、新生儿疾病筛查，推进地贫防控试点工作，规范出生医学证明发放管理。落实农村孕产妇住院分娩补助，全县住院分娩率不断上升。全县住院分娩人数20146人，住院分娩率97.01%。五是促进公共卫生服务均等化。加强对公共卫生服务项目日常管理、检查督导、考核评估，9月，在郭田镇召开全县现场会，有效加强公共卫生服务管理工作，全面提升公共卫生服务能力和水平。全县建立居民健康电子档案85万份，建档案率80.95%，全部管理对象均按要求录入居民电子健康档案系统。

【发挥传统优势，抓好中医药建设】 2014年，县卫计系统充分发挥中医药特色优势，扩展医疗业务，专门制定全县五年中医药事业发展规划，切实巩固和提升“广东省农村中医工作先进县”工作成果。并加强镇卫生院中医技术骨干培训，积极推广中医药适宜技术，逐步建立县、镇、村三级医疗机构中医药业务协作机制。切实发挥县中医医院龙头作用，加强专科专病专药建设，该院骨伤科和中风病科通过“梅州市医学重点专科建设单位”评审验收，针灸理疗科被批准为“全国农村医疗机构针灸理疗康复特色专科建设项目”，该院通过省“二级甲等中医医院”评审验收。五华县向上级申报“全国基层中医药工作先进单位”创建项目；并代表梅州市接受省对基层中医药服务能力提升工程综合督查评估，取得较好成绩。

【坚持服务大局，推进其他各项工作】 一是无偿献血工作取得实效。实行各镇辖区负责制，县政府向各镇各单位下达工作任务，动员全县干群参与无偿献血，取得明显效果。全县无偿献血人数3084人，献血量61.68万毫升，有效缓解医疗临床用血不足状况。二是扎实推进创卫工作。结合自身职能，全面开展创卫宣传发动和健康教育促进活动，加强对除“四害”、医疗废物管理、病媒生物控制、公共场所卫生和生活饮用水等监督管理；以开展县人民医院创建“创卫示范医院”活动为契机，带动县城医疗单位有效开展创卫工作。并落实挂钩村创卫帮扶工作,扎实开展周末卫生日大扫除活动，着力推进创卫相关工作全面落实。三是深入开展爱国卫生运动。广泛开展群众性爱国卫生运动，大力实施病媒生物防制工作，并以创建省、市卫生村和农村改厕工作为重点，大力整治农村环境卫生，逐步改善农村居民生产生活环境。全年完成2500户村民改厕项目，全县有19个村成功创建为“市卫生村”、3个村创建为“省卫生村”。四是落实流动人口计生双向服务管理试点工作。组织开展流动人口计划生育服务管理专项活动，强化载体创新，普及关怀关爱服务；强化网络协作和区域协作，落实双向服务管理职责，有效构建流动人口计生管理服务“一盘棋”工作格局。五是做好红十字会救助工作。全县26名先天心患儿获得省慈善总会资助并接受手术。切实做好省红十字会贫困脑中风病者救治项目工作，全县463名对象获得免费赠送治疗药物。六是推进计生协会工作。做好计生家庭意外伤害保险投保工作，由政府出资为3031户计生家庭办理意外保险，深入开展“生育关怀”为主题活动。开展“一元爱心”捐助行动，营造全社会关心支持计生家庭良好氛围。七是抓好安全生产工作。坚持“预防为主、安全第一”方针，严格按照县委、县政府工作部署，认真落实“一岗双责”制度，扎实做好安全生产各项工作，取得较好成绩，获得县考核组充分肯定。

（龙竞波　杜文标）

县卫生和计划生育局2014年度负责人名录：

局　长：温志清（6月任）

副局长：曾运华（10月任）
曾洪波（10月任）
江运梅（10月任）
李金文（10月任）
曾豪达（10月任）
曾梅花（10月任）
温汉深（10月任）
曾国强（10月任）

党组成员：薛奕良（6月任）
赖伟均（6月任）
张锡文（6月任）

安全生产监督管理

【简况】 2014年，县安监局以党的十八大，十八届三中、四中全会和习近平总书记关于安全生产的一系列重要指示批示精神为指导，贯彻落实科学发展观，坚持“安全第一，预防为主、综合治理”方针，牢固树立“以人为本，生命至上”理念，突出抓好安全生产大检查、“八打八治”、隐患排查治理和安全专项整治，不断夯实基层基础，推进企业落实安全主体责任，有效遏制各类事故，促进全县安全生产形势持续稳定好转。全县各行业领域发生各类伤亡事故139起，死亡33人。其中：道路交通事故81起，死亡32人;火灾事故57起；工矿商贸领域事故1起，死亡1人;其他行业领域零事故、零死亡，均未突破市下达的控制指标。

【落实安全生产责任】 2014年，县党政主要负责人带头履行安全生产“党政同责、一岗双责、齐抓共管”，其他县党政领导严格落实“管行业必须管安全、管业务必须管安全、管生产经营必须管安全”制度，经常深入基层了解掌握安全生产工作情况，坚持亲临安全生产一线，对辖区内各行各业开展常规、定期和不定期的安全生产督查。县、镇两级由政府一把手担任安委会主任，常务副县长、常务副镇长分管安全生产工作，全面加强对安全生产工作的领导；各镇各单位认真履行行业主管部门直接监管、安全监管部门综合监管、地方政府属地管理职责。

【隐患排查治理】 2014年，全县各级“每月一排查、一汇报、一研究和督办治理”事故隐患排查治理工作机制成为日常安全管理工作的重要组成部分，管理台账日趋规范、完善，治理了大量事关民生的隐患，工作成效明显。全年各镇、各有关单位上报隐患

478宗（其中列为县挂牌督办122宗，跟踪督办治理202人次），全部落实整改；投入治理资金4081万元，圆满完成上报市的38宗重点事故隐患整治。

【安全生产大检查】 2014年，县政府专门成立安全生产大检查督查领导小组，采取“企业全面自查、部门专项检查、各镇属地检查、政府综合督查、县领导带队抽查考核”相结合方式，集中开展横到边、纵到底安全生产大检查。全县出动人员16000多人次，车辆3300多台次，检查各类企业2900多家，发现一般隐患1263处并全部整改，取缔无证照企业67家，暂扣或吊销有关许可证、职业资格证102份。

【“八打八治”打非治违】 2014年，县安监局严格落实国务院、省、市、县安委会部署要求，组织各镇和相关单位集中开展以油气管道、非煤矿山、危险化学品和烟花爆竹、交通运输、建筑施工、消防、粉尘爆炸危险、船舶安全等行业领域为重点“八打八治”打非治违专项行动，严格落实“五个一律”执法措施，深入推进专项行动。全县组织执法检查组783组次，开展跨地区、跨部门联合执法24次，出动执法检查人员3600多人次，检查企事业单位和场所1841家次，发现隐患995处，整改995处，查处非法违法行为178起，责令限期整改68家，暂扣或吊销许可证8家，责令停产整顿17家，关闭取缔20家，追究刑事责任2人。

【应急管理】 一是举办大型全县生产安全事故应急救援演练。各部门、各企业举行火灾引起爆炸、储罐气瓶起火、坍塌事故、触电事故、高空坠落、火灾紧急疏散、国道公路坍塌等不同类型的演练38场次，直接参加人员2500多人，出动消防救援设备和医务救援车45台次。为确保县城使用管道燃气安全，县政府专门举行由县长范宜军任总指挥、常务副县长温浩泉任副总指挥的燃气管道泄漏应急演练，市委常委、常务副市长丁文亲自到现场指导，并对演练给予充分肯定。二是规范应急管理。加强应急救援队伍建设，实现高危行业企业预案备案率100%；加强和县气象、水务、国土等部门沟通联系，及时向企业和群众发布安全生产预警预报和预防信息。

【安全宣传教育培训】 一是精心组织“安全生产月”活动。举办“安全生产宣传咨询日”、执法警示、文明施工观摩会、安全知识问答、“平安校园”、防溺水安全宣传周、食品安全宣传周、“安康杯”竞赛等活动，出动咨询人员560多人，设置咨询台28个，悬挂横幅38条，更新户外大型安全生产宣传广告牌16块，宣传挂图600多份，发放宣传资料2.80万余份，现场接受咨询1350多人次。二是大力开展学习宣贯活动。利用横额标语、宣传车、电视、广播、网络、宣传栏等各种载体，广泛宣传安全生产法律法规和安全常识。组织领导干部、安监干部、生产经营单位负责人、安全管理人员认真做好新《安全生产法》和《广东省安全生产条例》学习宣传贯彻工作。加大安全教育培训力度，全年举办各类安全生产宣传教育培训班28期，培训人员3982人次。

【安全专项整治】 2014年，县安监局开展非煤矿山节后复工复产、严防十类非煤矿山生产安全事故、打非治违等专项安全整治，下达整改指令23份，责令停产整顿11家；积极推进白石嶂钼矿大尾矿库和周江洋塘尾矿库综合治理。定期对全县危险化学品从业单位进行专项整治，依法查封取缔无证加油窝点5个。开展全方位烟花爆竹安全专项检查和打非治违，整顿规范烟花爆竹批发市场经营秩序，取缔无证经营烟花爆竹23家，非法储存窝点2个，查获非法储存烟花爆竹4500多箱，行政拘留1人，公开集中销毁2批次，市场价值50多万元；不断巩固县城禁放区扩大成果，迁出原禁放区内的烟花爆竹经营户50户。

【行政执法监察】 2014年，县安监局加大对非煤矿山、道路交通、消防安全等事故多发的重点行业（领域）、重点地区和难点问题的重点执法或联合执法。开展安全生产行政执法11宗，实施简易程序委托执法56宗。

【落实企业安全主体责任】 2014年，县安监局扎实推进企业标准化达标创建和安全示范镇、示范单位、示范企业创建工作。全年召开建设、经济开发区、交通运输和消防等重点行业系统安全示范创建工作现场会4场次，分别召开非煤矿山、烟花爆竹、工商贸、工业园区内企业负责人会议，发放《致开发区企业家的一封信》，宣传安全生产法律法规，不断提高企业对非法违法行为危害性的认识，推动安全生产主体责任落到实处。

【职业卫生监管】 2014年，县安监局开展“工作场所职业卫生监督执法年”活动和水泥制造、石材加工、宝石加工、陶瓷生产、船舶修造等5类行业粉尘危害专项整治工作，积极宣传《职业病防治法》等法律法规，督促企业做好工作场所检测和职业卫生现状评价工作，组织职工进行岗前、岗中、离岗的职业健康体检，建立职业卫生监护档案。检查企业141家，发现职业病危害因素390处，整改390处，处罚企业2家；申报职业病危害项目的企业48家，完成职业健康检查企业22家198人。

【安全生产基层基础】 一是加强安监队伍建设。新增加委托乡镇安全生产监督执法工作人员16名，落实安全监管监察岗位津贴；负有安全生产监管职责的县安委会成员单位，全部落实分管负责人，按标准配齐执法人员，实现各级安监机构、人员、经费、办公场所、办公装备“五到位”。二是选好配强445名村（居）级安全生产巡查员，把安全监管触角延伸到镇、村（居），真正做到关口前移、重心下移。三是提高队伍综合素质。组织各镇和县安委会成员单位分管安全生产领导、安监办主任举办2场116人次参加的业务专题培训会。

【党风廉政建设】 2014年，县安监局深入开展党的群众路线教育实践活动，掀起向省安监局谷林和县安监局好人陈捷东事迹的学习热潮，重申改进工作作风“七不准”要求，优化行政审批程序，规范政务公开，提升服务质量，做到文明执法、规范执法。

县安全生产监督管理局2014年度负责人名录

局　长：刘冠鹏

副局长：谢如锋　曾放群　徐安优

执法监察大队长：温怀康

党组成员：何元清

信　访

【简况】 2014年，县信访局受理群众来信来访1199件次，对比上年1113件次增加86件次，上升7.7%。其中：受理群众来信215件（重信23件），对比上年190件增加25件，上升13.2%；接待群众来访408批984人次，对比上年347批923人次增加61批61人次，上升17.6%和6.6%（重访14批40人次；集体访5批48人次，对比上年18批170人次减少13批122人次，分别下降27.8%和71.8%）。

【信访维稳责任落实】 2014年，县信访局落实信访维稳工作“一岗双责”（“一岗”就是一个领导干部的职务所对应的岗位；“双责”就是一个领导干部既要对所在岗位应当承担的具体业务工作负责，又要对所在岗位应当承担的党风廉政建设责任制负责）制度，县党政主要领导带头协调督办突出信访问题，带头阅批群众来信，形成主要领导负总责、分管领导具体抓、党政领导一齐抓、基层党政部门主动抓工作局面。县委、县政府与各镇各单位签订信访工作目标管理责任书，明确信访工作职责、目标、任务。坚持县领导定期接访、专题接访、重点约访、带案下访活动，县五套班子成员坚持分组分类于每月15日、30日在县综治信访维稳中心接待群众来访，特别是在全国、全省“两会”、十八届四中全会等特殊敏感时期每天安排县党政领导在县综治信访维稳中心接待来访群众。县委坚持每月召开一次以上信访维稳工作研判会，全年召开全县信访维稳工作会议6场次，重点信访突出问题研判会议14场次。强化领导包案责任，对信访突出问题、稳控重点对象等落实县领导班子成员、镇党委书记和涉及部门负责人包案办结和稳控责任，集中全力解决信访问题。全年落实领导包案信访突出问题75宗，化解75宗，办结率100%。

【开展“社会矛盾化解年”活动】 2014年，县信访局认真贯彻落实胡春华省委书记2月13日在全省化解社会矛盾专题工作会议上讲话精神，按照省、市要求，扎实开展“社会矛盾化解年”活动，制订《开展“社会矛盾化解年”工作方案》，根据“属地管理、分级负责，谁主管、谁负责”原则，落实领导包案责任，将排查出来的信访案件分解到各镇各单位化解，逐一建立台账，逐一制订出处理、化解、稳控等措施，加大投入，全力化解，集中人力、物力、财力，利用乡情、亲情、友情等各种关系，依法依规、依情依理逐一妥善化解信访案件。县成立由县委办、信访局、社工委、维稳办等部门组成督查组，对信访案件的化解稳控情况进行督查，将督查情况纳入信访工作年度考核。积极组织开展土地纠纷、村级换届选举、劳资纠纷、矿产资源开采纠纷、涉军群体、到省进京非访等问题专项治理，完善排查、稳控、化解和处置工作机制，健全完善社会稳定风险评估机制，积极有效预防和及时调处新产生的矛盾问题，努力做到案结事了。中央巡视组和省交办信访案件全部办结，中央巡视组交办信访案件5宗、省交办信访案件4宗。全年排查梳理出重点疑难信访案件80宗，调处化解80宗，其中31宗信访积案全部成功化解。

【开展《广东省信访条例》宣传教育】 2014年，县信访局加大对7月1日起施行的《广东省信访条例》宣传力度，组织全县副处以上干部在县委常委扩大会议上专题学习，邀请嘉应学院教授对全县副科职以上干部进行专题培训，组成3个宣讲团分别到各镇各单位开展宣讲活动，县电视台、五华政务网、《五华政报》等各种媒体进行广泛宣传解读，由县分管领导、县信访局局长分别在五华电视台进行专题解读，制作VCD片在县综治信访维稳中心全天候播放，并在各镇有线电视台及信访接访场所播放，印制《广东省信访条例》小册子1万多份、信访法律知识问答2万多份发至各镇各单位及信访人，在人口密集的地方、公共场所悬挂标语、公益广告宣传等形式，以及利用“6·15”全省信访条例宣传日开展宣传活动，使之家喻户晓，引导群众以理性合法方式表达利益诉求，自觉遵守信访秩序，推动信访工作有序开展。

【及时化解信访突出问题】 2014年，县信访局切实加大对信访突出问题调处化解工作力度，不断完善县领导挂帅、职能单位牵头、部门协调、上下联动、整合资源、综合处理工作机制，对每一个信访突出问题，成立由县挂镇领导或县分管领导担任组长，所在镇党委书记或相关县直单位主要负责人担任副组长的专责工作组，对信访突出问题逐一制订化解方案，切实解决群众诉求，疏导群众情绪，提高群众满意度。全年成立专责工作组24个，有效化解信访突出问题24宗，化解率100%，防止矛盾堆积、激化，推动及时就地解决信访突出问题，减少群众重复信访和越级上访。

【敏感时段信访维稳】 2014年，县信访局在全国“两会”、省“两会”、十八届四中全会等特殊敏感时期，积极开展矛盾纠纷大排查、大调处活动，对突出事件、重大群体存在隐患进行认真排查，对各个时期排查出来的可能越级到市到省进京上访的重点人员，逐一建立台账，落实包案责任，按照“包思想教育、包解决问题、包就地稳控、包劝返接返、包息诉息访”要求，全力调处化解。同时落实领导带班、专人负责，实行“零”报告制度，加强情报信息收集，密切关注重点人员和重点群体串联聚集的动向，防止发生因处置不及时不稳妥引发信访极端行为，确保特殊敏感时期没有发生群众进京非正常上访、大规模到省集体上访、因信访问题处理不当引发的群体性事件和极端恶性事件。

【网上信访平台建设】 2014年，县信访局进一步完善信访渠道，大力推行领导下访、联合接访、网上信访等，继续完善网上信访平台建设，充分发挥中央、省、市、县四级信访信息系统作用，有效引导群众变上访为“网访”，降低信访成本。完善五华县民声网上信访平台版面设计，优化在线指引、督办催办、知识库等功能，实行网上信访效能监察，建立健全网上信访工作机制。通过运用信访业务网上办理、文件数据内网传输，提高工作效率，实现信访信息互联互动、信息共享，使群众反映每一个诉求，都能受理好、答复好、解决好，做到“事事有着落，件件有回音”。全国信访信息系统录入来信162件，来访298批742人次，录入率100%；省、市交办信访案件74宗，按时办结74宗；受理粤信网信件91宗，其中交办信件51宗，转办信件40宗，信件均能按时办结；受理梅州民声网上信访2905条，按时办结2905条，办结率100%。

【落实信访工作责任考核机制】 2014年，县修订完善《五华县建立信访责任考核追究机制的实施意见》和《五华县信访工作责任考核方案》，进一步完善信访责任倒查追究机制，对问题多且长期得不到整治单位，进行通报批评，限期整改；对工作后进单位，实行重点管理，帮助查找问题、剖析原因，督促整改；对因责任不落实、处理不及时、工作不到位导致发生群众越级到省进京非正常上访的实行责任倒查，严肃追究相关人员责任；对故意推诿、敷衍、拖延办理信访事项，造成不良后果的单位主要负责人和相关责任人予以诫勉谈话，责令改正。县成立由纪检、监察、组织、信访等部门组成的信访维稳工作督查组，加强对交办给各镇各单位包案化解稳控的信访事项的跟踪落实，督促办理，实行每月督查、每季通报。

【健全信访救助帮扶体系】 2014年，县信访局在财政比较困难情况下，多渠道筹措资金解决疑难信访个案，设立县级解决特殊疑难信访问题专项资金，把解决特殊疑难信访问题专项资金列入财政预算，专项用于解决一些“法律之外，情理之中”的疑难复杂信访问题。全年按照省、市开展“社会矛盾化解年”活动要求，积极争取上级信访专项资金和县财政资金1100多万元，从以人为本、依情依理、依法依规角度化解一批特殊疑难信访问题，收到良好社会效果。

【信访突出问题】 主要表现在：一是征地拆迁、劳资纠纷、山林纠纷等引发的信访问题比较突出；二是军队退役人员、20世纪60-80年代早期离岗的民办教师要求比照离任村干部补助待遇和原氮肥厂、煤矿等国有企业早期临工等一些特殊群体的信访诉求，尚无政策配套解决；三是群众信“访”不信“法”思想仍然存在，部分群众仍希望通过信访途径解决涉法涉诉问题；四是缠访闹访、重要敏感时期择机越级上访、抱团串访个案时有发生。（黄赞模）

县信访局2014年度负责人名录

局　长：曾清华（任至1月）
钟彩扬（1月任）
副局长：张浪清（任至2月）
温平康　周焕光（1月任）

宗教事务

【创建和谐寺观教堂】 2014年，县宗教局积极开展创建和谐寺观教堂，树立宗教良好形象。一是加强宗教团体建设，发挥宗教界人士主体作用。指导宗教团体开展以深入学习贯彻落实党的十八届三、四中全会，习近平总书记系列重要讲话精神；认真开展以发挥正能量共筑中国梦为主题的宗教政策法规学习月活动，认真组织宗教界人士学习政策法规和上级有关文件精神，增强遵守国家法律法规意识和抵制非法宗教活动的自觉性，促进宗教界人士养成良好的道德品质，倡导宗教界高举爱国爱教、团结进步两面旗帜，把宗教教义融入构建和谐社会的崇高理念中。通过学习月活动，推动党的宗教政策全面贯彻落实，普及宗教政策和法律法规知识，为建造一支“政治上靠得住、学识上有造诣、群众中有威信、关键时起作用”宗教教职人员队伍起到促进作用。8月中旬，基督教三自爱国会第八届、县基督教协会第五届进行换届工作，选出新一届“两会”领导人。二是完善制度建设，提高宗教场所规范化水平。健全落实各项规章制度，加强宗教活动场所人员管理制度建设，切实做好宗教活动场所安全防范制度，建立健全内部安全保卫、防范、管理工作；组织全县宗教场所负责人集中学习宗教政策法规，提升素质；强化宗教界依法管理财务的法制意识，宗教场所财务收支做到公开透明，规范管理，落实责任追究制度，全县92间宗教活动场所均建立“七项制度”（宗教活动场所管理人员制度、财务管理制度、会计制度、治安管理制度、消防管理制度、文物保护制度、卫生防疫制度）。三是树立典型，推广先进。以各宗教场所中评选出来的先进寺观为榜样，树立典型，表彰和奖励在全省创建和谐寺观教堂第三批达标宗教场所，对各场所存在的突出问题，指导各宗教场所制定和出台管理措施，切实推动和谐寺观教堂创建活动开展，努力使场所的自我管理能力与水平得以提高。四是突出社会服务，树立宗教界良好形象。县宗教局引导组织全县宗教界积极参与社会公益活动，集中开展扶贫、济困等爱心公益活动，在6月开展的扶贫救济困日暨宗教慈善周活动中，宗教界人士捐款5万多元。

【依法管理宗教】 一是完善工作机制，健全服务网络。完善行政工作网络。按照“属地管理，分级负责”原则，健全县、镇、村三级民族宗教工作网络，实现工作网络全方位覆盖。完善社会工作网络。充分发挥社会组织作用，动员社会力量共同参与，重点加强宗教团体、宗教活动场所和社会骨干网络建设。建立有效信息反馈制度。对民族方面不安定因素坚持定期排查，加强信息沟通，实行联络员制度。建立突发事件应对机制。做到勤排查，早发现，早控制，多疏导，依法妥善处理。二是挖掘宗教文化，打造宗教旅游品牌。积极推进蒲丽顶森林公园佛教园区建设。蒲丽顶森林公园佛教园区建设项目是全县56项重点工程项目之一，县委、县政府“十项惠民工程”。县宗教积极密切配合相关单位，积极协调，按照“计划征地20公顷，按大丛林标准设计施工”工作要求，积极推进蒲丽顶森林公园佛教园区建设。成立工作领导小组及筹建工作组，印制《广东省五华县蒲丽顶菩提禅寺缘起书》1000多份，筹集资金（含认捐）3000多万元。合理登记开放华城镇莲池寺，多方筹资500多万元对莲池寺进行重建。至年末，该寺建有占地300多平方米的观音殿，大雄宝殿及附属建筑等600多平方米建设正在进行。筹资40多万元修筑2公里长村道。加强益塘寺建设，打造益塘旅游景区佛教文化旅游品牌。对大佛和南海观音等两座庙堂进行修缮，住进僧人管理，努力把该寺打造成为具有浓厚旅游文化特色的佛教场所。三是解决民生实事，维护宗教界和谐稳定。圆满解决佛祖庵与当地村民多年不解的矛盾。有效解决华城镇个别信教群众与卫生院矛盾纠纷，保证卫生院建设顺利进行。积极查处河东镇善修庵违法占地问题，切实维护各方人民群众合法权利。

【自身建设】 一是深入开展党的群众路线教育活动。按照“照镜子、正衣冠、洗洗澡、治治病”总要求，认真组织党员干部开展“八学四问两必谈”活动，制订每周学习计划，做到每周一次集中、一次以上自学。召开座谈会，认真听取各方面意见和建议。紧密联系工作实际，认真研究，对查摆出“四风”方面问题，列出清单，建立整改台账。整个活动中，组织干部职工集中学习30多次，发放征求意见表100多份，收集到意见建议60多条，深入联系点、全县宗教场所、创卫挂点村民小组等90多次，解决热点难点问题20多条。二是加强党风廉政建设。认真抓好中央八项规定和省委政府，县委、县政府若干意见贯彻落实，在工作和生活上,严格要求干部职工“耐得住寂寞、守得住清贫、抗得住诱惑、管得住小节”，廉政勤政，保证党的路线方针政策的贯彻执行。严格执行领导干部廉洁从政的各项规定，严格执行公务活动接待等方面的制度规定，在各类公务活动中坚持厉行节约，反对铺张浪费，到基层检查工作、调查研究不接受接待，从源头抓起，树立艰苦奋斗、清正廉洁的良好形象。三是健全完善规章制度。对规章制度可行性进行研究，作出调整方案，修订《制度汇编》，完善《车辆管理办法》《公务接待管理办法》《职工考勤管理办法》《职工假期管理办法》等规章制度，做到有规必依、令行禁止，从制度层面上保证政令畅通。

（邓　浩）

县宗教局2014年度负责人名录

局　长：古寿森

副局长：吴英祥

乡镇概况

水 寨 镇

【简况】 水寨镇地处县城，总面积99平方公里。辖23个村委会，475个村民小组和4个居委会。2014年，全镇有耕地面积1424.1公顷，其中水田1051.2公顷、旱地372.9公顷。有人口51464户166115人，其中农业人口79506人、非农业人口86609人；全镇农村经济总收入16.43亿元，镇级财政收入535万元，国地两税收入1.22亿元，农村年人均纯收入8886元，分别比上年增长11%、2.88%、4.3%和10%。

【经济发展】 2014年，水寨镇认真抓好招商引资工作，引进落户五华经济开发区的深圳航威斯电子科技有限公司，计划总投资2亿元，到年末已投资8500万元；扎实推进耕山致富示范点建设，培育发展县级农业龙头企业1家、农民专业合作社7家。全镇粮食播种面积1977.4公顷，总产10703吨。

【重点项目建设】 2014年，水寨镇强力推进人民公园、上坝老河道、环城大道至工业大道、七都片区、水潭路三公里板块等5个征储板块和县经济开发区、上坝堤升级改造、蒲丽顶森林公园、碧桂园二期、亲水公园二期、富强路、狮山公园、华侨实验中学、旅游专线公路、香雪制药等22个重点项目和市政建设关键节点的征拆工作。全年完成征地384.9公顷，拆迁房屋17204平方米，门店120间3099平方米，迁移地坟、阴亭、金神346个，清理地面附着物一大批，并妥善解决重点项目征地拆迁引发的矛盾纠纷，为县城扩容提质、园区扩能增效提供用地保障，确保重点工程无障碍施工。

【民生改善】 一是教育事业稳步发展。全镇投入575万元，完善教育教学设施，帮助中小学修缮改造围墙、供电线路、停车棚、隔热层、足球场、篮球场、完善校园视频监控设施及成人技校、镇一小校园文化等软硬件建设，购置学生桌凳、电脑、体育器材等教学设备一批；绿化美化校园环境，新装备学生多媒体教室12个、新安装篮球架3个，新建环形塑胶跑道200米，华侨实验学校筹建工作有序开展。二是重点民生持续改善，村级设施日趋完善。帮助各村多方筹集资金2610.55万元，扎实抓好村道、路灯、饮水工程、农田水利、学校设施、休闲广场等基础设施建设。其中铺设村道27.37公里，安装路灯522盏；维修水圳25.2公里；改造自来水管道8.5公里；设立卫生保洁基金98.52万元，聘请保洁员62人，购置垃圾桶747个，填埋老粪坑875个，清理污水塘（池）116口，整治污水沟28160米，新建休闲健身广场13个。筹资310万元，全面完成玉茶大道升级改造和梓皋片供水管网改造工程。三是“扶贫双到”工作成效初显。主动加强与帮扶单位沟通协调，立足产业帮扶，抓好基础设施建设，5个省定贫困村累计投入帮扶资金546万元，铺设硬底化道路9公里，安装路灯490盏，改造危房109户，新建垃圾收集点

10个，维修农田圳道13公里，资助贫困学生247人，慰问老党员、特困群众115人次；成立农民专业合作社5个，转移劳动力就业494人，帮助贫困户人口纳入农村医疗保险2712人，解决贫困户饮水安全59户305人；村集体收入均达到5万元以上，农村年人均收入超过6800元。

【社会各项事业】 一是计划生育常抓不懈。全镇完成结扎458例，上环707例，免费孕前优检858例，分别占县下达任务的110.5%、113.4%、103.09%；全年征收社会抚养费805.7万元。二是创卫工作有序展开。全镇投入资金22万元，通过配置宣传车、设置中小型创卫宣传牌、悬挂横幅、张贴标语、使用LED屏幕、印发宣传小手册等多种形式进行创卫宣传；开展环境整治200多场次，对村道两边的杂草、杂物、生活垃圾、积存垃圾等进行清理，清理卫生死角330处，清运垃圾50多吨；清理水沟28520米，修缮水沟5500米，填埋或清理老粪坑1100个，改造旧厕所14处，新建公共卫生间2处，铺设水泥硬底化道路30163米，新建休闲小公园2个、健身小广场2个，绿化带4000平方米。三是国土村建管理扎实开展。落实分片管理责任，加强日常巡查监管，制止违章建筑136宗，依法拆除23宗，收缴斗车、锄头等工具一批；完成农村泥砖房调查摸底、核实登记工作全面完成。四是安全生产工作力度不减。坚持“党政同责、一岗双责、齐抓共管”，全面落实安全生产责任制，扎实开展“八打八治”专项行动和“安全生产日”活动；加强对煤气库、油库、交通运输和民营企业、大型公共娱乐场所安全管理，督促合江电站、岗阳石场、大坝加油站、田家炳中学等抓好隐患整治，杜绝安全事故发生；配合县安监部门等单位抓好县城烟花爆竹谨防的宣传和监督工作，确保县城范围内禁放工作落到实处。五是防汛工作扎实开展。通过修订完善防汛应急预案，落实山塘水库堤围防守责任，严格执行汛期三防应急接收系统24小时值班制度，加强隐患排查、整治，确保安全度汛。六是造林绿化工作有序推进。扎实开展新一轮造林绿化行动，完成碳汇林种植25.5公顷，在蒲丽顶森林公园补种荷木、荫香、大叶榕等树木约10000株。七是森林防火工作突出重点。通过出动宣传车巡回宣传，在中小学校开设森林防火知识课、利用手机短信采取以案说法的方式开展警示教育等形式，加强护林防火宣传教育；加大对村级护林员督查考核力度，组织护林员加强巡查监管，加大依法打击力度，从严管控野外火源。调整充实镇机关33人半专业扑火应急分队，16个有林地的村每个村组建15人以上的半专业扑火队；并投入7万多元，购置风力灭火机、电动喷水枪、对讲机等物资一批，组织开展扑火技能培训和实战演练5场（次），先后4次组织扑火队员120多人次支援长布镇、河东镇扑救山火。

【平安建设】 2014年，该镇加强镇村综治信访维稳中心（站）建设，大力宣传新信访条例，稳步推进“一村（社区）一律师”工作。积极开展矛盾纠纷大排查、大化解活动，全年排查、调处土地、道路等矛盾纠纷331宗。深入开展群众工作，服务重点工程建设，加强重要节点综合治理，依情依理、依法依规做好县城建设引发的矛盾纠纷调处以及重点上访对象的解释说服、教育疏导和化解稳控工作，及时处置突发事件9宗，妥善处置意外死亡事件8宗，成功调处较大历史信访积案5宗。扎实开展群防群治工作，指导帮助岗阳、坝心、榕树、中洞、善坑等5个村成立护村联防队，投入资金59万元，聘请联防队员80名，购置巡逻摩托车20辆，安装监控视频90个。重拳打击违法犯罪，组织开展严打整治行动6场次，立刑事案件236宗，破91宗，破案率38.6%；追捕逃犯16名；查处吸毒人员87人，强制戒毒31名；收缴枪支20支；查处治安案件444宗，治安拘留152人；依法从重从快打击阻挠公务、侵占土地、违章建房、破坏道路、污辱谩骂镇、村干部的各种违法行为，并采取以案说法形式，通过手机短信及时向镇村（社区）干部通报案情，用身边的典型事例，教育引导镇村（社区）干部和广大群众知法、懂法、守法，取得很好效果。2014年，该镇被县授予“社会治安综合治理暨平安建设先进单位”称号。

【党的建设】 一是精心组织开展党的群众路线教育。全镇召开征求意见座谈会52场次，发放调查问卷4300份，实地走访党员群众780多人，收集意见建议485条，梳理汇总“四风”问题160多个，联系服务群众“最后一公里”问题6个，列入马上就改项目2个，逐一落实整改措施，推进长效机制建设，干部作风明显改变。二是依法依规圆满完成村（居）“两委”换届选举。经过精心组织，周密部署，顺利圆满完成“两委”换届选举，选举产生新一届村、社区“两委”干部151人，交叉任职率实现86%。三是认真抓好软弱涣散党支部整顿。对岗阳村和坝美村两个软弱涣散党组织，采用“一村一策”方法，选派两名班子成员挂任村支部书记，传帮带引导其带领村委一班人公平、公正为群众办事，凝心聚力抓好班子建设、发展党员和后备干部培养工作，并力所能及为群众办好事实事，初步改变后进面貌。四是扎实抓好干部队伍建设。健全完善党委内部议事和决策机制，带头执行民主集中制，带头开展批评与自我批评，班子成员积极性和主动性得到充分发挥。重视做好简政强镇工作，对镇属八大办公室、七大服务中心的干部职工进行重新梳理调整，重新任命15名部门正职和26名部门副职。按照“严把入口，敞开出口”原则，培养入党积极分子44名，培养发展对象20名，新发展党员20人，预备党员转正51人。五是深入推进党廉建设。高度重视纪委规范化建设，添置文件保密柜、办公桌椅、笔记本电脑、办案录音笔等硬件设施、改善办公条件；强化纪检干部队伍建设，选调2名素质高、党性强、作风正的年轻干部充实到纪委监察部门，并安排镇纪委书记、副书记参加全省业务培训，提升镇纪委办案能力和工作水平。

（林锐鑫　陈瑞成）

水寨镇2014年度领导名录

书记、人大主席： 陈逸

副书记： 陈春宣　古永元（任至3月）　李万年

镇　长： 陈春宣

党委委员： 刘丽霞　张仲坤　张其柑（任至12月）　魏耿华（任至12月）　刘远新　陈瑞成　黄文尖　彭龙华　廖彩琼　曾汉强

副镇长： 刘丽霞　李　胜（任至12月）　饶　科　周展红　戴　勇（挂职）

河　东　镇

【简况】 河东镇位于五华县中部，地处县城，总面积236平方公里。辖43个村3个居委会。2014年，有26576户134103人；耕地面积4496.4公顷，其中水（旱）田3390公顷、旱地1106.4公顷。全镇农村经济总收入11.8亿元，对比上年增长10.3%；镇级财政收入1146万元，国地两税收入1121万元，其中国税收入593万元，地税收入528万元；农村年人均纯收入8253元，比上年增长10%。

【农业】 2014年，该镇耕山致富示范点建设推进。以科技入户为抓手，通过推广良种良法，打实水稻丰收基础。巩固扩大恒星畜牧、茶亭岗、英特泰等果蔬畜牧基地和河东绿之源柚类专业合作社、河平烟叶种植等专业合作社。

【基础设施建设】 2014年，该镇大力加强基础设施建设，投资350万元升级改造水梅路大新街路口至河东大道交叉处；筹资738万元抓好沙渴、平西等村村道的扩宽改造、水泥硬底化建设；筹资51万元在河口、下一等村安装路灯；筹资66万元建设平东、枫林等村活动场所和村办公条件；筹资60多万元抓好农村环境卫生管理；筹资120多万元完成沙渴、平西等村的农村饮用水和水厂升级改造；筹资6万多元完成梅江河浮湖河堤的除险加固。筹集资金592万多元完成礤新、下陶、下村、东溪、枫林等村水圳三面光改造；协助上级有关部门抓好投资1200多万元的岩前水库灌区改造、投资1500多万元的桂田水库灌区维修加固、投资200多万元的河口电灌灌区改造、投资150多万元的增塘电排改造和投资170多万元的桂田、黎塘中学饮水工程建设。

【教育计生】 2014年，河东镇以成功创建“广东省教育强镇”为契机，加大资金筹集力度，筹资125万多元购置学校仪器，改善办学环境，切实加强学校软硬件建设。继续发动乡贤参与“回赠母校一棵树”活动，着力打造“四化”校园。在本年高（升）考中，琴江中学有2名体艺考生进入重本线；河东中学、平南中学等有171名学生进入市重点线，其中东山中学、曾宪梓中学72名，水寨中学99名。计划生育强化以落实定点结扎、孕检和社会抚养费征收为主的经常性人口计生工作落实，有力推进人口计生工作健康深入发展。投入20多万元更新、完善宣传牌、宣传栏等，印制宣传画册。全镇完成手术1699例，其中：结扎541例（二女扎59例），上环1101例，落实补救措施57例，免费孕前优生健康检查806人；征收社会抚养费1486.33万元，其中申请法院强制征收30宗，执结16宗，执结金额33.3万元。

【社会保障】 2014年，该镇高度关注民生，全力推进社会保障工作。抓好参加城乡居民医保群众的住院报销和2015年度参保工作；办理、发放第二代社会保障卡8.7万张；发放城乡医疗救助260人次36万元，临时救助50人次1万元。健全和完善最低生活保障动态管理制度，实现应保尽保。理顺农村敬老院管理体制，调整落实集中供养五保老人24人，聘用管理人员3名。“双到”扶贫工作发动帮扶单位筹资1571万元投入挂点村，修建文化卫生设施、水利圳道及发放助学金、发展养殖业；完成2014年度、2015年度农村砖瓦房摸查、信息录入更改工作；完成200多户危房改造任务。按时发放种粮综合补贴、种子补贴、生态公益林、危房改造等各种惠农补助资金1328万元。

【平安建设】 2014年，该镇平安建设扎实推进，充分发挥镇综治中心和村工作站作用，开展“平安联防”建设工作，健全群防群治网络，及时排查、调处化解各类矛盾纠纷，投入3万多元成立布头村治安联防队，全镇社情民意比较稳定。认真落实安全生产“一岗双责”，高度重视食品药品安全，切实加强对各厂矿企业、非煤矿山、建筑工地、地质灾害点以及加油站等重点区域、重点行业的专项整治工作力度，严厉打击非法生产烟花爆竹行为。全面加强农村建房管理，坚决制止违法用地、乱建、抢建行为，从严从重打击非法采矿行为，及时排除安全隐患，切实保障人民群众的生命财产安全。全年全镇无民转刑案件、无群体性事件、无非正常越级上访案件，刑事犯罪立案103宗，破案41宗；加大对治安案件查处力度；镇信访维稳中心接待来访人员34批（次）201人，受理案件34宗，办结30宗，办结率80%以上。查处违法违规用地61宗，其中拆除9宗（800多平方米）、复耕11宗（3350平方米）、立案7宗、移交法院2宗。

【党的建设】 2014年，该镇狠抓“四风”问题整治，做到立行立改，着重解决党员干部“衙门”作风、办事拖拉、走读等问题，不断转变党员干部作风，群众反映强烈的突出问题得到切实解决，形成讲政治、顾大局、心往一处想、劲往一处使的良好工作局面；狠抓高榕、黄泥寨、洋坑村3个软弱涣散党组织整顿，增强村党支部的凝聚力、战斗力；狠抓班子队伍建设，3月，顺利完成全镇46个村（社区）“两委”换届选举，依法依规选举产生新一届村务监督员172名；完成机关企事业单位党支部换届工作；狠抓党风廉政建设；进一步推进纪委规范化建设；全面加强干部在线学习和农村党员干部远程教育学习，建立、完善每周一班子工作会、每周五镇干部职工学习会制度，建立健全干部职工上下班考勤、晚上住镇值班和森林防火巡查、值守等制度；培训入党积极分子85人，吸收预备党员42名，预备党员转正76名。

（温仲鹏　张百文）

河东镇2014年度领导名录

书记、人大主席： 江锦城

副书记： 魏　婷　卓伟强　张晓山（挂职）

镇　长： 魏　婷

党委委员： 宋更杰　张志英　张锦贵　陈菊英　周新辉　曾桓雄　谢福金　黄坤荣　张赛新　朱建强

人大专职副主席： 曾汉东

副镇长： 宋更杰　邹川勇　陈锦源　张建明

转 水 镇

【简况】 转水镇位于五华县北部，距离县城13公里，辖区面积158.5平方公里。下辖21个村委会和1个居委会。2014年年末，全镇有耕地面积2557.3公顷，其中水（旱）田1985.2公顷、旱地572公顷。有人口13840户67990人口，其中农业人口64108人、非农业人口3882人。全镇农村经济总收入实现7.4亿元，比上年增长11%；镇级财政总收入2798万元，比上年增长9.5%；国税组织收入420万元、地税组织收入805万元；农村年人均纯收入7338元，比上年增长10%。

【农业】 2014年，转水镇以特色农业为支撑，镇域经济持续稳定发展。全年发放种粮直补款452万元，鼓励群众推广种植优质品种，推进高产水稻栽培示范点建设，示范点平均亩产582公斤；在新华、新民等村引进种植油茶66.7公顷；在维龙、矮车和流洞等村种植优质烤烟23.3公顷，产值120多万元。

【招商引资】 2014年，转水镇积极实施旅游科技项目，推进旅游产业发展。与嘉应学院旅游与地理学院合作，开展旅游人才培训工作，提供人力支撑；与广州市首诚太合公司合作，编制旅游专业镇“一镇一策”发展规划。西湖公司完成股权置换，修订发展计划，提高旅游市场占有率。通过引进培育新丰寨旅游文化产业园，打造由新丰寨、益塘水库和热矿泥山庄构成的“山、水、泥”为主题特色旅游品牌。引进总投资1亿多元的合成纸业有限公司落户县经济开发区。

【基础设施建设】 一是推进重点项目建设。2014年，该镇配合上级做好重点项目建设，完成济广高速、环城大道（转水段）、枫林塘至平安寺公路、热矿泥旅游专线公路的征拆任务。推进五星村县城工业园二期、蒲丽顶公园升级改造、枫林塘变电站、下潭村中燃公司加气站等重点项目征地拆迁。二是完善基础设施建设。投资900多万元建设的“新转水大桥”已经完工通车。完成青塘至鲞维道路水泥硬底化铺设和亮化工程。圩镇主干道路拓宽至9米，道路两侧人行道铺设地砖、完善水沟排水系统、安装照明路灯。筹资180多万元实施镇行政服务中心大院除险加固工程，对便民停车场进行绿化遮阴和扩建改造。对245间危房进行改造，困难群众生活条件得到改善。三是解决群众饮水、用水问题。全力推动供水管线扩网工程建设，圩镇、蛇塘、黄龙、流洞、新民、维龙等14个行政村受益于农村饮水工程。总投资额360万元、总装机容量216千瓦的蛇塘、下潭、长源村电灌站建成使用。黄龙污水处理场工程建成完工，正式投入使用。

【教育卫生】 2014年，转水镇顺利完成创建“教育强县”和“教育均衡县”工作抽检任务。中小学教师积极参加教研教改活动，有20多人次教育教学论文获市以上奖励或在市级以上刊物上发表。升中考试和高考喜讯频传，26名优秀学子进入市、县重点中学，32名学子考上重点大学。新建1200多平方米的下潭村、新华村文体广场，为周边群众提供休闲活动场所。投资30多万元兴建长源村灯光足球场。下拨3个村文化室的电脑、乐器和健身器材。为1323户困难家庭发放价值13万元的文化产品消费券。参加“球王杯”比赛取得季军。举办“长乐大舞台——走进转水”和“庆国庆、迎重阳”文艺晚会。新计生工作创新思路，完善责任落实奖惩制度。对435名适龄青年提供免费孕前健康检查，落实“四术”660例，其中“一孩上环”287例，结扎359例。超额完成上级下达全年计生各项工作指标，顺利通过省年度考核。加强疾病防控、公共卫生等方面工作力度，完成城乡居民健康档案录入52631人，全镇没有发生登革热和禽流感等传染性病例。

【社会治安综合治理】 2014年该镇以整治治安为重点，以动员辖区广大群众自觉参与平安建设为基础，全面启动各项相关工作，真正实现“一强二升三降”工作目标。特别是加强群防群治队伍建设，巩固群防群治队伍；加强物防技防建设，协助县公安部门把转水圩镇、交通要道路口等纳入县视频监控系统。镇综治信访维稳中心接待上访群众69批次370人（含法律咨询），受理矛盾纠纷69宗，其中成功调解64宗，调处率100%，调处成功率92.8%；村级组织排查矛盾纠纷48次，排查出矛盾纠纷142件（含咨询），成功调处142件，调处成功率100%。受理各类治安案件101宗，查处98宗，抓获各类违法人员52名，其中提请逮捕5名、治安拘留10名；破获刑事案件15宗，刑事拘留13人，其他处理29人，抓获历年在逃人员3名，协助处理交通事故20宗。

【基层党建】 2014年，转水镇通过抓班子带队伍，全面加强党建工作。一是抓镇村班子和队伍建设。强化班子成员宗旨教育、党性教育，建立党政联席议事决策制度，严格执行民主集中制。通过征地拆迁、计生迎检、教育创强等重点工作锤炼镇村党员干部能力，发挥党员模范先锋带头作用，逐步建立以党员干部为核心的应急管理长效机制。顺利完成村级换届工作，实现“一肩挑”和交叉任职预期目标。抓好枫林塘、旱塘、益塘3个村软弱涣散党组织整顿工作。二是深入开展党的群众路线教育实践活动。查摆出领导班子及成员个人“四风”问题280多条，制订整治“四风”突出问题专项行动方案7个、制度建设计划15项。解决服务群众“最后一公里”问题和关系群众切身利益问题，严格领导干部工作日和八小时以外的管理，加强明察暗访，发现问题及时诫勉谈话责令整改。三是严格落实党风廉政建设。抓好党政班子成员、村“两委”干部《党风廉政建设责任书》签订、管理和监督，完善党风廉政建设相关考评制度，定期对各村、各单位进行考评，严格落实奖惩制度。严控“三公”经费，建立节约型政府。

（魏益平）

转水镇2014年度领导名录

书记、人大主席： 李文伟

副书记： 严季岳　古菊开

镇　长： 严季岳

党委委员： 李巧文　李明新　李月容

田润民　林冠雄　张林海

黎碧尧　钟育钦

杨　文（任至12月）

张远生

人大专职副主席： 张晨辉

副镇长： 李巧文　张志军　江元青

曾远洋

华　城　镇

【简况】 华城镇地处五华县北部，既是全国重点镇，又是全省278个中心镇之一，距县城水寨27公里。全镇辖34个村、3个居委会，总面积247.5平方公里。2014年，全镇有耕地面积2866.7公顷、山地1.6万公顷。有人口130100人，其中农业人口111617人、非农业人口18483人。实现农村经济总收入12.25亿元，比上年增长10.2%；镇级财政收入1035.2万元，比上年增长9.6%；国地两税收入3834万元，比上年增长67%；农村年人均纯收入7884元，比上年增长9.6%。

【招商引资】 2014年，该镇实行规模以上企业由镇领导挂钩制度，全力解决企业在建设、生产等方面遇到的困难和问题，努力提高服务效率和服务水平。扎实推进朱坑岗工业园区建设，征地25.8公顷，全面完成4万平方米的仓库用地平整和地基建设。加快广东冠华传导科技有限公司500千伏输变电器材第二期项目建设，全年创税700多万元；引进辉安矿业发展有限公司意向投资8000万元翡绿岩矿业开发项目；华宇、深华等一批酒店、宾馆等招商项目顺利落户华城。

【重点项目建设】 一是农田水利建设扎实推进，投入资金8000多万元对乌陂河、潭下河华城段进行小流域综合治理工程，治理河道22公里；投入780多万元修筑或三面光改造农田排灌水利设施近80公里；投入240多万元对丰林、雄牛等4宗电排站进行改造；投入170多万元，完成万子、高华水库灌渠治理工程建设；投入30多万元，完成水华线观源段长约800米的道路两旁排水渠建设。二是圩镇扩容提质不断优化，计划投入资金2000多万元对环城街升级改造，至年末，已完成工程总量40%；华城内涝外排工程完成工程总量的70%；投入150万元对中山公园群众体育活动场所进行场地平整和足球场、跑道建设；拟投入资金2000多万元的中央苏区县“幸福村居”示范片建设完成规划设计，并通过评审。三是打造乌陂河河道景观带，通过多方筹集资金500多万元，对乌陂河堤3公里道路进行硬底化改造，铺设5米宽的水泥路面，路旁进行绿化和安装路灯，对阻塞在下乌陂桥路口的两座房屋进行征拆，打通连接水华线与环城街两条交通要道的瓶颈。四是美丽新农村建设全面推进。全镇各村投入2000多万元用于各项基础设施建设。其中投入506万元，实现村道进行水泥硬底化改造或整修约26公里；投入190多万元对观源、新一、齐乐、万子、河子口、洋田、塔岗等8个村实施道路路灯亮化工程；投入100多万元进行村级环境进行整治，实现所有村建有垃圾站或垃圾池，完善垃圾收集体系，全力抓好村庄环境卫生整治和基础设施建设；抓好新一村“美丽乡村”全县示范创建工作，先后投入300多万元进行全村美化、亮化和绿化升级，提升新村品位。五是继续深入开展“绿满梅州”大行动，推进“一消灭三改造”，做好生态景观林带和森林碳汇重点生态工程建设，完成全县碳汇造林1.27万公顷华城标段1320公顷造林种植工作、备耕104.3公顷。六是扎实推进五华县热矿泥益生湖旅游专线（华城段）公路和观源至狮雄山旅游公路的征地、拆迁、建设工作，完成征地5.4公顷。七是投入42万元对新桥圩至新新学校段道路水泥硬底化铺设和道路两旁排水渠修建。九是投入30多万元，完成水华线观源段长800米的道路两旁排水渠建设。八是配合县国土、农业等部门进行高标准农田建设。5月，全面完成9个村高标准农田建设任务；10月，投入100多万元对新一村进行高标准农田建设，对农田排灌水利设施进行三面光改造。九是加强监管，严厉打击各类违法违章建设，实行城管队员违章建筑、违法用地区域责任承包制，发现一处查处一处，全年发停工通知书83份，拆除通知书25份，强制拆除18处3000多平方米。十是推进广东五华经济开发区华城片区工作移交，进一步发挥华城中心镇的区位优势和政策优势，不断优化华城中心镇的建设。

【特色精致高效农业】 2014年，华城镇大力培育发展特色农业，加快推进特色农产品基地建设，培育扶持特色农产品向优势产业转化。一是全年规划建设53.3公顷水果种植基地，到年末超额完成水果种植65.3公顷，其中新建连片6.7公顷以上水果基地3个，水心坝种养基地、董源红肉柚基地、葵富火龙果基地、塔岗黑衣花生等特色产业初具规模；二是配合农业部种植业管理司、省农业厅、县政府在塔岗、西林等15个村建设农业部水稻万亩高产创建示范片。三是继续实施基层农技推广体系改革与建设补助项目，抽调具有较高技术水平的技术人员担任技术指导员。四是建设西林、满堂村24公顷优质烤烟生产基地，建成烤房19座、烟苗培育基地1个、烟叶储存仓库2座，取得了较好的经济效益和社会效益。

【民生保障】 2014年，全镇13个省定贫困村投入扶贫开发资金3986.94万元，各帮扶单位投入帮扶资金1389万元，到户资金535万元，到村资金854万元。无偿发放种苗，帮扶贫困户发展种养，无偿发放鸡苗18980只、猪苗784头。改造贫困农户危房475户。实现水泥硬底化26.5公里，帮助6个村实施路灯亮化工程。通过帮扶，13个省定贫困村集体经济收入均有了明显改观。全镇发动100558人参加城乡居民医疗保险，完成2015年度城乡居民医疗保险97541人参保任务；农村劳动力技能培训1040余人，转移就业2300余人。全镇无偿献血126人次，超额完成县下达任务。志愿者协会举办志愿活动36次，为社会各类困难群体及社会公益项目捐款捐物30多万元人民币，参与志愿服务人次1000人次。

【文教卫生】 2014年，该镇充分发挥华城历史文化底蕴深厚、文物古迹众多优势，通过县政府成立五华县狮雄山秦汉遗址管理处，做好文化遗产保护开发工作，积极推进狮雄山秦汉遗址申报国家级大遗址公园工作。完善镇村文化活动中心设施建设，投入250多万元建成万子村老人活动中心、西区文化活动中心、葵富村文化活动中心、新一村文化俱乐部、休闲文化小广场等。投入20多万元，对李威光状元故居进行全面修缮保护，聘请专人进行管理。加快华城镇历史文化名镇创建步伐，“华城酿豆腐”成功入选市级非物质文化遗产名录。坚持“教育优先”发展战略，成果显著，全镇有高完中1所、高级职业中学1所和初级中学2所、九年一贯制学校2所，完全小学7所，教学点20个，全镇教职工1406人，在校中小学生23848人。2014年华城镇。全镇中考考生入围东山中学、曾宪梓中学201人，对比上年增加110人；高考重点本科入围14人，3A线以上636人，超额完成县下达的管理目标。曾锡坤、曾锡华昆仲捐资200多万元的华东中学学生公寓建成投入使用。全镇落实“四术”1184例，其中结扎541例、上环584例、补救措施59例，查环查孕13680人次，征收社会抚养费680多万元，完成免费孕前优生健康检查740人次；继续开展全员人口数据清理清查，清出漏报人口360多人，全力提升人口计生工作整体水平；完成30个村的“村村行”工作任务，发放计划生育挂图、挂历、《广东省人口与计划生育条例》等各类宣传资料24000多份，接受省、市计生工作考核，并在2014年度人口与计划生育目标管理责任制考核中被市、县分别评为“表扬单位”和“先进单位”。

【平安建设】 2014年，该镇深入推进“平安华城”建设，在重点交通路段设置3个卡口和在圩镇设置视频监控系统11个，加强社会治安综合治理，依法打击违法犯罪活动。全年派出所立刑事案件155宗，破74宗；调处行政案件和各类民事纠纷案件225宗，查处治安案件212宗，抓获逃犯13名，收解吸毒人员38名。加强和改进信访工作，镇综治中心信访接待室接受群众来信、来访47批，71人次，受理各类矛盾纠纷案件63宗，已调处57宗，案件调处率90.5 %。全年出动执法人员182人次，出动车辆35次，检查各类经营户825户，发出消防安全隐患整治通知12户，查处违法案件35宗，罚没金额10.8万元，有效地打击违法生产经营行为，营造公平竞争环境。保持高压态势，加大对非法采矿、采砂、堆放行为、私自采挖河道乌木的整治，确保社会的持续安全稳定。推进平安农村建设，鼓励各村在主要交通路口安装视频监控，并成立护村队加强日常治安巡逻，其中塔岗、新一、维西等7个村成立护村队。

（康　炜　吴恺平）

华城镇2014年度领导名录

书记、人大主席： 黄国标

副书记： 郑遂方　王培金

镇　长： 郑遂方

党委委员： 黄文柱　叶晨曲　曾庆青　李茂青　黄伟权　黎碧青　李天鑫　吕中华（6月挂职）

人大专职副主席： 钟国畴

副镇长： 黄文柱　徐伟权　李　勇　曾振培　黎咸立（挂职）

岐 岭 镇

【简况】 岐岭镇地处梅州市西部，五华县西北部，距县城49公里，总面积154.5平方公里，辖25个村民委员会和2个社区委员会。2014年年末，全镇有18090户、76258人，其中农业户口68413人，非农业户口7845人；有41个党支部2344名党员，其中农村党支部27个，机关企事业单位党支部10个，非公有制企业党支部4个。耕地面积1562.9公顷，其中水田1320公顷、旱地242.9公顷，山地面积1.1万公顷。全镇实现农村经济总收入7.43亿元，比上年增长6.5%；镇级财政预算收入4435.09万元，镇级机动财力151万元；国地两税收入2973.27万元；农村年人均纯收入7511元，比上年增长18%。

【农业发展】 2014年，该镇继续以发展精致高效特色农业为主导，在巩固扩大原有种植基地的基础上，加大“名优特稀”水果新品种的引进、示范和推广力度，重点抓好油茶、无核黄皮、板栗、茶叶等特色农业基地建设。全镇建立百亩以上耕山致富基地2个，新增专业合作社5个，新增种植油茶面积73.3公顷，6个烟区村全年种植烤烟123.5公顷，烟叶产量25.5万千克。龙岭村白芒坝电灌站、清溪村电灌站均已完成基建工程，并已进行抽、排水管道开挖，农业灌溉配套设施不断完善。

【乡镇企业】 2014年，该镇继续按照创建“酒类特色产业”名镇的发展思路，以酒类经济的发展带动个体私营企业发展壮大，推动经济社会发展。长乐烧酒业有限公司被广东老字号协会授予第二批“广东老字号”荣誉称号，在“长乐烧2014年中经销商大会”上得到40多名来自全国各地的主力经销商的认可和支持。其他酒类企业也不断推出新品种，研究制定新策略，产业规模不断壮大，有力提升全镇酒类企业的影响力。眉山水泥有限公司投入8000多万元对产业进行转型升级，转型成为年生产100万吨的水泥粉磨站，项目建成以后，将成为五华县内唯一一家生产水泥的企业。

【基础设施建设】 2014年，该镇扭紧“三大抓手”，大力加强交通和水利为主的基础设施建设。各村新安装路灯80盏，铺筑修建道路3.5公里，对双清公路进行升级改造，彻底解决附近群众交通出行难问题。投入50多万元对圩镇路灯进行亮化工程建设，覆盖范围3公里，有效解决附近居民夜间出行及治安问题。投入资金1900万元的圩镇涝区整治工程完成立项、设计招投标工作，进行放线施工。岐岭35千伏输变电站工程已投入使用，完成罗经等三个村小水电自供自管区域用户接管工作。

【文教卫生】 2014年，该镇扎实推进“普九”“普高”工作，不断优化教育资源，不断提升教学质量，严抓校园安全，特别是加强校车安全隐患的排查等工作。本年该镇中、高考再创佳绩。高考方面，皇华中学本科线入围人数17人（其中2人上重本线），超县任务数70%；省3A线入围46人，超县任务数21%。中考方面，皇华中学和双头中学考上东山中学线以上有29人，曾宪梓中学线以上有20人，水寨中学线以上有87人，其中最高分为753分。医疗卫生事业也不断发展，镇级有卫生院2间，诊所、医疗站27个，新建造的岐岭卫生院门诊大楼已投入使用。扎实进行计划生育“村村行”活动，在16个村开展现场服务活动，免费为村民提供宣传教育、健康指导、关怀关爱“三进家门”服务项目。全年人口出生1143人，死亡427人，落实“四术”1072例，其中结扎342例、上环686例、补救措施44例；申请法院强制执行计生非诉案件18宗；人口与计划生育目标管理责任制市、县考评达标，被市升为人口计生工作二类镇管理。

【生态环境】 2014年，该镇生态建设稳步推进。一是全力推进“一消灭三改造”，做好森林碳汇重点生态工程建设，加强森林资源管护和防火工作。全年完成碳汇造林备耕、种植1309.8公顷，新增生态公益林1400公顷。二是加大防火基础设施建设。投入20多万元对全镇沿高速山林清割防火带，投入10多万元购置一批防火设备。加大防火宣传力度，全年出动广播宣传车300多车次，张贴、发放防火宣传单、防火戒严令30000多份，挂防火宣传横额80多条，制作大型防火宣传牌8个。三是城乡环境不断优化。全年投入50多万元对垃圾场进行升级改造及各村垃圾收集点建设，确保垃圾做到日产日清。每月出动宣传车5次，悬挂宣传标语50条以上；并利用各类新闻媒体，加强“和谐美丽镇村”创建工作的宣传。

【民生保障】 2014年，该镇扎实推进第二轮扶贫“双到”工作，6个省定贫困村集体经济年收入达到5万元以上。完成218户农村低收入住房困难户的住房改造任务，清理残疾人“四级”分级审核发放补助和对本年新增残疾人进行登记。全年发放农民种粮“综合直补资金”、良种补贴资金、生态公益林补偿款480多万元、家电摩托车下乡补贴资金105万元、低保五保抚恤和社会福利救济费85.2万元，为群众报销医药费1000多万元。全镇60周岁以上城乡居民100%享受社会养老保险，超过93%的城乡居民参加医疗保险，全面完成农村养老保险和城乡居民医疗保险任务。切实做好劳动力培训转移就业工作，培训劳动力665人，转移劳动力1025人。严格按要求重新评审1155户低保、250户五保对象，困难群体实现应保尽保。

【平安创建】 2014年，该镇坚持贯彻“预防为主，调防结合”方针，突出抓好以防“激化”为重点，同时采取齐抓共管办法，全面落实镇班子成员每月定期接访、重点约访、带案下访、信访突出问题“领导包案”制度，及时处理各类民间纠纷案件。全年镇级综治中心受理矛盾纠纷案件54宗，调解成功54宗，调处成功率100.8%；镇、村调委会、企业调委会调处各类民事纠纷415宗，调处成功403宗，调处成功率97.1%。认真落实安全生产责任制，积极开展安全生产大检查。开展安全检查25次，危险化学品、食品等专项检查10次，查处安全隐患11处，发放整改通知书15张，整改15处，整治非法采砂场4处，全年未发生安全生产事故。

（张　想）

岐岭镇2014年度领导名录

书记、人大主席：张汉章

副书记：张景山　翁颖明

镇　长：张景山

党委委员：唐福星　钟耀荣　邓玉先　邓　讯　张　燎　张子建　张雄光　戴俊浩　魏青山

人大专职副主席：梁桂华

副镇长：唐福星　陈晓明　刘志标　钟录梅

潭　下　镇

【简况】　潭下镇地处五华县西北部，距县城35公里，总面积260.8平方公里。辖20个村委会、1个居委会。2014年年末，全镇有耕地面积2533.3公顷、水田1367.3公顷，年总产17500吨以上，素有“五华粮仓”之美誉。有人口57633人，其中农业人口54293人、非农人口3340人。全镇农村经济总收入6.56亿元，比上年增长10%；镇级财政总收入1079万元，比上年增长2.5%；农村年人均纯收入7680元，比上年增长9.07%。

【农业】　2014年，该镇紧紧围绕“农业发展、农民增收、农村稳定”目标，充分利用自身资源优势，调整农村经济结构，推进现代农业建设，农村经济保持良好发展态势。全镇11个烟区村，种植烤烟面积92.7公顷，总产量16.8多万千克，总产值321万元。围绕“发展庄园经济，实现绿色崛起”思路，大力发展油茶产业。引进广东清闲农业发展有限公司等6家公司累计种植油茶2000多公顷，并对其开发种植提供全方位的支持和点对点的服务。连续四年无偿提供优质油茶苗给农户在房前屋后、自留山地进行“油茶小果园”开垦种植。全镇拥有“油茶小果园”农户123户。油茶种苗培育、种植、产品开发、旅游观赏、销售一条龙良性循环产业链初步形成，产业化经营初具规模，特色明显。发动广东大地农业发展有限公司，扩大6.7公顷大棚蔬菜种植。抓住扶贫“双到”工作契机，在光华、福灵、乐道、金石、柏洋等村发展特色农业经济，在新布片沿线村新发展13.3公顷的鹰嘴桃生产基地，打造“十里桃花堤”观景区。新发展规模种养大户100多户，并着力帮助搞好产品流通。

【基础设施建设】　2014年，该镇突出圩镇“六大”配套建设工程（圩镇排污、排水系统配套建设工程，圩镇“亮化”建设工程，圩镇“净化”建设工程，圩镇饮水建设工程，卫生院医技楼和住院部筹建工程）有序推进。投入资金90多万元，完成潭江车站至清雅园餐厅段、外环路镇府门口至米水桥段、猪麻山至潭江中学路口段排水排污沟工程。全镇移民新村（一期）规模化试点工程建设在继续做好前期宣传发动工作基础上，完成立项审批及有关用地合同手续，并取得省国土资源厅批复；投资1200万元的潭江河堤疏浚工程完成80%，堤围和配套设施建设有序推进。广筹资金继续完善福灵、大玉、文里等行政村中自然村“通、延、伸”道路硬底化工程建设8公里；完善品畲村村委办公楼建设。加强国土和村建管理工作，严格执行“先规划，后建设”原则，全年整治违章违法建筑20宗。

潭下镇圩镇全貌

【乡镇企业】 2014年，潭下镇按照“以资源为基础、以市场为导向、以开拓为契机、以改革为动力”方针，努力营造“崇商重企”良好氛围，积极引进外资企业，发展个体经济。梅州市俊鑫实业有限公司在布坪村进行开发油茶项目，首期投资300多万元，完成333.3公顷油茶开发种植；广东新大地生物科技有限公司首期在百安、文里、上围等村投入资金4000多万元建立万亩油茶原料林基地；由挂扶单位梅州市总工会引进广东信虹生物科技有限公司在锡坪、龙田进行油茶基地建设，规划开垦833.3公顷，开垦种植333.3公顷；广东清闲农业发展有限公司分别在龙田、锡坪、新田、金石等村进行发展油茶种植，打造现代生态旅游度假山庄；广东大地农业发展有限公司百安、光华村发展大棚蔬菜种植，规划种植面积13.3公顷。

【文教卫生】 2014年，全镇投入3000多万元，对1所中学、10所完小、13间教学点、1所中心幼儿园和1所成人技校进行建设，成功通过创建广东省教育强镇督导验收。教育基础条件不断改善，潭江中学办公楼，光华小学远桓教学楼落成投入使用。教育质量不断提升，升中考试，有21人超曾宪梓中学分数线以上；小学升初中，36人进入全县1000名。2014年，荣获县“高考最大增幅奖”。加强卫生院基础设施建设，有序推进卫生院医技楼和住院部筹建工程。全镇参加农合人数52681人，参合率100%。全镇完成四术482例，其中结扎286例（纯二女扎24例）、上环183例、补救措施13例；查环查孕4088人；征收社会抚养费240多万元。全镇计划生育工作进一步步入规范化和法制化的轨道，在14个村居开展“情暖计生村村行”活动。

【基层组织建设】 2014年，该镇利用22个远程教育接收站，定期组织农村党员干部群众收看党建教育、科学发展观等节目，加强对农村党员群众的教育，提高农村党员群众的思想觉悟。新发展党员18名，批准转正24名。

【社会治安综合治理】 2014年，该镇坚持社会治安综合治理领导责任制，继续完善和加强镇综治信访及矛盾纠纷定期排查和调处机制建设。全年受理信访案件26宗，办理终结26宗，结案率达100%。全年无进京、上省越级上访事件。严格落实和执行安全生产"党政同责、一岗双责、齐抓共管"总要求，认真抓好乡镇安监机构规范化建设工作，完善各项机制和应急预案，强化监督检查，狠抓隐患整改，抓好打非治违等工作，全镇没有发生一起安全生产责任事故。

（李广优）

潭下镇2014年度领导名录

书记、人大主席： 李雄青

副书记： 彭国阵 温智坚

镇 长： 彭国阵

党委委员： 钟奇云 温捷兴 刘新良 魏自权 李美华 陈国平 李常青

人大专职副主席： 钟宪华

副镇长： 罗胜东 刘汉灵

长 布 镇

【简况】 长布镇地处五华县西北部，距离县城65公里，总面积284.1平方公里，辖25个村委会276个村民小组和2个居委会。2014年，全镇有耕地面积1738.2公顷，其中水（旱）田1577.5公顷、旱地160.7公顷，有人口12387户73048人，其中农业人口67059人、非农人口5989人。全镇农村经济总收入实现3.9亿元，比上年增长1.9%；镇级财政收入2150万元；农村年人均纯收入实现6127元，比上年增长2.0%。

【农业】 2014年，该镇继续抓好青岗、梅塘、太平3个农业种植基地示范片创建；在做好原有果合柿基地的建设和管理基础上，建设栋新、中心油茶、长安杨梅3个33.3公顷以上精致高效农业种植示范基地，充分发挥示范带动、典型辐射作用；进一步推动五华县老禾仓养蜂专业合作社建设，积极扶持壮大梅州市田信农业科技有限公司、强兴农副产品专业合作社等农业龙头企业发展。在石础、粘坑、红旗等村种下秋枫、木棉等树木5000多株；投入资金15万元在中心、大客、青岗村主干道沿路种植枫树、紫荆花等树木3000株；抓好"一消灭三改造"植树造林工程，种植碳汇林453.3公顷。

【基础设施建设】 2014年，该镇扎实推进基础设施建设。6月，制约省道239华中线大田过境段建设长达11年之久的征地拆迁工作全面完成，53户沿线拆迁户全部签订征拆协议书。至12月，路面硬底化工程全面完成，顺利实现竣工通车。筹集资金500万元对中心、长安、北洋、梅塘等13个村31公里的村道进行硬底化改造；筹集资金80万元对粘坑、蓝塘、栋岭等7个村的道路进行扩建和维修；投入200万元在青岗、太平、长安等8个村修建文化活动广场、老人协会等文化基础设施；投入200万元在源潭、北洋、栋新、福兴、高福等9个村新安装路灯905盏。同时，逐步完善行政村与自然村之间公路的维修与硬底化工作，构建镇村道路全面畅通的交通网络。规划建设长布文化公园，在原长寿路建设基础上，绿化周边环境，打造十里杜鹃长廊以及逐步完善亭台、楼阁、长廊、石凳、石桌等配套设施建设。围绕“宜林则林，宜花则花，宜果则果，宜水则水”原则，在原有健身路径两侧种植杜鹃3000多株；修缮2.5公里健身路径；在山顶修建休息凉亭3个，在山顶宽阔地段设置健身器材等。

长布文化公园

【文教卫生】 2014年，该镇投入资金4016.6万元创建教育强镇，其中，镇政府承担建设资金1318.9万元。引进香港善一堂道德协会90万元资金及其他社会各界资金支持教育事业。12月，该镇通过省创强工作验收。全年完成计划生育“四术”718例，其中结扎366例、上环352例、采取补救措施（人流）63例，查环查孕13824人次，免费孕前优生健康检查352对，征收社会抚养费320万元，非诉案件执结数9宗，执结率100%。投入资金600万元，占地800平方米，楼高五层的长布镇文化活动中心已建成并投入使用。

【民生保障】 2014年，长布镇医疗补偿受惠人数5138人，补偿金额1184万元，门诊补偿2453人次，门诊补偿537万元。人均报销金额2304元。推进城乡居民大病保险工作，实行大额医疗费“二次补偿”，减轻城乡居民医疗费用负担，报销二次补偿金额50万元。全镇有低保户1444户、五保对象208户，基本实现应保尽保，推进城乡居民养老保险全员覆盖。积极做好扶贫“双到”工作，中心、源潭、粘坑、长生和石础五个贫困村，分别由中石化广州分公司，市烟草专卖局、市招商和经济合作局、县畜牧兽医局、县林业局进行挂钩帮扶，制定了三年帮扶计划，逐步落实帮扶项目。全年投入资金460多万元完善基础设施建设，发展帮扶项目8个，农业技能培训2860人次，完成危房改造108户，竣工率88.5%，在建14户，动工率100%。

【社会治安综合治理】 2014年，长布镇全年实现“三无”（无民转刑案件、无越级上访案件、无群体性事件），镇调委会受理案件95宗，调结89宗，调结率93.7%；其中：受理信访案件22宗，全部按信访条例办结，受理纠纷案件73宗，调处率100%，调处成功68宗，调处成功率93.2%。

（黄　浩　詹煌裕　曾丽婵　彭文娟）

长布镇2014年度领导名录

书记、人大主席：陈炳章

副书记：邱明峰　张春祥

镇　长：邱明峰

党委委员：吴振乐　张善初（4月任）

张文明　曾国军　张丽芬

陈志纯　钟志通　徐捷礼

人大专职副主席：张旭华

副镇长：张贺枢　戴荣忠（4月任）

周 江 镇

【简况】 周江镇地处五华西南部，距县城（水寨）38公里，距梅州市136公里，全镇总面积199.4平方公里。境内主要有钼矿、钨矿、铁矿、铅锌矿、瓷土、钾长石、稀土等较有开采价值的矿产资源。下辖2个居委会、22个村委会、403个村民小组。2014年年末，有山地面积1.6万公顷，耕地2031公顷，其中水田1708.5公顷、旱地322.5公顷。有人口10112户53526人。全镇实现农村经济总产值4.43亿元，镇级财政总收入1787万元，农村年人均纯收入7011元，分别比上年增长8%、7%和10.1%。

【农业】 2014年，该镇粮食总产量1.6万吨，种植烤烟53.6公顷，收购干烟叶10.5万千克。继续打造"周江百香果"品牌。新良村鹰嘴桃基地初具规模，种植鹰嘴桃2000多株，年产量2万千克。龙洞村继续完善"龙兴"油茶种植基地，甘茶村大力发展沙田柚、油茶、板栗种植和养猪产业。

【基础设施建设】 2014年，该镇联太、中兴、黄布、龙堵、甘茶、良宁等村通过社会筹资，完成8.1公里自然村公路硬底化建设。红源村筹资13万元，扩宽桂子至红源1.5公里村道水泥硬底化路面。华阳高速公路互通口经华阳黄沙塘—周江龙洞村—中兴—周江圩镇全长25公里快捷通道完成前期准备工作。重点开展中兴河三河村至中兴村长约6公里河道"三清"（清障、清违、清淤）专项整治行动。扎实抓好高标准基本农田建设工作，确定中兴等14个村作为第一批项目建设村。蓝坑村田坑采取"公司＋农户"模式，集中建设8栋84套新农村房屋，

2014年7月27日，周江镇蓝坑村田坑新农村开工奠基仪式

2014年10月3日，举行深圳市"汉满爱心基金"奖学颁奖暨捐款仪式

占地3000多平方米，为500多名村民解决住房难问题。

【文教卫生】 2014年，周江镇强力推进教育"创强"各项工作，全镇筹集资金1500多万元投入"创强"工作。本年末，周江镇顺利通过省教育强镇督导验收。中招考试取得可喜成绩，全镇考上水寨中学分数线以上学生有50人。加大奖教奖学力度，举行缪培基教育基金颁奖会和深圳市东方建富实业公司汉满爱心基金教育奖学金颁奖会。积极做好古民居、历史文物保护工作，新增中兴村"紫云洞观音庙会"为县级非物质文化遗产项目。全年完成结扎270例，孕前优生健康检查送检408人，征收社会抚养费356万元。多方筹资，扎实推进中兴卫生院综合门诊大楼建设。有72人献血，超额完成县下达任务。落实"1110"制度，做好防控人感染H7N9禽流感的各项工作。

【平安创建】 2014年，该镇结合"八打八治"打非治违专项行动，不定期开展安全生产检查活动。扎实推进"社会矛盾化解年"各项工作，接待上访群众39批次58人（含法律咨询），受理矛盾纠纷19宗，调处19宗。重拳打击违法犯罪，组织开展严打整治行动5场次，立刑事案件47宗，破29宗，破案率62%；查处治安案件214宗，治安拘留18人。落实企业安全生产主体责任，强化政府属地监管和部门监管责任，持续深入开展以非煤矿山、烟花爆竹、危险化学品行业、交通安全、施工安全和食品药品安全等领域为重点的"八打八治"打非治违专项行动，加强安全生产大检查，强化排查整改安全隐患，有效预防事故发生。

（徐凤娇　李小龙）

周江镇2014年度领导名录

书记、人大主席：魏少洲（任至6月）
刘现松（6月任）

副书记：古文柳　古志宗

镇　长：古文柳

党委委员：谢如旺　古汉红　李国平
陈国雄　翁强民　何　灏
缪翠兰　程东雄

人大专职副主席：李国山

副镇长：古汉红　曾志雄　李力文

横 陂 镇

【简况】 横陂镇位于五华县城西南8公里，总面积236平方公里，辖35个村委会和3个居委会，569个村民小组。2014年年末，全镇有耕地面积3193公顷，其中水田2328.9公顷、旱地832.9公顷；有人口22694户108145人，其中农业人口100072人、非农业人口8073人。全镇农村经济总收入8.3亿元，比上年增长13%，镇级财政收入720万元，比上年增长2.8%，农村年人均纯收入7704元，比上年增长9.6%。

【农业生产】 2014年，横陂镇积极实施农业经济结构调整，大力发展精致、高效、生态特色农业，加快农业产业化进程。发展名贵树木种植，华狮龙、兴强农业、颐景等企业种植檀香、沉香等名贵树木213.3公顷，种植油茶33.3公顷。加强火龙果基地管理，全年实现采收2.5万多千克。全镇粮食种植4627.9公顷，总产27933吨，水稻种植3975.2公顷，总产25208吨；种植优质烤烟面积102.3公顷，烟叶产量265吨；种植玉米81.7公顷；薯类382公顷，大豆65.1公顷，花生254公顷；其他经济作物播种面积210.3公顷。全年蔬菜总产31445吨。

【招商引资】 2014年，横陂镇大力实施“乡贤回归投资兴业工程”，坚持以情招商，以商引商。全镇引进企业2家，新增手工作坊3间。梅州市宝创投资有限公司计划通过十年投资12亿元分三期进行双龙山旅游风景区、美丽乡村建设。至年末，已完成景区规划，正在进行首期工程建设。引进国通绿色三农循环经济发展有限公司种植加工杂交红麻；新名流超市顺利开业。加大农村劳动力培训力度，为企业用工提供劳动力保障。

【基础设施建设】 2014年，该镇深入开展扶贫“双到”工作，扎实推进7个省定贫困村的水利、道路、学校等基础设施建设，贫困户生产生活水平、村集体经济稳步提高。七个省定贫困村投入资金160.5万元，完成406户危房改造；投入290万元参与县财政融资，确保村级集体收入达5万元以上。七个村投入2000多万元支持村级教育、农田水利、饮水工程、文体设施、交通桥梁等建设，村容村貌得到大力改善。抽调精干队伍，落实包户责任，层层分解任务，情理并重做好工业园、抽水蓄能移民安置点等征地拆迁工作。投入100多万元对夏阜、增大、叶湖、罗陂等村约4公里公路进行水泥硬底化。修整耀麻地和西坑水库两条灌区，加快东方红水库灌区建设。综合整治罗陂河小流域。对琴江河横陂段（含小都河段）进行整治，清淤清障修建防洪堤，清淤河道45.8公里，新建河堤5.4公里、河道护岸17.1公里。完成红光片、小都片8个村安全饮水工程。扎实推进灾毁桥梁重建工作。锡坑大桥顺利通车，夏阜大桥、湖塘大桥基本完工。叶湖（琴江）大桥正加快兴建。

【和谐美丽镇村建设】 2014年，横陂镇点面结合，打造和谐美丽镇村建设。充分发挥小都模式示范辐射作用，以“政府主导、企业运作、群众参与、社会支持、联动做优”思路建设美丽镇村。镇成立一支5人组成的城管队伍，专门整治全镇“六乱”行为，聘请1名环卫司机和2名环卫工人，购置（租用）垃圾运输车10辆，每天进行垃圾清运。各村（居）聘有保洁员93名，均制定创建美丽乡村实施方案和管理制度。各村（居）基本实现村收集、镇转运，做到垃圾日清日运。进一步建立健全制度，完善和提升垃圾运输工具、垃圾池、中转站等垃圾处理设施建设，建立起比较完善的城乡垃圾收集运作体系。全镇投入资金100多万元，购买垃圾车1辆、垃圾桶8000只、斗车110部，建立垃圾收集点38个，垃圾中转站1个，垃圾收集池221个。聘请专业技术人员完成横陂圩镇升级改造前期规划准备工作。

【文教卫生】 2014年，该镇以创建“教育强镇”为契机，加大教育基础设施投入，大力营造尊师重教氛围，完善教育教学设施，投入资金7000多万元。各中小学及教学点按规划完成校舍建设和穿衣戴帽工程，逐步完善球场、围墙、校园文化及“一场十八室”建设。加大教育资源优化、整合力度。全镇有高中1所、初中4所、小学19所，教学点16个，12月，顺利通过省教育强镇检查验收和教育均衡县验收。落实责任，突出抓好计生“四术”、依法征收社会抚养费、免费孕前优生健康检查，开展“计生服务村村行”活动。全年全镇出生1845人；落实结扎549例，上环375例，孕前健康检查739人，28个村开展“村村行”活动，较好完成县下达的人口与计生目标任务。切实抓好小都卫生院建设，做好各种传染病知识宣传、防控等工作。加大无偿献血工作力度，全面完成县下达的献血任务。

【文化建设】 横陂镇是著名的足球之乡、文化之乡，有省级重点文物保护单位1个（李惠堂旧居）、县级文物保护单位5个（都督府、儒林第、新月桥、李南馨墓、能一庄）、县级非物质文化遗产1个（石楼伯公坛）。全镇文化市场繁荣，民间文化氛围浓厚，成立有体育协会、足球协会、太极拳协会、文艺乐队等群众性文体团队。全镇38个村（居）委会均建立多功能文化室，有文体协管员35人；建成“农家书屋” 35个，老人康乐会15个，文体社团9个。全年利用文化广场、村级文化室、“农家书屋”等载体，不定期举行作品展览、球类比赛、健身舞、太极拳、象棋比赛、民俗展示等文化活动，充分发挥文化引领风尚，教育人民、服务社会、推动发展的作用。积极开展足球进政企、进乡村、进学校的“三进”活动，不断加大人员、经费、物资、场地等方面的投入；镇人民体育场每周举行足球友谊赛，提升足球运动影响力。加强镇级人文、历史、自然资源的推介宣传，积极引进企业做好科学规划、合理适度开发旅游资源前期工作，加强文物保护开发工作；夏阜村成功申报为广东省名村和中国传统古村落；罗陂千亩油菜花竞相开放，草莓园采摘，横陂小炒、牛杂等特色饮食等吸引众多游客来旅游休闲。

【社会保障】 2014年，该镇加大“五大险种”扩面参保宣传，全镇发动2123人参加农村小额保险；95316人参加新型城乡居民合作医疗，完成率102%。加强劳动力培训，全年培训劳动力955人。扎实抓好低保、五保、优抚工作，做到应保尽保；抓好殡葬改革，全镇未发现违规土葬。

【基层组织建设】 2014年，该镇党委下设党支部63个（两新组织5个），党员3141名，其中农村党员2329名，社区党员137名，机关企事业单位党员675名。提高基层党组织执政能力和执政水平，加强“两新组织建设”，积极开展远程教育“领导带头学”活动；整顿后进村，严格党员发展，加强基层班子和党员干部队伍建设、完善工作制度。

【平安创建】 2014年，横陂镇加大“六五”普法宣传，扎实推进“一村一法律顾问”工作，切实抓好平安横陂建设。深入开展各项专项整治活动，严厉打击黑恶势力和偷、抢、骗等各类违法犯罪行为，确保一方“净土”。全镇综治信访维稳中心接待来访群众61批136人次，受理矛盾纠纷49宗，成功调处26宗。全镇辖区内刑事案件立案数91宗（件）、破获32宗（件）；治安案件发生189宗，查处149宗。

（温耿锋）

横陂镇2014年度领导名录

书记、人大主席：温定基

副书记：李国昌　李志忠
刘梅英（任至3月）

镇　长：李国昌

党委委员：陈少波　张　健　邹千友
魏少辉　何肖霞　张裕琴
李乃林　陈思德　张思雄
朱利锋（6月任）

副镇长：陈少波　李茂浩　朱志雄
李运强（任至4月）

郭 田 镇

【简况】 郭田镇位于五华县城东南部25公里，地处海拔1277米的鸿图嶂下，是县三个重点老区镇之一，也是五华第一个共产党员黄国梁的故乡。全镇总面积142平方公里，辖12个村（湖华、礤下、布美、硿南、龙潭、郭田、横塘、双光、坪上、三坑、蕉州、石团）和1个居委会。2014年年末，全镇有人口6710户37363人，其中农业人口35955人、非农人口1408人。全镇农村经济总收入2.14亿元，比上年增长7%，镇级财政收入80万元，比上年增长6.8%；农村年人均纯收入6299元，比上年增长7.2%。

【农业】 2014年，该镇组织成立农业科技协会和专业合作社，定期开展业务培训。鼓励4家"耕山致富"示范点，采取"基地+合作社+农户"经营模式，引导农户大规模发展种养业。其中雪寮里农业有限公司在郭田村西坑尾种植黄花梨500株、巴戟0.33公顷；维绿食品有限公司投入30多万元在横塘村种植蔬菜0.67公顷，养羊200只；梅州市穗华实业有限公司在郭田村牛栏坑种植澳洲坚果3.33公顷，垒挖鱼塘2公顷；梅州市日成林业有限公司在硿南村中丘坑开发建设沉香基地10公顷；龙潭村民黄新添种植苦竹笋1500多株，并开垦山地3.33公顷种植绿茶。

【基础设施建设】 2014年，该镇完成革命烈士纪念碑的迁址、相关道路及绿化配套设施建设，打造红色爱国主义教育基地；多方筹集资金建成占地面积5000多平方米的镇级文体广场，为全镇人民提供集健身、休闲于一体的活动场所；完成圩镇圆盘至郭田桥380多米道路的升级改造；完成蕉州桥、郭田村庵下桥、布美村饶铺桥、县道012线桥涵洞改造等工程建设，解决4500多人出行难问题；横塘村、龙潭村村级广场投入使用。全面完成双光村鸭麻礤水库、蕉州村青里窝水库除险加固工程并通过验收；完成坪上、三坑、双光、横塘、郭田5个村的高标准基本农田建设333.3公顷；布美、礤下、龙潭村筹集资金完成农田水圳的三面光建设，加固陂头2座，惠及农户4000多人。

【和谐美丽镇村建设】 2014年，该镇坚持每月组织开展一次环境卫生大扫除活动，全力消除环境"脏、乱、差"现象；多次出动人力和挖掘机对各村辖区内河道垃圾、淤泥进行清理整治；投入资金建成一个80平方米的镇级垃圾压缩中转站并通过验收；建成湖华、硿南、坪上、郭田、石团村5个村级垃圾堆放点；全镇13个村（居）均配备保洁员、密封式垃圾屋，其中湖华、坪上、郭田村购买垃圾运输车，初步形成环境整治长效机制，有效改善农村环境卫生。蕉州、三坑、坪上、双光、横塘村5个村完成美丽镇村示范点建设并通过验收。

【生态建设】 2014年，该镇落实“一消灭三改造”植树造林工程，全年完成碳汇造林594.7公顷、社会造林66.7公顷、森林抚育933.3公顷，造林备耕333.3公顷。推进横塘村、蕉州村“村村绿”示范点建设。进一步完善路边、山边、河边“三边”绿化建设，发动各村（居）种植枫树、香樟、红花杞木等树木4万多株。切实加强森林防火工作，与挂村领导、各村（居）签订《森林防火责任书》，落实好“领导包村、干部包户”责任考核制度。加强应急扑火队伍建设，续聘专职护林员36名，专门成立森林防火巡逻队，镇村两级组建半专业扑火队伍14支，购置和更新防火物资和设备，初步形成种、管、护、防一体化管理体系。

【科教文卫】 2014年，该镇制定计划生育目标管理责任制考核方案，进一步完善镇村干部考核标准；深入开展计生服务“村村行”活动，促进该镇人口计生工作发展顺利，并通过市卫计部门中期考核。全年完成“四术”任务328例，其中完成结扎195例、上环135例，免费优生健康检查291人，征收社会抚养费377.4万元。郭田中学在本年度升中考试再创佳绩，考生入围水寨中学录取分数线以上64人，其中入围梅县东山中学、曾宪梓中学32人，对比上年增加11人。全年开展“长乐大舞台”“‘六五’普法宣传进郭田”等文艺表演活动18场次，丰富群众精神文化生活。对可移动文物、非物质文化遗产进行普查，充分挖掘特色文化遗产。定期开展义诊下乡活动、爱国卫生大行动、H7N9禽流感联防联控等，切实保障群众身体健康。卫生院筹集资金购置数字X射线成像系统、血球分析仪设备各1台。全面完成本年度无偿献血任务。

【安全生产】 2014年，该镇按照“一岗双责”的原则，与各村（居）、各单位签订安全生产责任书。深入开展“八打八治”专项整治，重点对非煤矿山、烟花爆竹、山塘水库、河道采砂、校园安全、小水电站等进行安全检查。实行每月督查和汇报制度，对发现的问题和存在安全隐患，落实专人负责。全年出动350多人次开展专项检查30余次，检查相关单位152家，发现安全隐患12宗，其中2宗被列为县督办，1宗被列为市督办，全部安全隐患均按要求完成整改。

【民生保障】 2014年，该镇严格按照上级要求开展低保、五保户的核查、年审工作，取消低保45户、五保9户，新增低保98户、五保10户，全镇有低保664户、五保户159户，全年发放资金38.82万元。有生态公益林4691.5公顷，发放补偿款100.28万元；发放种粮直补款169.46万元；城乡居民医疗保险参保人数35824人，上缴款额179.12万元，占县下达任务的102.5%。加大农村劳动力培训、新增就业和劳动力转移力度。全面完成村“两委”干部、企事业单位党支部换届选举工作。完成郭田镇总体规划修编工作。殡葬改革工作扎实推进。完成七大中心人员的交接和定编、农村小额人身保险参保、征兵等各项任务。完成全国第三次经济普查，进一步完善农村金融服务点建设。

【扶贫双到】 2014年，该镇4个帮扶单位投入资金扎实推进布美、郭田、双光村的农田水利设施、农业技能培训、种养基地建设、道路维修改造、环境卫生整治、入股县财政融资平台等帮扶项目，村集体经济年收入均达到5万元以上；贫困户年人均纯收入7000元；协助县级做好郭田村中央福利彩票基金扶贫项目建设的申报及各项前期准备工作。完成135户农村低收入住房困难户住房改造任务。

【平安创建】 2014年，该镇组织开展普法文艺会演、中小学生法律知识讲座等宣传教育活动，引导广大群众运用法律解决信访问题；积极推进“一村（居）一法律”顾问工作，固定每月8日为律师接访日，为群众提供便利法律服务；做好社区矫正人员管理工作，16名社矫人员无脱管、漏管现象；成立村级治安巡逻队伍，在石团村、湖华村、新街圆盘等主干道安装高清摄像监控头4个。对非法采矿行为整治始终保持高压态势，成功打击1宗无证开采瓷土行为。社会治安综合治理服务中心已完成建设并投入使用。全镇立刑事案件13宗，破获9宗，逮捕6人；立案查处治安案件114起，查处率100%。镇综治信访维稳中心接访群众92人次，受理来信来访案件32宗，其中群众来访17宗，成功调处17宗；网上信访8宗，上级交办3宗，其他案件4宗，均在规定时间内处理或作出答复。

（江锦文　谢晓玲）

郭田镇2014年度领导名录

书记、人大主席：曾繁展

副书记：刘伟炎　谢龙飞

镇　长：刘伟炎

党委委员：陈文锋　薛永坚　江　育
江志彤（任至3月）
张美茹　魏春荣

人大专职副主席：黄梅坤

副镇长：陈文锋　陈标坤　池宇华
江志彤（3月任）

双 华 镇

【简况】 双华镇位于县城东南28公里，总面积141平方公里，辖16个行政村和1个居委会。2014年年末，全镇有山地面积1.25万公顷，耕地面积1363.5公顷，其中水（旱）田1042.9公顷、旱地320.7公顷。有人口9247户51287人，其中农业人口48484人、非农人口2803人。全镇农村经济总收入2.88亿元，比上年增长10%，镇级财政收入1492.57万元，比上年增长14%；农村年人均纯收入6802元，比上年增长11%。

【农业】 2014年，该镇成功申报梅州市“板栗专业镇”，扩大板栗种植面积66.7公顷，全镇累计种植面积466.7公顷，板栗产值实现500万元以上。扩大茶叶种植面积233.3公顷，年产值300万元；扩大规模种植巴戟、三华李，全年李果总产为100万千克，年产值250万元。继续壮大苏区村133.3公顷农业综合园区，新建公平村200公顷的休闲观光茶园和军营村13.3公顷的高山云雾茶基地。新增农民专业合作社4家，全镇有农民专业合作社24家，其中双华镇健鑫板栗种植专业合作社被评为县级示范农民专业合作社，投入100多万元，开发板栗基地53.3公顷，兴办板栗加工厂，改进加工工艺水平，提高农副产品附加值，做强做大板栗产业。

【乡镇企业】 2014年，该镇壮大传统产业，筑牢发展根基。全镇34间中小型水电站产能为9147千瓦，对比上年增长7%，实现上网收入1000多万元。全镇6家红木家具企业实现销售收入400多万元，对比上年增长5%。新恒德农业发展有限公司投入资金2500多万元，建成占地面积400多平方米三层楼高的办公大楼1栋，基地内铺设4.5公里的水泥硬底化道路，开发名贵树木种植基地100多公顷，种植名贵木苗、茶叶育种1万多株。新引进梅州市九霖农业有限公司在公平村集约山地200公顷，投入资金800万元，开发茶叶基地53.3公顷，种植单从茶42万株。

【基础设施建设】 2014年，该镇加强基础设施建设，镇村面貌发生新变化。投入资金250万元，铺设公平至苏区村长5公里硬底化道路。投资430万元，重建福全双福桥、上河背桥、军营沙塘坝桥，解决1万多名群众“出行难”问题。双福桥、军营桥竣工通车，上河背桥动工修建。投入1800万元建设双华河“一河两岸”工程，提升圩镇品位，增强双华河防洪抗灾能力，建设集景观、防洪、休闲一体化的观光河堤，进行河堤建设征地等工作。拆除始建于1956年的革命烈士纪念堂（属木质结构，因长期失修，已破败不堪，严重威胁过往群众和周边住户的安全），投资100多万元，重新修建面积1000平方米集革命烈士浮雕、舞台、羽毛球场为一体的休闲式革命烈士纪念广场。

琴江中小流域综合治理（双华段）

【文教卫生】 2014年，该镇科教文卫事业全面发展。一是教育文化事业再上一层楼。中考成绩再次取得优异成绩，双华中学入围东山中学、曾宪梓中学学生46人，考取县重点中学以上253人，名列全县山区乡镇前茅，小学学生水平测试人均成绩有较大增幅。二是公共卫生工作稳步推进。加大城乡合作医疗政策宣传，多渠道、多方式促进群众参保。全镇参保人数35022人，超额完成县下达任务，参保覆盖率100%。三是提升计生管理水平，优化计生服务质量。全年完成结扎204例，上环148例，孕前优生健康检查257人次，申请法院依法征收社会抚养费6宗。同时深入推进创新工作机制，深化优质服务，继续在全镇17个村（居）开展计划生育“村村服务行”活动。

【民生保障】 2014年，该镇坚持以人为本，民生状况得到新提升。一是社会保障水平不断提高。全镇194名优抚对象抚恤金及优待金得到发放；认真做好2014年度五保、低保户评审工作，做到公平公正、应保尽保，向886户低保户3678人和128户五保户发放低保金、五保金120.74万元；帮助174户贫困户完成危房改造，落实补助资金261万元。全镇60周岁以上老人100%享受新型农村养老保险，611名高龄老人全部得到津补贴发放。五保救济补助标准每户每月提高到460元，对比上年增长15%。低保救济补助标准提高到人均每月148.7元，对比上年增长30%。二是扎实推进扶贫开发“双到”工作。4个扶贫单位累计投入帮扶资金595.52万元，挂钩村集体收入有较大提升，其中大陂村6.88万元、双华村11万元、虎石村12万元、矮畲村17万元，帮助100户贫困户危房改造，2195人参加农合医保，对9.3公里村道进行硬底化和改善农田水利配套设施。

省市专家到双华镇检查验收古村落

【平安创建】 2014年，该镇力促和谐稳定，社会管理开创新局面。一是牢固树立“发展是第一要务，稳定是第一责任”理念，狠抓稳定工作不放松，有力维护社会稳定。全面落实社会治安综合治理各项措施，建立健全维护社会稳定长效机制，巩固和发展“平安双华”成果。全镇受理各类民事纠纷23宗，成功调处23宗，调处成功率100%，治安案件161宗，查处161宗，查处率100%，查处刑事案件18宗，破12宗，破案率67%，抓捕犯罪嫌疑人6名、逃犯2名。二是深入落实安全生产“一岗双责”制度，坚持“安全第一，预防为主，综合治理”方针和“谁主管、谁负责”属地管理原则，深入开展“八打八治”专项行动，加大对非煤矿山、“三小”场所的整治力度。排查各行业（领域）安全生产隐患31宗，发出书面限期整改通知27份，口头要求立即整改4宗。

（李　湾）

双华镇2014年度领导名录

书记、人大主席：陈远云

副书记：胡国坚　邹总根

镇　长：胡国坚

党委委员：田景青　杨想青　钟　亮　黄育辉　陈建辉　张平锋　冯灼林　胡高文

人大专职副主席：廖振渊

副镇长：田景青　周旋霞　李坤源

安　流　镇

【简况】 安流镇地处五华县南部，距县城33公里，总面积238平方公里。辖42个村民委员会、735个村民小组、4个居委会。2014年，有31188户138125人，其中农业人口126150人、非农业人口11975人；有耕地面积4353.1公顷，其中水（旱）田3381.6公顷、旱地912.4公顷。全镇农村经济总收入实现8.90亿元，比上年增长8%，镇级财政收入400万元，比上年增长20%；国税收入1058万元，比上年减少24.5%，地税收入697.3万元，比上年增长27%；农村年人均纯收入7212元，比上年增长8%。

【农村经济发展】 2014年，该镇粮食种植面积5364.5公顷，全年总产33176 吨。种植烤烟213.3公顷，交售烟叶40万千克。继续支持华福、学兴等工业龙头企业发展，实现利润2900万元。积极配合县林业部门抓好五福片、半径片333.3公顷碳汇林种植。民营企业产值4.5亿元，实现利润2900万元。加强内引外联，积极争取上级和社会各界支持，争取项目资金1000多万元。

【基础设施建设】 2014年，该镇筹资200多万元对河堤西路、河堤东路进行升级改造，铺设人行街砖，安装路灯，植树绿化；筹资50多万元对S238线惠天地加油站至安流大桥（下游）路段安装路灯，在大桥两端安装交通隔离带。石门村园角大桥主体工程基本完成，新开通长2.5公里，宽7米的河背村道，新铺设水泥硬底化村道10公里。积极做好安缘大桥、蓝田大桥的前期立项报批、勘测设计、工程投标等工作。继续实施琴江河流域（安流段）4.54公里河道治理，完成半径片4个村农业综合治理改造工程，鹿坑灌区、七丈磜灌区、朱坑灌区等三大灌区圳道维修改造建设及西灵宫、角西坑等二个水库除险加固工程。

【文教卫生】 2014年，该镇全力推进教育事业，坚持学前教育、义务教育、高中教育并重，大力支持学校教育教学改革，抓好教育强镇验收后的完善工作，大力推进教育均衡化，抓好中小学（幼儿园）校园宣传教育和小车安全治理，做好义务教育免收学费和困难学生生活补助工作，不断改善学校办学条件。抓好H7N9人感禽流感、狂犬病、登革热等传染病的防控和常规疫苗预防接种，提高预防医疗水平。全年落实结扎697例，孕前优生健康检查876人次，征收社会抚养费830万元。支持文广部门搞好数字电视转换推进工作，全面完成“户户通”工程，丰富城乡文体生活。

【民生保障】 2014年，该镇扎实做好民生保障工作，主要是做好五保户、低保户、困难户的生活保障、救济，重新核实审定报批，确保五保户、低保户应保尽保。做好农村社会养老保险待遇审核申报。发动12万多人参加2015年度新农合，做好2014年参合群众外地就医医药费审核报销。及时核定发放种粮直补、生态公益林补贴、农机补贴等工作，保障城乡群众享受各种政策利益。抓好扶贫开发工作，切实做好贫困户、集体帮扶项目规划和帮扶责任人、帮扶资金的落实。加强与帮扶单位的沟通联系，争取帮扶单位的资金支持。全镇11个省定贫困村的帮扶单位为挂钩村落实帮扶资金1290万元。

【平安创建】 2014年，该镇以平安建设为抓手，以维护社会和谐稳定为目标，加强综治信访维稳中心建设，认真抓好综治信访维稳各项工作责任的落实，充分发挥治保、调解组织作用，做好矛盾纠纷排查调处，落实领导干部接访，认真处理群众来信来访和网络信访，加强法制宣传和打击违法犯罪工作力度。全年受理民事纠纷32宗，办结28宗，妥善处置突发事件2宗。认真搞好安全生产法制宣传，开展烟花爆竹市场、食品药品市场、燃气燃油市场、公共娱乐场所专项整治行动，实行消防安全网格化管理，有效控制安全事故发生。加强采砂场巡查监管，配合县水务执法大队打击违法采砂行为，规范采砂秩序。加强国土巡查，落实地质灾害防灾避险措施，抓好用办证制度落实，做好土地利用规划调整和村庄规划建设工作。积极配合县抓好半径、完塘、长江三个村土地确权试点工作。 （宋锦棠）

安流镇2014年度领导名录

书记、人大主席：吴浪标
副书记：万均辉　曾崇辉
汤　华（任至4月）
镇　长：万均辉
党委委员：黄　勇（任至7月）
赖镜源（任至3月）
汤　华（4月任）
古爱常　李自雄　李华忠
陈爱兰　戴文平　张宏南
李世忠　古惠雄（1月任）
人大副主席：万茂新
副镇长：黄　勇（任至7月）
汤　华（4月任）
冯文琴　古坤彪　古玉轩

棉　洋　镇

【简况】 棉洋镇位于县城南部45公里，总面积254平方公里。辖26个村委会、685个村民小组和2个居委会。2014年年末，有耕地面积2276.3公顷，其中水（旱）田1726.6公顷、旱地373.3公顷；有人口17988户100582人。2014年，全镇农村经济总收入实现7.49亿元，比上年增长8.2%；镇级财政收入480万元，比上年增长2.8%；农村年人均纯收入6948元，比上年增长11.6％。

【农业】 2014年，该镇种植粮食1666.7公顷，种植烤烟86.7公顷，农业总产值3.26亿元。新增水果、茶叶、油茶、沙田柚等特色产业基地211.5公顷，全镇形成三大片特色农业群，其中三水片以油茶、绿茶、沙糖橘和鹰嘴桃为主的种植基地；棉洋片以绿茶、禾梨、桃驳果等为主的种植基地；桥江片以火龙果、沙田柚、花卉为主的种植基地。支持新产品上市，做好阳光村黑米、红米等新产品面向市场推广，新光茶叶、七輋径茶叶等已形成品牌化走向市场。本年，棉洋镇入围“梅州市十大茶山”，七畲径红茶、绿茶入围“梅州十大名茶”。松岗嶂生态茶园被评为梅州市龙头企业，华盛农业发展有限公司评为五华县龙头企业。抓好植树造林，完成碳汇林改造800公顷。新光绿茶、竹坑桃驳果、黎洞糖梨干、琴江腐竹成为独具特色的一村一品特产。

【乡镇企业】 2014年，该镇积极实施“乡贤回乡投资兴业”工程，加强与落户企业的沟通联系，鼓励乡贤回乡办企业，扶持培育壮大现有企业的发展水平和规模。全镇有各类企业486家，其中新增农业经济类合作社14家，增加就业人员786人，带动农户472户。其中梅州市松岗嶂生态茶园被评为国家级农业合作社。

【基础设施建设】 2014年，该镇认真抓好汕湛高速棉洋段建设，想方设法帮助解决补征户及施工中遇到的困难和问题，确保汕湛高速棉洋段无障碍施工。完善圩镇基础配套设施，筹资300多万元对黄桥大街进行升级改造，打造圩镇示范一条街。引进乡贤杨汉军出资300万元兴建圩镇森林公园。拆除原粮管所危旧房屋，兴建棉洋镇中心幼儿园。完成石马公园到棉洋卫生院道路的升级改造工程。开通圩镇至棉洋中学道路，解决多年历史遗留问题，疏通圩镇拥挤道路，方便群众出行。完成棉洋河小流域综合治理工程。

【文教卫生】 2014年，该镇筹资4000多万元对全镇中小学、幼儿园软硬件设施，学校基础设施、校园文化、校容校貌得到进行改善。3月，顺利通过省教育创强督导验收。抓好文化站、文娱场所建设，镇计生服务所大楼、文化站大楼、老年服务中心、圩镇广场和森林公园正在立项和筹建。计划生育工作全年落实结扎475例，优生健康检查601例，征收社会抚养费402万元，圆满完成年度各项计生工作任务。继续策划开展群众喜闻乐见的文化活动，鼓励和扶持农村文娱活动室和老年人活动场所等农村服务设施的建设，丰富群众精神文化生活。

【社会保障工作】 2014年，该镇做好城乡村（居）民最低生活保障及救济工作，全年向542名优抚对象发放抚恤金245万元，全面完成低保、五保户清理清查工作，向1778户低保户和426户五保户发放低保金、五保金1302万元；认真做好60周岁以上城乡居民享受养老保险待遇和高龄老人津补贴发放工作。低保户全部享受居民医保或农村合作医疗待遇。大力推广城镇居民医保、农村合作医疗和农村养老保险等惠民措施，全镇参加城乡居民医保88344人，参保率100%。加强劳动力培训转移就业工作，农村劳动力培训转移2348人。

【社会治安综合治理】 2014年，该镇坚持社会治安综合治理领导责任制，继续完善和加强镇综治信访及矛盾纠纷定期排查和调处机制建设。全镇受理信访案件176宗，成功调处172宗，调处率为97.7%。全年立刑事案件42宗，破36宗，破案率86%；追捕逃犯13名；查处治安案件361宗，治安拘留43人；对12名刑释解教人员的安置帮教和60名社区矫正服刑人员加强监管教育，建立和完善法律援助网络。

【党的建设】 2014年，该镇以开展党的群众路线教育实践活动为契机，认真落实中央八项规定精神和省市县相关规定精神，聚焦“四风”问题，大力整治庸懒散奢等不良风气。严格控制各项经费支出，大力压缩行政成本，深入贯彻落实厉行节约，勤俭办事原则，切实把有限的资金用在改善民生事业上；把党风廉政建设和反腐倡廉工作放在更加突出的位置，大力促进领导干部廉洁自律，严格执行干部问责制度，深入开展文化教育，从源头上严防腐败行为的发生，以良好的党风聚民心、促发展，打造廉洁、服务型人民政府，为该镇经济社会全面发展提供坚强保障。（刘兴文　徐足红）

棉洋镇2014年度领导名录

书记、人大主席：胡育灵
副书记：曾维强　曾映贤
镇　长：曾维强
党委委员：廖赛增
魏炎良（任至12月）
刘道信　陈伟华　杨帆豪
刘翠玉　李汉文
人大专职副主席：胡山忠
副镇长：廖赛增　邓　健　陈标文
张广秋　张盛开

梅 林 镇

【简况】 梅林镇位于县城西南部51公里。全镇总面积128.4平方公里，辖18个村委会和1个社区居民委员会。2014年年末，耕地总面积2329.6公顷，其中水（旱）田2161.4公顷、旱地168.2公顷。全镇有9645户51064人，其中农业人口48118人、非农业人口2946人。全镇实现农村经济总收入3.13亿元，镇级财政收入223万元，农村年人均纯收入6496元，分别比上年增长8.3%、10%和5.6%。

【农业】 2014年，该镇全年粮食种植面积3521.6公顷，粮食总产20614吨，其中水稻3152.9公顷，总产19429吨。全年生猪出栏32135头，年末存栏19516头。全镇巩固和发展6.7公顷以上规模耕山致富点14个，其中规模133.3公顷以上的耕山致富点有3个。松桂园农业发展公司开发的丁纪窝耕山致富点受到市、县领导好评，在县有关会议上作典型经验介绍。完成高标准基本农田建设366.7公顷。梅林“大地”牌菜脯得到继续做大做强。

【乡镇企业】 2014年，梅林镇积极改善投资环境，加大引资力度。全镇有各类企业396家，从业人员1456人。实现企业总产值4657万元，税收205万元，利润663万元。

【基础设施建设】 2014年，梅林镇紧紧抓住汕湛高速、兴华高速建设机遇，把高速公路建设与本镇基础设施建设有机结合起来，重点抓好“三路三桥一道”建设。兴华高速梅林段征地拆迁工作有序开展；县道003线扩宽改造全面启动，金坑至梅林圩镇路段已铺设2公里水泥硬底化路面；圩镇过境公路及两边排水沟完善工程已铺设水泥硬底化，境内公路环境得以改善；“8·17”洪水毁苏区大桥，投入资金800多万元，全面完成门店征拆任务和大桥建设任务，实现竣工通车；对受损的琴口大桥进行维修加固，对新塘大桥加快完善步伐，全面建成通车；完成

县委书记张映平（左二）到梅林督促检查苏区大桥重建设进度情况

镇府内外院改造，改善干部办公环境和群众办事条件；烈士纪念碑广场重新进行修缮，改善群众娱乐健身环境；积极帮助各村筹集资金铺设村道水泥硬底化，全镇新铺设水泥硬底化自然村道20公里，修建水圳30公里，群众出行难、灌溉难等问题得到较好解决，生产生活条件得到改善。

【民生保障】 2014年，该镇巩固完善职工社会养老保险，启动职工工伤保险和生育保险，基本实现全覆盖目标。深入开展“三有一化”工作，健全各项社会救助体系，将符合条件的困难群体全部纳入保障范围。积极推行农村“五保”和城镇“三无”对象集中供养，全镇农村年人均收入1500元以下的贫困户全部纳入低保。进一步健全“六位一体”社区卫生服务网络，基本实现人人享受初级卫生保健目标。坚持落实新型合作医疗制度，全镇参保率100%，累计报销金额1150万元。积极推进农村危房改造，解决197户农村困难群众住房难问题。同时，加快农村安全饮水工程建设步伐，对2011年度未完成的梅林片、宣优片等11个村的安全饮水工程，通过依法向法院起诉终止原合同，重新进行工程施工，妥善解决遗留问题，确保5万多农村人口的饮水安全。

【文教卫生】 2014年，该镇成功创建华光村“长福楼”市级农村文化俱乐部，积极开展群众性文化体育活动，春节期间组织球队参加篮球赛，荣获全县冠军。顺利通过上级对“省教育强县、义务教育发展基本均衡县”验收。2014年投入160多万元，新建一栋高6层总面积940平方米的卫生院医技楼，并引进一批先进设备，改善全镇人民就医条件。新型农村合作医疗任务完成率100%。全年完成计划生育“四术”920例，人口出生率12.35‰，政策生育率93.13%，自然增长率4.92‰。

【平安创建】 2014年，该镇认真学习贯彻新信访条例，召集各村（居）、各单位、各部门签订本年度工作责任书；加强和落实“大接访”制度，排查、受理、分流各种案件127件，调处和化解各类案件106件，调处成功率83%，及时化解群体性械斗5件21人，防止民转刑案件7件13人；多渠道开展普法教育，发行“六五”普法资料及登记本400本，张贴大小标语530条，发放宣传资料3000多份，制作宣传版面5块；积极投入“严打”斗争，加大查处力度，抓获刑事案件犯罪嫌疑人18人，刑拘10人，查处社会治安案件53起，抓获“六合彩”“板九”庄家17人。

（廖许新）

梅林镇2014年度领导名录

书记、人大主席： 曾召辉

副书记： 张国标　温全瑞

镇　长： 张国标

党委委员： 黄足文　张坤祥　李来泉　吴志平　邓玉芳　刘发胜　陈志坚　温肖华

人大专职副主席： 陈慎清

副镇长： 黄足文　温云青　古晋怀

华 阳 镇

【简况】 华阳镇位于县城西南部，距离县城62公里，东邻梅林镇、南邻龙村镇、北连周江镇、长布镇，西与河源市紫金县接壤。下辖13个村委会（坪南村、太坪村、高塘村、叶新村、红洞村、小拔、华阳村、华南村、华新村、莲高村、大拔村、社径村、陂坑村）和1个居委会（华阳居委），166个村民小组。总面积153.5平方公里，其中山地面积1.2万公顷、耕地面积1466.7公顷，境内主要有花岗石、大理石、稀土矿和水晶石等矿产资源。2014年年末，全镇有总人口9461户51396人，其中农业人口48590人、非农业人口2806人。农村经济总收入5.19亿元，比上年增长4.2%；镇级财政收入1456万元，比上年增长6%；农村居民年人均纯收入5945元，比上年增长5.6%。

【农业】 2014年，该镇优质稻种植面积2263公顷，粮食总产量14986吨；种植李果265.5公顷，李果总产量1400吨，总产值650多万元；种植烤烟53.3公顷、油茶106.7公顷、名贵树木333.3公顷、经济林7200公顷；耕山致富示范点效益凸显。大拔村千顷农业基地初具规模，陂坑村火龙果基地进入丰产期，太坪村530亩无公害蔬菜基地得到巩固发展；华阳供销社和泰安养猪场生猪养殖示范基地辐射带动能力进一步增强。农业机械化率逐步提高，全镇拥有收割机15台，机收率50%；拥有各种农业机械1105台，机耕率90%。

【乡镇企业】 2014年，该镇紧紧抓住经济结构调整、转型升级历史机遇，开展“乡贤回归工程”，引导民资耕山致富，大力发展绿色生态文化经济。先后引进梅州市森泽科技发展有限公司进驻大拔村，主要种植日本樱花、海南黄花梨等名贵树木333.3公顷；引进千顷农业发展公司投资3000万元在大拔村开发66.7公顷山地发展精致高效农业，建设集种养、生态旅游的一体化农庄；引进和兴达鞋厂落户华阳村；引进五华县永祥矿业有限公司，投资兴建石板厂为村民务工就业提供便利。

【基础设施建设】 一是宜居城乡建设成效初显，积极争取中小河流综合治理项目，提前启动河道“三清”工程、村道整治工程、生态建设工程，创建以莲高村为示范点的和谐美丽镇村。开展农村环境综合整治，加大植树造林和生态保护力度，完成华阳村文体活动中心项目建设，对圩镇农民街及大拔、华南、社径、小拔、莲高村老人活动中心等基础设施进行维修建设。二是完善水利设施，抓好2009年度农村饮水安全工程扫尾，并通过县竣工验收；开展冬修水利，狠抓病险水库、山塘、河堤治理，重点维修加固上下新塘、管塘水闸、南角寨河堤等，增强防洪抗洪能力；严格落实“三防”责任，加强隐患排查和整改，实现安全度汛。三是交通公路建设取得实效。完成涉及汕湛高速公路工程建设征拆工作，征地173.3公顷，拆除房屋59座，完成汕湛高速华阳段路基工程量92%。X960线华阳至龙村段升级改造工程完工，华龙大桥建成通车；全年投入395万元，对坪南村、华阳村、小拔村、莲高村等村道进行硬底化，新建维修村道7.8公里。结合S120线升级改造，规划建设绕开圩镇过境公路工程可行性研究报告、国土预审、环评、立项等前期工作有效开展。向上争取规划升级改造的Y304线，以及华阳互通至周江中兴的连接线建设项目。

【科教文卫】 2014年，该镇“教育创强”成效初显，中小学校教育教学质量得到进一步提高。华阳中学考取东山中学、曾宪梓中学入围线以上34人；水寨中学入围线以上49人。巩固计划生育综合治理，以计划生育集中服务活动为抓手，积极创建人口计生管理服务示范镇，不断优化人口素质，实现成功保类。全年完成计生“四术”任务865例，其中结扎238例、上环592例、皮下埋植1例、补救措施34例；生殖健康普查1031例，免费孕前优生健康检查377人次，成功提交并被法院受理计划生育非诉案件7宗，执结7宗。

【平安创建】 2014年，该镇始终按照“一手抓发展，一手抓稳定”原则，做到守土有责，确保全镇社会治安和谐稳定，群众安全感和幸福指数逐步提高。坚持实行领导干部包村包案责任制和每周接访制度，定期召开信访维稳联席会议研判分析案件，重点解决涉及汕湛高速征拆、工伤、劳资纠纷、资源开采纠纷等多宗重大疑难信访案（件），着力构建平安和谐的社会发展环境。全年调解各类矛盾纠纷76件，调解成功62件，调解率100%，成功率82%。辖区发生刑事案件42宗，破案18宗，打掉犯罪团伙2个，抓获在逃人员9名，抓获吸毒人员12名，强制戒毒6名；受理治安案件123宗，查处119宗，查处率96.7%。积极创建平安村（居），安装完善镇府机关、S120线重要地段、部分村主干道监控系统。建立护工队和护村队，配合公安机关严厉打击“黄赌毒”和阻挠重点项目工程建设等违法犯罪行为，有效防范、化解、管控影响经济发展和社会安定问题。全年投入综治工作经费50万元，积极构建社会稳定“安全网络”，深入开展清扫“黄赌毒”、创建无邪教镇、法制宣传教育等专项活动，确保社会和谐稳定。严格落实安全生产“一岗双责，党政同责”和企业的主体责任，建立完善消防等领域的应急预案、台账，实行定期研办、排查、整改、督办机制，集中开展安全生产领域“打非治违”“八打八治”专项整治行动，强化重点行业、重点领域、重点时段、重点企业的巡查监管，努力构建安全生产长效机制。全年排查隐患36处，整改36宗；上报县政府和县安委会安全隐患17处，整改17宗，取缔非法经营企业2家。全年没有发生重特大安全事故。

【民生发展】 一是全面推进新一轮扶贫“双到”工作。以改善农村环境卫生、完善基础设施、规划“造血型”项目为重点，积极探索扶贫新模式。各帮扶单位投入帮扶资金2493万元，涵盖村集体经济发展、基础设施建设、产业帮扶和智力帮扶等项目39个。二是积极帮助社会弱势群体，落实孤寡、残疾等特困人员帮扶救济措施，加强华阳福利院五保老人规范化管理；全镇低保户916

户、“五保户”128人纳入保障范围；城乡居民医疗保险参保人数51638人，超额完成县下达任务；新型农村社会养老保险19724人，二代社保卡发放工作全面铺开，覆盖率100%，均超额完成县下达的任务。实现群众病有所医、老有所养、困有所帮。

【基层组织建设】 2014年，该镇有党总支1个、党支部27个，党员1141名。强化党委领导核心作用、基层党组织战斗堡垒作用和党员先锋模范作用。围绕“为民务实清廉”主题，扎实开展党的群众路线教育实践活动，坚持问题导向，突出“四风”整治，完成一批“马上就改”项目，解决一批关系群众切身利益和联系服务群众“最后一公里”的问题。圆满完成村、社区“两委”换届选举工作，抓好软弱涣散基层党组织整顿工作，提高村（居）干部补贴标准。加大干部教育培训力度。严格落实中央“八项规定”，压缩“三公”经费。加大干部问责力度，全年印发批评通报文件8次，批评教育、约谈干部25人次，着力整治“庸懒散奢”，干部作风明显转变。

（丘文辉 邹淑丹）

华阳镇2014年度领导名录

书记、人大主席：刘锐锋
副书记：钟文锋 陈宗书
镇 长：钟文锋
党委委员：张学政 温向奎 廖旭辉 甘惠明 邹定芳 刘伟枢 张丽娟 严汉云（1月任）
人大专职副主席：甘远玲
副镇长：张学政 曾桓钦 陈展略

龙 村 镇

【简况】 龙村镇是规划建设的梅州（五华）抽水蓄能电站项目所在地，毗邻紫金、陆河、揭西三县，位于县城西南65公里，总面积349.1平方公里。辖37个村委会和3个居委会，709个村民小组。2014年年末，全镇有山地面积2.8万公顷，耕地面积2672公顷，其中水（旱）田2192公顷、旱地480公顷。有人口20023户92046人，其中非农业人口5108人、农业人口86938人。全镇农村经济总收入5.57亿元，比上年增长7.3%；镇级财政总收入4403.11万元，比上年增长18.8%；农村年人均纯收入6388元，比上年增长7.1%。

【农业】 2014年，该镇大力实施“耕山致富”发展战略，做强雕舌茶、高山云雾茶、梅粘茶“三大名茶”品牌效应，创建茶叶、油茶、红囊柚、三华李“四大品牌”。新增专业合作社11个，主要集中在油茶、茶叶、果树、禽畜养殖等方面。加大高山云雾茶、鸟舌茶、梅粘茶、油茶、红囊柚、兰花种植面积，积极发展以睦贤水库库区、营田、葵嶂自然生态区农业旅游产业。大力推进高标准农田建设和农田小水利建设，改善农业生产条件。完成洞口、樟华、宫前、南洞、水口、大梧、榕溪等19个村农田水圳改造，惠及农田400公顷；完善农村安全饮水工程建设，加强保障管理。

登云嶂高山云雾茶场

【基础设施建设】 2014年，该镇完成梅州（五华）抽水蓄能电站进库公路8.3公里建设，并加强道路两边控制区巡查监管，防范出现乱搭乱建、削坡建房等违法违规用地行为；依法打击库区抢建、抢种、抢挖等“三抢”行为，巩固实物指标调查成果；配合县蓄能办补充完善移民意愿调查；完成对《移民安置规划报告》征求意见；启动筹建期工程营房、环库路、隧道、通风洞等88.3公顷的征地工作。筹集资金2700多万元对2013年“8·17”洪灾水毁桥梁28座中的14座中小桥、9座大桥的整合或重建任务；剩下5座桥梁除吉祥大桥外都已动工建设。完成金坳公路升级改造湖中段、龙村新大桥征地工作，并动工建设；完成县道960线洞口至华阳段升级改造工程，完成洞口至金龙道路维修；完成乡村公路硬底化建设33公里；升级改造硝芳街道1000米路面及排水道；积极推进汕湛高速华阳出口至金龙途径龙村新大桥至潭溪衔接县道003线梧溪段的龙村东外环公路规划、立项及两边的建设用地控制。完成洞口堤、竹园堤、睦贤电站受损河堤、三湖村水毁梧良河堤、水口村河堤的修复工程；动工综合整治龙村河小流域，疏浚水口、硝芳、营田、登畲等淤塞河道10公里；修建农田水利三面光水渠8公里；完成5个村960户村民小水电自供区用电问题。

2014年4月1日，市委副书记叶胜坤到龙村调研水毁大桥重建工作

【科教文卫】 2014年，该镇广筹资金，投入教育创强资金1322万元，新建中心幼儿园1所，学校建设得到全面提升，办学条件得到全面改善，教育创强通过省督导验收。经调整，全镇学校有完全中学1所、初级中学3所、九年一贯制学校1所、完全小学15所、小

学教学点22个、中心幼儿园1所。全镇有中学生4046人，小学生6859人；中学教师323人，小学教师473人。学校的教育教学水平稳步提升，中心小学升中考试全县排名第八，龙村中学、硝芳中学、洞口中学等中考升学率持续提高。医疗环境明显改善。完成龙村镇中心卫生院医技大楼建设，并购置一批彩超、生化仪等先进医疗器械，绿化广场，扩建停车场，配套设施得到完善；硝芳卫生院综合大楼于2014年4月竣工落成。全镇完成结扎517例、上环376例，免费孕前优生健康检查348人，非诉案件12宗，征收社会抚养费373万元，完成“人口计生服务村村行”活动，年度人口计生目标任务全面完成。

【民生保障】 2014年，该镇有低保户1929户，享受低保对象5812人。全年发放低保救助金1041.3万元；五保户264户，发放五保救助金160.2万元；发放低保户、五保户救济粮1.05万千克；发放安置好优抚对象、残疾军人补助金额21.6万元；认真执行老年人优抚政策，做好高龄老人生活补助发放；下拨危房建设与改造资金339万元，完成农村低收入住房困难户住房改造226户；发放种粮农民综合直补593.8万元；兑付生态公益补偿资金244.6万元；做好小微企业担保贷款工作，抓好农村社会养老保险扩面征缴和城乡医疗保险工作，全镇有30379人参加农村养老保险，城乡医疗保险参保人数89312人，参保率100%。7个省定贫困村全部实现挂钩单位对接帮扶，帮扶贫困户667户3263人，落实“一对一”帮扶。各帮扶单位投入700多万元发展村集体经济建设项目14个，种植沙田柚、蜜柚14.3公顷，带动贫困户95户；养殖鸡苗21775只，带动贫困户532户；加快帮扶村基础设施建设，修建农田水利三面光水渠5.85公里，铺设村道水泥硬底化6公里，修建文体广场2个，新建水口村委商铺办公楼，增建1层柏溪村委办公场所，动工建设榕溪村委办公楼，动工建设梧溪老年活动中心，安装路灯149盏。

【社会治安综合治理】 2014年，该镇加强镇村综治信访维稳中心（站）建设，大力宣传《广东省信访条例》，妥善化解一批信访积案。同时扎实推进“一村（社区）一法律顾问”试点工作。全镇受理治安案件431宗，查处431宗；镇级综治中心受理矛盾纠纷案85宗，成功调解82宗；村级维稳站受理216宗，成功调解214宗；处理群众信访98件。在圩镇及主要路口安装视频监控，加强社会治安管理，震慑违法犯罪份子；依法打击涉枪涉黑、吸毒贩毒等违法犯罪行为，加强对社会不稳定因素的监控。落实企业安全生产主体责任，强化政府属地监管和部门监管责任，持续深入开展以非煤矿山、烟花爆竹、危险化学品行业、交通安全、施工安全和食品药品安全等领域为重点的“八打八治”打非治违专项行动，加强安全生产大检查，强化排查整改安全隐患，有效预防事故发生。全年发出安全隐患整改通知书82份，重点整治石场、石板厂、烟花爆竹、加油站、气库、建筑施工等行业和领域，安全生产形势总体平稳。

【党的建设】 一是深入开展党的群众路线教育实践活动。自2月始，镇党政领导班子及70个党支部以“抓铁有痕、踏石留印”的精神开展好党的群众路线教育实践活动。发放征求意见表480份，征求意见347条；综合归纳、剖析查找出突出问题63个；班子成员提出批评意见133条；提出整改落实、专项整治和制度建设任务48项。整顿软弱涣散党组织，专项治理“慵懒散奢”，着力解决联系服务群众“最后一公里”的问题，完善并严格执行公务接待管理、公务用车管理和乡镇干部“五四三”住镇等制度。二是加强基层党建和党员队伍教育管理。坚持书记抓、抓书记，注重学习型、服务型、创新型党组织建设，安排业务能力强、有高度事业感和责任感的党员干部为基层党建指导员，加强70个党组织的建设；完善党内组织生活、“三会一课”和党务公开等制度，严格执行《党章》规定，严把党员发展关；开展入党积极分子培训班1期，发展党员18名，预备党员转正26名；加强全镇2505名党员队伍教育管理。三是加大基层党建投入力度。多渠道统筹安排投入党建工作经费，着力解决基层党员活动阵地建设，着重加强党员思想政治教育，强化入党积极分子培训、考察，为党组织建设提供基础保障。四是抓党建促进经济社会发展。精心组织村级、企事业单位换届选举工作，切实选好配强班子，注重培养政治觉悟高、业务本领强、能带领群众发家致富的村“一把手”，着力培育先进党组织，加强指导“两新”组织建设。

（温汉锦）

龙村镇2014年度领导名录

书记、人大主席：胡荣华
副书记：李杜强　邹焕模
温伟雄（任至3月，4月起挂职）
镇　长：李杜强
党委委员：刘文锋　张秀华
李宏文（任至9月）
龙夏辉　刘晓宇　黄益宁
廖天华　魏明星
人大专职副主席：黄赐奎
副镇长：黄伟雄　温舜初　温跃胜
刘文锋

统计资料

社会经济统计资料

2014年五华县国民经济和社会发展统计公报

2014年，在县委、县政府的正确领导下，全县上下致力于建设“工业新城、长乐之乡”总目标，围绕振兴发展主线，扭紧“三大抓手”，坚守“两条底线”，进一步调结构、转方式、促发展，不断推进新型工业化发展步伐，强化工业兴县举措，加大投资力度，我县经济继续保持较快的增长态势，人民生活水平不断改善，各项社会事业取得新的进步。

一、综合

经省、市核定，初步核算，2014年全县实现生产总值110.5亿元（当年价，下同），比上年增长9.8%，其中第一产业增加值29.5亿元，增长4.4%，拉动生产总值（GDP，下同）增长1.1个百分点；第二产业增加值24.3亿元，增长18.2%，拉动生产总值增长4.6个百分点，其中工业增加值17.4亿元，增长19%；第三产业增加值56.6亿元，增长8.1%，拉动生产总值增长4.1个百分点。第一、二、三产业增加值占生产总值比重由上年的28.5∶20.7∶50.8调整为今年的26.7∶22∶51.3。人均生产总值10286元，比上年增长9.3%。民营经济加快发展。初步核算，2014年实现民营经济增加值66.3亿元，增长9.4%，占生产总值比重达60%。2014年全县新增个体工商注册3433户，比上年增长8.3%；注册资金1.56亿元，增长82.5%；新增从业人员4674人，比上年增长18.1%。新增私营企业1923家，比上年增长26.9%；注册资金55.5亿元，比上年增长29.9%；新增从业人员30113人，增长38%。全社会从业人员53.4万人，比上年增长0.5%。年末城镇登记失业人员2442人，比上年增长3%；城镇登记失业率2.42%，比上年增长0.07个百分点。

乡镇企业快速发展。全县乡镇企业总收入66.8亿元，比上年增长16.8%，总产值68.9亿元，比上年增长18.9%。

在经济较快增长的同时，物价总水平小幅上涨。2014年全县居民消费价格指数为102.4%，比上年同期上涨2.4个百分点；商品零售价格指数为101.2%，比上年同期上涨1.2个百分点。

国民经济和社会发展中存在的主要问题：经济总量小，人均GDP、人均财政收入水平较低，总量和质量有待突破。产业结构不合理，第二产业比重较低，经济结构调整和发展方式转变的任务艰巨；工业支柱产业支撑和主导作用比较弱，工业经济总量小，自主创新能力有待加强；财政增收乏力，收支缺口进一步扩大；固定资产投资总量和规模偏小，县域经济实力仍较薄弱，城镇化水平仍较低，交通等基础设施有待完善，经济发展后劲亟待增强。

二、农业

农业产业结构调整稳步推进，促进了农业产业化和现代化，使传统农业逐步向精致高效现代农业转变。2014年全县农业总产值48.8亿元，比上年增长4.1%，农业增加值29.5亿元，比上年增长4.4%。

全年粮食总产量28.65万吨，比上年增长1.8%。其中：稻谷27.99万吨，增长2%；甘蔗6989吨，比上年增长14.3%；烤烟2582吨，比上年下降24%；花生产量为6884吨，比上年增长8.3%；大豆产量为3742吨，比上年增长6%。

主要农产品、畜产品产量和牲畜存栏头

指　标	2014 年实绩	比上年增长（%）
谷物	286458 吨	1.8
其中：稻谷	279935 吨	2.0
花生	6884 吨	8.3
大豆	3742 吨	6.0
甘蔗	6989 吨	14.3
烤烟	2582 吨	–24.0
木薯（鲜）	27228 吨	0.9
茶叶	958 吨	16.8
水果	75407 吨	8.4
肉类产量	57428 吨	2.3
其中：猪肉	43490 吨	3.9
生猪年末存栏头数	452956 头	–5.5
耕牛年末存栏头数	29826 头	–1.7

畜牧业产品总量稳中有增。全年肉类总产量57428吨，比上年增长2.3%。

渔业生产稳定发展。全年淡水产品产量18724吨，比上年增长9.3%。

林业生产平稳发展。全年完成新造林18.07万亩，比上年增长28.8%，年末森林覆盖率69.53%，比上年提高1.16个百分点，林木蓄积量累计达748万立方米，比上年增长5.5%。全县共有自然保护区11个，县级森林公园6个。

水土保持成果进一步得到巩固和发展。至2014年底投放治理水土流失资金18751万元。其中，2014年度投入治理水土流失资金9284万元，比上年增长13.9%。累计治理水土流失面积422.8平方公里，比增9.3%。

三、工业和建筑业

工业经济较快增长，产值与效益相得益彰。2014年全县全部工业总产值81.2亿元，比上年增长24.3%；完成工业增加值17.4亿元，比上年增长19%。其中：规模以上工业企业（新口径）22家，实现总产值50.4亿元，比上年增长33.4%，实现增加值11.4亿元，比增25.9%。

主要工业产品产量

产品名称	2014 年实绩	比上年增长（%）
发电量	22555 万千瓦时	-15.6
涤纶纤维	6052 吨	20.0
饮料酒	6063 吨	-17.1
中成药	3447 吨	15.0
电烤箱	286.6 万台	7.6

规模以上工业产销衔接，销售收入增长较快，经济效益稳定提高。规模以上工业企业（新口径）实现销售收入48.2亿元，比上年增长36.9%，实现利润总额2.82亿元，增长21%。

2014年资质等级以上建筑企业13家，实现总产值26亿元，增长20.4%，建筑质量进一步提高。

四、固定资产投资

固定资产投资大幅增长。全年完成固定资产投资43.7亿元（新口径），比上年增长39.4%。其中，工业投资21.8亿元，增长67.3%；交通投资5.6亿元，增长3.1倍；旅游投资2.05亿元，增长1.9倍；房地产开发投资6.3亿元，比上年下降4.7%。

五、交通、邮电和旅游业

全年交通运输、仓储和邮政业实现增加值6.5亿元，比上年增长6.1%。

交通运输业较快发展，基础设施不断完善，各种运输形式竞争有序，综合运力进一步提高。各种交通运输方式完成货物周转量9.12亿吨公里，增长15.6%，完成旅客周转量4.59亿人公里，增长15%。年末，全县公路通车里程3122公里，比上年增加86公里，增长3.2%。其中：高速公路32.5公里；公路密度每百平方公里由上年的94.1公里增至本年的96.7公里，比2013年底增加2.6公里，增长3.2%。

城乡固定电话用户76419户，比上年下降10.5%。通信网络快速发展，全县计算机互联网用户达41603户，比上年增长7.1%。

旅游事业是五华县重点发展的新兴特色产业，近年来已成为拉动第三产业发展的一个新的增长点。在紧紧抓住城市化进程和深梅旅游路线扩展的契机，推出了以山、水、泥为特色的旅游项目，扩展了以热矿泥山庄和益塘水库、七目嶂等为生态旅游景点的线路，吸引了大批国内外游客到五华县旅游观光，休闲度假。接待人数、收入双双大幅增长。2014年接待游客370.6万人次，比上年增长63.2%，全县旅游业总收入达25.53亿元，比上年增长69.3%。

六、商业、外贸、财政

国内消费品市场稳定发展，2014年全县实现社会消费品零售总额73.79亿元，比上年增长10.6%。社会消费品零售总额中，批发零售贸易业实现70.56亿元，比上年增长10.7%；住宿和餐饮业营业额3.23亿元，比上年增长8.9%。按城乡分：城镇实现零售总额53.6亿元，增长10.8%，农村实现零售总额20.19亿元，增长10%。

对外经济工作成绩显著，外贸进出口总额增长较快。2014年外贸进出口总额16626万美元，增长33.5%，外贸出口总额12875万美元，比上年增长79.1%。其中“三资”企业出口额2754万美元，比上年增长39.9%；一般贸易出口10121万美元，比上年增长93.8%。实际利用外资实现1248万美元，比上年下降45.7%。

2014年财政收入较快增长，县内财政收入实现4.31亿元，比上年增长27.9%；财政支出40.67亿元，比上年增长22.5%。

七、金融、保险业

金融业快速发展，存贷款余额实现同步较快增长。2014年年末，全县国家银行各项本外币存款余额188.65亿元，比上年末增长20%。城乡居民储蓄存款余额144.74亿元，比上年末增长17.5%。各项本外币贷款余额58.13亿元，比上年末增长20.5%。

保险事业呈现多家经营竞争趋势，保险事业稳中发展。人保、人寿保险费收入1.81亿元，按同口径计算，比上年增长9.5%。其中：人民保险保费收入2829万元，比上年增长29.1%；人寿保险费收入1.53亿元，比上年增长7%。

八、教育、科技、文化

教育事业在“教育创强”的带动下，基础设施不断完善，教育投资进一步加大，办学条件继续改善，办学质量持续稳定提高。全年教育财政拨款12.77亿元，比上年增长27.6%。全县有各类中等专业学校2所，在校学生1575人；普通中学55所，在校学生83675人，减少10.8%。其中：高中学生34146人，减少8.1%；职业中学3所，在校学生5462人，比上年减少15.9%。全县共有小学160所，在校学生91738人，减少1597人，减幅为1.7%；适龄儿童入学率100%，与上年持平；小学毕业生升学率为100%，与上年持平；初中毕业生升学率为100%，同比提高1.4个百分点，高中毕业升学率90%，比上年提高5.9个百分点。在2014年高考中，全县入省大专A线以上人数达4638人，入围率为43%，入本科线以上人数2299人，入围率21.3%。

科技事业取得新的进展，科技队伍不断壮大。我县有各类专业技术人员16245人，同比增长10.5%。全年申请国家专利197例，授权118例，分别比2013年同期增加4.4%和3.4%。

文化事业欣欣向荣，各种文化设施不断完善，广场文化丰富多彩。2014年五华县的两个专业剧团以及各业余剧团面对市场的激烈竞争，更新观念，开拓进取，不断扩宽演出市场，广泛深入农村山区巡回演出，取得社会效益和经济效益的“双赢”。全年两个专业剧团和县文化馆“一条龙”业余剧团送戏下乡演出201场，为山区群众送上丰富多彩的精神食粮。电影行业在多种文化竞争的情况下，想方设法调动电影队的积极性，出动宣传车广泛宣传，送影下乡，每周周末在县府广场和清水公园播放电影，全县共放电影4890多场。图书馆现有藏书13万册，进馆读者91万人次，增长3.5%，图书流通量13万册次。县城文化广场业余演出26场。

广播电视事业稳步发展。截至2014年，全县共建调频广播电台1座，有线电视台1个，有线电视站16个，卫星电视地面接收站6个，有线电视用户6.85万户，广播、电视人口覆盖率为98.8%，对推动五华县两个文明建设，丰富群众的业余文化生活起到了积极作用。

九、卫生、体育

医疗卫生事业有新的发展，卫生技术人员队伍不断壮大，医疗设备日益先进，医保网络逐步扩大，防范意识不断提高。年末全县拥有卫生机构42个，床位2215张。各类卫生技术人员3242人，同比增长1%。其中：执业医师943人，增长7.8%；执业助理医师982人，增长12%。

在7—8月份，五华县承办了市七运会。市七运会是近年来五华县承办的规模最大的体育盛会，也是参赛人数最多的一届运动会。在本届运动会上，五华县体育代表团共获得金牌62枚，位列金牌榜第一，团体总分1092分，位列全市第三。

一年来，全县积极开展群众性体育竞赛活动，充分利用重大节日或双休日在县城举办大型的足球、篮球、乒乓球、棋类、健身竞走等大型群众活动28场次，推动了全民健身运动的发展，大大地丰富了体育爱好者的文体生活。体育部门认真贯彻落实《全民健身条例》，大力开展以全民健身为主的各项体育竞赛活动，全县群众体育蓬勃发展，广大群众的体育意识普遍增强，人民群众的身体素质明显提高，全民健身工作成效明显。

十、环境保护

环境保护工作力度加大，城市环境质量有较大改善。全县有环境监测站1个，环境监测人员22人。2014年加强了对11个自然保护区、6个县级森林公园、1个省级森林公园和5个一级饮用水源保护区的管理，固体废物综合利用率达100%。积极开展创建省级卫生县城活动，进一步改善了县城环境卫生和交通秩序，美化、绿化、净化了县城环境，兴建了清水公园、狮山公园，改造了一江两岸河堤，提高了县城品位，树立了五华县城的新形象。深入推进“和谐美丽镇村”创建活动，各镇均有2个以上村（居）创建为“和谐美丽镇村”示范点，完善了一批农村生活垃圾处理设备设施。

十一、人口、人民生活与社会保障

计划生育工作成效显著，全县人口增长势头得到有效控制。年末，全县总人口为1363122人，比上年增加16855人，增长1.3%。其中，常住人口为1076280人，比增0.5%。当年出生18764人。非农人口为182956人，占总人口的13.4%；农业人口为1180166人，占总人口的86.6%。在总人口中，男性人口为702130人，女性为660992人,性别比为106.2%。全县出生率为14.54‰，比上年提高1.18个千分点；死亡率为5.62‰，比上年提高0.3个千分点；自然增长率为8.92‰，比上年提高0.85个千分点。

城乡居民收入进一步增加，生活水平稳步提高。据抽样调查，五华居民人均可支配收入11452元，比上年增长11%，扣除价格因素，实际增长8.4%。其中：城镇居民年人均可支配收入16193元，比上年名义增长8.4%，剔除价格上涨因素，实际增长5.9%。农村居民年人均可支配收入9387元，比上年名义增长11.4%，剔除价格因素实际增长8.8%。

社保工作稳定发展，社会保险人数稳中递增，社保覆盖面进一步扩大。全县参加城乡居民医疗保险的人数120.88万人，增长2.8%。参加农村养老保险的人数40.68万人，增长0.1%。年末，全县29437人参加失业保险，比增1.4%；参加职工医疗保险人数47920人，增长1.4%；参加基本养老保险的职工人数43101人，减少1.5%；有26643名离退休人员享受了社会养老保险，比上年增长9.1%。

全县享受最低生活保障的困难群众72153人，其中城镇538人，农村71615人。目前，全县各乡镇已建立了农村社会保障网络。

2014年国民经济和社会发展主要指标

项　目	单 位	2013年	2014年度	2014年比2013年±（%）
一、人口				
当年出生人口	人	18081	18764	3.6
出生率	‰	13.36	14.54	提高1.18个千分点
年末总人口	人	1346267	1363122	1.3
男	人	692218	702130	1.4
女	人	654049	660992	1.0
二、国民经济核算（当年价）				
县内生产总值	亿元	100.8	110.5	9.8
第一产业增加值	亿元	28.7	29.5	4.4
第二产业增加值	亿元	20.9	24.3	18.2
第三产业增加值	亿元	51.2	56.6	8.1
人均县内生产总值	元	9426	10286	9.3
三、农业				
农业总产值（当年价）	亿元	47.5	48.8	4.1
主要农产品产量				
粮食	万吨	29.89	28.65	1.8
水稻	万吨	27.46	27.99	2
水果	万吨	6.96	7.54	8.4
茶叶	吨	820	958	16.8
烟叶	吨	3398	2582	–24.0
水产品	吨	17129	18724	9.3
年末生猪存栏	万头	47.91	45.30	–5.5
年末耕牛存栏	万头	3.04	2.98	–1.7
造林面积	万公顷	0.94	1.20	28.8
森林覆盖率	%	68.37	69.53	上升1.16个百分点
森林蓄积量	万立方米	709	748	5.5
四、工业				
工业总产值（当年价）	亿元	64.8	81.2	24.3
乡镇企业总产值（当年价）	亿元	56.4	68.9	18.9
主要工业产品产量				
发电量	万千瓦时	27465	22555	–15.6
水泥	万吨	5.8		
饮料酒	吨	9332	6063	–17.1
中成药	吨	2997	3447	15.0

续上表

项　目	单 位	2013年	2014年度	2014 年比2013年±（%）
五、交通、运输、邮电				
公路通车里程	公里	3036	3122	3.2
客运量	万人	560		
货运量	万吨	392		
电话装机用户	户	84738	76419	-10.5
六、全社会固定资产投资	亿元	30.1	43.7	39.4
七、商业				
社会消费品零售总额	亿元	66.72	73.79	10.6
商品批发销售总额	亿元	63.75	70.56	10.7
八、对外经济贸易				
外贸出口总额	万美元	7191	16626	33.5
“三资”企业出口	万美元	1968	2754	39.9
实际利用外资	万美元	2299	1248	-45.7
九、财政、金融、保险				
财政收入（同口径）	亿元	3.37	4.31	27.9
财政支出	亿元	33.19	40.67	22.5
年末银行存款余额	亿元	157.3	188.65	20
年末银行贷款余额	亿元	48.2	58.13	20.5
各类保险保费收入	亿元	1.65	1.81	9.5
十、教育、卫生				
在校学生总数	人	189043	176988	-6.38
中等专业学校学生	人	1887	1575	-19.8
普通中学学生	人	93821	83675	-10.8
小学学生	人	93335	91788	-1.7
职业中学学生	人	6498	5462	-15.9
卫生技术人员	人	3211	3242	1
医生	人	1752	1925	8.9
病人床位数	张	2187	2215	
十一、人民生活				
城镇居民年人均收入	元	14489	16193	8.4
农民年人均纯收入	元	9009	9387	11.4
城乡居民年末储蓄余额	亿元	123.2	144.74	17.5
农民生活用房面积	平方米／人	30		

注：本表内数字均为五华县统计局提供。

2014年五华县主要经济指标占梅州市比例

主要指标项目	单 位	五华县	梅州市	县占市(%)
地区生产总值（当年价）	亿元	110.5	885.83	12.5
人均地区生产总值	元	10286	20528	50.1
工农业总产值（当年价，下同）	亿元	130	547.43	23.7
农业产值	亿元	48.8	285.87	17.1
工业产值	亿元	81.2	261.56	31
粮食总产量	万吨	28.65	123.10	23.3
全社会固定资产投资	亿元	43.7	407.51	10.7
社会消费品零售总额	亿元	73.79	499.97	14.8
实际利用外资	万美元	1248	14711	8.5
地方财政收入	亿元	4.31	85.24	5.1
农民人均年纯收入	元	9387	10785.6	
城乡居民储蓄存款余额	亿元	144.74	985.46	14.7

名录·人物

先 进 名 录

2014年度国家级先进单位

单位名称	授予单位	荣誉称号	授予时间
五华县人民政府	全国普法法律常识办公室	全国“六五”普法中期先进县	2014年3月
中国移动通信集团广东有限公司五华分公司团支部	共青团中央	2013年度“全国五四红旗团委（团支部）”	2014年5月
广东五华二建工程有限公司	国家工商行政管理总局	2012—2013年度国家守合同重信用企业	2014年6月
五华县河东镇河东社区居民委员会	中国科协、财政部	全国科普示范社区	2014年9月
五华县人民武装部	解放军报社后备力量建设宣传部和中国国防报社	全国国防后备力量建设刊授教育先进单位	2014年10月

2014年度市级先进单位

单位名称	授予单位	荣誉称号	授予时间
五华县林业局	梅州市委、市政府	“降香黄檀引种及栽培技术研究与推广”科技进步三等奖	2014年10月
五华县农业科学技术研究所	梅州市委、市政府	“荔龙保”荔枝高产栽培上的研究与示范推广科技进步三等奖	2014年10月
水寨镇人民政府	梅州市政府	计划生育表扬单位	2014年

2014年度国家级先进个人

姓 名	单位及职务	授予单位	荣誉称号	授予时间
刘彩兰	五华县气象局	中国气象局	质量优秀测报员	2014年4月
李凤梅	五华县气象局	中国气象局	质量优秀测报员	2014年4月

2014年度省级先进个人

姓 名	单位及职务	授予单位	荣誉称号	授予时间
戴胜东	华城司法所所长	省政府	广东省“人民满意的公务员”	2014年4月

2014年度市级先进个人

姓 名	单位及职务	授予单位	荣誉称号	授予时间
周　文	五华县水寨中学校长	梅州市人民政府	嘉应名师	2014年9月
刘焕东	五华县皇华中学校长	梅州市人民政府	嘉应名师	2014年9月
张载本	五华县洑溪中学校长	梅州市人民政府	嘉应名师	2014年9月
魏琪良	五华县平南中学校长	梅州市人民政府	嘉应名师	2014年9月
李远良	五华县河东镇中心小学校长	梅州市人民政府	嘉应名师	2014年9月
张振山	五华县兴华中学校长	梅州市人民政府	嘉应名师	2014年9月
宋杜文	五华县梅林中学校长	梅州市人民政府	嘉应名师	2014年9月
汤简渊	五华县河东中学校长	梅州市人民政府	嘉应名师	2014年9月
张学泉	五华县华西中学校长	梅州市人民政府	嘉应名师	2014年9月
曾春苑	五华县第一小学教师	梅州市人民政府	嘉应名师	2014年9月
邓菊珍	五华县第三小学教师	梅州市人民政府	嘉应名师	2014年9月
叶穗连	五华县第二小学教师	梅州市人民政府	嘉应名师	2014年9月
廖东枚	五华县长布镇中心小学教师	梅州市人民政府	嘉应名师	2014年9月
钟　霖	五华县城镇中学教师	梅州市人民政府	嘉应名师	2014年9月
杨茂华	五华县水寨中学教师	梅州市人民政府	嘉应名师	2014年9月

人 物 传 略

陈国凯

陈国凯（1938—2014），男，五华县安流镇半径村人。中共党员，一级作家，曾担任广东省作家协会主席18年，是享受国务院特殊津贴的专家、广东省文艺终身成就奖获得者、第六届全国人大代表。

1958年，在安流中学初中尚未毕业的陈国凯因家庭成分被迫辍学离开家乡。独自一人到广州氮肥厂当工人、宣传干事等。初从工余写作开始。陈国凯在广州氮肥厂一做就做了20年。在繁重的工作之余，他没有忘记当初的人生梦想，不断的自学和阅读，开始创造了一些短篇小说作品，后来得到了《广州日报》和《羊城晚报》编辑同志的关心帮助。从1958年发表处女作开始，到1979年发表了《我应该怎么办》轰动全国短篇小说。1980年从事专业创作。陈国凯从事文学创作50多年，创作出版长、中、短篇小说20多部计400多万字。主要作品有《代价》《好人阿通》（第一部）、《荒唐世事》《都市的黄昏》（与人合作）。小说集：《羊城一夜》《家庭喜剧》《平常的一天》《荒诞的梦》《文壇志异》《两情若是久长时》《奇才》《摩登阿Q》《相见时难》。随笔集：《蓦然回首》《西西里女郎》。自选集：《陈国凯短篇小说选》《陈国凯中篇小说选》《陈国凯小说选》《陈国凯选集》《陈国凯》等。部分作品被国外翻译成多种文字。其小说《我应该怎么办》1979年获全国优秀短篇小说奖，长篇小说《代价》1980年获广东省首届鲁迅文学奖，《好人阿通》1982年获广东省第二届鲁迅文学奖，《大风起兮》2006年获广东省第七届鲁迅文学奖等。他的作品以情动人，吸收西方荒诞派表现手法，既写悲剧性作品，又写戏剧性作品，是“伤痕文学”的代表作家，在不同时期都创作出有标志性意义的作品。他于1979年进广东省作家协会文学院从事专业创作。历任广东省作家协会学院主任，深圳《特区文学》主编，专业作家，文学创作一级。1992年被授予“广东省优秀中青年专家”称号，同年获国务院颁发的“有突出贡献专家”特殊津贴。2010年获得首届广东文艺终身成就奖。

2014年5月，陈国凯因病在广州逝世，享年76岁。

文献选编

文 件 选 登

中共五华县委关于印发《五华县深入开展党的群众路线教育实践活动实施方案》的通知

华委发〔2014〕1号

各镇党委，各系统党工委，县直局以上单位、省市属驻华有关单位党组织（党委、党总支、党支部）：

《五华县深入开展党的群众路线教育实践活动实施方案》已经县委同意，现印发给你们，请结合实际认真贯彻执行。

中共五华县委

2014年2月13日

五华县深入开展党的群众路线教育实践活动实施方案

根据《中共中央关于在全党深入开展党的群众路线教育实践活动的意见》（中发〔2013〕4号）、《中共中央办公厅印发〈关于开展第二批党的群众路线教育实践活动的指导意见〉的通知》（中办发〔2014〕4号）和《中共广东省委关于在我省深入开展党的群众路线教育实践活动的实施意见》（粤发〔2013〕8号）、《中共广东省委办公厅关于印发〈广东省第二批深入开展党的群众路线教育实践活动实施方案〉的通知》（粤办发〔2014〕2号）、《中共梅州市委关于印发〈梅州市深入开展党的群众路线教育实践活动实施方案〉的通知》（梅市发〔2014〕1号）以及中央、省委和市委有关会议精神，结合五华实际，现就我县深入开展党的群众路线教育实践活动提出如下实施方案。

一、指导思想、总体要求和基本原则

（一）指导思想。全面贯彻党的十八大和十八届三中全会、习近平总书记系列重要讲话精神，围绕保持和发展党的先进性和纯洁性，以为民务实清廉为主题，切实加强全县党员的马克思主义群众观点和党的群众路线教育。以县领导机关、领导班子和领导干部为重点，突出抓直接联系服务群众的执法监管部门和窗口单位、服务行业，注重抓镇和村、社区等与群众联系密切的基层组织，以贯彻落实中央八项规定、《党政机关厉行节约反对浪费条例》和省、市、县有关规定为切入点，发扬整风精神和“认真”精神，坚决反对形式主义、官僚主义、享乐主义和奢靡之风，着力解决人民群众反映强烈的突出问题，提高做好新形势下群众工作的能力，保持党同人民群众的血肉联系，为深入实施市委“一园两特带动一精”发展战略和县委“两新两特两重点”、惠民生、促和谐、强队伍的工作思路，全面深化改革、加快振兴发展提供坚强保证，以振兴发展的成效和人民群众得实惠，检验党的群众路线教育实践活动的实效。

（二）总体要求。党的群众路线教育实践活动全过程，要贯穿“照镜子、正衣冠、洗洗澡、治治病”的总要求。“照镜子”，主要是学习和对照党章，对照廉政准则，对照改进作风要求，对照群众期盼，对照先进典型，查找宗旨意识、工作作风、廉洁自律方面的差距。“正衣冠”，主要是按照为民务实清廉的要求，严明党的纪律特别是政治纪律，敢于触及思想，正视矛盾和问题，从自己做起，从现在改起，端正行为，维护良好形象。“洗洗澡”，主要是以整风精神开展批评和自我批评，深入分析出现形式主义、官僚主义、享乐主义和奢靡之风的原因，坚持自我净化、自我完善、自我革新、自我提高，既要解决实际问题，更要解决思想问题。“治治病”，主要是坚持惩前毖后、治病救人的方针，区别情况、对症下药，对作风方面存在问题的党员、干部进行教育提醒，对问题严重的进行查处，对与民争利、损害群众利益的不正之风和突出问题进行专项治理。

（三）基本原则。坚持正面教育为主，加强马克思主义群众观点和党的群众路线教育，加强党性党风党纪教育和道德品行教育，引导党员、干部坚定理想信念，增强公仆意识，讲党性、重品行、作表率，模范践行社会主义核心价值观，坚守共产党人精神追求。坚持批评和自我批评，开展积极健康的思想斗争，敢于揭短亮丑，崇尚真理、改正缺点、修正错误，真正让党员、干部思想受到教育、作风得到改进、行为更加规范。坚持讲求实效，开门搞活动，请群众参与，让群众评判，受群众监督，在提高群众工作能力、密切党群干群关系、全心全意为人民服务和带领群众加快发展上取得实效。坚持分类指导，针对机关、企事业单位和基层的不同情况，找准各自需要解决的突出问题，提出适合各自特点的目标要求和办法措施。坚持领导带头，上级带下级、主要领导带班子成员、领导干部带一般干部，一级抓一级、层层抓落实。坚持与当前工作紧密结合，根据工作实际转作风，围绕全面深化改革、加快振兴发展，查找并解决突出问题，两手抓、两手都要硬，保证县委各项中心工作顺利完成，以实绩实效取信于民。

二、目标任务

从五华实际出发，突出反对“四风”这个重点，集中解决县领导机关、领导班子和领导干部“四风”方面存在的突出问题，对作风之弊、行为之垢来一次大排查、大检修、大扫除，同时注重维护群众利益，解决群众身边的不正之风。要坚持以群众满意为导向，评判落实活动重点任务的成效，把通过活动解决信访积案、化解矛盾纠纷、开展综合治理的成果，作为检查活动效果的重要依据，把干部作风是否有明显转变、群众关注的问题是否得到有效解决，作为衡量活动成效的重要标准，使党员、干部思想进一步提高，作风进一步转变，党群干群关系进一步密切，为民务实清廉形象进一步树立，基层基础进一步夯实，以优良作风凝心聚力，力争在解放思想全面深化改革上取得新突破、在破难攻坚加快振兴发展上取得新突破、在改善民生增进人民福祉上取得新突破、在维护稳定促进社会和谐上取得新突破、在抓好班子带好队伍上取得新突破。

（一）着力解决“四风”突出问题。1.县领导班子和领导干部重点解决政绩观不正确，不敢担当，搞“形象工程”、“政绩工程”，换一任领导、变一套思路，有令不行、有禁不止，“上有政策、下有对策”等问题。2.县直属单位重点解决庸懒散拖、推诿扯皮，工作不落实、服务不主动等问题；执法监管部门和窗口单位、服务行业重点解决门难进、脸难看、事难办，乱收费、乱罚款、乱摊派，滥用职权、吃拿卡要、执法不公等问题。3.镇领导班子和领导干部重点解决不关心群众冷暖，责任心不强，落实惠民政策缩水走样，工作方式简单粗暴、弄虚作假等问题。4.村、社区等基层组织主要解决软弱无力，服务群众的意识和能力不强，办事不公等问题。5.县机关及其直属单位和基层组织都要注重解决包容开放、改革创新不足，不思进取，等靠要思想严重，勤俭节约、艰苦奋斗意识淡薄，组织涣散、纪律松弛等问题。

（二）着力解决关系群众切身利益问题。坚持为民利民便民，本着尽力而为、量力而行的原则，切实落实各项民生政策，努力解决群众在就业、就读、就医和社会保障以及出行难、住房难等方面的基本问题，解决生态环境、食品药品安全、安全生产、社会治安、执法司法、征地拆迁等方面损害群众利益的问题，解决困难群众的生产生活问题，解决与民争利的问题，畅通群众诉求表达渠道，加强与群众真诚沟通，做好矛盾纠纷排查化解工作，让群众办事更加便利，得到更多实惠，增强安全感，提高满意度，切身感受社会公平正义。

（三）着力解决联系服务群众“最后一公里”问题。以抓党建促发展惠民生建和谐为主线，以村、社区“两委”换届为契机，以建设基层服务型党组织、服务型党员干部、服务型运作机制、服务型社会组织架构为目标，创新实施固本强基工程，发挥党建引领作用，夯实基层基础。1.创新党组织设置。打破城乡、区域、行业界限，融合农村、机关、企事业党建平台，构建“纵向到底、横向到边”的党组织网络，不断扩大党的组织覆盖和工作覆盖面。2.创新党组织队伍建设。重点打造一支有威信、有能力、有干劲、敢担当的基层党组织书记队伍，组织带领广大党员为群众提供更多更好的服务。3.创新组织活动方式。全面推行“1+X”自选组织生活模式，积极开展党员志愿服务、在职党员到社区报到、认领服务项目等活动，引导广大党员动起来、干起来、活起来。4.创新服务平台。搭建好产业发展、便民服务、参政议政“三大服务平台”，分类引导农村党员示范带富、设岗带富、创业带富“三带富”，推行“一站式”为民全程服务、民情日记等制度，提升服务群众的功能和水平。5.创新保障体系。健全基层组织建设责任落实、城乡统筹、经费保障等机制，推动人、财、物向基层倾斜。

三、参加范围和时间安排

（一）参加范围。参加单位主要是：县党委、人大、政府、政协领导班子及党员领导干部；县法院、检察院领导班子及党员干部；县党委各部委、直属单位、人民团体、企事业单位领导班子及党员干部；镇领导班子及党员领导干部；镇机关及其直属单位、村、社区、“两新”组织等基层组织及党员；部分未参加第一批活动的省属驻五华单位领导班子及党员干部。

（二）时间安排。按照中央和省、市委的部署，我县教育实践活动从2014年1月开始，大体安排8个月时间，至9月基本完成。具体到每个单位，集中教育时间一般不少于3个月。采取统一部署、梯次展开的办法，县领导机关先行一步，镇和村、社区及其他基层组织依次推进。坚持时间服从质量，各镇各单位可结合实际，统筹协调，灵活安排时间进度。

四、活动的启动部署

（一）制定实施方案。各镇各单位党委（党组、党总支、党支部）根据中央和省、市、县委的部署精神，在充分调研基础上，制定符合本镇本单位实际的实施方案。各镇和县直单位的实施方案，经县委督导组审核后，报县委活动领导小组备案；其他单位的实施方案，经督导组审核后，按干部管理权限报上一级党委活动领导小组备案。村、社区、“两新”组织等基层组织参照制定开展活动计划。

（二）召开教育实践活动工作会议。2月20日前召开全县教育实践活动工作会议，2月底前县直属单位、企事业单位和镇召开工作会议，3月10日前镇属企事业单位、村、社区召开工作会议，会议结束后组织对领导班子及其党员领导干部开展作风方面情况和“四风”突出问题的民主评议。由党组织主要负责同志作动员讲话，督导组全程参加会议。

五、方法步骤

教育实践活动要着力抓好学习教育、听取意见，查摆问题、开展批评和整改落实、建章立制3个环节，各环节之间不分阶段，不搞转段，坚持问题导向，坚持群众利益导向，坚持干在实处导向，坚持教育实践并重，坚持边学边查边改，把学习教育贯穿始终，把整改落实贯穿始终，使活动各个环节的工作有效衔接、相互贯通。

（一）学习教育、听取意见

1. 突出学习重点。各镇各单位结合各自实际，认真制定学习教育计划，建立学习制度，对不同群体党员的学习提出不同要求。组织党员、干部认真学习中国特色社会主义理论体系，学习党章、党的十八大报告和十八届三中全会报告，学习习近平总书记系列重要讲话精神，学习中央和省委教育实践活动读本，学习党的光辉历史和优良传统。开展理想信念、党性党风党纪和道德品行教育，开展中国特色社会主义宣传教育，开展马克思主义群众观点和党的群众路线专题学习讨论，向群众学习，拜群众为师，使党的群众路线在全体党员、干部中深深扎根，使践行党的根本宗旨成为党员、干部的普遍自觉。

2. 创新学习方法。各镇各单位要把集中学习和个人自学结合起来，按照贴近实际、贴近工作、贴近基层的要求，开展形式多样的学习。（1）集中讨论式学习。采取中心组学习、读书交流会、专题培训班、党日活动、观看电教片，到反腐倡廉教育基地和党员教育基地观摩学习等方式，开展集中讨论式学习。重点围绕群众路线时代内涵、本地本单位“四风”问题具体表现和危害、为民务实清廉的具体标准等进行研讨，进一步深化认识，查找差距，明确方向。县处级以上领导干部要统筹安排，认真参加学习贯彻习近平总书记系列重要讲话精神的集中培训。县党员领导干部每周集中学习时间不少于半天，每次学习活动都要做好学习笔记。执法部门、窗口单位、服务行业要合理安排学习时间，不能影响正常工作。（2）调研式学习。县机关领导班子成员要针对查找到的问题列出调研专题，分头调研、分类研究、分别破题，并结合调研内容开展一次讲学，为本单位党员、干部上一次辅导课。各镇各单位和基层党组织要以适当形式组织调研、查找问题。（3）体验式学习。承担公共服务和社会管理职能、联系民生紧密、直接服务群众的县机关和企事业单位的领导干部，要开展体验式学习，以服务对象的身份，全程体验本单位的工作作风和服务质量；以普通干部的身份，到服务窗口或基层一线参与面对服务对象的实际工作。其他党员干部可采取参加志愿服务、走访慰问等方式，深入基层与群众面对面进行沟通交流，切身体会现有的工作作风、工作方式方法与群众需求之间的差距。（4）比照式学习。以党章党纪为镜、以叶帅精神和苏区精神为镜、以民心民意为镜、以正反典型为镜，带着问题比照学，通过学习找问题。（5）便捷式学习。村、社区、“两新”组织党员，在充分利用党员学习日、“三会一课”等传统方式组织学习的同时，采取制作宣传栏、编发口袋书，利用党员远程教育平台、手机信息、网络QQ、微信微博等现代信息手段组织开展学习。对流动党员，要通过网络宣传、寄送学习资料等形式组织学习。对离退休党员及年老体弱党员，可采取送学上门等方式组织学习。

3. 开门听取意见。把“面对面”与“背靠背”结合起来，把“个别听”与“集体谈”结合起来，把“走进群众听”与“组织群众评”结合起来，广泛听取意见，特别要听取工作对象和服务对象的意见，认真查找“四风”方面问题。（1）走访调研找。各镇各单位党委（党组、党总支、党支部）班子成员通过随机到联系点、挂钩扶贫点，到本级本单位所承担的重点项目、重点工作现场走访工作对象等形式听取意见；窗口单位和服务行业主要通过走访服务对象听取意见；村、社区党员主要通过进户上门听取群众的意见；非公有制经济组织党员主要通过走访企业出资人、生产经营一线职工听取意见；社会组织党员要通过走访合伙人、服务对象、会员和职工听取意见。（2）书面形式找。通过下发征求意见通知、发放调查问卷、设立专门意见箱等方式征求意见。其中：县领导班子要以组织名义下发征求意见通知，就“四风”突出问题和加强作风建设，统一征求下一级党组织对本级领导班子及成员的意见。（3）座谈交流找。领导班子成员个人采取召开座谈会、到党代表工作室接待群众等方式听取意见。领导班子主要负责同志重点听取班子成员、下级单位负责人、老同志、“两代表一委员”的意见；领导班子成员注意听取分管部门和分管单位党员、干部和群众意见，特别是基层党员、干部和群众的意见。（4）利用网络找。各镇各单位通过在政务网站、门户网站开通征求意见栏目，以及开通电子邮箱、微博微信等办法进一步征求意见。利用现有《梅州民声》网上信访大厅、五华县政府网“民声通道”等平台征求意见。（5）借助媒体找。重视收集各种媒体尤其是梅州本地新闻单位开设的《行风热线》《民生820》《民生》等栏目反映的问题和意见。（6）通过信访找。注重从上访人员的诉求中查找存在的问题，从信访材料中提取意见建议，从积压的案件中发现责任的缺失。要将征求到的意见建议进行汇总梳理，属于班子成员个人的问题和意见的由个人认领，班子成员个人不再以组织名义重复征求意见；涉及各镇直属单位的问题和意见反馈到各有关单位，各单位不再集中征求基层意见。

4. 坚持边学边改。从一开始就改起来，与第一批活动单位延伸到基层的整改任务特别是专项整治相衔接，结合自身查摆出来的问题，列出清单，建立整改台账，实行动态管理，发现一个“挂号”一个，解决一个“销号”一个，反弹一个“复号”一个。

（二）查摆问题、开展批评

1. 找准找实突出问题。对采取群众提、自己找、上级点、互相帮、集体议等多种方式收集到的意见建议，进行认真分析和梳理，深入查找存在突出问题，特别要注重从关系群众切身利益的问题中查找“四风”问题。（1）县及县直属单位和企事业单位领导班子和领导干部要结合履行职能职责，对照党章，对照群众期盼，对照先进典型，对照廉政准则，对照《党政机关厉行节约反对浪费条例》，深入查找宗旨意识、工作作风、廉洁自律方面的差距，特别要找出“四风”问题的具体表现。（2）镇、村、社区、“两新”组织党组织围绕联系服务群众查找不足和差距，重视从群众诉求、街谈巷议中查找问题。镇、村、社区还要对照《农村基层干部廉洁履行职责若干规定（试行）》查找存在问题。（3）督导组要将收集到的问题和意见，及时向所督导单位党委（党组、党总支、党支部）主要负责同志和党员领导干部反馈。（4）针对征求到的意见，各镇各单位要立行立改，并向社会公开作出加强作风建设、解决突出问题的承诺，主动接受广大干部群众的监督。

2. 普遍开展谈心谈话。（1）谈心谈话范围：县及县直属单位和企事业单位领导班子，镇领导班子的主要负责同志与班子每位成员、班子成员相互之间、班子成员与分管部门负责同志之间都要开展谈心活动，并主动接受党员、干部和群众的约谈。（2）谈心谈话主要内容：征求对方对自己存在问题的意见和改进建议，相互沟通思想、增进了解、化解矛盾；帮助问题较突出又缺乏认识的同志提高认识、正视问题。（3）谈心谈话要求：谈话时间安排要充分，既要肯定成绩又要指出问题和不足，对拟在会上开展批评的问题，要充分沟通和交换意见，把矛盾和问题解决在会前。基层党组织也要组织单位内部、内设机构内部广泛开展谈心交心，党组织负责人和行政负责同志要带头谈，既要谈自己的问题，又勇于指出对方的问题，特别是对群众反映强烈的问题，要主动认领，并相互提醒。

3. 撰写对照检查材料。（1）县及县直属单位和企事业单位领导班子、班子成员，镇领导班子、班子成员要结合专题民主生活会撰写对照检查材料。对照检查材料要体现听取意见、查摆问题、谈心谈话等情况，真正把自己摆进去，逐项列出“四风”问题的具体表现、典型事例，对“三公”经费支出、职务消费、人情消费、公务用车、办公用房和住房、家属子女从业等情况要作出说明；对照理论理想、党章党纪、民心民声、先辈先进“四面镜子”，从理想信念、宗旨意识、党性修养、政治纪律等方面剖析根源；明确努力方向和整改措施。领导班子的对照检查材料由主要负责人亲自主持起草，并在一定范围内征求意见，提交领导班子会审议通过。班子成员要自己动手撰写个人对照检查材料。上级党组织负责同志和督导组要严格审核把关。（2）县、镇的直属单位和企事业单位的基层党组织班子及班子成员要结合各自工作实际撰写对照检查材料，认真检查反思自身存在的“四风”问题和联系服务群众中存在的问题，有针对性地提出具体改进措施，并报上一级主要领导和分管领导审核把关。执法监管部门和窗口单位、服务行业基层党组织还要组织党员、干部针对群众反映强烈的突出问题，结合岗位特点和履职情况逐一对照检查，明确整改重点。（3）村、社区党组织和党组织主要负责同志、“两新”组织党组织专职书记要围绕联系服务群众撰写对照检查材料，其他基层党组织班子成员做好对照检查。

4. 开好专题民主生活会。县及县直属单位和企事业单位领导班子，镇领导班子要召开专题民主生活会。（1）认真制定专题民主生活会工作方案，报督导组审核同意后，与督导组协商确定开会时间。督导组要严格把关，做到“五不开会”，即：谈心活动谈得不透的不开会、突出问题找不准的不开会、对照检查材料准备不好的不开会、整改措施不实的不开会、努力方向不明的不开会。（2）以整风精神开展批评和自我批评。会上，党委（党组、党总支、党支部）主要负责同志要代表班子作对照检查，带头查摆个人问题，带头开展自我批评，并对每一位班子成员提出批评意见。班子成员既要进行深刻的自我批评，又要进行诚恳的相互批评，每一位班子成员都要对党委（党组、党总支、党支部）主要负责同志提出批评意见。批评和自我批评既要揭短亮丑、动真碰硬，又要实事求是、出于公心，不发泄私愤，不搞无原则纠纷。（3）通报民主生活会情况。会后，党委（党组、党总支、党支部）主要负责同志主持召开民主生活会情况通报会，通报内容包括准备工作、开展批评和自我批评、制定整改措施等情况，以及上级督导组对领导班子民主生活会的评价。参加范围主要是本级领导班子成员、直属和内设单位主要负责同志、下一级或对口单位主要负责同志等。督导组全程参加专题民主生活会；上级机关党员领导干部要参加下级单位领导班子的专题民主生活会。

5. 开好专题组织生活会。基层党组织要召开专题组织生活会，开展民主评议党员工作，针对存在问题提出改进措施和办法。每个党员都要参加所在党支部或党小组召开的专题组织生活会；党员领导干部要以普通党员身份参加组织关系所在党支部的专题组织生活会；窗口单位、服务行业党组织的专题组织生活会，要邀请服务对象代表参加。

（三）整改落实、建章立制

1. 认真制定整改方案。（1）县及县直属单位和企事业单位领导班子，镇领导班子针对查摆出来的“四风”突出问题认真制定整改方案，形成整改台账。领导班子成员要制定个人整改措施。村、社区、“两新”组织及其他基层组织要列出问题清单，明确整改措施。（2）实行开门整改，整改方案要充分听取群众意见或经过群众讨论，通过新闻媒体、门户网站和党务、政务、企务、校务、村务公开等渠道进行公示，向群众作出整改承诺，及时公布整改情况，请群众评价和监督。整改方案实行“一把手”负责制，由领导班子集体研究决定，经督导组审核后，报上级党委活动领导小组备案。

2. 从严抓好专项整治。各镇各单位要发

扬“钉钉子”的精神，不折不扣地落实中央和省、市、县委确定的专项整治任务，对文山会海、检查评比泛滥，行政审批改革不到位，门难进、脸难看、事难办，违反财经纪律、公款送礼、公款吃喝、奢侈浪费，超标配备公车、多占办公用房、新建滥建楼堂馆所，党政机关、事业单位人员超编和超职数配备，“三公”经费开支过大，侵害群众利益行为等问题，下猛药、出重拳，一项一项整治；对照新修订的《党政领导干部选拔任用工作条例》，采取切实有效措施改进和完善干部选拔任用工作。同时，要结合履行职能职责和作风建设实际，确定专项整治重点，尤其要把整治侵害群众利益行为作为重中之重，不达目的不罢休。每个专项整治都要有专门的方案，明确整改目标、推进措施、牵头部门和具体责任人，做到有检查评估，有监督问责，整改不到位的不放过，群众不满意的不放过。专项整治方案经督导组审核后，报上级党委活动领导小组备案。

3. 动真碰硬正风肃纪。坚持严的标准、严的措施、严的纪律，采取暗访为主，随机核查、重点抽查、突击检查相结合的方式，坚决查处发生在群众身边的不正之风和腐败问题，坚决整治特权病、冷漠病、懒散病、享乐病、挥霍病。对有问题不整改、大问题小整改、边整改边再犯的，要严肃批评教育，必要时采取组织措施和纪律措施。要加强领导班子建设和严格教育管理干部，对软、懒、散的领导班子进行整顿；对存在一般性作风问题的干部，立足于教育提高，促其改进；对群众意见大、不能认真查摆问题、没有明显改进的干部，要进行组织调整。要将活动中发现的重大违纪违法问题，及时移交有关部门依法依纪严肃查处。要加强基层党组织建设和党员教育管理，对软弱涣散的基层党组织，进行集中整顿；对长期不起作用甚至起负作用的党员，进行严肃教育，不合格的要严肃党纪、给予组织处理。

4. 着力加强建章立制。认真制定制度建设计划，围绕解决“四风”方面突出问题，建立健全行得通、指导力强、能长期管用的制度规定，推动改进作风常态化长效化。要认真抓好制度的废、改、立工作，对贯彻党的群众路线制度建设情况进行梳理，废止不适用的制度，完善已有制度，制定新的制度。要注意承接好、贯彻好第一批活动中中央和省里出台的制度和办法，防止简单照搬照抄、重复建设。要强化制度执行，采取明察暗访、汇报质询、督查督办、公开通报、严格问责等工作措施，加强对执行制度情况的督促检查，坚决纠正有令不行、有禁不止、无视制度的问题。制度建设计划经督导组审核后，报上级党委活动领导小组备案。

六、组织领导

（一）落实领导责任。各镇各单位党委（党组、党总支、党支部）要高度重视，认真负责，狠抓落实。一要加强组织领导。县委成立教育实践活动领导小组，主要负责同志担任组长，领导小组下设办公室，负责日常工作；各镇各单位党委（党组、党总支、党支部）成立相应的领导机构和工作机构，具体负责教育实践活动。党委组织部门要切实履行工作职责，充分利用开展活动的机会，掌握各镇领导班子和领导干部情况，从严教育管理干部；党委办、纪委、宣传等有关部门要密切配合，形成工作合力。活动结束后，各镇各单位党委（党组、党总支、党支部）要向上级党组织写出报告。二要强化领导责任。县各单位主要负责同志对本单位本系统教育实践活动承担直接责任。镇党委主要抓好班子自身的活动和镇属企事业单位活动，负责组织村、社区等基层党组织和党员的活动。基层党组织要积极发挥作用，认真搞好本单位的活动。各镇各单位党委（党组、党总支、党支部）主要负责同志要承担起第一责任人的责任，把活动紧紧抓在手上，发挥示范推动作用。特别是对需要侧重解决的问题做到心中有数；对可能发生的情况和问题，进行分析预判，提出有效的预防和解决对策。对教育实践活动走过场的，要追究一把手的责任。三要突出领导带头。县委领导班子带头开展“十个一”活动。各镇领导干部要带头参加学习，带头广泛听取意见建议，带头贯彻落实中央八项规定精神和省、市、县有关规定，带头把自己摆进去查问题，带头开展批评与自我批评，带头整改落实，带头解决群众反映强烈的重点难点问题。四要建立领导联系点。县委常委各选择1个镇或县直单位作为联系点。县委委员要带头联系后进村、问题突出村和困难企事业单位，定期到基层党代表工作室接待群众，深入体验群众生产生活，帮助解决实际问题。具有行业管理职能的部门在本行业本系统选择基层单位作为联系点，指导活动开展。

（二）强化督查指导。各镇各单位按照干部管理权限派出督导组，做到督促指导的全覆盖。一要实行全程督导。县委教育实践活动领导小组派出督导组，全程督导活动的开展，把各项任务部署落到实处，对县直单位的下属单位（副科以上）和县直属单位、企事业单位及镇领导班子及其一把手的对照检查材料进行抽查、严格把关。各党委要派政治强、原则性强、责任心强的同志组成督导组，全程督导所属党组织开展活动。村、社区和“两新”组织由其上级党组织派出活动指导员，活动指导员主要由村、社区“两委”换届“包村”党员干部、村党组织“第一书记”、驻村干部、党建指导员（联络员）来担任。二要坚持从严督导。督导组要认真审核督导活动实施方案、对照检查材料、整改方案、制度建设计划等，对征求意见、谈心谈话提出指导意见，全程参与专题民主生活会并进行点评，督促抓好每个环节各项工作和第一批活动延伸下沉的整改任务的落实。要沉下去面对面开展工作，及时发现和解决问题，有效传导压力。要督促开展“回头看”，坚持标准、确保质量，防止降格以求。三要加强行业系统指导。具有行业管理职能的县教育局、县民政局、县财政局、县司法局、县住建局、县经信局、县工商联、县经济开发区等部门，要制定本行业本系统内“两新”组织党组织的活动实施方案，并成立指导组，加强对“两新”组织党组织的活动指导，全面掌握活动开展情况，注意发现活动中的问题并提出相关意见建议。

（三）细化工作措施。一要注重各环节的衔接贯通。要紧密结合自身实际，把教育实践活动的三个环节作为一个相互联系、相互促进的有机整体统筹协调，做到环环相扣、紧密有序推进。每个环节都要组织开展“回头看”，及时发现问题、查漏补缺。二要注重敞开大门搞活动。开门搞活动要贯穿教育实践活动的全过程、各环节。各镇各单位党委（党组、党总支、党支部）梳理的意见、查摆的问题、提出的整改措施、整改的进展情况要在一定范围内向群众公示和反馈，接受群众监督。三要注重质量和特色。坚持教育实践活动的基本环节不能少、基本任务不变通，把“规定动作”做到位，确保教育实践活动不虚、不空、不偏、不走过场。在此基础上，鼓励各镇各单位党委（党组、党总支、党支部）根据各自实际，在学习内容、活动载体、评价形式等方面探索创新“自选动作”，提升教育实践活动的质量和效果。四要注重分类实施。根据不同层级、不同领域、不同对象提出不同日标要求，什么问题突出就解决什么问题，实行分类实施。县领导机关、领导班子和领导干部要聚焦“四风”问题，在找准和解决突出问题上下功夫、见实效。各镇各单位要突出服务群众这个着力点，在增强服务群众意识、提高服务群众能力上下功夫，运用驻村联户、结对帮扶、党员示范岗责任区等有效载体，把联系服务群众工作做扎实，在直接联系服务群众上受教育、转作风。“两新”组织党组织要注重采取业余、灵活的方式开展活动。流动党员参加教育实践活动以流入地党组织为主、流出地党组织为辅。五要注重用好的作风搞活动。整个活动过程要坚持勤俭节约，防止文山会海，力戒形式主义。

（四）坚持统筹兼顾。坚持围绕中心、服务大局，把开展教育实践活动与贯彻落实党的十八届三中全会和中央系列重要会议精神结合起来，与贯彻落实省第十一次党代会确定的各项目标任务结合起来，与贯彻落实市委各项重大决策部署结合起来，与大力实施“两新两特两重点”、惠民生、促和谐、强队伍的工作思路、全力推动五华经济社会加快发展结合起来，与做好当前改革发展稳定工作结合起来，与做好村、社区“两委”换届选举工作结合起来，与开展“互看互比互学”、“创先争优比奉献、敢想会干为人民”主题实践活动结合起来，以活动促进改革，推动发展，做到两手抓、两不误、两促进。

（五）加强宣传引导。充分运用传统媒体和新兴媒体，广泛宣传中央和省、市、县委精神，充分反映活动成效。总结提炼好经验好做法好典型，注重树立宣传把开展活动与全面深化改革、促进科学发展紧密结合，在落实县委重大部署、重要工作上体现宗旨意识、贯彻群众路线方面的典型，特别是选树一批镇和村、社区、“两新”组织党组织书记先进典型，及时曝光反面典型。加强理论研讨交流，创新理论成果。把握好舆论引导的时机、力度和效果，更好发挥评论、言论的引导作用，营造良好舆论氛围。

中共五华县委 五华县人民政府 关于印发《五华县人民政府职能转变和机构改革方案》的通知

华委发〔2014〕4号

镇党委、人民政府，县直部委办局和中央、省、市属驻华各单位：

经县委、县政府同意，现将市委、市政府批准的《五华县人民政府职能转变和机构改革方案》印发给你们，请认真贯彻执行。

中共五华县委

五华县人民政府

2014年9月24日

五华县人民政府职能转变和机构改革方案

根据党的十八大和十八届二中、三中全会及中发〔2013〕9号、粤办发〔2014〕4号、梅市密电〔2014〕77号文精神，五华县人民政府职能转变和机构改革的总体要求是：高举中国特色社会主义伟大旗帜，以邓小平理论、“三个代表”重要思想、科学发展观为指导，适应社会主义市场经济发展需要，发挥市场在资源配置中的决定性作用和更好地发挥政府作用，结合五华发展实际，与国务院、省政府、市政府职能转变和机构改革相衔接，以职能转变为核心，优化机构设置、理顺权责关系，创新体制机制、提高行政效能，努力建设人民满意的法治政府和服务型政府。

一、加快政府职能转变

把政府职能转变放在更加突出的位置，处理好政府与市场、政府与社会、政府层级间的关系，把该放的权力放开放到位，把该管的事情管住管好，强化对行政权力的制约监督，推动政府职能向创造良好发展环境、提供优质公共服务、维护社会公平正义转变。

（一）推进简政放权，激发市场、社会和基层活力。

1. 进一步减少行政审批事项。把深化行政审批制度改革作为转变政府职能的重要抓手和突破口，深入开展行政审批制度改革先行先试工作，减少微观事务管理。充分发挥市场在资源配置中的决定性作用，更好发挥社会力量在管理社会事务中的作用，更好发挥基层政府贴近群众、就近管理的优势。认真做好上级政府取消和下放行政审批事项的承接工作；转给市场和社会的，任何部门不得截留；可下放给乡镇政府的，要彻底下放。进一步清理现有投资审批、生产经营活动审批、资质资格许可和认定、社会事业准入、评比达标表彰、考核评估、年检年审等事项，全面清理、减少涉及实体经济、民间投资和中小微企业发展等方面的行政审批。今后，政府部门不再对企业、社会组织的发展情况进行评比或委托专业机构进行评比。

2. 加强对行政审批事项的管理。制定和公布县政府保留的行政审批事项目录，没有纳入目录的一律不得实施，保留事项统一进驻综合政务服务中心和网上办事大厅并实行目录系统管理。全面清理、取消不符合法律法规、利用“红头文件”设定的非行政许可审批项目。积极推进行政审批告知承诺制，建立健全告知、承诺、审批、查验的工作高效运行机制。推进行政审批标准化，保留的行政审批事项，要明确管理层级，简化审批程序，优化跨层级、跨部门办理流程，最大限度减少预审和前置审批环节，创新审批方式。

3. 深化财税体制改革。按照财力与事权相匹配的原则，调整完善专项转移支付制度，推进基层政府财力与事权相匹配。清理规范对企业的专项扶持资金项目。建立健全政府非税收入管理制度，清理规范各类行政事业性收费和政府性基金项目，取消不合法不合理的收费基金项目。进一步完善收费公示、听证制度，合理确定征收标准，严格征收管理，把非税收入全面纳入预算。

4. 全面推进工商登记制度改革。放宽登记和审批条件，放松市场准入管制，降低市场准入门槛，加强和改进政府部门服务，厘清部门审批监管职责，提升整体监管效能，加强市场主体信用体系建设，建立高效有序的市场监管体系，促进市场主体发展，2014年底前基本完成。

5. 加快培育发展社会组织。更好地发挥社会组织在管理社会事务中的积极作用，重点培育、优先发展行业协会商会类、科技类、公益慈善类、城乡社区服务类社会组织。推进社会组织去行政化和去垄断化改革，加快推进行业协会商会与行政机关脱钩，完善现职党政干部在社会组织兼职和退出现职党政干部在社会组织任职的有关规定。2014年9月底前，各相关部门制定与所属行业协会商会脱钩的工作方案，2014年底前全面完成脱钩工作。

（二）改善政府管理，强化全过程监管。

1. 转变管理方式。在推进简政放权、减少和下放行政审批事项的同时，转变管理理念，完善监管制度，改进工作方式，加强全过程监管，有效履行职责，避免管理缺位，防止“一放就乱”。严格执行国家和省有关法律法规、发展规划和产业政策，加强对投资活动中土地使用、能源消耗、污染排放等的管理。

2. 明确管理职责。加强对市场主体和市场行为的监督管理，着力规范市场秩序。市场监管原则上实行属地管理，执法重心下移，县直部门要加强在市场监管方面的规范管理和监督指导，组织查处跨区域案件或大案要案。清理整顿现有的行政执法队伍，相对集中执法权，推进跨部门、跨行业综合执法，防止多层、多头执法。

3. 强化管理服务。提高政府管理信息化水平，提升行政服务效能。加强政务服务体系建设，打造综合高效的政务服务平台，方便群众和企业办事。拓展和完善网上办事大厅建设，形成横向到行政部门、纵向到镇的网上办事大厅，实现政务信息网上公开、公共决策网上互动、投资项目网上审批、社会事务网上办理、公共资源网上交易、政府效能网上监察。2015年底前基本连通到镇一级，三年内县直各部门行政审批事项网上办理率达90%以上，社会服务事项网上办理率达80%以上。健全电子政务管理制度和标准规范体系，推进申报材料和证照电子化以及跨境服务事项网上办理，实行“一网式”和“一站式”服务，方便群众和企业办事。加快制定出台社会信用体系建设规划，建立健全各类社会主体自律机制，推进社会信用体系建设，完善社会信用服务机制。

4. 拓宽公共服务供给渠道。加强基本公共服务保障功能，改进和创新公共服务提供方式，鼓励和公平对待社会力量提供的医疗卫生、教育、文化、养老、社区服务、公益慈善等公共服务。因地制宜、积极稳妥推进政府向社会力量购买服务工作，完善政府向社会转移职能和购买服务的标准、招投标和监督评估等制度，在公共事业发展资源配置领域引入竞争机制，充分调动各类社会主体的积极性，加快形成提供公共服务新机制。

5. 严格依法监管社会组织。按照政社分开、分类指导、集中登记、分业监管的原则，优化社会组织监管体系，完善社会组织监管制度，规范社会组织行为，切实履行监管职责。

（三）坚持依法行政，规范权力运行。

1. 加快建设法治政府。实施法治政府建设规划，完善依法行政各项制度，坚持用制度管权管事管人，提高政府公信力和执行力。梳理政府部门的行政职权，选择试点部门在2014年底前向社会公布权责清单，细化和规范行政裁量权，明确责任主体和权力运行流程，严格依照法定权限和程序履行职责。

2. 加大政务公开力度。严格执行政府信息公开条例，推进行政权力行使依据、过程、结果公开。全面推行办事公开，主动接受群众监督，逐步实现政务公开的规范化、标准化、法制化。

3. 完善决策权、执行权、监督权既相互制约又相互协调的行政运行机制。健全科学民主依法决策机制，对涉及经济社会发展全局的重大决策和涉及公众切身利益的重大事项，应履行公众参与、专家论证、风险评估、合法性审查和集体讨论等程序，并建立决策后评估和纠错制度。强化上级政府对下级政府的督导督查，完善行政问责制度和绩效管理制度，严格责任追究，做到有令必行、有禁必止。

二、深化政府机构改革

按照精简统一效能原则，做好与上级政府机构改革的衔接。结合实际，把群众需求作为改革重点，稳步推进机构和职责整合，规范机构设置，理顺权责关系，完善体制机制，加快形成精干高效的政府组织体系。

（一）改革政府机构设置。

1. 组建县科工商务管理局。将县经济和信息化局、县科学技术局的职责整合，设立县科工商务管理局。不再保留县经济和信息化局、县科学技术局。

2. 组建县民族宗教和外事侨务局。将县民族宗教事务局、县外事侨务局的职责整合划入县民族宗教和外事侨务局，与县委统一战线工作部合署办公。不再保留县民族宗教事务局、县外事侨务局。

3. 组建县卫生和计划生育局。将县卫生局、县人口和计划生育局的职责整合，设立县卫生和计划生育局，优化配置各级医疗卫生和计划生育服务资源；将县发展和改革局承担的县深化医药卫生体制改革工作领导小组办公室职责划入县卫生和计划生育局；将县人口和计划生育局研究拟订人口发展战略、规划及人口政策职责划入县发展和改革局。不再保留县卫生局、县人口和计划生育局。

4. 组建新的县食品药品监督管理局，加挂县食品安全委员会办公室牌子。将县食品安全委员会办公室的职责、县食品药品监督管理局的职责、县质量技术监督局的食品生产加工环节质量安全监督管理职责、县工商行政管理局的流通环节食品安全监督管理职责、县经济和信息化局酒类流通监管职责、县卫生局食品安全综合协调和组织查处食品安全重大事故以及统一发布重大食品安全信息的职责整合划入县食品药品监督管理局，并与涉及食品安全的相关部门厘清职责分工。保留县食品安全委员会，具体工作由县食品药品监督管理局承担。县卫生和计划生育局负责食品安全风险监测评估工作。县农业（畜牧兽医）部门负责农产品质量安全监管工作。

5. 组建县工商和质量技术监督局。县工商行政管理局、县质量技术监督局由省以下垂直管理调整为县政府管理，将县工商行政管理局、县质量技术监督局的职责整合，设立县工商和质量技术监督局，为县政府工作部门。业务接受上级工商、质监部门的指导和监督，领导干部实行双重管理、以地方管理为主。县工商、质监部门的行政编制和行政执法专项编制纳入县行政编制和行政执法专项编制总额，所属事业单位的编制、领导职数等由县机构编制部门管理。县工商行政管理局、县质量技术监督局现有技术机构及管理体制暂维持不变，待深化事业单位改革时统筹考虑。

6. 完善文化广电新闻出版部门职能整合。继续深化改革和完善文化、广播电影电视、新闻出版、版权、文物等管理职能的整合，县文化广电新闻出版局由单独设置调整为与县委宣传部合署办公，挂县版权局牌子。

7. 不再保留县物价局，将其职责划入县发展和改革局。

8. 将县经济和信息化局节能减排综合协调职责划入县发展和改革局。

9. 将县经济和信息化局生猪定点屠宰管理职责划入县农业（畜牧兽医）部门。

10. 将与县政府办公室合署办公的县综合政务服务管理办公室调整为县政府派出机构。

县政府机构改革后，设置工作部门22个（具体设置见附表）。

（二）理顺部门职责关系，规范机构设置。

1. 整合重点领域机构和职责。按照中央和省、市的要求，从实际工作出发，大胆创新，在更大范围、更多领域综合设置机构。加大对市场监管、农业农村管理、交通运输、城市规划建设、市政管理等领域机构和职责的整合力度。

2. 全面清理解决部门间职责交叉分散事项。围绕理顺政府与市场、政府与社会、县与镇、政府部门之间和政府与事业单位关系，对各部门职责进行全面梳理。按照一件事情由一个部门负责原则，将部门相同相近、交叉重叠的职责整合由一个部门承担。确需多个部门负责的事项，要明确牵头部门，分清主次责任。研究制定部门职责分工协调办法，建立健全部门间职责分工协调配合和磋商机制，明确部门间解决职责交叉的工作程序和标准。通过重新制定“三定”规定或印发有关文件，理顺县直有关部门在经济、文化、社会等重点职责交叉领域的分工，优化运行机制。

3. 进一步清理县直议事协调机构和临时机构。凡工作任务可交由职能部门承担的，或为临时性、阶段性工作而设立且工作任务已完成或即将完成的，原则上撤销；工作任务虽涉及多个部门但由职能部门进行协调或通过建立部门间协调机制可以解决问题的，原则上撤销；对工作任务基本相同或相近的，进行归并整合。

4. 严格规范各类机构设置。从严规范和管理合署办公机构、政府派出机构、开发区（含各类经济功能园区）管理机构、挂牌机构、议事协调机构和临时机构。挂牌机构不得设为实体机构，议事协调机构不单设办事机构，具体工作由相关职能部门承担。确有必要设立议事协调机构的，该议事协调机构不发文件、不刻公章，具体工作由有关牵头单位承担，相关事务由政府批复给有关牵头单位办理。对限额外自行设立的行政机构进行清理。政府部门内设机构综合设置。

（三）加强协调配套，统筹推进相关改革。

1. 推进事业单位分类改革。按照政府职能转变的要求，进一步理顺政府与事业单位的关系，深化承担行政职能事业单位的改革，创新管理方式，减少主管部门对事业单位的微观管理和直接管理。推进政事分开、管办分离。在医疗卫生、教育等重点领域和行业，建立健全法人治理结构。抓紧制定人事、收入分配、社会保险、财政等事业单位改革配套政策，并做好与教育、科技、文化、医疗卫生、检验检测等行业体制改革的衔接，逐步打破所有制、部门和行业界限，形成充满活力的社会公益事业举办主体多元化格局。

2. 深化公共资源交易管理体制改革。整合工程建设项目招投标、土地使用权和矿业权出让、国有产权交易、政府采购等平台，建立健全统一规范的公共资源交易平台。充分发挥市场在公共资源配置中的决定性作用，进一步改革完善公共资源管理体制和运行机制，拓展公共资源交易平台功能，优化交易流程，降低交易成本，完善交易机制，创新监管手段。

3. 加快深化乡镇行政体制改革。继续推进简政强镇事权改革，落实有关政策措施，以扩大事权和充实财力为重点，完善乡镇政府功能，健全乡镇综合服务平台和工作机制，做实做强基层政府，切实巩固执政基础，探索适合现代小城镇发展特点的行政管理体制，为推进城镇化提供有力保障。按照充实基层管理力量的原则，清理派出（驻）乡镇机构，除中央规定的垂直管理机构外，其他派出（驻）乡镇机构原则上整合划入乡镇或调整由乡镇管理。

4. 深入推进经济发达镇行政管理体制改革。按照中央要求，深入推进经济发达镇行政管理体制改革试点工作。进一步扩大经济发达镇行政管理权限，落实《广东省县镇事权改革若干规定（试行）》（粤府令第158号）有关规定，赋予经省政府认定的特大镇行使部分县级行政管理职权。特大镇政府应当建立综合政务服务平台和综合设置行政执法机构，集中办理本级政府承担的行政审批许可事项，统一行使行政处罚、行政强制等行政执法职权。

三、严格控制机构编制

按照财政供养人员只减不增的要求，加强机构编制管理创新。强化制度建设，严肃机构编制纪律，解决机构庞杂、人员臃肿、人浮于事等问题。严格控制政府规模，降低行政成本，把更多财力用于改善民生。

（一）严格控制人员编制。

编制是刚性约束，必须严格遵守。中央和省、市核定的行政编制总额和各类专项编制总额不得突破，党政机关在核定的行政编制数额内配备人员。进一步规范事业单位机构编制管理，严控人员编制。事业编制总额以2012年年底统计数为基数，由县政府负责总量控制，并在总量内有所减少。严格控制参照公务员法管理事业单位和经费自理事业单位的机构编制，严格控制经费自理事业编制转为财政拨款事业编制。减少领导职数，非领导职务严格按规定配备。对县直现有机构和人员编制情况进行彻底核查，采取切实有效措施清理消化超编、超职数配备人员和编外人员。

（二）加强机构编制管理。

围绕党委和政府中心工作，加大机构编制管理创新力度，提高机构编制工作科学化、法制化、规范化水平。要向改革要编制，向机制要编制，向管理要编制，向效率要编制，向科技要编制，提高机构编制资源效用。按照严控总量、盘活存量、优化结构、增减平衡的要求，采取切实措施，核减职能弱化、工作任务不饱和单位的人员编制，加强事关中心工作、全局工作和重大民生保障方面的人员力量。撤并整合职责相近、设置重复分散、规模过小的各类事业单位。推动编制资源向基层和一线倾斜，严禁挤占、挪用基层和一线人员编制。完善机构编制实名制管理，进一步健全机构编制和组织人事、财政等部门协调配合机制，落实编制和领导职数使用须经机构编制部门审核后，再由组织人事、财政部门办理相关事项的实名制管理流程，从源头上把好编制使用关。加大政府购买服务力度，对可由市场提供、社会承担的公共服务，逐步通过政府购买服务或由政府设立公益岗位的方式实现，转变公共服务主要靠政府养人办事的固有模式。

（三）严肃机构编制纪律。

任何组织、单位和个人都必须严格遵守机构编制各项法律法规和政策。严禁行政编制和事业编制混用。严格执行干部退休制度，不得随意或变相降低退休年龄。各部门不得以会议、文件、领导讲话、项目经费、测评考核和评比达标等形式，干预下级的机构编制和人员配备事项。将机构编制政策规定执行情况纳入县委、县政府督查工作范围，将机构编制管理情况列为领导干部经济责任审计的重要事项。健全机构编制监督检查协调机制，加大对机构编制违纪违法行为的查处力度，对超限额设置机构或者变相增设机构，违反规定增加编制或超出编制限额进人，擅自超领导职数配备领导干部，以及以虚报人数等方式占用编制并冒用财政资金等违规违纪行为的责任人员，按照有关党纪政纪规定严肃处理，涉嫌犯罪的，移送司法机关，维护机构编制管理的严肃性。

四、抓好组织实施

加强领导，协调配合。县政府职能转变和机构改革在县委、县政府的统一领导下，由县机构编制委员会负责组织实施，县机构编制委员会办公室承担具体工作。纪检监察、组织、人力资源社会保障、财政、审计等部门要密切配合，确保职能转变和机构改革工作顺利进行。

精心组织，扎实推进。2014年9月底前，基本完成县政府机构改革工作，并结合实际，提出2014到2017年政府职能转变总体安排和工作规划。严肃纪律，强化监督。认真落实粤委办发电〔2013〕44号文等有关规定，严肃各项纪律，严禁干预机构设置、编制配备，严禁突击进人和提拔干部，严格按照要求配备干部，严防国有资产流失。将政府职能转变和机构改革任务完成情况列入年度考核。改革涉及的人员编制、经费划转工作，要做到无缝衔接，确保各项工作正常运转。

附件

五华县人民政府机构设置表

县人民政府办公室	县发展和改革局	县科工商务管理局	县教育局	县民族宗教和外事侨务局	县公安局	县监察局	县民政局	县司法局	县财政局	县人力资源和社会保障局	县国土资源局	县环境保护局	县住房和城乡规划建设局	县交通运输局	县水务局	县农业局	县林业局	县文化广电新闻出版局	县卫生和计划生育局	县审计局	县工商和质量技术监督局	县安全生产监督管理局	县食品药品监督管理局	县统计局

说明：

1. 县政府设置工作部门22个。其中：县监察局与县纪律检查委员会机关合署办公；县文化广电新闻出版局与县委宣传部合署办公，挂县版权局牌子；县民族宗教和外事侨务局与县委统一战线工作部合署办公；均列入县政府工作部门序列，不计入县政府机构个数。

2. 县政府办公室挂县法制局牌子，县科工商务管理局挂县知识产权局牌子，县财政局挂县国有资产管理办公室牌子，县农业局挂县扶贫开发局牌子，县食品药品监督管理局挂县食品安全委员会办公室牌子。

3. 县政府设置派出机构1个：县综合政务服务管理办公室。

关于印发《广州番禺（五华）产业转移工业园管理办法》的通知

华府〔2014〕6号

广州番禺（五华）产业转移工业园管理办公室暨两地各有关单位：

《广州番禺（五华）产业转移工业园管理办法》经广州番禺（五华）产业转移工业园联席会议审批通过，现印发给你们，请遵照执行。

五华县人民政府

广州市番禺区人民政府

2014年2月8日

广州番禺（五华）产业转移工业园管理办法

第一章 总则

第一条 为加快广州番禺（五华）产业转移工业园（以下简称“产业转移工业园”）建设，规范产业转移工业园的管理，根据广东省人民政府《关于我省山区及东西两翼与珠江三角洲联手推进产业转移的意见（试行）》及有关法律、法规的规定，结合两地实际，制定本管理办法。

第二条 本办法适用于产业转移工业园

第三条 产业转移工业园经广州市番禺区人民政府和梅州市五华县人民政府共同批准设立。设立产业转移工业园的目的是充分利用两地资源，根据“市场导向、优势互补、集约化发展、利益共享、可持续发展”的原则，加强两地经贸合作，推动广州市番禺产业结构优化升级，促进五华县经济发展。

第四条 产业转移工业园享受国家、省、市、县有关优惠政策。

第五条 产业转移工业园内的企业依法自主经营，企业的合法权益受法律保护。

第六条 合作双方政府各职能管理部门应为产业转移工业园的各项工作提供便利。

第二章 管理机构与职责

第七条 由广州市番禺区人民政府和梅州市五华县人民政府共同批准设立的产业转移工业园办公室（以下简称“办公室”），负责产业转移工业园管理工作。

第八条 办公室作为广州市番禺区人民政府和梅州市五华县人民政府联手推进产业转移的工作平台，向两地政府负责并报告工作。

第九条 办公室纳入五华县人民政府管理。

第十条 办公室专职于产业转移工业园的规划、投资、开发、建设、管理和招商引资，不得从事生产经营活动。

第十一条 产业转移工业园内的行政执法和社会事务管理由五华县有关职能部门负责，办公室为五华县有关职能部门实施行政执法和社会事务管理提供必要的协助。

第十二条 办公室应建立符合市场经济规律的管理体制和运行机制，创造和维护良好的经营管理环境和投资环境，为产业转移工业园内企业提供最优质服务。

第十三条 办公室主要职责：

1. 指导监督入园企业认真贯彻执行国家的方针、政策和法律、法规；

2. 引导企业贯彻国家、省、市、县产业政策，落实《广东省工业产业结构调整方案》；

3. 制定实施产业转移工业园的发展规划和工作计划；

4. 负责承接项目入园的相关工作；

5. 按现行投资管理体制进行项目管理，自主选择进入园区的投资项目；

6. 负责组织规划和实施建设产业转移工业园的各项基础设施和公用设施；

7. 负责招商引资工作；

8. 协助企业申请办理各项优惠政策；

9. 构建为企业开展科研、合作、电子商务活动的公共服务平台和支撑体系；

10. 负责产业转移工业园内环境和安全生产工作；

11. 负责协管产业转移工业园内企业的相关统计工作；

12. 配合、协调有关职能部门在产业转移工业园的派出机构、分支机构的工作。

第十四条 办公室编制不超过10人，其中：主任1人，由五华县政府派出，副主任若干名，工作人员面向社会，择优聘用。办公室人员的编制和经费由五华县负责，办公经费由两地政府协商解决。

第三章 园区开发建设

第十五条 工业园总体规划由梅州市城市规划部门负责编制，因工业园发展需要，需对总体规划进行必要修改的，应经两地联手推进产业转移联席会议研究后实施。

第十六条 工业园控制性详细规划由办公室负责落实编制，经两地联手推进产业转移联席会议研究确定后实施，如需对工业园控制性详细规划调整，需经两地联手推进产业转移联席会议研究确定后实施。

第十七条 办公室根据用地、报建工作规程，代办对具体项目的审核、审批，并代办有关证照。

第十八条 工业园内临时建筑物的建设和广告招牌、标志的设置，须报办公室同意。

第十九条 工业园内基础设施的建设由办公室负责，建设工程需要按有关规定，以公开招标方式确定承建施工单位。

第二十条 工业园内建设项目必须执行环境保护规定，办公室代办“环保施工许可证”“环保设施验收证”“排放污染物许可证”。

第二十一条 工业园内的建设项目所需的“消防许可证”和“消防验收意见书”可以委托办公室代为办理，县公安消防部门在收到办公室的上报材料后，应当在5个工作日给予批复。

第四章 招商引资

第二十二条 办公室实行“一站式”服务，进入产业转移工业园的建设项目，从立项到开工所涉及的一切手续，由办公室“一站式”办理完毕。

第二十三条 实行“一条龙”服务，投资者有关项目工商注册，税务登记等产业转移工业园办公室统一代理办妥。

第二十四条 实行“一个窗口”收费。各种行政事业规费按国家、省、市、县有关规定，由产业转移工业园办公室设“一个窗口”代理收取上缴。

第二十五条 工业园内企业的资金到位审计，年度经营业绩审计、资产评估等必须由具备相应的社会中介机构办理。

第二十六条 工业园内市政基础设施、工程设施和有关服务项目的收费标准由五华县物价局核准并公布。

第二十七条 产业转移园区内土地转让给企业的价格和标准厂房租赁、转让价格，由办公室依据市场行情核定，报两地政府批准实施。

第五章 附则

第二十八条 两地政府有关职能部门根据国家、省、市、县有关法律、法规和规章对工业园的工作进行指导、监督、检查，对违法违纪行为进行查处。

第二十九条 园区管理办法将根据园区开发进程和国家、省、市、县的相关新政策不断深化、调整、完善。

第三十条 本管理办法自公布之日起施行，有效期3年。

新 闻 回 眸

“这是一条幸福路”

——五华十年修农村公路2300公里解决“出行难”助农致富

五华县周江镇龙洞村九龙村民小组的村道旁，有一块写着“幸福路”的石碑。近日，4名工人在石碑左边的空地上忙着砌芳名碑——感谢那些帮助村里铺路的各界人士。2013年，九龙至华阳镇大拔村的6.6公里村道实现了硬底化，而这只是五华实施交通惠民工程、改善边远山区群众出行难的一个缩影。2002年至今，五华完成农村公路硬底化约2300公里，遍及16个镇411个行政村。

多渠道筹资建设农村公路

五华基础薄弱，尤其是交通基础设施向来落后。随着经济社会的快速发展，农村公路通车里程短、公路等级低等问题，成为制约新农村建设发展的瓶颈。为此，近年来，该县把发展农村公路建设，打通群众出行的幸福路、致富路，作为服务基层、服务群众的一项惠民工程来抓。每年年底，该县及早谋划，做出实施方案，积极主动向上级争取来年的农村公路硬底化指标。在施工过程中，县交通运输局派出技术人员到各镇村指导检查，确保工程质量。

农村公路硬底化建设，资金是关键。五华作为财政穷县，资金问题尤为突出。据估算，目前公路建设每公里造价约需40万元。为确保资金投入，该县采取争取上级支持一点、统筹地方财政投入一点、动员受益群众、社会热心人士捐一点的方式，多渠道筹集资金。龙洞村硬底化公路建设就是其中一个典型。从2008 年起至2012年，该村实现村道硬底化10公里，共投入资金近400万元，除上级指标补助约150 万元以外，县财政、社会能人以及外出乡贤和受益群众共筹资220多万元。

据不完全统计，从2002年至今，五华向上级争取资金3.2亿元，县财政投入近3.8亿元，完成农村公路硬底化约2300公里，遍及全县16个镇411个行政村。

一条公路改变村民多年生活习惯

龙洞村九龙村民小组1000多名群众，无疑是九龙至华阳大拔村农村公路硬底化的最大受益者。该村道经华阳镇大拔村，与省道120线相接，村民到华阳圩镇仅10分钟车程。“现在村民都很少去周江圩了。”龙洞村村委会副主任詹锡增说，一条公路改变了村民多年来的生活习惯。

对九龙的村民来说，汕湛高速五华段建

成通车后，华阳互通高速出口距家门口也仅一步之遥。“这将是周江镇中兴片群众上高速的必经之路，实至名归的‘幸福路’。”

和“幸福路”相比，被村民称之为“致富路”的安流镇大和村11公里的硬底化村道，一点也不逊色。3年前，大和村道还是坑坑洼洼的，该村人均年收入只有1800多元。2010年，该村开始着手实施村道硬底化。至2012年底，全村4个自然村基本实现道路硬底化，总长约11 公里，村里到圩镇来回一趟从原来的2个小时缩减到30分钟。

“我们村山多，靠山吃山，向山发展。”村民赖尚华指着山上的一片果林告诉笔者，路通了才能把山里的农作物运出去卖，增加收入，最终实现财通。据介绍，该村在帮扶单位的支持下，引进两家企业承包山地发展精致高效农业，种植沙田柚、板栗等经济作物，发展鸡、猪等养殖，每年帮助村集体增收12000元，带动90户贫困户上山发展增加家庭收入，人均年收入达到5000 元以上。

（《梅州日报》2014年1月9日　张炳锋　廖伟军　李孟辉　徐凤娇）

五华以产业园区、交通基础设施、县城扩容提质为抓手

全力推动经济社会加快发展

五华认真贯彻落实省市的决策部署，抢抓省促进粤东西北振兴发展和被确认为中央苏区县的大好机遇，紧紧围绕市委、市政府“一园两特带动一精”发展战略，认真谋划，坚持“两新两特两重点”惠民生、促和谐、强队伍工作思路，牢牢抓住产业园区建设、交通基础设施建设、县城扩容提质“三大抓手”，全力推动经济社会加快发展。

强化园区建设
增效益做大工业经济

五华在去年完成经济开发区区位调整的基础上，全力抓好现有平台建设，加快经济开发区规划布局，全面启动番禺五华合作共建产业园和省级产业转移园的申报工作。目前，园区基础设施、生活配套和公共服务设施建设扎实推进。同时，启动河东油田工业区的规划建设，谋划好南部次中心和工业园区，预留发展空间，做大发展平台，为新一轮发展赢得先机。

同时，该县进一步强化园区管理。全面规范企业进园审批程序，严格落实“双控”措施，提高招商引资质量，促进意向企业尽快落户，在建企业加快建设，建成企业顺产、达产、扩产，扩大产业聚集效应，提高园区效益。同时大力扶持规模以上工业企业发展，鼓励和扶持骨干企业做大做强，着力培育制酒、制药、汽车配件、五金机电、工艺品加工、可再生资源加工利用等主导产业，加快产业和资源的有效聚集，推进产业转型升级，形成规模与效益、速度与结构不断优化的产业体系

和效益日益提升的工业新城。

“2013年引进5家意向企业，春节后有4家已经签约。”该县招商局局长赖伟胜告诉笔者，五华围绕“至2016年三年内进园企业达到100家以上、年产值50亿元以上、税收超3亿元”的目标，大力抓好招商引资，加强与广州市、番禺区产业和项目对接，大力引进优质项目。

加快交通建设

强筋骨活脉络优环境

新年伊始，五华展现了一幅幅大交通大建设的画卷。全力推进高速公路建设，抓好兴华高速（含畬江、华阳支线）的征地拆迁工作，服务和保障平兴高速、汕湛高速五华段顺利施工，配合做好大丰华高速公路各项前期工作，及早谋划高速公路连接线和快捷通道，加快国省道和县乡公路改造步伐和部分省道升级为国道工作，扎实推进环城大道、S120线河东段、热矿泥益生湖旅游专线等公路建设、改造任务。

为使交通建设早日见效益，该县采取多个方面“并进”的方式全面推进，首先推进“两横一纵”高速路网建设，同时对接好国省道、乡村公路，设计建设热矿泥益生湖旅游、枫林至平安寺公路旅游专线，最后达到各镇、各景点都能快速上高速，真正达到改善优化发展条件的目的。

坚持产城联动

加快县城扩容提质

五华在推进城市建设方面，坚持规划引领，按照打造“工业新城、长乐之乡”的发展定位，强化规划管控。在完成产城联动规划，做好中心城区控制性详规的编制工作中，重点以琴江新区中轴线道路建设为突破口，拉开新区架构，推动县城扩容提质。在市政基础设施建设投入方面，正式启动水中堤、上坝堤改造工程，加快建设长乐大桥、污水处理厂（二期）、管道燃气等多个项目建设，完善城市公共服务功能。全力抓好城区和城市建设扩展区重点地块征储工作，支撑城市基础设施和重点民生项目建设，保障后续发展。

2014年是五华创建“广东省卫生县城”的攻坚之年，该县围绕2015年成功创建“广东省卫生县城”的目标，加强健康教育，改善镇容环境卫生，强化环境保护，推动城乡环境大改善，打造“和谐美丽镇村”，不断完善镇村配套设施。加强村庄整治规划，逐步改变乱占乱建、无序管理的状态和农村有新房无新村的面貌。

（《梅州日报》2014年2月20日　张炳锋　廖伟军）

严把种植安全关，大力推广新品种，积极推进农超对接

五华优质蔬菜畅销全市各地

近年来，五华本地大棚蔬菜越来越多涌向市民的餐桌，在蔬菜市场逐渐占据半壁江山。该县同时大力推广新品种蔬菜，实施“菜篮子”无公害生产技术，严把种植食品安全关，无公害蔬菜生产基地进一步扩大；加强农超对接，保证新鲜蔬菜及时上架销售，把“菜篮子”做成富民增收的大产业。

“2014年新开辟蔬菜基地近26.7公顷，聘请了40名工人，蔬菜的种类也增加了。”5月4日，五华县华阳镇太坪村的蔬菜基地负责人彭新娇边向笔者讲述，边和工人把刚从菜地摘下来的青瓜、蒲瓜等打包装箱，准备运往县城。笔者在基地看到，辣椒、苦瓜、茄子、玉米等长势喜人。“市场催得紧，工人今天是临时加班了。”彭新娇说，大部分本地蔬菜都是刚刚上市，市场销售比较旺盛。

农超对接不愁卖

在交谈中，记者得知，太坪蔬菜种植基地是2009年在广州市人口和计生局挂钩帮扶下，投入资金160多万元，联合华南农业大学建起来的。2012年，甘俊文、彭新娇夫妇承包了该基地，同时和梅州市乐万家超市签订了农超对接合作协议，定向供应。“现在本地蔬菜刚上市，还处于淡季，每天向超市供应蔬菜3万多斤，高峰期达到7万多斤。”甘俊文告诉笔者，销路基本没有问题。“从太坪基地采购的蔬菜，由总公司统一调配，配送到全市各地。”梅州乐万家超市一位黄姓负责人说，太坪基地的蔬菜质量有保证，采购量占了近20%。而七都村的农发蔬菜专业合作社生产的蔬菜，仅仅在县城各市场和酒楼饭店的日销量就达到1万多千克。

近年来，五华本地大棚蔬菜越来越多涌向市民的餐桌，也逐渐在蔬菜市场占据了半壁江山，尤其是平价商店的蔬菜供应量达到了90%以上。而西葫芦、龙丰二号茄子等新品种蔬菜，也逐渐得到推广种植，无公害蔬菜生产基地进一步扩大。在此基础上，该县引进了广东大地农业发展有限公司进行无土栽培，推广“菜篮子”无公害生产技术，发展精致高效农业。

“我们正在和县物价局合作，筹建蔬菜配送中心和冷库，提高蔬菜的保鲜处理能力。”甘俊文认为，五华在发展无公害蔬菜方面，还有很大的市场潜力。

质量安全有保障

五华致力发展无公害蔬菜的同时，丝毫不放松安全管理，从田间地头到餐桌，多管齐下加强流通环节的监管，严把产地准出和市场准入关。

“种子、肥料和农药都是省农科院提供的，安全有保障。”彭新娇指着基地上的肥料袋子告诉笔者，尤其是农药选用上，一直使用安全系数较高，低浓度的无公害生态农药，对喷射量和次数都严格控制，并且10天以后才采摘，确保无农药残留。

农发蔬菜专业合作社在质量安全把关上有更成熟的操作规范和流程。据该合作社负责人陈炽浩介绍，该合作社和各成员均签订了安全生产责任书，落实每个成员的安全责任。技术人员定期对各成员进行专业指导，什么时候施肥、浇水、打药，用量多少，用什么品种，均一一造册登记，实行溯源管理。同时，该合作社还专门培训了2名内检员，每周对生产的蔬菜进行检查。

“各乡镇农业站都配备了农残速测仪，定期对各基地生产的蔬菜的农药残留进行现场快速检测，合格后才准流入市场。”据五华县“菜篮子”工程负责人邓伟珍介绍，全县各基地均实现了检测全覆盖，检测率达100%，检测结果直接跟农户的安全生产责任挂钩。同时，该县还成立了执法大队，不定期对生产基地、批发市场、农贸市场和连锁超市的蔬菜质量、农药、肥料等进行抽样检测。“各个环节的监管只是技术手段，食品安全还需从源头上抓起。”该负责人表示，五华正加大无公害蔬菜基地的培育力度，以基地带动群众科学种植，做大、管好、做强“菜篮子”工程，保证“菜篮子”有菜可装，实惠又安全，做成富民增收的大产业。

（《梅州日报》2014年5月8日　张炳锋　廖伟军　吴东生）

番禺区结对帮扶五华积极推进产业转移园城区扩容提质基础设施建设

确定20个年度帮扶工作项目

广州番禺对口帮扶五华全面展开，两地深入贯彻落实省委、省政府进一步促进粤东西北地区振兴发展系列决策部署，以振兴发展为核心，突出推进产业园区扩能增效、中心城区扩容提质、交通基础设施建设“三大抓手”建设项目。今年前5个月，两地联手共同引进了意向投资项目或企业共49个（家）。

2014年是广州市番禺区对五华全面开展对口帮扶工作的开局之年。该区积极落实帮扶资金，确定对口帮扶工作项目，联手引进项目或企业，加快五华振兴发展。

落实5000万元对口帮扶资金

5月21日，番禺区委书记卢一先、区长楼旭逵率党政代表团，到五华开展番禺区五华县对口帮扶工作，共同召开联席会议暨对口帮扶部门对接工作会议，共商对口帮扶发展大计。

记者从会上获悉，2014年，番禺区根据前期对口帮扶工作安排，认真协调落实广州市、番禺区对口帮扶五华的各项资金累计近5000万元。其中包括广州市财政局给予的2600万元产业园区规划建设资金及项目建设资金，番禺区财政预算对口帮扶省定重点县资金273.47万元，50万元产业园区招商经费，1000万元对口帮扶专项资金，1000万元长乐大桥援建资金。目前，各项目帮扶资金已陆续到位。

确定年度6项重点建设项目

在新一轮对口帮扶工作中，番禺区在2003年以来帮扶五华发展取得成功经验的基础上，通过深入调查，进一步了解五华县情，制订了《广州（番禺）——五华对口帮扶总体工作方案》以及在产业园区扩能增效、中心城区扩容提质、交通基础设施建设、社会和民生工作、改革创新、干部交流、现代农业发展、特色文化旅游发展和财政金融帮扶等9个具体行动方案，明确对口帮扶的工作目标、责任和具体措施，建立定期互访和联席会议制度，形成了区县结队，镇级、部门和社会各界良性互动的多层次帮扶格局。

日前，笔者从广州对口帮扶梅州指挥部驻五华工作队了解到，今年作为新一轮的对口帮扶工作的开局之年，番禺区已按总体帮扶工作方案，制订了包括落实帮扶资金、共建产业转移园、完善五华中心城区发展规划、文化旅游特色区建设、供穗菜篮子工程、高速公路建设6项重点项目在内的20个年度工作项目。

联手引进意向项目或企业49个（家）

5月1日，梅州温商投资发展有限公司竣工开业，5月21日，梅州权致服装有限公司落成生产……在园区，笔者看到，今年签订落户的企业正在忙于厂房建设、道路施工，或是在安装调试设备，十足的干劲，使园区建设热火朝天。

据了解，2014年3月份广州梅州对口帮扶一把手党政联席会议以后，五华主动作为，积极谋划，在经济开发区二期，首期规划开发2300亩，作为番禺五华合作共建产业园用地。两地就合作共建产业园事宜，展开了深入的对接合作，双方签订了《共建产业转移园协议书》《两地共建产业转移园联席会议制度》，按照产城融合的理念，扎实推进合作共建产业园。目前，合作共建产业园的规划测设、征地拆迁、基础设施建设、资金投入等各项工作顺利推进。而招商引资作为共建产业转移园的核心任务，也取得明显成效。温商投资发展有限公司、航威电子科技公司、鸿益兴实业、新民实业、裕兴工程机械、合成纸业等6家公司签约落户，总投资金额9.2亿元；15家签约了意向合同。此外，还有28家企业或项目，有意向在五华进行兴业。

对口帮扶带来先进管理理念

五华发展除了在硬件基础设施建设的落后以外，在管理水平和经营理念上的短板，也随着硬件设施建设的推进，显得更为明显。番禺区在对口帮扶五华发展的过程中，坚持突出特色和亮点，围绕振兴发展对口帮扶这一核心，按照目标管理原则，充分发挥市场在资源配置中的决定作用，将番禺区的资金、技术、人才等优势与五华的资源和市场等优势有机结合，加快健全市场体系，创新资金筹措方式，加强市场主体培育，提高五华自身发展能力。此外，还继续做好扶贫开发“双到”工作，着力解决好困难群众的实际生活困难。

（《梅州日报》2014年6月13日　张炳锋　廖伟军　梁仲景）

五华强势推进高速公路建设和城乡干道、国省道升级改造

搭建经济社会大发展的交通网

2013年以来，五华以高速公路建设为龙头，强势推进城乡干线及国省道升级改造等交通基础设施建设，搭建经济社会发展的交通大骨架。目前，总投资近130亿元的汕湛高速、平兴高速、兴华高速公路快速推进，环城大道、省道升级改造、琴江公路等一批交通公路建设项目如期推进。

五华距离珠三角只有不到3个小时的车程，是梅州距离广州最近的地区，对外快速联通的“咽喉”要地。去年以来，五华抢抓省加快粤东西北振兴发展的大好机遇，以高速公路建设为龙头，强势推进城乡干线及国省道升级改造等交通基础设施建设。

高速公路搭起对外联通桥梁

目前，笔者在汕湛高速公路揭博段T6标段（梅林镇琴口村）施工现场看到，随着工程的进展，一排排高架桥柱拔地而起，起重机、运输车等施工车辆在工地上来回穿梭，10多名工人正在60米高的桥柱上忙着安装钢筋构件。据该标段项目施工负责人介绍，汕湛高速动工建设以来，T6标段在当地党委政府的支持下，抢晴天、战雨天，每天出动300多名工人，60台（套）机械进行施工，确保项目有序加快推进。

据了解，高速公路建设是五华基础设施建设的龙头和抓手，除汕湛高速公路外，五华还有平兴高速、兴华高速正在建设，同时还规划筹建大埔—丰顺—五华高速公路。目前，在建的3条高速公路总投资近130亿元，总里程126.5公里。这三条高速公路建成后，将与现有的长深高速构成“三纵一横”的五华交通主骨架。

据介绍，广东五华经济开发区距离兴华高速五华互通出口只有不到5公里的距离，而番禺五华共建产业园到兴华高速五华互通出口不足200米。三条高速公路建成后，五华的区位优势将更为突出。目前，已有一批企业签约落户番禺五华共建产业园。

城乡干道拓展城市发展空间

日前，在五华县环城大道施工工地上，随着环城大桥的最后一片预应力空心板梁的徐徐放下，现场响起了一片热烈的欢呼声，这标志着投资2100多万元的环城大桥成功合拢。据工地负责人介绍，该大桥长226米，桥面宽24.5米，是环城大道建设的关键性和控制性工程。据了解，环城大道是拓展该县县城发展空间的主干道，南起于赤沙咀与省道120线相接，往北跨五华河，终点于转水枫林塘与省道228线相交，全长9.8公里，预计今年底建成通车。

长期以来，五华的交通基础与全省、全市相比，存在较大差距。近两年来，该县在全力推进高速公路网络建设的同时，加快推进构建覆盖全县的快速交通运输体系，改善县城交通条件，拉开县城发展架构，拓展县城发展空间。目前，县城堤路结合的员瑾

堤、澄湖堤、下坝堤已建成通车，工业大道与环城大道相接，水中堤、上坝堤正在加快建设，县城宜居宜业环境日益改善。

不仅如此，该县还及早谋划高速公路连接线和快捷通道建设，加快国省道和县乡公路改造步伐和部分省道升级为国道工作。目前，县城通往南部的琴江公路已经立项，预计今年下半年动工建设，S120线河东段、长乐大桥、热矿泥益生湖旅游专线等公路建设及改造任务正扎实有效推进，以交通建设拓展城市发展空间，促进县域经济发展的成效正日益显现。

（《梅州日报》2014年6月19日　张炳锋　廖伟军）

园区引领　产城联动　帮扶助力

去年以来，五华县抢抓省加快粤东西北振兴发展的大好机遇，紧紧围绕产业园区建设和招商引资、交通基础设施建设、县城扩容提质“三大抓手”，全力推动经济社会加快发展。

今年1—6月，五华县规模以上工业总产值比增25.7%，增加值比增20.3%。番禺（五华）合作共建产业转移园有序推进。总投资130多亿元的汕湛高速、平兴高速、兴华高速公路快速推进，环城大道、省道升级改造、琴江公路等一批交通公路建设项目如期推进。城市建设按照产城联动的发展思路，完善琴江新区和县城中心城区规划设计，推进宜居宜业建设。

优质服务　推进效益园区建设

5月1日，梅州温商投资发展有限公司竣工开业；5月21日，梅州权致服装有限公司落成生产……航威电子科技公司、鸿益兴实业公司、合成纸业公司等今年签订落户的企业正忙于厂房建设、道路施工，或是在安装调试设备，十足的干劲，园区建设热火朝天。

去年，广东五华经济开发区区位调整，得到了省政府的批准，从华城镇迁址到县城工业区内。五华围绕“至2016年进园企业达到100家以上、年产值50亿元以上、税收超3亿元”的目标，以经济开发区的迁址为动力，举全县之力，全力推动经济开发区的开发建设。笔者了解到，今年3月份，广州梅州对口帮扶一把手党政联席会议召开以后，五华主动作为，积极谋划，规划300公顷土地，与广州番禺区合作共建产业转移园，首期建设面积153.3公顷，探索产业园共建共享机制，加快整个园区建设步伐。

在园区建设和招商引资工作上，五华县委、县政府坚信优质服务是招商引资最有效、最有说服力、最有吸引力的一块招牌，引导全县上下树立“只有服务好企业的发展，帮助企业做强做大，壮大工业经济总量，才能促进五华经济社会的发展”的服务理念，坚持打好“服务牌”。以环保为底线，加强与广州市、番禺区产业和项目对接，大力引进优质项目。

目前，该县专门制定了园区建设、管

理、服务工作联席会议制度，进一步统筹广东五华经济开发区建设和新型工业化发展工作事宜，集中解决园区建设工作中存在的问题，促进各镇各部门及全社会共同推动园区建设、管理、服务工作的快速健康发展。进一步落实县领导挂钩联系重点企业责任制，按照“谁挂钩、谁服务、谁牵头”的原则，全程服务企业在落户、建设、生产过程中碰到的困难和问题，加强投产企业、在建企业的跟进服务，落实进园企业“一站式”服务。而经济开发区则按照《干部挂钩服务企业责任制》，专门成立了6个挂钩服务企业小组，全面落实贴心服务企业行动。

在强化服务意识的同时，该县强抓经营管理，认真挖掘园区和企业的发展潜力。据该县经济开发区负责人介绍，五华坚持服务与管理并重，全力挖掘园区和企业的发展潜力，重新落实园区在建企业的建设投产要求，明确了每个在建企业建设进度和时间，并对企业发出了通知书，全力加大园区管理力度。今年以来，该县全面启动了园区企业的清查、清理工作，建立完善企业供地、报批报建、产值、税收、用工等管理台账。

今年上半年，该县招商引资成效明显，共引进7个项目，合同总投资9.69亿元，意向项目44个、签订意向协议15个，同时还储备了一批工业、旅游和城市建设项目。由广州市国资委牵头引进广州（梅州）健康食品产业园项目正式启动，拟落户项目5个，计划投资27.6亿元，计划于9月开始动工建设。

产城联动　推动城区扩容提质

夏日早晨，晨练的退休干部张伯和老伴李姨，拿着太极剑和太极扇，一路小跑来到公园，和众多晨练的老人们会合。笔者在公园看到，晨练的市民与杨柳依依，江水悠悠，翠绿的草地与怒放的鲜花相互映衬的亲水公园，构成了一幅江南水乡的美丽画卷。

据悉，2年前，五华县委县政府就全面谋划美丽城乡建设，加强规划引领，加大基础设施建设投资力度，全力推进宜居城乡建设，强势推进县城中心城区的提质扩容。近两年来，全力实施“两新两特两重点”、惠民生、促和谐、强队伍发展思路，充分利用园区和县城相毗邻的优势，扎实推进产城联动，把园区规划纳入城市规划，促进产业向园区集中、园区向城市融合，实现园区开发与县城建设相衔接，完善园区基础设施、生活配套和公共服务平台建设，使园区和城区连为一体，做到以产兴城、以城促产。同时，坚持城乡互动，加快县城扩容提质，努力提升新型城镇化水平。

据五华县住建局负责人介绍，该县计划用3—5年时间，打通县城“六堤”，并实现堤桥、桥桥互通，搭起两江四岸架构，形成县城四通八达的交通网络，改善整个县城交通“梗阻”状况。目前，“六堤”中的员瑾堤、澄湖堤、下坝堤已经完成建设，不仅改善了县城的交通状况，还提升了县城的面貌。此外，县城华一路、前进街、东方街、华二路、水潭西路、水潭东路、华侨街、华侨直街等县城主要街道先后得到改造。水中堤、上坝堤正在紧张施工建设中。

在提升原有城区基础设施水平的同时，五华以县城为依托，全力推进9.6平方公里的琴江新城区规划建设，推动县城扩容提质，提升县城的集聚力和承载力，以县城的聚集效应吸引工业企业的进园落户，以工业企业的发展壮大反哺县城的提质扩容。同时，以“创建广东省卫生县城”为契机，全面提升县城的软环境，实现硬件基础设施和软件环境的有效配套，从根本上全面改善县城的整体面貌。

五华县规划设计部门负责人介绍说，新区与园区毗邻，新区规划建设将通过产城联动优化布局，以园区经济引领新型工业发展，以新型城镇化促进县域经济，形成“城区”与“园区”良性互动发展的格局，将新区打造成“产城联动示范区”“城乡一体化发展示范区”。

通经活络　搭建交通主骨架

日前，在五华县环城大道施工工地上，随着环城大桥的最后一片预应力空心板梁的徐徐放下，现场响起了一片热烈的欢呼声：投资2100多万元的环城大桥成功合龙。据工地负责人介绍，该大桥长226米，桥面宽24.5米，是该县环城大道建设的关键性和控制性工程，它的建成将大大加快县城环城大道的建设进程，预计可在今年底建成通车。

了解，环城大道南起于赤沙咀与省道120线相接，往北跨五华河，终点于转水枫林塘与省道228线相交，全长9.8公里，是五华县城的外环大道，对于改善县城交通条件，拉开县城发展架构，拓展县城发展空间，加快城市建设和促进经济提速发展都具有重大的现实意义和深远的历史意义。

据悉，近2年来，五华围绕“对外快速联通、对内全面畅通”的总体思路，建设高速公路网络，升级改造国省县道，加快构建覆盖全县的快速交通运输体系，形成发展的区位优势。环城大道只是对内全面畅通的其中一环。目前，五华正全力推进经过五华境内、对外快速连通的3条高速公路（汕湛高速、平兴高速、兴华高速含畲华支线）的建设，总投资130多亿元。这三条高速公路建成后，将与现有的长深高速构成“三纵一横”的五华交通主骨架，五华经济社会发展的区位优势将更为突出。

笔者了解到，未来几年的交通公路基础设施建设，五华将采取“短—中—长”相结合的方式，紧紧围绕“对外快速连通，对内全面畅通”和“通筋骨、活脉络”的要求，以推进高速公路建设为龙头，全面提升和畅通乡、县、省、国道与高速公路以及镇、村、县际公路。同时，及早谋划高速公路连接线和快捷通道，加快国省道和县乡公路改造步伐和部分省道升级国道工作，力争早日实现“对外快速联通、对内全面畅通”的目标，融入汕潮揭、对接珠三角。

数说亮点

●今年1—6月，规模以上工业总产值比增25.7%，增加值比增20.3%。

●今年上半年，该县招商引资成效明显，共引进7个项目，合同总投资9.69亿元，意向项目44个、签订意向协议15个。由广州市国资委牵头引进的广州（梅州）健康食品产业园项目正式启动，拟落户项目5个，计划投资27.6亿元，计划于9月开始动工建设。

●总投资130多亿元的汕湛高速、平兴高速、兴华高速公路快速推进，其中汕湛高速（五华段）全长40.5公里，途经棉洋、梅林、华阳镇3镇16村，双向6车道，设计时速为120公里/小时，位于棉洋镇唐纯村的“东岭隧道”已进洞作业3200米，各标段已完成征地和交地任务，施工单位已进场施工。平兴高速（五华段）全长约4.8公里，途经转水镇青西村、三源村，施工单位已进场施工。兴华高速含畲华支线（江西瑞金至汕尾高速公路兴宁至五华段）长80.61公里，途经河东、水寨、转水、横陂、安流、梅林6镇46村，控制性工程浮湖梅江大桥已于去年底动工建设。

趋势对话

抢抓机遇，勇于挑战推动县域经济健康发展

——专访五华县县长范宜军

《南方日报》：省委省政府关于进一步促进粤东西北地区振兴发展的决定，对粤东西北地区的县域经济发展，无疑是注入了新的活力。请问，政策出台对五华的发展带来了那些机遇？

范宜军：五华各方面条件落后，正处于负重爬坡的攻坚期、加快发展的关键期，凭借自身现有的条件，很难实现到2020年人均GDP达到全国平均水平的目标，需要注入新的活力。省委、省政府出台了《关于进一步促进粤东西北地区振兴发展的决定》，调整加强了对口帮扶工作，从机制、项目、资金等方面加大对粤东西北地区的扶持力度，为粤东西北贫困地区的发展注入了强大动力，让五华干部群众看得了加快发展的信心和决心。

从五华县的情况来看，广东五华经济开发区、番禺五华共建产业转移园和河东生态工业园，正全力加快建设，正好为承接珠三角地区的产业转移提供了广阔的发展平台。近两年来，在五华境内开工建设的汕湛高速、平兴高速和兴华高速（含畲江支线、华阳支线），与已建成通车的长深高速，构成了五华“三纵一横”的大交通，使五华成为梅州地区距离珠三角最近的一个县，具备得天独厚的区位优势。五华坚持产城联动的发展规划，统筹推进园区和城区的协调发展，能充分利用园区建设和城市提质扩容的优惠政策，以城促产，以产兴城，改善城乡面貌。

《南方日报》：2014年初，县委全会明确了以“园区建设和招商引资、交通基础设施建设、县城的扩容提质”，作为推动经济社会发展的“三大抓手”。请问，五华是如何推进“三大抓手”建设项目，促进县域经济发展见成效的？

范宜军：工业、交通和城建“三大抓手”项目建设，在全县上下已经形成共识。在发展工业方面，以园区建设和招商引资为抓手，促进产业集聚发展，做大工业经济总量。全力推进番禺五华合作共建产业园和省级产业转移园的各项工作。同时启动河东油田工业区的规划建设，谋划好南部次中心和工业园区，预留发展空间，做大发展平台，为新一轮发展赢得先机。着力强化园区管理，全力提高园区管理服务水平和效益，认真挖掘园区和企业的潜力。筑好发展平台后，致力发展主导产业，坚持发展实体经济不放松，着力培育制酒、制药、汽车配件、五金机电、工艺品加工、可再生资源加工利用等主导产业，加快产业和资源的有效聚集，推进产业转型升级，形成规模与效益、速度与结构不断优化的产业体系。继续抓好招商引资。围绕“至2016年进园企业达到100家以上、年产值50亿元以上、税收超3亿元”的目标，以环保为底线，加强与广州市、番禺区产业和项目对接，大力引进优质项目。

在城市建设方面，以产城联动为纽带，加快县城扩容提质，提升新型城镇化水平。坚持产城联动，强化规划引领和管控，重点以琴江新区中轴线道路建设为突破口，拉开新区架构，力促新区建设初具雏形，推动县城扩容提质。围绕2015年成功创建“广东省卫生县城”的目标，全面推进“创卫”工作，推动城乡环境改善提升。

在交通基础设施建设方面，围绕“对外快速联通，对内全面畅通”的发展目标，坚持以高速公路建设为龙头，及早谋划高速公路连接线和快捷通道，加快国、省、县道的升级改造，认真规划建设旅游专线公路，积极推进水毁道路桥梁的重建工程。

（《南方日报》2014年7月28日　廖伟军　袁　丁　柯鸿海　张炳锋　唐林珍）

广东省名牌农产品效应日益放大带动五华农业经济效益和社会效益不断提高

2014年全县新种植茶叶153.3公顷

2013年下半年，五华丰华有机大米、七畲径绿茶（单枞茶）、登云嶂黄金芽绿茶和大田柿花4种农产品被评为广东省名牌产品。近一年来，名牌农产品的效应日益被放大和看好，特别是茶叶的发展势头日益强劲。今年以来，七畲径绿茶在市内的销售量和价格均同比增加20%，全县新增茶叶种植面积达153.3公顷。

销量和价格均增加两成

“这次回来买的茶叶有200多斤，都是带给在新加坡和新西兰的亲戚，待白露茶开摘的时候再回来，大概订1吨带到美国去。”8月1日，在深圳做生意的黄先生专程来到五华县棉洋镇七畲径绿色生态茶园，从茶园负责人李等祥手中接过1个月前预订的绿茶和红茶，一边品尝着茶叶，一边对着包装盒上新标注的“广东省名牌产品”竖起大拇指。

自2014年春茶开始采摘以来，和黄先生一样从外地来的客户还有很多，而来自北京、山东、深圳、广州、揭阳、惠州等地的就占7成以上。李等祥今年制作的4万余斤茶叶全部卖完，此外还卖出茶青10万千克，欠北京一客户5吨红茶未交付。而在梅州市内，各大土特产专卖店几乎都能看到七畲径的茶叶，销量比去年增加了两成。李等祥说，前几年他跑遍了市内的2000多间农产品专卖店，没有任何一间店愿意摆卖他的茶叶。如今他还能通过五华县中小企业局的电子商务交易平台实现网上销售。

茶叶的销路打开了，与订单同步增长的是价格。据李等祥介绍，今年茶青的价格每斤普遍达16元以上，比去年上涨了6元，而每斤红茶和绿茶普遍上涨了50元，平均涨价两成以上。为此，李等祥和登云嶂茶园均新建了1400平方米的厂房，购置了新生产线，全力扩大生产能力。目前，生产设备正在调试，预计可在白露茶采摘时投入生产。

种茶带动群众耕山致富

广东省名牌产品这一响亮招牌给企业带

来经济效益的同时，也同样带来了社会效益，带动了周边群众耕山致富种茶叶。“我的茶园和七畲径茶园相毗邻，有同样的气候环境，同时还能学习到他们的管理方法，我相信也能达到名牌的水准。”2014年开始开山种植茶叶的廖广优告诉笔者，他计划种植茶叶近33.3公顷。目前，仅七畲径绿色生态茶园周边40多户农户就自发开垦种植近66.7公顷，而全县新增茶叶种植面积达153.3公顷。

目前，该县农业部门正全力加大农业品牌培育创建力度，组织4家企业的8个产品申报省级名牌产品评审，包括松岗嶂的“红茶（客家红）”，棉洋的“琴江牌”腐竹，登云嶂茶叶合作社的“登云金雀”，云溪圣峰油茶种植专业合作社的“高山翠玉”“高山大叶”绿茶和“圣峰美人”“高山宝红”红茶等，并组织五华县松岗嶂绿色生态茶园有限公司生产的茶叶，参加《广东省十大名牌系列农产品》“广东名茶”评选。此外，还组织10家企业12个产品申报无公害认证，目前已由省检测机构进行了实地水、土及部分产品取样检测。

（《梅州日报》2014年8月7日　张炳锋　廖伟军　东山　展彬）

五华坚持以人为核心，建管并重，统筹推进中心城区提质扩容

打造宜居宜业宜游长乐之乡

近年来，五华按照“工业新城，长乐之乡”的定位，高起点完成了县城的第三次总体规划修编，坚持基础设施建设和城市的经营管理并重，大力整合资源，一大批民生工程和重点城建项目有序推进，县城中心城区提质扩容和产城联动提速发展，城乡面貌日益改善。

项目建设支撑扩容提质

国庆期间，笔者来到五华县城水中堤、上坝堤、亲水公园（二期）、园新路、建设路、环城大道等施工现场，只见机械在工地上来回穿梭，工人们放弃节假日的休息，奋战在工地一线。“项目落地建设打破了小县城往日的宁静，城市发展构架越来越清晰，发展方向越来越明朗，县城也变得越来越美丽。”回乡度假的李先生在观赏县城“一江两岸”亮化工程后感慨地说。

节前，五华专门召开了新型城镇化暨和谐美丽镇村创建工作现场会。笔者从会上获悉，该县高规格完成了《县城总体规划（2012—2030）》修编，按照“规划一步到位，建设分步实施”的原则，抓住关键节点，以打通“两江四堤六桥”等制约县城建设发展的瓶颈和关键节点为突破口，坚持大手笔谋划，大力度推进，大投入建设，研究制定了县城近期建设发展计划，确定并实施了一批民生工程和重点城建项目。

近两年来，该县突出抓好园区建设促进产城联动，抓好道路建设拓展城市空间，水潭东路、澄湖堤、员瑾堤、水中堤、上坝堤、长乐大桥、工业大道、环城大道等陆续

动工建设。2014年初，再次确定了26项城建重点项目，以项目建设为支撑撬动城区的扩容提质，努力把县城建设成为产业发展、人员聚集的坚实平台和载体。通过路网拓展延伸，与已经建成的水寨大桥、琴江大桥等六座大桥，水寨大道、河东大道、水梅路、华兴路、华一路、水潭西路等相衔接，初步形成了“环+棋盘式”的“三纵四横三环”的城市路网框架。同时，启动琴江新区建设，以新区建设优化城市布局。在提质方面，全力加快产城联动，以城促产，以产兴城，推动城市与经济开发区的相辅相成，齐头并进。与此同时，及早启动创建“广东省卫生县城”工作，对“两江四堤”、沿街建筑、城市出入口、公园广场等城市关键节点实施提档升级改造，进一步提升县城景观水平。加快县城农贸批发市场、县城生活垃圾无害化处理场升级改造工程、县城天然气管道布设、县城亮化工程等公共服务设施建设，全面优化城乡发展环境。

效能管理提升城市品位

国庆期间，五华县城的车流量激增，但县城中心区的华一路、华兴路、交通路等路段却畅通无阻，户外杂乱无章的广告牌也统一换成了贴墙的新面貌，亮化、绿化、净化效果给人耳目一新的感觉。

据了解，2014年初，五华围绕创新城市管理模式，提升管理效能，整合城市管理执法资源，成立了城市综合服务中心，构建了权责明确、协调统一、科学高效的城市管理格局。该县建立“专业队伍+综合执法+单位（业主）+社会监督”四位一体的长效管理机制，坚持建管并重，在加快城市建设的同时，突出城乡环境综合整治和长效管理，狠抓县城规划、优化、净化、美化管理，推进城市的网格化、规范化、精细化管理。

目前，该县圩镇街道、镇村结合部、集贸市场、公路、河沟、堰塘、桥涵、公共厕所等卫生死角已得到有效治理，“六乱”行为得到遏制，推进落实了“门前五包”责任制，逐步建立了和谐美丽镇村创建规范性文件体系以及垃圾清运保障机制，按照“谁受益、谁负担”的原则，建立合理的经费运行机制，实现规范化、常态化管理。修订完善了《城乡规划委员会议事规则实施细节》，逐步形成了“政府决策、专家评审、公众参与”三位一体的规划审批机制。

（《梅州日报》2014年10月9日　张炳锋　廖伟军）

五华县坚持工业主导打造效益园区促进产业聚集

初步形成五大特色产业群

市委、市政府提出规划建设“丰华兴梅产业聚集区”，全力加快梅州振兴发展。当前，五华县以此为契机，以建设效益园区为总目标，认真谋划产业短中长期发展，加大园区建设和招商引资力度，促进产业聚集。目前，五华经济开发区有进园企业76家，初步形成了以制酒制药、汽车配件、五金机电、工艺品加工、新能源及可再生资源五大特色产业群。

服务与管理并重

“加快重点项目征地扫尾和土地平整”“节能科技园合作模式完善”“推进5家拟上规企业工作”……在五华县经济开发区办公室，笔者看到一块小黑板上，16项近期工作计划把日程安排得密密麻麻。“五华工业基础薄弱，要付出更大的努力。”开发区管委会主任赖伟胜感叹道。随后，笔者来到经济开发区以西的番禺五华合作共建产业转移园现场，只见数十辆大型施工机械在紧张作业，正推进土地平整、道路以及供水、供电等配套基础设施建设。据悉，该县已引进广州工业发展集团、广州轻工工贸集团、岭南集团等大型企业落户产业园，筹建健康食品园。赖伟胜告诉笔者，在投资商还未到来或还未提出需求时，该县就已着手推进基础设施和配套设施建设，筑巢引凤。

同时，该县坚持从严管理，对在建的企业厂房、征地、基础设施等工程建设进度实行每周一报制度，严格落实“双控”措施，推进效益园区建设，逐步实现从重征地重建设向重管理重服务转变，并在企业融资、用工、厂房建设、增资扩产、安全生产、市场开拓、证件办理等方面，提供上门服务。

引项目与优布局并举

五华经济开发区经过多年发展，已引进76家企业，其中投产46家，初步形成了制酒制药、汽车配件、五金机电、工艺品加工、新能源及可再生资源为主的五大特色产业群。

为更好打造工业经济发展的载体和平台，该县积极抢抓穗梅对口帮扶机遇，全力推进番禺（五华）共建产业转移工业园申报省级产业园和河东生态工业园纳入广梅产业转移园管理的申报衔接工作。对五华经济开发区分三期进行建设，首期规划面积553.3公顷，二期规划516公顷，三期规划930.6公顷。目前已完成开发建设433.3公顷，计划到2020年全面完成建设任务。进一步优化和完善河东生态工业园发展规模，首期规划面积3.5平方公里。全力打造以县城为依托、两大工业园区齐头并进的“一城两区”产城联动模式。

同时，该县与番禺区共同探索园区开发建设管理新模式。“番禺五华合作共建产业转移园里筹建健康食品园和节能科技园，探索设立园中园，由番禺区政府主导，以企业办园、政府支持、市场化运作的发展模式运营。”赖伟胜介绍，节能科技园着力打造技术服务、金融服务和政务服务三大平台，以“服务”代替“管理”，扶持中小企业健康发展。

随着园区开发模式的不断创新及园区规模的形成，该县更加注重布局优化和项目引进。进一步优化细化园区控制性详细规划，明确了工业园区的土地利用、产业布局等主体规划，强化规划引领，做到既注重投资规模又考虑产业布局、细化企业布局。同时，该县在明确产业优势的基础上，依托产业布局规划制定产业招商计划，引进适宜发展的产业项目，并通过“以商引商”形式形成产业集聚发展，做大做强主导产业。

（《梅州日报》2014年10月23日　张炳锋　廖伟军　张育光）

石匠·石雕·石魂

人类还没有文字记载的史前时代，就有许多关于石头的传说。其中，最出名的要数“女娲补天”，故事里的女娲虽然勇敢、善良，造福苍生，令人感动，但阙如少男少女的情意绵绵。而女娲炼石补天时遗弃在“大荒山”上“青埂峰”下的那块顽石，在《石头记》（又名《红楼梦》）里化成美玉。贾宝玉出生的时候，他口中就含着这块美玉，由此演绎出贾、林惊天泣地的“生死恋”。

现实生活中的石头，虽然没有女娲补天石传奇，也没有宝玉那块顽石通“灵性”，但是，它厚实耐用、造福于人。有史为凭的，隋朝著名匠师李春留下举世闻名的石拱桥——赵州桥，1400多年历尽沧桑，迄今仍是固若金汤的“石头工程”、“民心工程”，仍然是现代李春们引以为自豪、世代相传、流芳百世的丰碑，令人啧啧称赞。从古到今，人类得益于石头，受惠于石头，也感恩于石头。在现实生活中，我们不但需要石头，更需要石头精神、需要赋石头以鲜活生命的人们。特别是今天，当钢筋代替木材、水泥代替石头、物欲横流侵蚀公正道义时，这种感情这种渴望来得尤为强烈。

一

五华,古称长乐，石资源丰富，石业发达，历代能工巧匠众多，是著名的“石匠之乡”，人们闯世界往往就从打石头开始。五华一建公司总经理曾炽宏告诉我：目前，活跃在中国各地的五华石匠有好几千人，从事石业的石工不下三万人。由于五华地处山区，经济落后，石匠们为了赚钱养家糊口，他们身怀绝技“走四方”，穿州过府“下南洋”，寻找用武之地，足迹遍及广州、深圳、南京、北京、香港以及印尼、越南、菲律宾、马来西亚、新加坡等东南亚一带。乃至有传：五华县在外华侨中，百分之六十都是石匠出身。“亚洲球王”李惠堂的父亲李浩如在香港就有“石行伟人”“石状元”之称。

我与石结缘，可以说在20世纪90年代中期。那时，我曾经扎下去、蹲下来，深入到打石场，见识过几位石雕师傅。其中一位是梅城的张伟红，当年他才32岁。走南闯北当石工，练就了一身打石的好本领，也鼓胀了腰包，重新回到家乡办起了梅州长乐石雕工艺厂，并当上了厂长。

我问他："你是什么时候爱上打石这一行的？"

他憨厚地笑了笑："我打石有十多年了。"

"过去在哪里打石？"

"广州、深圳等地。"

"赚了不少钱吧？"

"赚了点钱。"

"你在外地能赚钱，为什么要回老家来呢？"

"现在梅州人的生活水平提高了，交通便利，信息灵通，在梅州找熟练石工也容易，照样也能赚钱。"

"你的产品主要销往哪里？"

"梅州、广州、深圳、江西等地。"

"家里有几口人呢？"

"四口人。"

"一家人都在厂里吗？"

"都在这里。"

梅州的巨大变化，是促使张伟红回乡办厂的最主要原因。改革开放之风吹开了梅州封闭的山门，市场经济浪潮冲掉了古老山城的壁垒。梅州经济建设已经驶进了迅速发展的快车道，特别是在交通、能源、通讯等基础设施建设方面取得了巨大成就。如今，一个有特色、有个性、让人记得住乡愁的城市正在崛起。

张伟红的太太是个地地道道的客家妇女，与其他客家妇女一样，过着平静而朴实的生活，同样有着客家妇女勤劳、俭朴、善良的品质，是名副其实的"贤内助"。每天天刚亮，她就起来给工人做饭了。饭做好后就叫孩子起床，教孩子画画、识字。有时到菜园里种菜，有时直接为工厂业务奔忙。

我问她："你自己会打石吗？"

她自豪地说："会呀。"

"你的手艺是从哪里学来的呢？"

"祖传的。"

"我听说这打石手艺历来是传男不传女的，你怎么能学到呢？"

"那是老传统了，现在时代不同了，女人也照样可以拿起锤子，我的手艺就是我爸教的。"

"你一天从早忙到晚，不觉得累吗？"

"累是累了点，不过，办了厂累也值得。"

"你成天为工厂忙里忙外，你拿工资吗？"

"当然要拿工资。"

"跟你丈夫拿工资？"

"他是厂长，不向他拿跟谁拿呀？"

在广州，我邂逅了石雕师傅杨水源。他1980年来广州做石工，从打工仔干起，1989年终于在广州办起了五华县联裕石雕工艺厂，生产规模越来越大。特别是他与广州美术学院进行了战略合作，石雕工艺厂的厂址也搬到了广州美术学院附近。美术学院的教授、专家为工厂设计图案、模型，杨水源则组织工人生产成品，推向市场。

有的石匠，到老也放不下锤子，放不下石头。在五华横陂，我见识的另一位石艺师李妙赐，他是打石的老把式了，功夫老到，技艺超群。有意思的是，他以广州市园林工人的身份退休，退休后回到老家五华，在自己家门口开办了石雕工艺厂。他当年67岁了，身体还十分硬朗，经常穿州过县为工厂业务奔忙。

我问他："你退休以后，应该说可以安

度晚年了，为什么还要为工厂奔忙呢？”

他打着手势侃侃而谈：“办起这个石雕工艺厂自己有三个想法。第一，切磋技艺，把有技术的工人集中起来，交流经验，提升水平；第二，在这里看看报、聊聊天、锻炼身体，日子过得快乐一点；第三，可以赚点钱。实话对你说，我退休之后才真正赚了点钱。”

“你这栋新房子也是退休之后盖的吗？”

“是，打石头赚钱盖的。”

“你平时除了管理这个厂之外，在家里还干些什么呢？”

“主要是帮大儿子看看庄园，庄园里有甘蔗，有鱼塘，还有那些满山满岭的果树。”

“你大儿子在家吗？”

“真不巧，他被人请去指导栽种果树了。”老李师傅已到暮年，儿孙满堂了，孩子们都很有出息，他的生活宽裕，不愁食，不愁穿，但总是放不下手中的锤子和凿子，为社会为人们也为他的子孙后代默默地劳作着、奉献着，一批批的徒弟从这里迈向社会，一件件的石雕艺术精品从这里走向市场，成为商品，成为艺术品。同样，他自己也得到了丰厚的报酬。他的新房子与其说是用石砖垒砌起来的，倒不如说是他用手中的锤子和凿子锤出来的、凿出来的。

二

五华人对石头情有独钟，他们打石的历史十分悠久，甚至可以上溯到新石器时代。考古发现，那时五华先民就开始用石制斧、锛作生产生活用具。明朝嘉靖年间开始，就用石头建桥和打房屋基础。到了清代，日渐成熟繁荣的五华石雕就蜚声海内外了。

我在走访时，被五华叶湖村的大“石窿”深深吸引了，大石窿其实就是一个大山洞，是采石时挖出来的。我进入大石窿，发现大石窿由一个个大大小小的石窟组成，足有好几十个，这些石窟空灵通透，四通八达。小的可容几千人马，大的可容数万之众，可见被雕琢过的石头之多。如果你要进石窿来，那就一定要做好记号，否则，很容易迷失方向。这些七通八透的石窟，像一部无字的史诗，是一座观赏不尽的艺术之宫，记载着五华石工采石的历史，蕴含着五华石工的酸甜苦辣。陪同我一起进“石窿”的当地石匠告诉我，开采这个石窿大约有700多年的历史了，这里开采的石料，数量大、质量好、销得也远。琴江河经过这里，凭着水运的方便销往梅县、大埔、潮汕，甚至漂洋过海到南洋一带。

五华石雕的创作源于自然，粗犷中蕴含细腻，讲究形似，更重传神，艺术性与实用性完美统一。一锤锤一凿凿地打出来的石雕作品，看起来很简单，其实是一门粗中有细的硬功夫。粗就是要花大力气，细就是要认真测量，仔细观察石头纹路，当粗则粗，当细则细。五华石匠们按照石雕工艺的特点和人们审美趣味的需求，把千姿百态的自然物像经过取舍、锤炼，在追求形似和神似的艺术境界上几乎达到了出神入化的地步。

在众多石雕艺术作品中，石狮可以说是一朵奇葩。石狮勇猛的个性和威武的外形被人们所喜爱，人们喜欢把它当作“守护神”安放在大门左右。在大型建筑物的前面安放一对威武雄壮的石狮，确实可以使建筑物显得更加雄伟气派；在栏柱上安放一个个小石狮，更能展现出其高雅的艺术风格。不过，在什么地方安放什么样的石狮，可有讲究了，这里面大有学问。比如，汇丰狮，人们喜欢把它放在金融部门大门左右。雄狮通常张开大口，放在左边，预兆财源广进；雌狮通常紧闭双唇，放在右边，预兆守财如瓶。而大门朝北或者面向高山巨流的建筑物，人们则喜欢安放样子凶猛的北京狮或金钱狮，期许能镇压邪气，保佑平安。至于住房前面，人们则喜欢安放温顺乖巧的南方狮，取一个狮子守门口、瑞气盈门家兴旺的好兆头。当然，这只能代表客家人一种良好的心愿和追求。

当前，随着生活品位的不断提高，人们的审美情趣也在悄然转变，收藏和摆设石雕艺术珍品逐渐成为人们的一种时尚。针对这一特点，五华石匠们又把石狮、花鸟草虫雕琢成玲珑剔透的微型工艺品，以满足人们的观赏需求，特别是近几年来，人们时兴把这些石雕工艺品当作礼品馈赠亲朋好友。

最能表现五华石匠技艺的要数横卧在琴江河上的水寨大桥了。这座四拱大桥，全长236.2米，宽6.6米，桥长为赵州桥的五倍，建筑难度比赵州桥大得多。奇妙的是，整个工程居然没有用一根钢钉和一条钢筋，全部用花岗岩砌筑而成。就连桥上的石栏石板也雕龙画凤。桥东头，盘踞着两尊石雕醒狮气势昂然。它们嘴里都含着一颗滚溜圆滑的石珠子，只要用手轻轻一拨，石珠子就滚动起来。但不管你怎么用力拨动，也取不出来。据说，这两尊石雕醒狮是明代五华石匠的佳作。

广州南越王墓博物馆浮雕同样出自五华石工之手。五华一建公司承领这一石建工程后，石匠们严格按照浮雕设计图案，细心雕镌，一丝不苟，仅用了3个月的时间，就制成3000多块规格一律的石砖，镶成两块宽16米、高4米的大型浮雕。两幅以龙虎为主体的浮雕，加上南越王墓地中出土的文物图案，构成绚丽多彩的图画。雄浑典雅，古色古香，展现了中国文明的悠久历史。

时至今日，只要说起五华石雕，人们马上会想起广州越秀山上的五羊石雕、海珠广场解放军石雕，烈士陵园的叶剑英元帅头像，珠海海滨公园的珠海女、佛山城雕以及南昌市“八一”起义纪念碑都是五华石匠的力作；北京人民大会堂的石建工程、天安门广场华表、“哥特式”广州石室、广州动物园的欢乐世界、越南“哥龙河石拱桥”以及联邦德国建筑别致的花岗岩石屋……这些都是五华石匠的经典力作，是五华石雕的不朽丰碑。

三

石本无言，是人们给石头赋予了语言，赋予了韵味；石本无意，是人们给石头营造了意境，丰富了内涵；石也无魂，是人们为石头赋予了生命，注入了灵性和魂魄。宋朝陆游诗：“花如解笑还多事，石不能言最可人。”如果石头真的没有生命，观音菩萨坐过的石头怎么会孕育出孙悟空石破天惊、横空出世；如果石头真的没有性灵，贾宝玉身佩的美玉怎么会与他自身的命运紧密相连；如果石头真的没有魂魄，人们怎么会说精美的石头会说话，精诚所至，金石为开。

清代赏石名家赵尔丰有言：“石体坚贞，不以柔媚悦人，孤高介节，君子也，吾将以为师；石性沉静，不喜随波逐流，然叩之温润纯粹，良士也，吾乐与为友。”石头，生于天地之间，是平凡的、普通的，它没有黄金白银耀眼的光芒，也没有美玉翡翠华丽的外衣，它自然实在、随处可见，再普通不过了，但它一到石匠的手中，石匠信手拈来，随心所欲，雕什么就像什么，原本朴实无华的石头会变得千姿百态而活灵活现、妙趣横生而美不胜收。石头又是坚硬的、美丽的，它风雨不摧、宁碎不屈，雨雪风霜、沧海桑田，铸就了它坚硬的品质，人们一旦赋予其生命，它就有灵气，就有魂魄，就有精神。“胸广足填海，艺高曾补天。浑泥掩铮骨，不露是真贤。”正是石头精神的真实写照。

五华阿哥做人“硬打硬”、做事“实打实”，这种说法由来已久，这不可能不与石头深刻关联，不可能不与“石匠之乡”的环境密切相关。一方水土养育一方人，一方人营造一方环境，一方环境孕育一方文化。天长地久，润物无声，潜移默化，锻造出五华人坚毅如石、沉稳如山的人格，孕育出“硬打硬”“实打实”的五华人精神，形成五华文化的独特内核。五华踢球踢出世界球王李惠堂，练武练出清代武状元李威光，做医做到一品御医徐清华，打仗打出开国将军曾国华……，这些都是“硬打硬”“实打实”的缩影、标杆和注脚。对此，也不是所有人都认同，甚至有人说“硬打硬”“实打实”就是敢打、敢闯、硬碰，就是直来直去不善拐弯转角，不够婉约圆润，不谙进退之道，因为五华人打石的铁锤坚硬，以硬碰硬，宁碎不屈。其实，“硬打硬”从某种角度上讲，是五华人的一种品质、人格，包含了正义、刚强、不折不挠，包含了做人义气、对党对国忠诚，体现了“为人以正、做事以公、报国以忠”的精神。“实打实”从某种角度讲，是五华人与生俱来、挥之不去的一种本能、特质和民风，体现了“交往诚实、谋事务实、干事踏实”的处世风格。当然，作为客家大家庭的一员，五华精神体现的自然是客家精神，五华文化展现的自然是客家文化。我想。

（《梅州日报》2014年11月26日　钟利文）

五华不断健全基层综治平台，镇村两级联动网络，推进法治文化建设

多举措提升社会治理服务水平

五华县不断健全基层综治平台建设，扎实推进法治文化建设，强化社会治安管理和司法公正，不断提升社会治理服务水平，营造和谐稳定发展环境。目前，该县镇级社会治理服务中心（便民服务中心）试点建设在6个镇顺利开展，明年可在16个镇全面铺开；全县实现了村村都有法律顾问。

以点带面推进平台建设

“以前去邮政局排队等候办理需要时间长，现在只需15分钟左右，效率高多了。”日前，在五华县华城镇社会治理服务中心（便民服务中心）刚办理完养老保险的城镇村村民罗阿姨向笔者表示，办事效率提高改变了她对政府机关的看法。

据悉，华城镇社会治理服务中心（便民服务中心）是五华全面推进基层社会治理服务中心和便民服务中心的6个试点之一。今年以来，五华针对县域大、人口多、县情复杂等情况，深入推进社会治理创新工作，县委政法部门积极借鉴兄弟县比较成熟的做法，全面整合综治、维稳、司法、信访、公安、计生、农业、社（劳）保、林业、国土、民政、城建等部门，拓展各项治理服务职能，着力打造集社会治理、便民服务、平安建设、信访维稳、公共法律服务等五大功能于一体的镇级社会治理服务中心（便民服务中心），将华城、安流、龙村、双华、长布、周江6个镇作为先行试点镇，预计可在月底前完成试点建设。

“试点建设比较成功，主要体现在部门协调联动，及时解决了群众诉求。”华城镇党委委员黎碧青介绍说，今年9月19日，该镇城东村村民张某因土地协议与邻居发生争议，来到服务中心诉求。该镇通过服务中心平台，及时召集国土、司法、综治等部门，来到双方争议地，通过现场测量以及司法解释等工作，促成双方达成一致，重新签订了协议，避免了事态进一步扩大。据了解，通过服务中心平台形成各部门合力，解决矛盾纠纷已成为一种常态。目前，五华边建设边交流边总结，不断完善和提升服务中心的运作模式及办事效率，以点带面，预计明年在16个镇全面铺开建设。

防控结合加强治安管理

镇有服务平台，村有护村队是五华推进社会治理的两级联动网络。日前，笔者在水寨镇大沙村看到，村道两旁的部分电线杆上安装了高音喇叭。据介绍，这是由村干部、护林员、治安积极分子等组成的治安联防队管理治安的“武器”。当有紧急事项时，值班村干部通过声控台发出“集结令”，联防队员“闻讯”后便会在第一时间赶至指定地点。平时则利用高音喇叭开展法律法规、防火防盗防抢等宣传，增强村民的安全防范意识。目前，这种群防群治的“大沙模式”已经在全县各村（居）推广建立，累计达

416个。

跟大沙村的高音大喇叭一样，五华各主干道上及公共场所安装了高清视频探头，让罪犯无处遁形。据悉，该县深入推进平安视频监控系统建设，着力完善指挥中心、巡警、派出所、治安卡口等各个节点的治安防控运作机制，进一步提升科学化防控工作水平。至目前，该县公安局视频监控中心共建立视频监控台账820起，为办案单位提供查阅视频、图像资料1130次，协破刑事案件112宗，抓获犯罪嫌疑人42名。

交警、消防和治安部门不断健全安全管理工作机制，狠抓安全管理责任落实，有效遏制了群死群伤的重、特大案（事）件的发生。同时深入开展“缉枪治爆”“护校安园”等专项整治行动，加强对易发案场所、行业的管理，推进全县社会公共安全环境建设。在严防的同时，该县公安部门推行跨地区（镇）办案模式，打破地方保护主义，着力控制罪犯的活动空间。

法治文化工作深入群众

五华充分发挥司法调解的潜能，为广大群众提供法律援助，依法化解矛盾纠纷。“仅去年深圳公明‘12·11’火灾处置中，就为遇难者家属代拟法律文书11件，为30人次提供法律援助，为家属挽回经济损失1100万元，打消了家属的上访念头。”该县司法局局长黄永响表示，对基层遇到的疑难案件进行集中研判，寻找适用的法律法规和调处的方式方法。据统计，至目前，该县司法行政系统共调解各类矛盾纠纷3786宗，调解履行率达100%；预防群体性械斗事件20宗涉及514人，预防群体性上访80件807人，很好地发挥了法律维护社会稳定“第一道防线”作用。

据介绍，该县将法治文化建设作为社会治理的突破口，将法律条文、法律宣传融入群众日常生活，将法治文化工作引向深入。目前已在县城工业园、琴江亲水公园以及公路主干道和学校围墙等，建设了“法治文化园”、法治文化教育平台、法治文化教育基地和“法治文化宣传长廊”。同时，该县司法局还组建了文艺宣传队、律师团队、电影放映队三支普法宣传队，在全县各镇、村居开展巡回演出、法制咨询讲座、放映电影等活动，并自编普法读本，收录与群众密切相关的常用法律条款和常见问题，方便群众阅读，提升全民法治素质。

“法治文化建设任重道远，将着重向村（居）推进。”黄永响向笔者表示，作为省指定的“一村居一法律顾问”试点县，已在水寨、华城、安流三镇开展了试点工作，并逐步在全县范围铺开。目前，该县实现了全县村村都有法律顾问、人人享受法律服务。

（《梅州日报》2014年12月18日　张炳锋　廖伟军　亚带　清芳　恺平）